从立新◎著

CHENMO DE QUANWEI

ZHONGGUO JICHU JIAOYU JIAOYAN ZUZHI

沉默的权威

——中国基础教育教研组织

北京师范大学出版集团
BEIJING NORMAL UNIVERSITY PUBLISHING GROUP
北京师范大学出版社

图书在版编目(CIP)数据

沉默的权威：中国基础教育教研组织／丛立新著．—北京：北京师范大学出版社，2011.10

ISBN 978-7-303-13325-3

Ⅰ．①沉…　Ⅱ．①丛…　Ⅲ．①基础教育－教育组织机构－概况－中国　Ⅳ．①G639.28

中国版本图书馆CIP数据核字（2011）第160908号

营销中心电话　010-58802181 58808006
北师大出版社高等教育分社网　http://gaojiao.bnup.com.cn
电子信箱　beishida168@126.com

出版发行：北京师范大学出版社 www.bnup.com.cn
北京新街口外大街19号
邮政编码：100875
印　　刷：北京外文印刷厂
经　　销：全国新华书店
开　　本：170 mm × 240 mm
印　　张：23.5
字　　数：360千字
版　　次：2011年10月第1版
印　　次：2011年10月第1次印刷
定　　价：42.00元

策划编辑：郭兴举　　责任编辑：郭兴举
美术编辑：毛　佳　　装帧设计：毛　佳
责任校对：张春燕　　责任印制：李　啸

目录

MULU

引　言/

第一章　教研室——中国基础教育特有的组织和制度

第一节　迟来的合法性/8

一、名实不符 /8

二、自下而上，实至名归 /14

三、“尼斯湖怪”/17

第二节　足够的合理性/25

一、行政部门“鞭长莫及”/25

二、没有边界的工作范围/30

三、一支需要专业支持的队伍/39

第三节　“组织外在化”的结果/43

第四节　教研组织的“身份认同”/46

一、安身立命之难：追求升学率魔咒/47

二、令人担忧的职能转变/52

三、兹事体大——教研与科研之争/58

四、“上帝的归上帝，恺撒的归恺撒”/66

第二章　教研组织的基本建制

第一节　各级教研的组织系统/73

第二节　农村地区的教研组织/79

第三节　教研组织的定位/83

一、从制度法理学说起/83

二、独立与尊严的“挣扎”/87

三、教研室的“肖像”/90

第四节　教研员的角色与任务/93

一、特殊的教师队伍/93

二、教研员的身份/98

三、教研员的资格与选拔/100

四、教研员的任务与考核/104

五、教研员与教师的关系/106

六、教研员的“专业发展”/109

第三章　教研组织的历史与现状

第一节　教研室的由来/115

一、“疑似”的苏联血统/115

二、十足的中国特色 /119

第二节　教研室的发展阶段/129

一、恢复与组建(20 世纪 70 年代末—80 年代中)/130

二、稳定与发展(20 世纪 80 年代中期—90 年代中期)/135

三、调整与“茫然”(20 世纪 90 年代末期至今)/138

第四章　教研室的基本职能

第一节　实施国家的课程计划(教学计划)/148

第二节　指导教师的教学活动/151

一、“全学科”“全年级”“全员性”“零距离”/151

二、主要的活动形式及内容/155

附录 1/166

附录 2/171

附录 3/178
附录 4/180
附录 5/182
附录 6/182
附录 7/182
附录 8/185
第三节　各种考试命题/201
一、世纪伟人的“另一个”贡献/202
二、权力来源与滥觞/206
三、双刃剑与地位的尴尬/208
四、基础教育各阶段主要考试及与教研系统的关系/212
附录：/225
第四节　教师专业职务评定与晋升/247
一、举世无双的专业技术职务制度/247
二、教研室在教师职务评定活动中的作用/258
三、利弊得失/260
四、别样风景 /262
第五节　组织各种教学比赛/265
一、毁誉参半的教师赛事/265
二、千夫所指的学生赛事/274
第六节　各种教材、复习资料的印制与发行/277
一、众矢之的/278
二、“剪不断，理还乱”/280
三、悲喜创收/286
四、“柳暗花明”/287
第七节　三个教研员的一天/289
一、“全能的”小学语文教研员/289
二、“专家型”的初中语文教研员/293
三、“事必躬亲”的高中数学教研员/294

第八节　农村地区的教研工作/300
一、教研活动的“特区”/300
二、农村地区的教研活动/301
三、农村地区的教研员/303
第五章　学校教研组
第一节　“课例研究”与集体备课/307
第二节　中国大陆学校教研组的历史/311
一、来龙去脉/311
二、横空出世的“校本教研”/314
第三节　学校教研组及其制度/316
一、教研组的组织结构/316
二、教研组的主要任务/320
第四节　“他山之石”与“本地风光”/342
一、性质有别 /343
二、内容有异 /344
第六章　讨论与思考
一、得天独厚的一枝独秀/349
二、绝知此事要躬行——教师专业成长的制度基础/355
三、提高教学质量的“特效药”/358
四、有了“娘家”之后会怎样/361
五、讳莫如深的考试/363
六、过犹不及/366

引 言

几年前，在一本博士论文中[①]看到北美学者有关日本学校中“课例研究”(Lesson study)的研究，联想起曾经见到大陆也有学者以日本经验为名多多少少做过一些介绍，却没有想到居然还走出亚洲，成为美国和加拿大学者研究的对象，而且居然已经有专著出版，如《学的落差》[②]《教的落差》[③]等。意外之余，然后就有些生气，当然是生自己的气——也只能生自己的气。因为既不能责怪日本人进行课例研究，也不能埋怨美国和加拿大学者对日本经验感兴趣。是，与许多中国同行的判断一样，虽然名称各异，这种“课例研究”我们也有，集体备课嘛！活生生地存在于中国庞大的基础教育体系中，每天演绎着新的内容与形式，积累着无数形态各异的资料与素材……而且，又何止学校中的“课例研究”，还有庞大的三级教研组织呢！在大陆任何一个地方的任何一所学校，向任何一位中小学教师询问：你们区(市、县)的教研室负责人姓什名谁？你所教学科的教研员是男是女？你们的教研活动多长时间进行一次？几乎毫无例外，一定能够得到十分明确的答复和滔滔不绝的意见。如果再询问学校教研组和备课组的情况，教师们就更为熟悉，说好说歹，论短论长。

从古至今，人类生存和活动于形形色色的组织制度之中，在任何特定的组织和制度后面，一定存在着某种现实的需要。围绕着新中国基础教育系统中普遍存在的各级教研组织和制度，在不同的历史时期，来自不同领域的人曾经发表过各式各样的评论，有褒有贬、毁誉参半、众说纷纭。在我们看来，

---

① 薛宝嫦．透过课例研究协助教师发展幼儿的阅读理解能力[D]．北京：北京师范大学教育学院，2007.

② The Learning Gap：Why Our Schools Are Failing and What We Can Learn from Japanese and Chinese Education，Harold W. Stevenson，Simon & Schuster，1994

③ The Teaching Gap：best ideas from the world's teachers for improving education in the classroom，James W. Stigler，James Hiebert，Free Press，1999

一个不容置疑的事实是，教研室是中国基础教育系统中一个特别的组织，教研员是中国教师队伍中一个特别的群体。他们的特殊不是某个地区的地方特色，更不是某些人的喜好偏爱，而是反映着中国基础教育自身的性格和命运。尽管如此，以教研组织和制度为对象而进行比较专门的研究，就其规模和影响来看反差鲜明——教研组织和制度所发挥的实际功能与对它的理论解释比照悬殊。

2008年，我们在“中国学术期刊网”做了一个简单查询，结果大致如下，在1998—2007年间，以“学生”为关键词，有473701篇论文，以“教师”为关键词，有374384篇论文；以“学校”为关键词，有263203篇；以“教研室”为关键词，有2591篇；以“学校教研组”为关键词，有1篇；以“年级备课组”为关键词，有5篇。[①] 时至今日，关于教研组织的“本体论”研究极为稀缺，教研制度究竟如何产生？因何存在？根系哪方？在对于这些基本问题缺少起码共识的条件下，有关教研的种种褒贬便难免莫衷一是。

我个人对教研室的认识和情感也经历了复杂的认识和变化。曾经对教研制度充满好奇，也曾经对其存在表示怀疑甚至不以为然。不错，改革开放之初乃至之后一个时期，教研室的各种活动对于恢复正常教学，保证教学质量功不可没。然而，如今各种教学制度和规范早已建立完善，教师队伍也已经基本合格，有什么理由还需要这样一种“指导教学”的专门机构呢？难道富有经验的校长们没有能力管理学校教学？难道学历合格且受过专门职业训练的各学科教师无法胜任教学？那些发达国家不是也没有教研室这种组织吗？何况，难道那些形形色色的考试不是大多由教研室组织的？那些五花八门的复习资料不是大多由教研室编写的？随着对中国基础教育的认识逐渐客观和冷静，也随着对教研室越来越多的接触和熟悉，忽然发现，自己对于这一组织及其制度的态度和情感产生了微妙的变化，开始了与从前态度逆向的思考，情感上则更是日趋敬畏有加：教研组织、教研员们，实在是对中国基础教育贡献卓著。

渐渐觉得，欠了他们一些什么。终于有一天，“为中国的教研组织写本书

---

① 以上查询由北京师范大学教育学部课程与教学论专业2009级硕士生李凌承担

吧”这个念头跳了出来。开始动笔后，几乎立刻陷入种种纠结之中：对于教研的种种批评指责能否成立、这种组织存在的合理性在哪里、应该保留还是废除、教研组织究竟是中国基础教育的优势还是累赘等等，不自觉中被简单对立的思维方式牵绊而举步维艰。在焦头烂额中悟到，之所以“说不清楚”，缘于现实中教研室的存在本身尚有许多的“不清楚”，因此，应该先为教研室“立传”。这样，要解决的问题顿时明朗了许多，教研室是什么样的组织、它从哪里来、它的存在价值、它的主要职能……然而，“立传”又谈何容易！越是接近三级教研组织，越是对它有所了解，也就越是感到“立传”之难——似乎基础教育的方方面面都与这个组织存在千丝万缕的关联。时而柳暗花明，时而茫无头绪，每每仿佛淹没在其盘根错节的庞大系统之中。曾经几次产生过放弃的念头，于是“背水一战”，向许多朋友广而告之：“我要写一本关于教研室的书”，果然，来自四面八方不间断的询问就成为持续而且强大的压力，终于迫使这本书得以完成。居然耗时将近五年，学生笑话我：“再写下去快要八年抗战啦!”惭愧之余蓦然发现，此时唯一敢于确认的就是：学力不逮，我实在是没有资格和能力胜任“为教研室立传”的任务。聊以自慰的是，总会有人看，总会引起一些人的关注，最终，总会有比我更具资格和能力的人将这个题目做出更加精彩的结果。

至于书名，是因为某一次再听朱哲琴的《阿姐鼓》，觉得“我的阿姐从小不会说话”这句歌词用来形容教研室挺合适，教研室当然会说话，教研员们更是整日喋喋不休——不过，听众只是他们倾心服务的中小学教师们，说的又无非是课堂里的那些事，在教育领域内外的公众面前，他们似乎陷入集体“失语”状态，实在与他们的巨大影响力不相称，堪称“沉默的权威”。

第一章

教研室——中国基础教育特有的组织和制度

2005年，供职于美国某州立大学的一位美籍华人教育学者在与中国同行交流时，曾经郑重其事地表达了如下观点：

中国大陆的基础教育，若论经费、论教师学历、论学校设备等，都无法与美国相比，可以说整体水平要相差许多。但论到教育质量，最典型的如学生的平均成绩，却要比美国强得多。究竟为什么？这位学者表示自己在一番调查研究之后表示找到了答案："我发现中国有一个特别的机构——教研室，这个机构可太厉害了，它对于保证中国基础教育的质量，特别是在教育总体条件和经费投入，包括师资队伍的学历水平都并不理想的情况下，发挥了不可替代的作用。"言下颇有得意之色。（赵勇博士，2005年10月，北京师范大学中美教育中心与密执安大学美中教育中心交流活动座谈会）

这位学者可谓"一语中的"。当时便想，如果中国各级教研室的教研员们听到这些话，该是非常开心的吧！当然，中国基础教育的成就并不能够仅仅用教研制度来解释——其他许许多多因素同样起着作用，既包括那些足以傲人的也包括那些不那么值得自我陶醉的：像尊重文化教育的悠久传统、严格的考试制度、社会现实形成的强大的读书升学动力，等等。但毫无疑问，教研系统对于保证中国基础教育的教学质量和水平举足轻重。新中国成立以来，在教育领域几十年的风风雨雨中，教研系统几乎是全程地伴随着960万平方公里土地上的数以几十万计的中小学校，数以千万计的中小学教师，数以亿计的中小学生，一路同行。经历过坎坷与奋斗，承受着光荣与诋毁，是"穷国办教育"的伟大事业中一个功不可没的角色。国内基础教育领域的著名学者顾泠沅先生在一本书中的"序言"曾经这样说过："至少从我所经历的几个时段来说，什么时候重视并发挥教研室的作用，那时基础教育就进步发展；什么时候取消或否定教研室，那时基础教育就停滞倒退。"①

---

① 王洁，顾泠沅．行动教育：教师在职学习的范式革新[M]．上海：华东师范大学出版社，2007：序言．

第一节　迟来的合法性

一、名实不符

有这样一个真实的例子：20 世纪 90 年代初，国内某著名师范大学一位资深教育学者在从事一项基础教育课题的研究时，听到“多与教研室联络”的建议后的回答是：“教研室是什么？”

是啊，“教研室是什么”呢，也许从这个问题开始我们的讨论最为恰当不过。

查阅权威教育类辞书，大百科“教育卷”和《教育大辞典》中，均有特级教师、督学、教务主任、班主任、专任教师、见习教师等词条，却都没有教研员的词条。在大百科全书的“教育卷”中有“教研室主任”的词条，“主要指高等学校按专业或课程设置的基层教学组织即教学研究室的负责人员”。在这一词条的最后，提道：“此外，中国的省、市、地区(州)、县各级教育行政部门都设有教学研究室，主要负责研究、推动本地区的教学改进工作。”①显然，这个解释堪称准确但失之简单。《教育大辞典》中有“教学研究室”的专门词条，“亦称‘教学研究部’或‘教学研究中心’。各级教育行政机构中专门从事中小学教学理论研究、管理和指导教学工作的业务部门。任务和作用是：与师训机构通力合作，通过各种活动提高教师的业务水平；使教育行政部门按教学规律领导和管理教学工作；研究中小学教学理论，指导教学实践，提高教学质量。”②这个解释比“大百科”详细得多，但以一个词条，仍然不能完整反映教研室的全貌。

要么没有，要么简单，只好试着给出个说法。教研室是中国基础教育系统中富有特色的组织，是教研制度赖以运行的基础，通过各种制度化的教研活动，对中小学的教学质量和教学水平负责。一般说，中国的基础教育系统

① 中国大百科全书(教育卷)[Z]. 北京：中国大百科全书出版社，1985：157.

② 教育大辞典编纂委员会. 教育大辞典(第二卷)[Z]. 上海：上海教育出版社，1990：23.

中，存在着三级教研组织。

关于三级组织，事实上存在两种理解。第一种理解是：省(自治区、直辖市)级教研室为第一级，地级教研室(省会城市)为第二级，县(区)级教研室为第三级；第二种理解是：省(自治区、直辖市)教研室为第一级，县(区)级教研室为第二级，学校教研组为第三级。应该说，两种理解都正确，分别适用于不同的场合。本书讨论三级教研组织，采用第二种意见，主要原因在于，地级教研室固然重要，但从其工作方式和实际地位看，基本类同于省(自治区、直辖市)级教研室，而学校教研组作为最基本的教研单位则不可或缺。同理，本书所涉及的教研制度，也是以这样三级教研组织为基础的。这种看法，也得到一些教研员们的认可。

2006年，在采访曾经担任北京市教研室领导的一位资深教研工作者(FH，2006)时，他便明确表示："学校教研组，最早是从苏联学来的。我们国家是三级：学校—县区—省(直辖市)。"

在采访北京市某区教研员(LT，2009)时，亦达共识。

我：比较流行的一个说法是三级教研室，据我了解，大家的理解其实并不一样。大致听到的是两种：一种是省级、地级、县区级；另一种是省级、县区级、学校。

LT：我的理解是把学校加上，三级教研网络里面学校是一级，我们是中间，然后市教研室是一级。

我：对，我也觉得要从工作角度来看，这样的三级组织就"插"到底了。那么，地级教研室是不是和省级教研室在工作方式、发挥职能方面差不多啊？

LT：没错，因为它们都不直接插到学校。

我：一定是县区级教研室插到学校。

LT：可以这么说。或者你这样理解，直接管出题的算一级，直接用题的算一级，拿理念、拿政策的是一级。

我：那么，所谓地级就是因为省比较大，下面会分别有地级教研室，还有些地级市本身比较大是吧。

LT：它整个就是二传手啊。

我：省会城市也是地级吧？

LT：是。

我：有些地级教研室很牛的。比方说南京市教研室，它很像北京市教研室，不会直接针对每一所学校开展具体工作，因为南京市那么老大。但是，从级别来讲，北京是直辖市，算省级，而南京是地级市……

LT：但它的功能和北京市教研室是一样的。

我：对啊，功能是一样的。那些具体的工作，比方跑学校，给老师分析教材、说课啊……

LT：它做不了那么细的，主要还是要靠区县级。所以，三级网络算上学校一级比较合适。

在三级教研系统中，学校教研组与其上的两级在组织性质上又有比较大的差异。学校教研组不是独立设置的机构，没有专职人员，生存于学校之中，由所在学校的教师组成。本书将在第五章专门讨论。第一至第四章的内容，则主要讨论省(自治区、直辖市)、县(区)两级教研室。需要说明两点，一是，按照中国行政区划，在省(自治区、直辖市)与县(区)级行政级别之间，曾经长时期存在“地区”级行政机构，近年来，这些“地区”级机构所在地基本已经演变为“市”，行政级别上仍然处于“省”与“县”之间，被人们称为“地级市”，以区别于“省级市”(省会城市)和“县级市”，这些地级市基本都会自行设置教研室。如上所述，地级教研室在职能上与省级教研室和省会城市教研室比较接近，工作方式也与二者相似，故归为一类。当然，地级教研室作用极大，只是如上所说，不做专门讨论。二是，在许多地方，教研室名下，曾经或者一直分别设置中学教研室和小学教研室，而某些农村地区，县级教研室只负责义务教育阶段即小学和初中的教研，高中教研则由上一级教育行政部门所辖的教研室负责，本书对这些区别有所涉及但亦不做专门讨论。三是，近年来，教研室机构变化甚多，有的仍然保持独立，有的与其他各种机构合并，自然也就名称甚多：教研室、教研中心、教科研培训中心、教科所……如果分别采用时下名称，势必行文混乱。好在，无论如今称谓如何，只须说明“就是原来的教研室”，大家立刻明白，故本书行文对于省市和县区两级教研机构的称谓一律采用“教研室”。

省(自治区、直辖市)级和县(区)级两级教研室都是独立机构，分别隶属于省或县的教育行政部门，其日常工作的范围和内容与中小学基本一致，联系千丝万缕，但本身并不是学校，而是中国基础教育领域内一个特殊的部门。供职于教研室的人被称为专职教研员，他们仍然保持着教师身份，但具体工作又迥异于广大中小学教师，是中国基础教育教师队伍中一个特殊的群体。

教研室这种组织，教研员这种角色，在全世界基础教育和教师群体中独一无二，极富特色。虽然国外的同行们对于教研室为何物可能不甚了了，甚或一无所知，但在中华人民共和国大陆地区的版图上，教研组织及其制度对于几乎每一位中小学教师来说却是再熟悉不过的，学校所隶属的教研室是与他们职业生涯息息相关的“重要组织”，自己所教学科的教研员则是他们职业生涯当中的“重要他人”，学校的教研组更是他们从事日常教学工作的最经常依靠。不过，尽管普遍设置并且地位非凡，在中国基础教育庞大的组织系统中，教研室却是一个比较特殊的存在。作为令全世界规模最为宏伟的基础教育运行顺畅有序的关键力量之一，教研室的地位固然重要，名声却并不显赫。说句玩笑，教研室的身份好像《红楼梦》里面的通房大丫头，比如平儿，谁不知道是琏二爷的爱妾、琏二奶奶的心腹，荣府里大事小情不仅说得上话，经常还做得了几分主，上至主子如宝二爷、林姑娘、宝姑娘，下至奴才如周瑞家的、吴新登家的，个个另眼相看。不过，名分上却仍然只是个奴才而已。这个比喻纯属调侃，却也有几分意思——与平姑娘的身份好有一比：教研室的名分和实际地位不太相符。以社会知名度衡量，许多教育领域之外的普通社会成员都知道学校、校长、教师，甚至熟悉教育局或者教委、基础教育处，却未必听说过、更难得了解教研室、教研组。事实上，教研室在教育系统内外的命运极为悬殊。在教育问题早已经成为社会关注热点的今天，择校、考试、升学、三好学生等词汇早已成为各种媒体出现频率极高的词汇，班主任、高级教师、校长等角色早已成为家长们另眼相看的人物，教研室组织和教研员，却很少出现在前台、出现在社会焦点的聚光灯下。相比其实际发挥的巨大作用，人们不难做出名实不符的判断。

教研室的“名实不符”，说来话长，首先需要对其身份做点儿考察。

中国的社会生活，在庞大的行政系统的控制和管理之中运行，农业、工业、商业……各种领域和各种行业，均处于各级行政机构所组成的网络之中。

从中央到地方的行政组织，一般是按照自上而下的方向建立的，国务院设置各部委如商业部、农业部，地方各省（自治区、直辖市）则相应设置直接与之对应的机构，如省商业局（厅）、省农业局（厅），再往下到区、县一级，同样设置对应机构，如县商业局、县农业局……这样，形成从中央到地方的行政管理网络。国务院各部委通过下发文件、召开会议等形式颁布政府意图，省、县各机构则行使职能将上一级主管部门的意图加以落实，从国家最高决策部门的精神到社会最基层的行动，凭借自上而下的行政系统逐步实现，每一级行政机构都在同一领域的上一级机构领导下展开自己的工作。正如人们经常指出的，这样的行政系统是典型的韦伯所谓的科层体制，“人们一刻也不能忘记，所有持续的工作都是由官员们在办公机关里完成的。我们的整个日常生活都纳入这个框架之内。”①

在这种系统中任职的人员，被人们称为“国家干部”，老百姓通俗的说法就是：吃商品粮的，属于端“铁饭碗”的。当然，国家行政系统的管理是严格的，设置哪些部门、需要多大规模、安排多少人员，等等，均有专门要求。换句话说，并不是随随便便就能够成为“铁饭碗”的。为合理安排与控制各级行政部门的规模，各级政府都设有专门机构：编制办公室。以北京市为例，设有在市委和市政府领导下的编制办公室，其职责中包括：“统一管理本市行政编制总额；核定市委、市人大、市政府、市政协、市法院、市检察院机关和市各民主党派、工商联、人民团体机关以及各区县的行政编制。负责协调市委、市政府各部门的职能配置及调整工作，协调市委、市政府各部门与区县之间的职责分工。”②每个部门的编制：人员、级别、人数、工资，都需要经过编制办公室批准，在有变化的情况下，如部门的扩展或者缩编，人员的增减，也需要经过编制办公室的批准。反过来说，各级行政部门，也必然可以在编制办公室的各种档案中找到自己的存在。

如前所述，教研室由各地教育行政部门领导。在普通中小学教师眼中，教研室就是教育行政部门的一个部分。不过，在编制办公室核定的各级教育

---

① 韦伯．韦伯文集（下）[M]．北京：中国广播电视出版社，2000：224.

② 编办职能[EB/OL]．http：//www.bjbb.gov.cn/zzjg/bbzn，2009-05-25.

行政机关及其编制中，是没有教研室和人员位置的，也就是说，教研室并不是国家教育行政系统中的正式组成部分，没有行政部门的地位；教研员也并不是国家教育行政部门的成员，没有“国家干部”的身份。无论在省一级教研室还是县(区)一级教研室，教研员的身份都是“教师”，教研员的职务评定不是行政级别的科、处、局等公务员系列，而是中学一级、二级或中学高级，小学一级、二级或小学高级等教师职称。一名教师从学校调到教研室工作，在教师们眼中，这位教师的地位是“升了”，但正式身份仍然是教师，职务也仍然和其他教师一样要按照小学或者中学教师的职务系列逐步晋升，虽然其职业的性质确实已经与一般的中小学教师有了相当的差别。这是很有趣的现象，一方面，教研室在教师们心目中就是“领导机构”，教研员就是他们的“业务上司”；另一方面，这些经常行使着管理职能的教研员却是与他们一样的教师身份。

教研室的性质是事业单位。编制办公室也掌握着事业单位的命运，但却与对待行政部门的方式有相当差别。对于事业单位，编制办公室的责任在于：“负责研究拟订本市机关、事业单位局、处级领导职数的配置标准；审核报批本市机关、事业单位局级领导职数；核定本市机关、事业单位处级领导职数。”①也就是说，编制办公室只负责核定事业单位的领导职数，对于单位中其他成员的数目、级别、工资等并不负责。

单就教育系统内部来说，事业单位数目众多，却以教研室的地位最为微妙，时不时地，会生出一些尴尬。仅举两例，例一：教研室因为与学校教学关系密切，特别由于在命题、考试、组织教学比赛、教师职务晋升等方面举足轻重而威望素著，又因为工作性质常常有管理性行为，与教育行政部门工作频繁交叉，难免会有摩擦。某省会城市一名区级教育行政领导在一次与该区教研室负责人的争论时气恼之下发话：“不要以为你们教研室是第二教委!”“不要以为”其实暗喻：“你们就是以为。”事实上，在许多地方，教研室的确经常被人看做“第二教委”，类似上面所说的冲突和指责也是经常上演的节目。实际拥有的权力与事业单位的职能相互错位，“名不正，言不顺”。例二：在

① 编办职能[EB/OL]. http://www.bjbb.gov.cn/zzjg/bbzn，2009-05-25.

有关教研室的负面声音中，比较多的与“钱”有关，在大多数地方，教研室被公认为教育系统中资金雄厚的部门，编写和印发各种复习资料，举办各种教学比赛，开设各种研讨培训等，时有收费，又往往因为结果与学校教学评估和教师职称评定挂钩，令中小学趋之若鹜。身在教书育人的高尚教育事业之中而有谋利之嫌，难免招致微词。在20世纪90年代，教研室在资金方面的实力达到顶峰，不少省、市教研部门靠上述各项收入盖起了气势非凡的办公大楼，一时格外招摇。

二、自下而上，实至名归

前面谈到，中国的行政系统基本是沿着“自上而下”的方向建立的，教研室则是个异数。沿着教研室的名分追究下来，越来越发现盘根错节，很难用一句话甚至一篇文章把它说得十分清楚。这里主要讨论一点：产生方式的特殊。各省(自治区、直辖市)、县(区)级教育局(委员会)的其他部门，如基础教育处、德育处等，都可以一级级向上，直至在国务院教育部找到相对应的部门，如教育部的基础教育司、德育司，等等，很简单，上级部门的工作文件下达后，必须得“接得住”。唯独教研室例外，到了省级便“封顶”了，按照通俗的说法是“不能通天”，更草根的说法是“没有娘家”，其中的暗喻是：上面没有人、没有后台、缺少背景，在国务院教育部的诸多司局当中，不存在与教研室对应的上级主管部门。当然，中国的行政机构中也曾经有一些身份特殊、没有建立自上而下行政系统的部门，比如，20世纪的“农业现代化委员会”，“体制改革办公室”，但其本身便地位特殊，虽然没有“向下”的渠道，却有“通天”的路径，且大多因特殊历史条件而产生，也因特殊历史任务的完成而消失。教研室则不同，在不能通天的条件下，它们树大根深，其稳定已经超越了不同时期历史背景的特殊性，除“十年动乱”期间随整个教育事业基本处于瘫痪状态外，始终稳如泰山。

毕竟，教研室是事业单位，在教育行政系统中找不到“上级”难道很奇怪吗？只要对于各种事业单位略做考察对比，便可有所发现。事实上，教育部本身也设有若干事业单位，比如考试中心、现代教育技术中心、教育科学研究所、人民教育出版社等。同样，在各个省(自治区、直辖市)级教育行政部门，也大多设置有类似的事业单位(有些省市如西部或边远地区略有不同)，县级虽然未必有专门机构，也会有类似的办公室。教育部的事业单位对地方的事业单位不存在像行政部门那样严格的上下级关系，但在中国这样中央集权，而且讲究“名分”的国家，这种从中央到地方“遥相呼应”的状态是让人觉得理所当然的。虽然不是严格的上下级，但无形之中还是给予了莫大的支持。比如，国家层面上有正式的×部门，实际上非正式地宣告了地方各级×部门存在上的理所当然，名正言顺。同时，分属不同级别行政部门的事业单位的纵向关系中，也显示着浓厚的“上下级色彩”，举凡各种大动作、大举措，往往由教育部的事业单位是否正式采纳为合法性的标准。教研室在此仍然是一个例外，如上所说，只是到省级便“封顶”了。总之，教研室的存在，既不符合中国政府行政系统建设的制度设计、也不符合中国目前事业单位的设置惯例。

三级教研组织，是根据“自下而上”的方向安排的。不错，如时下一些文章提到，在20世纪50年代的教育部文件中，曾经提出各地应该成立教研室，而且可以确信教研室在50年代的中国已经存在。不过这却并不能够改变其自下而上的特征。

从20世纪50—80年代，国家教育部下发的各类文件中，可以很容易地找到针对教育行政系统中任何一个具体部门的专门文件，但专门针对教研室的则是“零”。可以设想，如果教育部设立了一个主管教研活动的司局，或者设立了一个有关教研活动的事业单位，必然会有相应的指导性文件，事实上，找不到这样的文本。

“文化大革命”结束后，百废待兴，为了尽快恢复中小学教育，教育部发布了一系列重要文件，其中包括重建因“文化大革命”而瘫痪或消失的各种机构。1978年4月17日，经国务院批准，教育部发出《关于恢复或建立教育学院或教师进修学院报批手续的通知》，通知规定，各地要恢复或建立教育学院或教师进修学院，由省、市、自治区审批，报国务院备案，抄送教育部。[①] 事

① 中央教育科学研究所编．中华人民共和国教育大事记(1949－1982)[Z]．北京：教育科学出版社，1984：516.

实上，在“文化大革命”之前，如同教育学院、教师进修学院一样，教研室也在许多地方存在，同样处于教育行政部门领导之下，处于基础教育系统中。在上述通知中，明确恢复教育学院和教师进修学院，却唯独没有提到教研室，此后，也未见到关于恢复和建立教研室的专门文件。根据一些同志回忆，当时一些地方的教研室是附设在教师进修学校之中，但进修学校有自己另外的任务，恢复进修学校并不必然地包括恢复教研室。合理的推测就是，教研室的“名分”和“地位”并不确定，即前面所说“有名无分”，国家教育行政部门并没有将这一结构的存在纳入自己对基础教育事业管理的规划之中。简言之，教研室的设立，不是自上而下，根据上级行政部门设置的状况而设置，而是自下而上，别有产生原因。

一直到20世纪90年代，教研室“有实无名”的历史才得以结束。90年代初，国家一级教育行政部门开始出台专门针对教研室的文件，且在不到5年时间内连续颁发了三个。

第一个文件是，1990年国家教委下发的《关于改进和加强教学研究室工作的若干意见》(教基[1990]013号)。这是目前所见第一个由国家教育最高行政部门专门针对各级教研室而下发的文件。今天看来，这个文件意义重大。它肯定了教研室的存在和意义，明确了教研室的职责，规定了教研室的建制，明确了教研员的主要条件，甚至提出“国家教委基础教育司在方针上对中小学教研工作进行指导。”①第二个文件是，1990年国家教委办公厅印发的《全国省级教研室主任会议纪要》②。第三个文件是，1994年国家教委办公厅印发的《关于对部分省级教研部门教研工作进行检查评估试点工作的通知》③。

这些文件的出台，对于教研室的意义毋庸置疑。许多教研员不仅当时深感振奋，而且至今记忆犹新。尤其是第一个文件即《关于改进和加强教学研究室工作的若干意见》，有同志认为，“首次明确了教研部门的作用，规范了教研工作职能，形成了教学研究、教学指导、教学管理的工作格局。”④可以理

---

① 关于改进和加强教学研究室工作的若干意见(教基[1990]013号)

② 关于印发《全国省级教研室主任会议纪要》的通知(教基厅[1993]14号)

③ 关于对部分省级教研部门教研工作进行检查评估试点工作的通知(教基厅[1994]13号)

④ 梁威等．回顾历史 把握机遇 开创基础教育教学研究工作新局面[A]．梁威主编．北京市教育科学研究院基础教育教学研究中心编．新时期教学研究工作的继承与创新[C]．北京：同心出版社，2003：2.

解，在中国这样强大的行政组织下，《意见》对于教研组织的名分何其重要。

仔细琢磨，当《意见》出台之时，教研室早已在全国基础教育领域内存在了多年。教研部门的作用也罢，教研工作的职能也罢、教学研究、教学指导、教学工作管理的工作格局也罢，在三级教研系统中早已经形成，并且相当成熟和稳定。因此，对《意见》出台和颁发这一事件的准确解读其实应该是：并不是这份文件规定了教研室的地位、作用、职能等，而是国家最高教育行政部门第一次针对这一在基础教育实践中自发出现、经历长期发展、功能明确的机构给予了承认和肯定，其意义在于由官方赋予了这一组织及其功能合法性。据此，将上述引文中的“首次明确”改为“正式肯定”之类的表述其实更为恰当。所有这些，很有些朝廷招安农民起义军，正规军收编民团乡练的味道——既然骁勇善战，姑且为我所用。

虽然姗姗来迟，这些文件的出台，象征着早在20世纪50年代就已经出现，以自下而上方式产生的教学组织，经历了几十年的坎坷沉浮，经历了“文化大革命”的毁灭性打击之后，终于在90年代获得了“合法性”，结束了名实不符的历史，可以算得是实至名归。不过，得到了名分并不意味着从此踏上坦途，教研室仍然身份尴尬，围绕着它地位、作用等仍然困扰不断。个中原因错综复杂，其中之一便是这种有别于其他行政机构和事业单位产生和设置的差异：不是自上而下，而是自下而上。这种特殊的出身，衍生出教研室耐人寻味的命运二重奏：由于无法“通天”，自然少了来自“体制内”的直接庇护，其他行政和事业单位几乎都能够顺藤摸瓜地与“中央”拉上关系，唯独教研室不能，这种寒素出身宿命地注定，在面临种种困顿和逆境时，很少有相关部门为其撑腰壮胆，这是其不幸所在。反过来说，这种“自下而上”，又使得教研室别具一种“草根”色彩和“底层”品格，无论风吹浪打基本心无旁骛，始终扎根、坚守在教学实践的一线，顽强地生长为根系粗壮青枝绿叶的大树，表现着独特的生命力，通过自己的奋斗显示了其在中国的“合理性”，这又是其幸运所在。

三、“尼斯湖怪”

教研室身份的尴尬，除了前面所说的另类出身外，还有一个便是经济收入问题。现在看来，对于这个问题可以从两个因素分析。

第一个因素是时间。在全国的教育系统内部，各地教研室差不多都是“先富起来”的典型，当许多校长还在为改善学校建设、提高教师收入捉襟见肘，当各级教育行政的一把手还在为教育经费的缺口寝食不安，教研室已经凭借自身努力获得了雄厚的经济基础。这当然使它显得十分“招摇”，也引来许多批评指责。其实，与20世纪90年代之后基础教育领域中异军突起的其他一些现象相比，如由“学校改制”“初中入学办法改革”等催生的“公办民助”“民办公助”学校的大批出现，以及由此带来的牵动全社会的轰轰烈烈的择校行为，名目繁多的各种补习班向千家万户抛出的诱人许诺及不菲的价格……无论是社会影响波及的范围，还是相关资金流动的数额和规模，教研室当初赖以“招摇”的“经济基础”都不可同日而语。不过，由于在时间上“遥遥领先”，基础教育系统在整体上还是“清水衙门”，教研室却“先富起来”无疑显得格外“嚣张”，何况，那时包括教育工作者在内的广大社会成员头脑中市场经济的观念远不像今天这样“开放”，教研室之富，当然是特别“扎眼”。

第二个因素可以说是为名分所累。所谓名不正，言不顺。时过境迁，在后来教育领域发生了那么多与“金钱”有关的变化后，教研室的创收也不再那么“扎眼”。但究其根本，仍然有个问题没有解决，那就是“名分”。教研室的创收行为之所以成为“众矢之的”，很大程度上是由于其“教育部门”的性质。

教研室一直都是在教育行政部门领导之下，无形中经常被人们看做政府机构的组成部分。而实际上，几乎所有的教研室负责人和教研员在谈到自己机构的性质时都会特别强调：“我们是教育行政部门下属的事业单位。”的确，虽然业外人士对此往往不大注意，实际上这一点含义深刻，教研室作为专门组织的性质是：事业单位。作为事业单位，自然不同于政府机关，那么这种不同表现在哪里？意味着什么？与教研室的创收行为之间是否存在因果联系？简言之，身为事业单位的教研室，有没有创收的权利呢？沿着这种思路追踪下去，发现问题并不那么简单。

“在我国，有一类非常独特的组织——事业单位。言其独特，其一是因其既不同于国家行政机关，又不同于企业组织；其二是因其在国外任何一个国家都找不出与其相对应的组织类型。我国的绝大多数事业单位都是按照计划经济体制模式建立起来的，甚至连事业单位这一名称、分类，也是计划体制的产物。在从计划经济向市场经济转轨过程中，如何改革传统的事业管理体制，完成从事业单位向公共事业组织的过渡，与国际标准接轨，并使其适应市场经济的要求，是我国面临的一个重要而独特的课题。"①事业单位，是中国独有的组织机构，是中国的"土特产品。"

在我国，有关事业单位的概念的界定在不同历史时期经历了诸多的变化。1963 年，《国务院关于编制管理的暂行规定》中规定，"凡是为国家创造或者改善生产条件、促进社会福利、满足人民文化、教育、卫生等需要，其经费由国家事业费内开支的单位均为事业编制"。此时，"界定的标准则主要是经费来源"。到 1984 年《关于国务院各部门直属事业单位编制管理试行办法(讨论稿)》中规定，"凡是为国家创造或者改善生产条件，从事为国民经济、人民文化生活、增进社会福利等项服务活动，不是以为国家积累资金为直接目的的单位，可定为事业单位，使用事业编制"。与 60 年代相比，变化在于，"不是通过经费来源，而是通过对其活动的性质和活动的目的来进行界定"。②

有学者提出，新时期以来关于事业单位的概念界定一直在变化，"新的事业单位的概念更接近于公共事业的概念"，③ 的确，国外没有"事业单位"，但却存在着与其具有一定可比性的组织机构：公共事业。抛开中国的事业单位产生的特定的社会历史背景：计划经济，从社会生活的需求本身考察，通行于国外的公共事业概念与我国的事业单位则相当程度上吻合。这样，了解国外关于公共事业的研究，对于认识教研室不失为一种有意义的尝试。有趣的是，当阅读有关国外公共事业的文献时，很快便发现，原来在西方围绕着"公共事业"竟然也是迷雾重重。"公共事业的存在已有很长的历史，但对公共事业的研究近些年来才刚刚开始。……套用美国学者尤劳的比喻，'公共事业'这一概念和核心特征'也许就是其含义的不明确性。'事实上，它就像尼斯湖的怪兽：人们可以肯定地说它'不是什么'，但很难说它'是什么'。"④

如果不去纠缠概念定义的"陷阱"，在综合比较的基础上，可以用几个特征来确定事业单位/公共事业部门：非政府性、非营利性、非特定多数性、非实物生产性、非权力依附性。⑤ 从对于这些特征的讨论与说明中，可以看到许多与教研室性质符合之处。"公共事业部门是不以营利为目的的向社会提供服

① 冯云廷．公共事业管理学[M]．北京：中国财政经济出版社，2003：前言 1.

② 同上，第 2 页．

③ 同上，第 3 页．

④ 同上，第 1 页．

⑤ 同上，第 6—8 页．

务的组织。它是介于政府组织、营利机构之间的一切社会服务组织。公共事业部门执行不生产利润的社会职能，专门提供那些不能由政府及企业充分提供的社会服务。非营利性强调的是自组织宗旨不是为了营利，但这不等于说它们不可以营利。只不过是说它们所赚取的收入必须服务于组织的基本使命，用于扩大向社会所提供的服务数量和质量。”①

看来看去，从事业单位的性质考虑，教研室在筹措资金方面的举措，实际并无不合理之处。就今天的形势，即使是教育系统内部的各级学校的创收，也早已在人们的叹息之中得到了默认。至于其他各种各样事业单位的创收，更是早就为人们所习惯。医院、研究所……大名鼎鼎的中央电视台也是事业单位，一则几秒钟的广告费动辄几十万，新闻联播之前的广告竞标的千万元天价经常成为街头巷尾老百姓津津乐道的话题，报载，2009 年中央电视台的广告招标入账 92 亿元。② 相形之下，教研室的创收所得实在不值一提。

而讨论教育领域的“创收行为”，更不能不提到国人皆知的教育经费短缺的现实。下面是新中国成立以来关于教育经费的几组数据。

年　份	教育事业费支出占国家财政总支出(%)
1950	5.52
1951	6.06
1952	5.09
1953	5.81
1954	5.59
1955	5.23
1956	5.39
1957	6.42
1958	4.84
1959	4.36
1960	4.86
1961	7.30
1962	7.898

资料来源：《中国教育年鉴》(1949—1981)

① 《公共事业管理学》，第 6 页.

② 央视广告招标入账 92 亿[N]. 北京青年报，2008-11-19.

1966年至1970年(第三个五年计划期间)，“我国教育事业费支出占国家财政总支出的百分之五点九三”。

1971年至1975年(第四个五年计划期间)，“我国教育事业费支出占国家财政总支出的百分之五点三”。

1976年至1978年，“我国教育事业费支出占国家财政总支出百分之六点一三”。

1979年，“我国教育事业费支出占国家财政总支出的百分之六点四”。

1980年，“我国教育事业费支出占国家财政总支出的百分之八点二六”。

1981年，“我国教育事业费支出占国家财政总支出的百分之九点八三”。

1982年，“我国教育事业费支出占国家财政总支出的百分之十点零三”。①

以下是包括了GDP和财政支出的教育经费统计。

(单位：亿元)

年份	GDP(国内生产总值)	国家财政性教育经费	国家财政性教育经费/GDP(%)	财政支出	预算内教育经费	预算内教育经费/财政支出(%)
1983	5962.7	155.24	2.60	1409.52	155.24	11.01
1984	7208.1	180.88	2.51	1701.02	180.88	10.64
1985	9016.0	226.83	2.52	2004.25	225.71	11.26
1986	10275.2	274.72	2.67	2204.91	263.20	11.94
1987	12058.6	293.93	2.44	2262.18	272.62	12.05
1988	15042.8	356.66	2.37	2491.21	328.26	13.18
1989	16992.3	412.39	2.43	2823.78	375.39	13.28
1990	18667.8	462.45	2.48	3083.59	410.35	13.31
1991	21781.5	532.39	2.44	3386.62	485.39	14.33
1992	26923.5	621.71	2.31	3742.20	566.71	15.14
1993	35333.9	754.90	2.17	4642.30	691.58	14.90
1994	48197.9	1018.78	2.11	5792.62	939.15	16.21

① 以上分别引自：中央教育科学研究所编．中华人民共和国教育大事记(1949－1982)[Z]．北京：教育科学出版社，1984：436、439、482、538、569、602、639、679.

续表

年份	GDP（国内生产总值）	国家财政性教育经费	国家财政性教育经费/GDP(%)	财政支出	预算内教育经费	预算内教育经费/财政支出(%)
1995	60793.7	1193.84	1.96	6823.72	1080.95	15.84
1996	71176.6	1671.70	2.35	7937.55	1211.91	15.27
1997	78973.0	1862.54	2.36	9233.56	1357.73	14.70
1998	84402.3	2032.45	2.41	10798.18	1565.59	14.50
1999	89677.1	2287.18	2.55	13187.67	1815.76	13.76
2000	99214.6	2562.61	2.58	15886.50	2085.68	13.13
2001	109655.2	3057.01	2.79	18902.58	2582.38	13.66
2002	120332.7	3491.40	2.90	22053.15	3114.24	14.12
2003	135822.8	3850.62	2.84	24649.95	3453.86	14.01
2004	159878.3	4465.86	2.79	28486.89	4027.82	14.14
2005	183217.4	5161.08	2.82	33930.28	4665.70	13.76
2006	211923.5	6348.36	3.00	40422.73	5795.61	14.34
2007	249529.9	8280.21	3.32	49781.35	7654.91	15.38

以上数据资料除“2007 年国家财政性教育经费和预算内教育经费”来源于《2007 年全国教育经费执行情况统计公告》外，其余均来源于《中国统计年鉴 2008》.

2007 年，首都一家报纸刊登了这样的消息：“财政性教育经费支出要占 GDP 比重的 4%。这一目标在 1993 年国务院颁布的《中国教育改革和发展纲要》中首次被提出，而实现目标的时间为 2000 年。此后，这一目标又经过一系列政策、文件反复说明、强调，但直到 2006 年的 6 年后，这一目标仍然没有实现。也正是因此，“4%”这一数字成了众多代表、委员关注的焦点。”①距离这则“两会”消息的刊出，已经又是 3 年，4%依旧是镜花水月。我个人的感受，这个曾经引发无数次慷慨陈词的百分比，如今在教育界的同行们中已经很难成为热门话题——其境遇有点像中国足球：不说也罢，“却道天凉好个

① 代表委员“较真”4%教育支出[N]. 北京青年报，2007-03-07.

秋”！不过在这里还是很想啰嗦几句。

第一，也许4%并非遥不可及。曾经请教教育经济学的学者，得知财政性教育支出与GDP是不能简单相比的。不过对于以上数字还是可以尝试做点分析。从改革开放后1979年开始直到1991年，除1984年略有下降，按照财政支出计算，教育经费所占比例一直保持着增长，其中1979—1982年增长最快。这一阶段能够看到的财政性教育经费支出占GDP的比重最高达到2.67，最低也在2.31。1993年之后，同样以财政支出度量，开始有升有降，财政性教育经费支出占GDP的比重也开始表现出极大的不稳定。如此，是不是可以假设，若是从70年代末一直保持增长而没有回落，30年的时间，应该是可以达到4%的。“不怕慢，就怕站”，何况时有回落！

第二，最为困难的两个时期竟然也保持稳定甚至增长。三年困难时期明显下降，那时国民经济形势严峻，华夏大地饿殍遍野，共和国经历巨大灾难，教育经费下降是必然的。值得注意的是，从1958年到1961年，教育支出占财政支出百分比依次为4.84、4.36、4.86、7.30。1960年灾情依旧惨重，教育经费却开始回升，而1961年也不过是刚刚开始调整恢复，尚未取得明显成效，百分比却增加至7.30，超过新中国成立以来所有年度。当然，没有看到具体数字，想必未必真有多高。但这样的百分比依然透露信息：教育经费得到政府的强力保障。

“文化大革命”令国民经济濒于崩溃。彼时教育事业彻底陷入瘫痪，然而，教育经费占财政支出百分比居然也超过新中国成立之初的大部分年份，1966年至1970年（“三五”期间），“我国教育事业费支出占国家财政总支出的5.3%”。1971年至1975年（“四五”期间），“我国教育事业费支出占国家财政总支出的5.3%”。“文化大革命”甫一终结，“1976年至1978年，这个数字便迅速增至6.3%”。

第三，改革开放之初一直保持大幅度上升。改革开放之后，从1979年至1982年期间，是增长最快的时期。教育经费占财政总支出的比例持续大幅上升，1979年6.4%，1980年8.26%，1982年10.03%。那时改革开放刚刚起步，国民经济迅速繁荣，虽然整体实力与后来无法相比，但足见当时党和政府发展教育事业的决心与气魄。

第四，20世纪最后十年至今令人担忧。除了三年困难和“文化大革命”时期，教育经费在财政支出中所占比例基本是呈现增长趋势的，从1984年之后，稳定增长被打破，下降、回落开始经常出现。

教育事业整体经费不乐观，基础教育尤其困难，教研室自然不会例外。一位地方教研员曾经这样说：“由于各地教研室的定位不够明确，地方财政也没有给教研室以足够的支持。这样，使得本来可以集中精力开展教学研究活动的教研员们在单位领导的支持下，在地方教育行政部门的默许下，开始了本来不属于自己职责范围的活动，即大量编发资料和讲义，开展各种形式的统考，以获得相应的利润来补充财力的缺口。”①

“事业单位的非经济化定位，使事业单位与经济发展相脱节，从而一方面使发展科技经济、教育经济、文化经济等不可能，使事业单位失去了自我生存与自我发展的基础；另一方面又割断了事业与经济的内在联系，使科学技术成果等不能迅速转化为现实生产力；如事业单位全部由财政支撑，一方面，使国家财政不堪重负；另一方面是事业单位既没有自主支配事业经费的使用权，也没有自己独立的经费来源，从而严重压抑了事业单位的积极性；如事业单位及体制的行政性，一方面，扩大了政府的职业职能，增加了政府的财政负担，降低了事业单位的运行效率；另一方面是政事不分，使政府职能不清，只能对事业单位统包统管，进一步增加了国家投入，而事业发展却陷入艰难。”②

须知，省市级教研室的教研员们是没有如今日益显赫的“公务员”身份的，也没有部分名校教师的“额外”收入，在全社会讲究市场经济的今天，要求教研员独守清贫实在不切实际。看来，关键还是在于体制，作为一个公共教育部门，教研室绝对不能够像企业一样追求经济效益，但纯粹依靠国家财政支持在目前看来仍然是不现实的。如何规范教研室的创收行为，是教研室洗脱自身，找回清白的出路所在。

---

① 朱志平．教研员何以异化为“考研员”[J]．人民教育，2008(9)：33.

② 崔运武．公共事业管理概论[M]．北京：高等教育出版社，2002：97.

第二节 足够的合理性

尽管教研室作用巨大，关于它存在的合理性其实从未得到过足够的讨论。教育部的文件从整体上肯定了教研室的作用，解决了教研室存在的合法性，但一份政策性文件的作用也就到此为止，不能指望它能承担起完整、系统地说明教研室存在合理性的任务。所以，尽管肯定，却十分笼统，没有给出教研室在各级教育行政部门之外单独存在的充分理由。于是，教研室有了名分，但仍然脆弱，这种脆弱导致了两个对比鲜明的结果。一方面，当人们需要肯定教研室的存在价值时，经常失望于理论的缺位与资料的极度匮乏，乃至无从下手。另一方面，当人们摩拳擦掌尝试在建立合理性上略做尝试时，会惊喜于好像发现了处女地：既然大家都没有怎么琢磨它，那么即使所见不当，也是情有可原吧，而且总是给后来者留下点可资借鉴的内容。

除了前面所说产生方式的特殊，教研室产生的原因也是特殊的，而这种特殊正是解释教研室之所以能够"自下而上"成长壮大，且生命力顽强的关键所在。

一、行政部门"鞭长莫及"

中国的教育制度与日本和法国相似，都是"中央集权式"的管理体制。从中央到地方存在着严密的纵向行政系统，自国家教育部到每一所中小学，层级固然多，隶属关系清晰明确，国家的教育政策法规能够有效地沿着这个体制，从中央到各省(自治区、直辖市)，再到各县(区)，最终下行到每一所学校和课堂。学校一般设校长一人，总管学校各项教育教学工作，同时根据学校规模区别设1～3名副校长，分别负责德育、教学、后勤，之下，再设教务主任、德育主任、总务主任，学科教研组长、年级组长，等等。在一些"巨无霸"式中学，学生人数可以达到四五千，堪称世界"领先"。那么就不仅如上所述直接安排副校长和主任，而且是先分为初中部、高中部，设分管初中、高中的副校长，然后，再分设主任等。

可以说，无论行政区划大小，学校规模如何，教育系统基本职责分明，制度完善，是比较成熟的社会组织。此外，国家有《学校法》《教师法》，有全国统一的课程计划和课程标准，有经过审查编定的教科书，更有统一的考试制度。面对如此状况，人们很自然会追问：还需要教研室这种机构吗？事实上，答案是肯定的，需要，尽管有完备严密的教育行政系统和日趋完善的法律法规，在中国的昨天、今天、明天，教研室都是需要的。

按照中华人民共和国教育部网站公布的《教育部司局机构设置》中的内容，主管中小学的基础教育司的主要职能是："宏观指导基础教育工作和重点推动九年义务教育、扫除青壮年文盲工作，制定基础教育的基本教学文件及评估标准，指导教育教学改革；组织审定统编教材，规划教材建设工作；指导中小学电化教育、图书和教学仪器设备配备工作；指导中小学德育工作、幼儿教育工作、残疾少年儿童的特殊教育工作。指导社会力量举办基础教育各类学校及教育机构的工作。"①可以说，上述职能基本上包括了基础教育各个阶段的工作的全部内容，也就是说，中小学的正常运转无非上述方方面面。而且，几乎每个具体方面，都有相应的的主管部门更具体地负责。

如此周密设置的行政机构，是不是可以保证基础教育的实践需求呢？可以对比一下几个数字，教育部统计，2007 年，全国共有小学 32.01 万所，在校生 10564 万人；全国共有初中学校 5.94 万所，在校生 5736.19 万人；全国共有普通高中 15681 所，在校生 2522.40 万人。② 这是当之无愧的世界之最，小学生过亿，初中生 5 千多万，高中生 2 千多万，各级学校累计将近 40 万所，难怪许多国外同行听到这些数字往往瞠目结舌，仅仅小学生的人数就已经超过欧洲任何一个大国的人口总数。而主管如此庞大"家当"的基础教育司的官员有多少呢？经了解，在 2006 年至 2007 年期间，教育部基础教育司的工作人员基本维持在 28 人。

其实人数的多少是相对而言的，只有与职责比较才能做出比较准确的判断。说到管理体制，大家都同意美国与中国最具可比性，两个国家各自代表

---

① 国务院办公厅关于印发教育部职能配置内设机构和人员编制规定的通知(国办发[1998]108号)[EB/OL]. http://www.moe.gov.cn/publicfiles/business/htmlfiles/moe/moe_247/200408/1570.html, 2011-05-26.

② 2007 年全国教育事业发展统计公报[N]. 中国教育报，2008-05-05.

一种“极端”，其他许多国家则处于这两个极端之间。众所周知，美国的基础教育权力主要在地方和学区，有学者介绍，“根据美国《教育部组织法》，美国教育部大致被赋予了四项职能：一是制定有关教育的联邦财政资助政策，管理这些资金的分配和使用；二是收集关于学校的信息和督察关于学校的研究，并将这些信息传播给教育工作者和公众；三是找出教育中的主要议题和问题，并在全国范围内引发关注；四是执行联邦法律，禁止收到联邦资金之项目和活动中的歧视，确保每个人平等接受教育。”①其实，不仅联邦政府教育部如此，各州、各市的教育行政机构亦大体如此，既不能决定基础教育阶段任何年级的课程设置，也不能决定教师的工资级别，至于教学、考试等，均没有决定和管理的权力，与中国基础教育的管理体制恰好形成便于比较的参照。两种制度当然各有千秋，但无疑，与美国相比，中国教育行政部门的权力重大，职能种类多得多，管理范围宽得多。在中国，中小学的课程设置要由国家管理：比如英语课程在什么年级开始；课程考试制度与办法要由国家管理：比如小学升入初中采用什么方式；教科书的编写和出版要由国家管理：比如什么样的出版社和人员有资格编写和出版教科书；教科书的选择和使用要由国家管理：比如全国统一还是由地方选择；学生的学费和书本费要由国家管理：收不收费、收多少……。可以想见，仅仅这样几项工作就足够繁重，28个人，实在不能算多。在美国，这些任务是由各种各样的民间或专业组织团体承担的，当然，往往要借助庞大的专家学者队伍。

按照基本的行政区划，自上而下、从省(自治区、直辖市)到县，在教育行政系统中情况又如何呢？按照中央集权的管理制度，上面所提到的基础教育司的职责已经基本划定了地方各级教育行政部门的职责范围。以此类推，可以说各级教育行政机构中主管基础教育的部门基本上职责范围相同，区别主要在于权力范围。以北京市为例，主管基础教育的正式组织部门是北京市教育委员会的基础教育处，它的职能包括：“负责本市基础教育管理工作；研究编制本市基础教育发展规划和年度计划；指导基础教育办学体制改革；组

① 王建勋．美国的教育部“管”些什么？[EB/OL]．http：//news.ifeng.com/opinion/200903/0316_23_1062389.shtml.2011-05-26

织提出中小学办学条件标准，指导教学仪器设备和图书配备工作；指导学制和学校建制改革；拟订基础教育的基本教学文件，指导教学管理、教学改革和教学质量监控；负责中小学课程、教材建设和管理工作；研究提出基础教育入学、升学、考试有关政策；指导区、县学籍管理工作；负责中小学生安全教育工作，统筹协调、管理本市民族教育和特殊教育。”①

文件、制度总是硬邦邦、冷冰冰的，可以从现实情况体味一下教育行政部门具体的工作实况。“截至 2005 年 9 月，全市共有普通中小学 2142 所，在校学生 109 万人。其中 10 个远郊区县有中小学 1217 所，占全市中小学总数的 57%；在校生 52 万，占全市中小学在校生总数的 47%。”②如此规模的基础教育，按照现行体制，所产生的管理需求该有多么大、多么复杂！仅仅以每年的中小学招生、毕业，教师的聘任、考核，校长的任命等常规任务，多少可以推测出其“海量”。在 2008 年 5 月一次会议上与北京市基础教育处有关人员交谈时得知，这个处的编制是 12 个人，实际上当时正式的工作人员只有 9 人，另外有两个临时性帮忙的工作人员。可以想见，无论这 11 个人有多么能干，必定是“日理万机”甚至“焦头烂额”，忙碌是不言而喻的。

进而言之，这样的管理也必然只能是宏观的、整体的、方向性的。由此，虽然中国的教育行政系统庞大周密，仍然有着管理上的“真空地带”，乃至于需要另设机构给予填补。这个设想好像近乎荒谬，如前所述，教育行政部部门对于中小学的管理差不多是全方位的。然而稍微琢磨一下便可以洞若观火。

迄今中国大陆地区的中小学班级规模过大，是一个众所周知的现象，事实上已经成为基础教育提高质量的瓶颈。教室是按照标准班级规模设计的，按照我国有关办学标准，中小学班级人数应当是 45 人，不过实际上这个标准在全国大多数地区形同虚设。许多学校，尤其是家长和学生所向往的“重点”学校，无论中学还是小学，往往在一间按照 45 人设计的标准教室内要坐满 50 名甚至 70 名学生。在各地的“县一中”这样的学校，班级规模就可能更加“惊

① 基础教育处[EB/OL]. http://www.bjedu.gov.cn/2007bjedu/2378467968431423488/20070927/54186.shtml，2011-05-26.

② 北京市十二届人大常委会公报(第 24、25 号)[EB/OL]. http://www.bjrd.gov.cn/zlk/srdc-whgb/200807/t20080731_14975_7.html2007-03-21[2011-05-29].

人”。前几年一个曾经流传的笑话，可以帮助窥见班级规模的“超级”之一斑：

“今年高考成绩公布之后，某县一中成绩骄人。教师、家长和学生们奔走相告：今年破纪录了，比前几年情况都要好得多。高三××班，上线(指达到本科录取线)的就超过了100人!”

真实的情况其实比这个笑话更加“雷人”：

“在甘肃省兰州市皋兰县的县城中小学校中，因学生严重超员造成的‘超大班’让老师和学生不堪重负”，在一所高中，“50多平方米的教室里，密密麻麻地挤着一个班109个学生”，在一所小学，“由于教室里学生太多，为了让学生能够听清老师的讲课内容，不少老师都要在上课时使用小扩音器。”

“2006—2007学年，皋兰县教育局对县城中小学的‘超大班’进行了调查。全县两所独立高中都在县城，共计83个班，最大班额143人，100人以上的班有7个，绝大部分班额在70人以上，平均班额74人；县城的两所初中共计48个班，最大班额89人，平均班额64人；县城两所小学有40个班，最大班额88人，平均班额75人。”①

课桌之间仅能够侧身行走的狭窄过道，随着学生走动不时落地的书本铅笔盒，多人长时间共处一室时特有的浑浊空气，教师每天面对的厚厚的本子、批改作业的超重负荷……早已为人所诟病。我自己就至今记得一次与教育部某行政官员的对话。那是发生在大约20年前某次会议间隙的闲聊，谈及中小学教学实际状况时，我与该官员曾经谈及中小学班级规模：

问：“现在许多学校，特别是一些有点名气的学校，班级规模实在太大了。不要说教学质量会受影响，对学生的安全和健康都不利。你们为什么不管管?”

答：“这个问题呀，是很重要，不过，不归我们管。”

至今还记得自己当时的反应：先是惊诧、错愕、失望，然后是百味杂陈不知所措。随着在教育领域各种经验的累积，终于渐渐地理解了那位官员当初的回答：虽然不能够说多么“合理”，却多少“合情”。班级规模的问题，当然是基础教育发展必须解决的，当然是基础教育主管部门应当负责的，当然

① 一个班学生上百 上课要用扩音器[N]. 北京青年报，2007-09-14.

是有关官员的职能分内。然而，他们还真的管不了。不仅如此，在基础教育司和基础教育处(科)所基本覆盖的中小学教育教学工作的所有领域，还有许许多多这样“必须解决”“应当负责”“职能分内”之事，实际上是进入不了行政部门的工作日程的。因为权力巨大而地位“显赫”，又因为地位“显赫”而实际上对许多事务爱莫能助。这是中国各级教育行政部门生存的真实写照。

常识告诉我们，学校的中心工作是教学，那么各级教育部门理所应当地要对学校教学质量负责，也就理所应当地要将教学管理置于工作范围的重点。而以上关于班级规模的讨论提醒我们，事实上却未必如此。在教育行政部门的工作范围内，日常教学恰恰没有多少地位。

当然重视，可惜鞭长莫及。

二、没有边界的工作范围

时下，各行各业的工作者都在叫喊忙碌，一旦社会舆论对于某个行业部门有所不满，便会有某种形式关于该部门实际工作“内幕”的“解密”，令大众洞悉他们的行业操作规则及具体内容细节，唤起人们的宽容与同情，从而在一定程度上达成公众与该部门的“谅解”。在教育领域，好像还没有怎么被采用过，其实，中国的教育工作者尤其是中小学教师的忙碌，不仅不逊于任何一个行业部门、有过之而无不及，而且历史悠久。有学者在整理新中国教育掌故时，发现1956年12月12日《人民日报》发表的一篇文章：《解决中小学教师的忙乱问题》。

“去年冬天以来，在各地中小学和师范学校中，教师忙乱现象又开始严重起来了。教师们经常被拉去参加各种各样与教学无关的活动，不能集中精力进行教学工作，影响到进一步提高中小学教育质量。文章例举了地方政府和社会向学校摊派的各种社会工作任务，包括铺路、除四害、推销糖果、代办储蓄业务、推销电影票等，而且是难以推卸。在学校内部，影响教师正常深入工作的还有教育行政部门常常向学校布置的一些繁琐的工作和学习规定也朝令夕改，基层学校的教师编制也偏紧，许多要求令教师们心存疑惑、‘无所是从’。评论指出，中小学教师忙乱的问题是‘长期以来没有得到彻底解决的老问题’，没有真正将学校的教学工作作为中心工作，打乱了学校的正常秩序、不尊重教师的劳动。为此，应该使学校的工作真正围绕教育教学展开，保证教师有充分的时间和精力从事教学工作，减轻教师身上不切实际的繁重负担。”①

半个多世纪过去了，学校的忙碌似乎有增无减，慨叹之余稍加分析，学校和教师的忙碌也可以分为两类。一类是教育得不到应有尊重。在社会生活各个领域之中，中小学学校教育的效果是长期才能兑现的，典型的“前人栽树，后人乘凉”，与密切关乎人们生活的经济事务相比，与直接关乎人们基本安全的政治事务相比，学校教育的这种特征使得人们总是觉得可以从长计议，不至于那么急迫，因而沦入实际上的弱势，甚至被工具化，为各种各样“宏大”的社会事务襄助和驱使。第二类，则是教育尤其是中小学教育自身所具有的特征所使，这恐怕是到任何时候也无法避免的。

“学校在中国是一种重要的社会存在，学校已发展成为我们这个时代最重要的、也是最普遍的社会制度之一。生活在今天的人们，几乎没有人不和学校有一定的关系，即使没有直接关系，也会有间接的关系。”②如今，激烈的社会竞争和独生子女政策更加剧了人们对于学校的热情和关注。在中国的的教育制度下，即使是最边远地区像故事片《凤凰琴》《一个也不能少》那样只有一名教师的山村小学，同样有每周一升国旗、唱国歌的仪式，而算术课的例题和习题，期中与期末考试的安排，也与最发达地区的学校保持基本一致。这种一致的实现，主要是依靠前述教育行政系统来承担的，这样的行政系统，像一条纽带将国家最高教育行政部门基础教育的规划、要求与学校的日常教育教学活动紧紧地联系在一起。入学、毕业、课本、学校建筑、校园建设、教师聘任和培训，举凡中小学中所有事宜，均在教育行政部门的职权范围之内。教研系统的工作对象：学校教学，当然也是基础教育主管部门的任务。上述种种事务固然繁重，却自有其周期和规律，通过制度化可以凭借经验和惯例相对轻松加以处理，何至于对分量重大的教学“鞭长莫及”呢？又何须教研室这一机构呢？

---

① 程方平．今天的学校和教师应该忙什么？[J]．教育科学研究，2009(8)．

② 庄西真．学校自主性和学校能力[J]．教育研究与实验，2007(1)．

我们可以从某所学校收到的上级文件中做一番透视，收“一叶知秋”之功。

2006年的头一场雪，并没有来得比往常早些。在这一年里北京市某城区的某中学，一如既往地要从自己的上级行政主管部门——该区的中教科——接到各种文件，学校一位专门负责档案的年轻女职员，忠于职守地将所收到的文件逐一编号存档，于是，年终时便有了下面这份“北京市某区某中学2006年收到的由所在区教育委员会下发的文件目录”。

为了更好地品味这份目录所透露出的信息，不妨再复习一下中国基础教育的行政管理体制及其运作方式。作为该中学上级领导的区教育委员会，对中小学校行使垂直的领导关系，经常直接向学校发布各种管理要求，具体的发布者是则是区教委。同时，北京市教育委员对区一级的教育委员与也行使垂直的领导关系，这就是说，北京市对于基础教育的日常管理，并不直达到学校，而是以垂直方式即通常所说科层管理体制，通过市、区两级教委，最终达到学校层面的。这样，学校所接到的文件，包括了由区教育委员会转发的市教育委员会的文件，和区教育委员会自己下发的文件。需要说明的是，虽然是用市教委和区教委的名义，但具体操作这些针对中学文件的部门，正是市基础教育处和区中教科。

细心些可以看出，按照序号，下面的目录并不完全，据说有些文件未发到学校一级，这就意味着区一级所发和转发的文件数目还要大于目录中的总和。

北京市某中学2006年收到的由所在区教育委员会下发的文件目录

文件号	题　目	发文时间	
(1)东教发[2006]2号	东城区教育委员会转发北京市教育委员会办公室转发教育部关于切实加强元旦春节期间学校安全工作的通知	2006.1.18	
(2)东教发[2006]3号	东城区教育委员会转发北京市教育委员会北京市人民政府教育督导室关于安排好中小学生寒假生活的通知	2006.1.18	
(3)东教发[2006]4号	东城区教育委员会关于寒假期间在全区中小学生及教职工中开展“三个一”活动的通知	2006.1.16	

续表

文件号	题　目	发文时间	
(4)东教发[2006]5 号	转发市教委市发改委市财局市人事局市国资委市规委市编办市教育督导室关于印发北京市中小学校办学条件标准的通知	2006.2.16	
(5)东教发[2006]7 号	东城区教育委员会关于举办北京市第九届学生艺术节的通知	2006.2.21	
(6)东教发[2006]8 号	东城区教育委员会关于印发东城区未成年人思想道德建设领导小组 2005—2006 学年度第二学期德育工作计划的通知	2006.2.27	
(7)东教发[2006]10 号	东城区教育委员会转发北京市卫生局北京市教育委员会关于加强学校春季传染病防控工作的通知	2006.3.6	
(8)东教发[2006]11 号	东城区教育委员会转发市国防教育办公室市教委关于在学校开展“国防教育进校园”公益言行宣传活动的通知	2006.3.8	
(9)东教发[2006]12 号	东城区教育委员会关于印发 2006 年东城区高级中等学校考试招生工作实施方案的通知	2006.3.10	
(10)东教发[2006]13 号	东城区教育委员会转发北京市教育委员会关于加强春季群体性流行性感冒防控工作的紧急通知	2006.3.13	
(11)东教发[2006]14 号	东城区教育委员会转发北京市教育委员会办公室转发教育部办公厅关于《全国流行性脑脊髓膜炎防控工作方案》的通知	2006.3.29	
(12)东教发[2006]16 号	东城区教育委员会转发北京市教育委员会办公室关于印发 2006－2007 年度各级各类学校校历的通知	2006.3.24	
(13)东教发[2006]17 号	东城区教育委员会关于印发东城区 2006 年初中入学办法实施意见的通知	2006.3.27	
(14)东教发[2006]18 号	东城区教育委员会转发北京市教育委员会关于做好学生 IC 卡月票发行工作的通知	2006.3.27	
(15)东教发[2006]19 号	东城区教育委员会转发北京市教育委员会转发北京奥组委教育部关于开展建设和命名北京 2008 奥林匹克教育示范学校文件的通知	2006.3.28	

续表

文件号	题　目	发文时间	
(16)东教发[2006]20号	东城区教育委员会关于表彰2005年东城区教育系统档案规范化管理工作先进集体和先进个人的通报	2006.4.12	
(17)东教发[2006]21号	东城区教育委员会关于进一步加强“五·一”期间学校安全稳定工作的通知	2006.4.26	
(18)东教发[2006]22号	东城区教育委员会关于授予北京市第二中学顾盼等66名学生2006年东城区中学特优生称号的决定	2006.4.26	
(19)东教发[2006]26号	东城区教育委员会转发北京市教育委员会关于北京市第九届哲学社会科学优秀成果评奖(教育系统)评选有关工作的通知	2006.5.15	
(20)东教发[2006]27号	东城区教育委员会转发北京市教育委员会关于加强学校食品安全工作的通知	2006.5.26	
(21)东教发[2006]28号	东城区教育委员会东城区卫生局东城区红十字会关于印发东城区开展健康促进学校工作要点的通知	2006.5.12	
(22)东教发[2006]29号	东城区教育委员会东城区卫生局东城区红十字会关于印发东城区健康促进学校工作规划(2006—2010年)的通知	2006.5.12	
(23)东教发[2006]30号	东城区教育委员会转发北京市教育委员会关于评选北京市幼儿园、中小学、中等职业学校教师校本培训百所示范学校工作文件的通知	2006.5.23	
(24)东教发[2006]31号	东城区教育委员会关于教委基建科正式成立并对外办公的通知	2006.6.2	
(25)东教发[2006]32号	东城区教育委员会转发北京市教育委员会转发教育部体卫艺司关于利用互联网开展青少年预防艾滋病知识竞赛文件的通知	2006.6.5	
(26)东教发[2006]33号	东城区教育委员会转发东城区财政局关于2006年度财政基础数据库数据采集的通知	2006.6.16	
(27)东教发[2006]34号	东城区教育委员会转发北京市发展和改革委员会北京市教育委员会关于组织全市中小学开展节能教育活动的通知	2006.6.12	

续表

文件号	题　目	发文时间	
(28)东教发[2006]36 号	东城区教育委员会关于印发东城区中小学预算编制办法(试行)的通知	2006.6.26	
(29)东教发[2006]37 号	东城区教育委员会转发市红十字会市教委市卫生局关于做好 2006 学年度少儿互助住院医疗金收费工作的通知	2006.7.4	
(30)东教发[2006]39 号	东城区教育委员会关于在全区中小学校实施学生卡电子学籍注册管理的通知	2006.7.4	
(31)东教发[2006]41 号	东城区教育委员会转发北京市教委关于做好学校暑假工作的通知	2006.7.5	
(32)东教发[2006]43 号	东城区教育委员会关于做好 2006 年暑假期间安全工作的通知	2006.7.5	
(33)东教发[2006]47 号	东城区教育委员会转发市教委办公室转发教育部办公厅进一步加强暑期师生安全工作文件的紧急通知	2006.7.24	
(34)东教发[2006]49 号	转发市教委市督导室转发教育部关于学习宣传和贯彻实施《中华人民共和国义务教育法》文件的通知	2006.8.29	
(35)东教发[2006]50 号	东城区教育委员会转发北京市教育委员会北京市财政局关于进一步完善义务教育阶段“两免一补”政策的通知	2006.8.31	
(36)东教发[2006]51 号	东城区教育委员会转发北京市教育委员会关于调整学生 IC 卡发行办法的通知	2006.9.8	
(37)东教发[2006]52 号	东城区教育委员会转发北京市教育委员会关于开展学校食品卫生安全检查工作的通知	2006.9.4	
(38)东教发[2006]54 号	东城区教育委员会转发东城区财政局转发北京市财政局关于启用新版北京市财政性票据和开展重新审核北京市财政性专用票据工作的通知	2006.9.14	
(39)东教发[2006]55 号	东城区教育委员会转发东城区财政局关于印发东城区区级基本支出预算管理试行办法的通知	2006.9.13	

续表

文件号	题　目	发文时间	
(40)东教发[2006]56 号	东城区教育委员会转发东城区财政局关于印发东城区区级项目支出预算管理试行办法的通知	2006.9.13	
(41)东教发[2006]57 号	东城区教育委员会转发北京市教育委员会关于以纪念长征胜利 70 周年为契机开展第三个弘扬和培育民族精神月活动的通知	2006.9.13	
(42)东教发[2006]58 号	东城区教育委员会转发东城区爱国卫生运动委员会关于迎接北京市“十一”爱国卫生检查的通知	2006.9.18	
(43)东教发[2006]59 号	东城区教育委员会转发东城区爱国卫生运动委员会关于迎接北京市“十一”爱国卫生检查的通知	2006.9.14	
(44)东教发[2006]60 号	东城区教育委员会关于印发东城区教育委员会行政事业单位资产清查工作方案的通知	2006.9.19	
(45)东教发[2006]61 号	东城区教育委员会转发北京市东城区人民政府办公室关于开展东城区行政事业单位资产清查工作的通知	2006.9.19	
(46)东教发[2006]62 号	关于评选中小学优秀青年教师的通知	2006.9.30	
(47)东教发[2006]63 号	东城区教育委员会转发北京市教育委员会办公室关于加强国庆期间校园建筑工程安全工作的通知	2006.9.29	
(48)东教发[2006]64 号	东城区教育委员会转发北京市教育委员会办公室转发教育部办公厅关于加强学校预防控制流行性乙型脑炎工作文件的通知	2006.10.24	
(49)东教发[2006]66 号	东城区教育委员会关于印发《东城区教育委员会关于进一步加强和改进中小学卫生室管理工作的意见》的通知	2006.11.30	
(50)东教发[2006]67 号	东城区教育委员会印发关于开展 2006 年“12・4”法制宣传日实施方案的通知	2006.11.28	
(51)东教发[2006]68 号	东城区教育委员会东城区财政局关于转发北京市教育委员会、北京市财政局《关于规范北京市教育系统行政事业性垫付资金结算行为的通知》的通知	2006.12.12	

续表

文件号	题　目	发文时间
(52)东教发[2006]72 号	东城区教育委员会转发北京市教育委员会办公室关于进一步加强学校食堂卫生管理确保食品卫生安全的紧急通知	2006.12.30
(53)东教发[2006]73 号	东城区教育委员会转发北京市教育委员会办公室关于公交票制票价调整后学生卡发行工作的通知	2006.12.30
(54)东教外[2006]44 号	北京市东城区教育委员会关于转发北京市奥运教育工作领导小组办公室关于在北京市大中小学开展“同心结”国际交流项目标识征集活动的通知	2006.5.23
(55)京教体美[2006]9 号	北京市教育委员会关于加强中小学体育工作确保学生每天一小时体育活动的通知	2006.3.30
(56)东教外[2006]26 号	东城区教育委员会转发北京市教育委员会关于加强我市文教专家管理工作的通知	2006.4.5
(57)东教外[2006]25 号	东城区教育委员会转发北京市教育委员会关于加强外国及港澳台侨学生安全工作的通知	2006.4.5

从这样一个并不十分完全的目录中，我们可以观察到许多非常有趣的特征。

第一是“非本色”。文件中涉及的大量工作超越了学校教育领域。表格中罗列的目录内容庞杂，用“五花八门”“千头万绪”来概括毫无夸张。举凡任何一个中国“单位”所必需的工作，皆应有尽有。正如学者们所说，中国的社会生活是在各种各样的“单位”中展开的，学校作为一级单位自然也不例外。从“切实加强元旦春节期间学校安全工作”(见上表[2006]2 号)、“加强春季群体性流行性感冒防控工作”([2006]13 号)、流行性脑脊髓膜炎防控工作([2006]14 号)，到学生 IC 卡月票发行工作([2006]18 号)、少儿互助住院医疗金收费工作([2006]37 号)，直至开展学校食品卫生安全检查([2006]52 号)，等等。尽管人们一致同意学校的中心工作是教学，全年专门下发的与教学有关的文件却只占据 1/10 左右。从总体上看，牵涉社会生活方方面面的工作中，许多与教育部门的“本色”相异。

第二是“非常规”。在各种社会组织中，学校其实是“节律”性比较强的一个，有着自己准确的“生物钟”。九月开学，一月寒假，六月高考，七月毕业……。一年年周而复始，按部就班。但作为“单位”的学校，却不可能完全依照自己的“节律”运行，经常会面临各种“插曲”：因不同原因产生的急迫事务。在学校接到的各种教育教学的文件中，相当部分属于此类。是教育教学的，但又是非常规的，带有一些“时事”特征的工作任务。如中小学校办学条件标准的通知([2006]5 号)、学生艺术节([2006]7 号)、“未成年人思想道德建设”(见上表[2006]8 号)、“国防教育进校园”公益言行宣传活动的通知([2006]11 号)、开展建设和命名北京 2008 奥林匹克教育示范学校文件的通知([2006]19 号)、评选北京市幼儿园、中小学、中等职业学校教师校本培训百所示范学校工作文件的通知([2006]30 号)、关于利用互联网开展青少年预防艾滋病知识竞赛文件的通知([2006]32 号)、关于组织全市中小学开展节能教育活动的通知([2006]34 号)、等等，这些事务虽然不是常规，却与教育发展有着千丝万缕的联系。此类文件也占据了相当的比例。

第三是“无轻重”。上述两类任务十分庞杂，虽然不是本色，但必然发生(在中国尤其)，而且因为非常规，没有现成、固定的处理方式，需要花费时间和精力专门应对。而且，尽管这些事务在工厂、机关、公司、乡村也同样会发生，就学校而言却永远意义特别：很简单，学校是集中了大批未成年人的社会组织。诸如上面所列，无论是流行性脑脊髓膜炎防控工作，还是食品卫生安全检查，在任何别的社会组织中，永远不会像在中小学校中那样性命攸关，那样来不得半点差池。几乎任何一项事务在中小学的完成都必须比在其他社会部门更为严格、更为慎重。面对这样几乎“包罗万象”的任务，可以想见教育行政部门的忙碌。

所以，人们一致同意的学校中心工作——教学，事实上往往并不能放在“当务之急”的位置上。而且，在教学方面，有关日常教学工作的管理又占据了相当比例：一年一度的招生、毕业、中考、高考等，没有一项能够掉以轻心。

由此不难体会到这样的无奈：要求教育行政部门把主要精力放在教学工作上，经常置于日常工作的首位或中心，其实几乎不可能。那么，是不是意味着教育行政部门对于教学不重视、不作为自己分内之事、不考虑不作为呢?当然不是。几乎无须去做专门的调查访谈，教育行政部门的任何一个成员都了解并且深知学校教学的意义，知道其中利害及其对于自己所在部门的意义。所有国人都熟知，每年的高考、中考成绩就是教育行政部门最关心的事情。一些地区经常为人们津津乐道的极端事例：因为考试成绩的上升与下降而导致某某官员的宦海沉浮、升迁罢黜都早已不是新闻。当然，绝大多数的教育行政官员并不那么只从升学率来看待自己的工作，而是从学校的本职，从年轻一代的成长，从社会发展的需求来理解教学工作的意义。他们懂得，无论各种日常的、紧急的事务多么重要，毕竟都不是学校的本色——学校是教书育人的。那么，似乎在这里出现了一个明显的矛盾。如果说教育行政部门并不重视教学，那么不仅与所有教育理论研究结果相悖，而且也与人们的常识不符。如果说教育行政部门的确重视教学，为什么在下发的文件中身影飘渺?只要循着这个思路稍微了解并且思考一下，很自然，教研室的存在，这个专门组织的地位与作用便“浮出水面”。

三、一支需要专业支持的队伍

关于教研室价值、地位、功能的各种议论，经常也来源于有关中小学教师队伍及其职业的讨论。

(一)当务之急

1. 规模大，编制紧

中国基础教育的规模是世界之最：学校数目、学生数目，都是惊人的庞大，在一些国际性的教育交流场合，相关数字经常让一些国家的同行抽冷气。如此庞大的教育规模，自然也就产生了同为世界之最的教师队伍。然而，虽然人数众多，与现实的教育需求相比，教师仍然是短缺的，许多地方的中小学教师缺编严重，甚至大城市也不例外，而广大农村地区自然尤其严重。

“我国现行的是2001年中小学教师编制标准，分城市、县镇和农村三级，规定小学生师比分别为19∶1、21∶1和23∶1，初中生师比分别为13.5∶1、16∶1和18∶1。这一编制标准以压缩编制和效率优先、城市优先为导向，存在编制标准整体偏紧、城乡标准严重倒挂，仅考虑单一生师比维度、缺乏附加编制的明确规定等突出缺陷，与我国农村地区地广人稀、生源分散、交通不便、学校规模较小、成班率低、存在大量村小特别是10万个教学点的实际情况严重相违。”

“2001年的编制政策实行后，我国中小学教师尤其是农村教师编制大幅度减少，全国中小学教师编制数量整体压缩近10%。据报道，山西省实行2001年编制标准后教职工人数减少了5万，减幅高达15%左右。山东省济南市实际需要4.8万名中小学教职工，但按照2001年标准核定的编制数仅为4.1万个，编制缺口达7千余个，造成中小学实际运转和发展需要与人员编制的严重不匹配。同时，由于编制标准的城乡倒挂，各地编制数量下降和裁减的影响主要集中于农村地区，致使农村地区的教师编制更为紧张，数量严重不足。许多地方中小学校由于教师编制进口卡死而难以补充新教师，规模小的农村学校与教学点甚至由于缺少编制而难以为继。据不完全统计，2004—2006年全国约有10%的县连续三年未补充正式公办教师。不少农村中小学教师一人兼任几个班级的多门甚至全部课程，教师负担极其沉重；部分农村学校不得不为了保证学校正常运转而聘用代课教师。”①于是，政府强制取消民办教师，没有多久，代之而起的“代课教师”又大批走进农村中小学的教师队伍之中。

从这个意义上说，“民办教师”或“代课教师”是可敬的，他们拿着微薄的薪水，支撑着共和国的农村教育。更进一步讲，在“端铁饭碗”的众多行业当中，中小学教师有足够的骄傲资本——按照经济学上投入产出观点，他们应该是最为称职的、贡献最大的，中国的中小学教师用最微薄的工资收入支撑起了世界上最庞大的基础教育事业(这是就整体而言，少数重点学校教师的情况应属例外，待遇优厚，人员充足，但在教师队伍总体中所占比例有限)。

2. 学历低，力量弱

“合格”的标准之一，是学历水平。根据1994年10月31日第八届全国人民代表大会常务委员会第四次会议通过的《中华人民共和国教师法》第十一条规定，“取得小学教师资格，应当具备中等师范学校毕业及其以上学历”“取得

① 韩小雨，庞丽娟．制约我国义务教育教师队伍建设的政策瓶颈及其破解[J]．中国教师，2009(7)．

初级中学教师、初级职业学校文化、专业课教师资格，应当具备高等师范专科学校或者其他大学专科毕业及其以上学历”“取得高级中学教师资格和中等专业学校、技工学校、职业高中文化课、专业课教师资格，应当具备高等师范院校本科或者其他大学本科毕业及其以上学历”。

这样的标准，在发达国家早已是昨日黄花，而就是这样一个标准，从政府到民间奋斗了几十年，虽然可以说是成绩斐然，但离起码的基本合格仍然十分遥远。为了百年大计的基础教育，多少人奔走呼号，提高教师学历水平，为此，《面向21世纪教育振兴行动计划》和《中共中央国务院关于深化教育改革全面推进素质教育的决定》中都提出了“2010年前后，具备条件的地区力争使小学和初中专任教师的学历分别提升到专科和本科层次”的师资队伍建设目标。在部分发达地区，这已经不是问题。如果就全国来看，这样的目标仍然任重道远。作为北京师范大学的教师，我多年来一直承担寒暑假的函授教学任务，主要对象就是需要提高学历的中小学教师。函授班的学历，有专升本——通过函授学习从大专学历升至本科学历，也有专科班——从中师学历升至专科学历。一直到2010年，函授任务仍然在继续，虽然公允地说，有所减少。而近几年函授的地点之一，就在北京的通州区，学员大部分就是北京各个郊县的中小学教师。

其实，在学历合格的教师群体中，情况也并不那么乐观。众所周知，中国大陆的教师合格学历，许多人并不是一次到位，而是靠入职之后的继续教育得以提高到合格水平，也就是说，最初学历是中师或者大专，然后通过在职进修逐渐提升到合格水平。在这个过程中，可以想见其辛苦程度，出于种种可以理解的原因比如需要自己承担学费、工作任务没有丝毫减轻、通过考试的压力等，他们必然会权衡利弊做出对自己最为保险和有利的选择。于是，本来是数学教师，获得的本科学历是中文，本来是物理教师，获得的大专学历是教育管理，等等，这种状况极为普遍。需要说明的是，在继续教育专业选择时“避重就轻”的教师也是可以理解的，任何人处于他们的位置多半会做出同样反应。学历当然不能等同于教学能力，但学历与教学能力又必然是高相关的。在这里只是想要强调，教师队伍的这种现实，如何保证中小学的教学质量？

(二)从长计议

教师永远是教育质量的保证，也永远是关心教育的人们心之所系。教师队伍的专业成长，是这些年在各种教育刊物上出现频率非常高的名词。尽管对于它的准确内涵人们还没有达成一致，却并不妨碍大家共同使用它。其实，虽然见仁见智，对于“专业成长”的主要内容人们的看法是相同的，用最通俗的话来说，“专业成长”就是内行，就是在某个领域里面做得好，就教育领域的教师而言，自然就是优秀的教师，至少，是合格的教师。

教师职业的专业成长迄今在世界范围内争论不休。毋庸讳言，期望教师获得医生、律师那样的被整个社会广为认可的职业地位，至少在短时期内是不可能的。不过人们也乐于承认，教师职业有其复杂性，从而对于从业人员有着严格要求——当然，对于这些要求的具体内容和标准则见仁见智。

关于教研室存废的议论也经常与教师的专业成长这个话题有关。

一种比较流行的说法是，“文化大革命”刚刚结束时，教师队伍损失严重，许多成员实际上是不称职的。随着政府对基础教育的重视和扶持，教师队伍在改革开放后学历水平大幅度提高，在一些大城市甚至已经提出了研究生学历教师的百分比。此外，教师的职前和职后培训也已经有了规范的制度，应该说，从整体看教师队伍的学历日益乐观。

其实只要看看发达国家的情况，便可以知道，对于学历和人数基本不再成为困扰的教师队伍，人们仍然对专业成长孜孜以求，热衷于通过培训、继续教育等形式谋求提升教师的水平。也就是说，无论多么理想的职前教育，都无法直接向中小学输送合格教师，优秀的、称职的教师必须也只能在实践中产生，好的职前教育可以令成为优秀教师的过程缩短，可以令教师的职业发展更具潜力，但无论怎样，几乎都无法超越实践的过程。

人数不足，学历不足，自然需要专门的力量协助才能保证水准。进而言之，有朝一日学历和人数都不再是问题，提升专业水平的需求仍将源源不断。教研室正是这样一个部门，以它的力量，支持教师的教学，成为他们不断提升自己专业水平的坚强后盾。

第三节　“组织外在化”的结果

在本书写作的几年间，我不断地向人询问有关教研室的问题，其中一个便是：“就中国基础教育而言，如果没有教研室行不行?”询问对象包括教育行政人员、各级教研室领导及各学科教研员、中小学校长、教师。很有趣的是，对于教研室的机构设置、教研室的具体职能、教研室工作方式等方面，的确存在一些不同的看法，但对于“如果没有行不行”这个问题的回答则高度一致，坚决的如：“在中国，没有教研室肯定不行”“这种机构还是需要的”“教研活动对保证基础教育教学质量是非常重要的”，委婉的如：“至少目前无法取消”“现在看来，仍然没有其他机构可以替代”……不过，继续追问所得的结果引人深思：在解释之所以“需要”、之所以“没有不行”“不可替代”时，大家的说法却少有一致和成熟的意见。

解释教研室这样“没有对口的上级主管部门”的机构的顽强存在，比较合理的思路是从其作用或者职能追问：即从其存在本身着眼——它应该具备其他部门所不能替代、其他部门所不能提供的某种或某些作用。由此可以这样假设：教研室的产生是缘于其工作性质的特殊，教研室所承担的职能，与基础教育本身存在深刻联系，而且这种职能必然是长期的而不是暂时的，主要是专业而非一般管理的。虽然，教育行政部门的工作千头万绪艰苦繁重，虽然，学校如同小社会各项事务无所不包，任何一级教育行政部门的官员仍然明白，学校的核心工作是教书育人，学校的成败得失在于教书育人的质量和水平，对此永远不能掉以轻心。那么，如何在“千头万绪”“无所不包”的同时切实保证教书育人活动的核心地位？以什么方式、途径来保证呢？建立教研室或者说教研制度，正是解决这个问题的合理途径。

借用社会学“组织外在化”的概念，对我们理解教研室存在的深层原因颇有助益。

“组织外在化”是组织社会学理论的一个概念，意思是说，如果一个组织内部的某种职能比较独立和比较专门化的时候，那么最终它便会从组织当中分化、转移出去：交给有关的专门组织或者成为一个相对独立的部门。[①] 在教育领域，这种“组织外在化”不乏其例，比如国家及地方的教育考试中心等，这些机构虽然仍在教育部领导之下，但都保持相当的独立性。它们的共同特点就在于分别承担着高度专门化的职能。当然，这些组织的存在要比教研室名正言顺，更没有经历过前面所说“自下而上”“名实不符”的境遇。也不奇怪，考试的独立性、教科书编写的独立性都是外显、突出的，而教学的独立则要复杂得多，甚至因为其太普遍、太常见而往往被有意无意地忽略。

教学活动本身有自己的规律，除去必须因社会发展变化而进行调整改革之外，还有自身的稳定性，这种稳定性往往是超越时事变化，甚至超越政治和经济变革的。新中国成立，是中国历史上的重要革命，所带来波及全社会的政治、经济、文化诸方面的变化大多是颠覆性的。具体到教育领域，很多地方也不例外，比如基本培养目标，比如受教育权利，比如教育制度等等，同样是彻底性的变革。但就教学领域则另当别论，除了特别科目的内容——主要是与意识形态关系密切的科目和内容——会有根本性变化外，大多数科目在内容上几乎无须做实质性改动，教学活动本身，也基本上一如既往。不会因为蒋介石的离去而增加几何课程的定理，也不会因为毛泽东的到来而减少语文课程的识字量。改革开放事业对中国社会产生的影响，无论怎样估计都不过分，从计划经济向市场经济的转轨，更使得无数中国人的命运跌宕起伏，在教育领域也产生了诸如学校体制的多样化、收费方式改变、专业设置调整等，然而具体到基础教育的课程与教学领域，仍然彰显出超强的稳定性。并不会因为计划经济渐行渐远而取消数理化，更不会因为市场经济粉墨登场而否定班级授课制。很简单，这是教育的独立性使然。民国时期教育凋敝，但基本格局处于清末以来中国教育现代化过程之中，新中国的成立、改革开放都大大加速了这一过程，却不是另起炉灶，现代化进程仍然在继续。

教学活动的相对稳定和独立，一方面，使得对于它的管理可以条理清晰地按部就班：9月份开学，6月份毕业，7：30早读，4：00放学，小学数学的程度，中学物理的范围，自有常规可循，无须时时事事操心。另一方面，

---

① 周雪光．组织社会学十讲[M]．北京：社会科学文献出版社，2003：8.

又使得对于它的研究和探讨似乎没有止境：已经很好了吗？是不是可以更好？如何更好？教学的复杂多变，教学的具体结果和质量，总是受制于多方面因素的影响，仅仅有常规，仅仅有学历合格的教师都不能保证一定获得人们所期望的良好结果。因此，又必然要求时时事事操心。

基础教育职能部门工作任务的繁重与机构的相对有限，必然会与“时时事事操心”的要求产生冲突，当职能不可能改变时，可以设想的解决方式至少有二：第一是扩大机构，增加人员；第二便是“组织外在化”——将有关事务委托给其他专门机构。中国的国情是，行政机构的庞大是历朝历代统治者们的困扰，在基础教育行政部门增加足够的专门负责教学的人员可以说几乎是不可能的。相比总要受到时事影响的其他各项事务而言，教学不仅相对稳定并且极为专门化，委托给其他机构既可行又“合算”。于是，“组织外在化”便成为一种十分自然、十分必然的选择，教研室的产生和存在，从根本上正是如此，无论具体的名称如何演变、最终叫做什么。

组织外在化，意味着赋予教研室相对的独立性。不过，教研室始终是在各级教育行政部门领导之下的，这种领导是什么性质的呢？是不是进入到教研室职能的具体方方面面？如果这样，那么组织外在化似乎就不那么必要了。事实上，既然“外在化”，就意味着其独立并不仅仅表现在“部门”的独立，一定也会表现在其“职能”的独立(当然这种独立不是无限的)。从一个十分具体的角度，可以证实这一点。

如同其他部门一样，教研室也有自己的工作计划。每年都会制定本年度具体的工作任务、具体内容、具体要求。可以设想，如果上述“外在化”只是形式上的，年度的工作计划就应该由主管的上级教育行政部门提出详细要求，至少，提出比较具体的规划。而实际上，在满足各级教育行政部门主要精神前提下，教研室的工作计划的制定，基本上是由部门自行制定的。

根据对若干省、市级教研室有关人员的分别求证，各级教研室的工作计划的制定基本没有例外。当然，报告主管的教育行政部门如基础教育处或基础教育科是必须的，他们也会对工作计划提出意见，但意见通常是局部的、个别的，例如，最频繁被人们所批评的为高考升学率规定“指标”的命令，实际上每每也只是一个数字或者百分比而已。至于这个数字如何实现？采用哪些方式、凭借什么途径去实现？教育行政部门是不会“越俎代庖”的，需要教研室制定详细、可操作的方案来完成。“教研工作之于教育行政工作应该有相对的独立性，教研的根本是研究，是深入教学实际去发现、研究、解决教学问题，这是与任何教育行政工作性质所不同的，是教育行政工作无法替代的。”①

在一次访谈中，一位资深教研员(GZ，2008)这样说：

我：咱们区教委和区教研室的关系，能有多密切？

GZ：密切到什么程度，照现在的情形形象地说，可以密切到上、下楼，我们楼上就是教委。

我：工作关系呢？

GZ：在工作关系上，教委和我们教研室不发生直接关系，它要找就找进修学校(该教研室在管理上隶属教师进修学校)，由学校来指派我们做什么事情，因为搞行政的人他不熟悉业务，好比说让我们中教科的人，你让他去指导一个教学，他只能去听，谈不出意见，你要让他去说说什么事，他说不清楚。那他怎么办，他就得委托教研部门。作为教学第一线，它不单是针对那个知识，更重要的是知识的诠释，和知识的展现过程，而教委的人，你脱离了教学第一线，三年，如果你不直接参与这件事情，这个过程，对于教育行政部门的人来说，他是吸纳不了的。

我：可不可以这么理解呢，咱们教研室的工作其实是相对独立的，对于教委的领导或者说依赖没有那么强。

GZ：是这样的。事实上可以说，相互依赖。因为教委对业务的指导，主要依赖教研室，而我们对它的依赖，主要是在政策上的支持。

第四节　教研组织的“身份认同”

虽然地位举足轻重，而且因教学本身的独特意义，借助组织外在化，教研组织事实上早已成为独立的三级系统。但是，教研室的“名分”一直到今天

① 秦国龙．教研论[M]．沈阳：辽宁大学出版社，2005：163.

仍然是一个颇为“尴尬”的话题，在近十年中，其尴尬程度甚至更为严重。与教研员们相处时，每每感觉到他们的“烦恼”。按照社会学家米尔斯的说法，“烦恼发生于个人的性格中，以及他与别人直接相关的范围之内。烦恼所关系到的，乃是个人的自我，以及他身临其境、亲身体会到的有限社会生活。”“议题所涉及的事情则超越了个人的局部环境与内心世界。议题所关系到的，乃是整体的历史社会——由许多的个人情境组织而成——的制度，以及不同情境交错互渗——以形成社会与历史生活的大结构——的方式。议题是公共事务：人们觉得某些大众珍惜的价值受到了威胁。”①关于教研组织的“名分”，兼有“烦恼”与“议题”双重色彩，作为教研员，无论对于自身，还是对于自己生存的组织，都存在着“身份认同”的困扰。尤其是最近十几年来，这种困扰不断升级：有时表现为生存危机，有时又表现为角色错乱，颇值关注，特别是，这种困扰在不同地区的教研员们身上如此普遍地存在，以致必须承认已经“超越了个人的局部环境与内心世界”，成为不折不扣值得认真对待的“议题”。

一、安身立命之难：追求升学率魔咒

有两个主要的问题，时隐时现，或明或暗，始终缠绕着教研员和教研室，事实上威胁着他们的身份认同。其一，学校教育的历史那么悠久，而教研室的历史却如此短暂，学校教育的空间那么宏大，而教研室的活动却如此有限。这些人人看到的现实，必然驱使人们追问教研室的存在价值。其二，更为直接和难以回避的，中国基础教育近 30 年来愈演愈烈的片面追求升学率现象，宛若达摩克利斯之剑，悬挂在教研室的上方：为教学质量而产生和负责的专门组织，难道能够就此洗脱罪责吗？

身份认同的困惑时时处处地表现出来。

“大多数地方的教育行政部门对教研室的工作性质和工作职能的定位不准确，认识不到位。一些地方仍然把教研室看作是教育行政机关的一部分，把教研室作为自己开展工作的‘别动队’或‘救火队’。哪个部门需要评估要请教

---

① [美]米尔斯(C. Wright Mills)著．张君玫，刘矜佑翻译．社会学的想象[M]．台湾巨流图书公司，1995 年：38.

研室，哪个学校的某个学科薄弱，要请教研室去指导、检查，要是哪一年高考成绩比上年有所回落，或比某地方差了，那他们就会断定是教研室没花工夫或指导不得力，接下来，就会要求教研员在编试题、搞统考上要多花时间，甚至哪个学校缺分管业务的校长，也要把教研员调去……。”①

这段话所描述的，大概是县(区)级教研室最逼真的写照。不独如此，言语间流露的情绪也十分有趣，根据我们的讨论，教研室本身就是为教学而存在的，既然如此，“学科薄弱”“高考成绩回落”“请教研室为此投入力量”岂非名正言顺？而在这段话中，却分明是一种不以为然的口气，一种为教研室寻求“罪责开脱”的情态。不错，这正是目前教研室和教研员们时时刻刻面对的尴尬，无视成绩和升学率，教育行政部门必然问责；重视成绩和升学率，逃不脱“应试教育的大棒”——只需祭起“片面追求升学率”大旗，那是百发百中，教研室全无招架之功，真是进退两难。

教育行政部门实际将教学工作的指导和管理委托给了教研室，教研室也就必须面对教学质量的评价。学校之间、地区之间也总会有质量上的高下比较，这本来是十分正常的现象，不过在今天的中国，却被异化了许多年——官员的升迁、学校的声望、家长的选择、教师的收入都被绑在其上随之载浮载沉，于是成为诸多社会矛盾的一个焦点。

众所周知，“片面追求升学率”是中国基础教育的痼疾。围绕着高考展开的竞争从幼儿园一直延伸到高中。竞争的范围当然会表现在不同省(自治区、直辖市)，所以才会有“高考移民”现象的发生。不过，竞争的主要战场还是在省(自治区、直辖市)之内——很简单，对于大多数学生而言，跨越自己现实生存环境以获得竞争中的优势，远非家庭资源和能力所及。此外，同一个省的地域范围巨大，作为教师、教育行政人员、家长乃至学生，了解和关注的，一般是自己生活范围内各学校的质量结果，比如，北京海淀区的学生、家长和教师，最为关心的必定是海淀区内同一水准学校之间的名次与差别，以及海淀区与其他几个城区之间的名次与差别。北京昌平区的学生、家长和教师，最为关心的主要是昌平区同一水准学校之间的名次与差别，以及昌平区与其

① 朱志平．教研员何以异化为“考研员”[J]．人民教育，2008(9)：33.

他几个地处农村的县区之间的名次与差别。当然，名次总是保持相对的稳定，如果某一年出现“戏剧性”的结果：突然的大起大落，就可能引起地震般的后续反应。如此牵动方方面面，千家万户的大事，焉能等闲视之，所以，北京市各个区之间，上海市各个区之间，河南省各个县之间，山东省各个县之间，每年高考之后的排名，无论官方是否允许，一定会十分及时、精确地出现。

作为教研员，对于这种竞争压力的感受最为真切。教研员的身份认同也在这种压力之下扭曲变形。前面谈到，有关中国独特的教研组织的专著很少，令人欣慰的是，21世纪初还是陆续出现了，目前看到的至少有以下三本：姚文忠主编的《中小学教研与科研》①，刘振山主编的《教研手册》②，秦国龙著《教研论》③。这三本专著分别比较全面地讨论了各级教研室组织、教研室存在的意义、主要工作内容、常用工作方式等，陈述了大量宝贵的事实、数据、观点，作者或来自教育实践领域，或来自纯粹研究机构，自有一种朴素和实在，鲜明地反映出上述围绕身份认同产生的困惑。由于这些作者本身都曾经担任教研员工作，或者十分熟悉这一领域，相信他们在自己著作中的表达，应当是有一定代表性的。

其一，虽然都提到教研目的之一是提高教学质量，但没有一部书明确地、肯定地表达：教研工作应该致力于提高学生学习成绩。本来，教学以传授和学习系统科学知识为基本任务，而这种任务完成的情况，学生的成绩、学生的考试和测验分数是最直接和准确的，也最便于获得的指标，因此人们在讨论教学质量时经常用成绩和分数作为代表。国际上几个著名的基础教育质量的国别比较，如TIMMS和PISA，无一不是如此。然而今天，以提高教学质量为安身立命的中国教研组织，却经常避而不谈成绩，不谈分数。

其二，自我定位的迷惑与犹疑。几位作者都在自己关于“教研”的专著中，用了相当篇幅讨论教育科学研究，介绍方法，论证意义，强调与教育理论、与教育科学研究的相关等。对于自己区别于教育理论和教育科学研究的教研活动的规定所在，反而说得不多，而且显得理不直，气不壮。如姚文忠提到：

① 姚文忠．中小学教研与科研[M]．奎屯：伊犁人民出版社，2000.

② 刘振山．教研手册[M]．北京：华夏出版社，2002.

③ 秦国龙．教研论[M]．沈阳：辽宁大学出版社，2005.

“许多基层的中小学已经将教研自觉地提高到科研层面上”[①]，表达了教研似乎地位低于科研的价值判断；刘振山《教研手册》全书三个部分，教育理论和科学研究赫然各占1/3，而且内容是不厌其详地系统介绍，实在与教研室的工作范围，教研员的工作职责相去甚远；秦国龙的《教研论》要求教研工作要到教育学学科体系中去寻找自己的立足之地，“教学研究既是工作研究，也是科学研究。”[②]

其实所有人心知肚明。不谈成绩，不谈分数，强调理论，强调科研，都是因为作者要避讳，主要是避讳由于“片面追求升学率”导致的种种教育恶果而产生的对于教育的激烈批评。随着基础教育的发展，人们看到的是围绕着升学率的竞争愈演愈烈，学生负担日益沉重。很自然，教研活动这种直接追求教学质量的专业活动，教研室这种直接对教学质量负责的组织，教研员这种直接对教学质量负责的角色，首当其冲地、理所当然地受到人们的质疑。人们对于教育领域种种弊病的反思，总是要落到一个具体的靶子上的，很显然，在基础教育内部纷立的机构中，教研室应该算是最合适的靶子。曾经担任教育部领导的某官员，就在不同场合明确批评：教研员是片面追求升学率的帮凶，教研室是片面追求升学率的大本营。[③] 事实上，一段时间内，对于教研室的批评讨伐可说是声色俱厉，南方某市的一位区级教研室主任对我说：“那时候，全国都在弹劾这个单位，我们觉得自己的生存都成问题了。”(2006. MX)她所说的，大约是世纪之交的那三四年。

中国基础教育的追求升学率现象，实在是惨烈得足以令任何人动容，几乎没有一个教研员会同意，自己辛辛苦苦的工作，就是为了让学生落入这种竞争之中，他们当然有自省，也会自责，同时还不得不接受来自方方面面的质疑和非难。可以想象，所有这些会使他们时时地叩问自己的工作价值，难免有时不那么理直气壮。然而此事实在无法回避，事关每个教研员和教研室的身份认同，是整个教研组织安身立命所在：之所以被需要，之所以会存在。

---

① 姚文忠．中小学教研与科研[M]．奎屯：伊犁人民出版社，2000：1.

② 秦国龙．教研论[M]．沈阳：辽宁大学出版社，2005：20.

③ 关于这段话，在查阅资料过程中，没有找到有正式记载的文献。但在访谈北京及其他地区教研员时，若干人都提到，某官员的确不只一次明确表达过这样的意思，教研员们印象鲜明深刻。

我们不妨暂时离开“片面追求升学率”的魔咒，回到一个起码的基点：既然是需要对某个地区中小学教学质量负责的组织，那么这个组织及其成员：教研室和教研员，可以不关心成绩，不关心分数吗？

学校是教书育人的地方，成绩当然不是教书育人的全部，分数也不是教育者的最终追求，但成绩和分数无疑是教书育人的最重要指标。“常在岸边走，哪能不湿鞋”，与成绩和分数的亲密接触是对教研员们的职业要求。一定要求他们不关心甚至漠视成绩和分数，就好比要求运动员参加比赛而不关心名次或纪录，商人销售商品不关心成本和利润，不仅不合理，而且是荒唐的。不在意名次和纪录的体育活动，只能是普通人的健身而不再是体育赛事，不关心成本和利润的“销售”，只能是慈善义举而不再是商业行为。退一步，如果有朝一日教研员不再为学生的成绩操心，教研室不再为学生的分数尽力，我们还需要这样的角色和这样的机构吗？

许多学者的研究提到：关于考试与学生负担在中国源远流长，从教育部50年代多次颁布的关于减轻学生负担、端正办学方向的文件中便可见端倪。这当然来自教育与考试本身难解难分的关系，但事实上又的确不仅如此，学校正常的各种考试其实并不能完全承担起这样的责任，追求升学率本身是极为复杂的社会问题。

国内教育学界前辈指出：“中小学教育追求升学率的现象是历史地产生的，也将是历史地缓解或消失的。追求升学率只是表面现象，它有深厚的社会物质基础，背后是国家、家庭、学生个人的利益，甚至是社会财富和权利的分配。一批批青年升入大学，是办好高等教育，培养专门人才，加快经济、社会建设的需要，是国家、民族、人民的根本利益所系。”追求升学率的“缓解和消失，客观上需要社会经济充分发展，人们不会为较好的职业和生活有后顾之忧；普及义务教育延伸到高中阶段，高等教育有很大发展，国家不再需要如今这样的选拔，适龄青年不愁没有大学上(奔名牌大学另说)；‘读书做官’之类的封建文化观念淡化，不讲身份高低贵贱的民主平等观念深入人心。这样一来，使得追求升大学这件事已经成为不太严重的事情。最发达的西方国家如美国近乎这种状况；而就我国整体而言，由于社会历史的种种原因，则还相差甚远。”①这是对于追求升学率现象的深刻洞察。

不错，内行看门道。

即使在教育领域之外，也早就有人做出类似分析。秦晖先生说：“其实目前‘学生负担’的实质是‘竞争负担’。‘作业负担’、‘考试负担’都只是表象，不从根本上缓解‘竞争负担’而只是减少考试，结果只能是学生负担未减，而知识结构却可能更加畸形。君不见以减少考试门数为目的的‘3＋x’试验立刻显出了弊病：许多学生放弃了‘3’科以外的史地理化生诸多‘副科’，从而使原来为‘应试’而实行中学文理分科造成的学生偏科、眼界狭隘、知识缺陷之弊变得更严重了。”②据称秦晖先生的专业是历史，对教育问题仍是一语中的。

谁说，外行看热闹？

可见，我们的基础教育今后的命运，还将长时期地伴随追求升学率现象，“片面追求升学率”的帽子一日不能摘除，关注教学质量的行为就一日不能理直气壮，围绕教研室和教研员的身份认同的困扰就一日无法摆脱。教育者清醒理性的选择，是在坚定不移地追求教学质量的同时，自觉地依照社会现实条件逐步地减少乃至最终消除片面追求升学率现象，而不是不切实际、不负责任地简单批评指责。至于教研室和教研员，对于片面追求升学率现象的推波助澜肯定是应当受到谴责和加以批评的，但因为担忧受到指责而回避对于教学质量的关心更是不对的，理直气壮地为提高教学质量努力，是教研室和教研员的本色。当然，这也并不是教研室和教研员自己能够决定的。

二、令人担忧的职能转变

关于教研制度的说法可以说一直是见仁见智，近十年来最为流行的话题之一应该算是“职能转变”了，而这恰恰又与身份认同的困扰十分相关。各种有关文献所透露的信息表明，对于教研系统的存废，多数人认为还是趋向于应当保留的，不过，在“保留”的前提下，往往会提到教研系统的职能需要转变；与时俱进，调整变化，等等。总之，以往教研活动传统的种种做法，如

① 王策三．保证基础教育健康发展[J]．北京师范大学学报，2001(5)．

② 秦晖．教育有问题，但不是“教育问题”[A]．秦晖．问题与主义——秦晖文选[C]．长春：长春出版社，1999：471．

今经常会受到质疑，甚至否定。《人民教育》在2008年至2009年前后曾开辟专栏就这一题目征文讨论，来自不同地域不同角色的作者，表达了各自不同的具体主张，但在“职能转变”这一点上则少有异议。其实，关于职能转变，大有推敲余地，值得认真地做点分析。

转变是从某种状态改为另外一种状态。那么，谈到教研室职能的转变，首先就需要明确，教研室究竟应该做什么？有哪些基本职责？哪些职责是过去需要如今不再需要的？哪些是过去没有需要而如今必须满足的？如果说到转变，这些都是首先需要明确的。很简单，如果对于这些问题没有明确的认识，“转变”就将成为盲目行为。当我们做出某个机构是否称职，或者某种角色应该如何判断时，其实总是根据特定标准而言的。也就是说，存在着某种比较公认、基本清晰、相对稳定的标准，对照这样的标准，才能够做出“称职”或者“不称职”，以及“应该”或者“不应该”转变，怎样转变等等的判断。那么，关于教研室和教研员，有没有这样的标准呢？恐怕是值得讨论的。这样讲当然有依据——最直接、简单的就是眼前的事实：关于“教研员应该如何”的讨论尽管热烈，却众说纷纭。如果存在着公认的标准，那么讨论就不会是目前这样，而是会更多地集中在“如何成为一个合格的教研员”之类题目上。不过，说完全没有相关的标准，显然并不符合事实，因为在各级教研室规章制度中关于教研员的条文内，都十分明确地规定着教研员的责任、工作对象甚至工作方式。

既然存在标准，何以又会出现如此热闹的关于“转变职能”的讨论呢？无非两种可能：要么，虽然存在标准，但其被认可程度、权威程度、稳定程度并不理想，因此，需要加以思考，进行充分的研究、探讨，以便最终能够澄清、确定；要么，已有的标准被认为不再适用，因此需要部分的或者根本性的改变。而后一种情况则更加复杂，如果标准的改变是根本的，便关乎到教研员角色的存废。显然，一旦关于某物的标准发生彻底变化，那么某物就不再是某物，转化为其他了，无论是否依然保留原来的称谓。由于前面提到，事实上各级教研室都有关于职能的具体规定，那么所谓转变应该是后面的情况，运用逻辑演绎，我们的讨论至此就产生了这样的问题：今天，中国的教研系统的职能需要彻底地改变吗？

实际上，近年来教研室的“职能转变”不再是纸上谈兵，而是或者“紧锣密鼓”，或者“静悄悄的革命”——已经或者正在发生。比如机构的新变化，比如传统教研方式的弱化，比如以科研项目制带动教研……这些转变的结果如何？现在下结论也许过早，不过，实在是一个值得认真、慎重地对待，充分、彻底地讨论的问题，虽然我可以说是个“局外人”，还是不揣冒昧，很想谈谈自己的看法。

2006 年，成都某区一位教研室负责人曾经对我说：“教材教法分析，基本都是我们的教研员自己讲的。”说这话时，表情和语气中是满满的自信与骄傲。联想到此前所接触到的其他地区教研员几乎同样的表达，我能够理解这位负责人在这段话背后的潜台词：教研员在准确把握理解教材、恰当选择和运用方法方面是权威，他们能够给予教师最需要的东西。她还告诉我，由于新课改力度很大，他们工作有些调整，于是，“有半年的时间，我们在总结我们的工作，跑学校相对少了一些。学校立刻乱得不得了，觉得教研室不管他们了，成绩下滑，马上见效，立竿见影。”我相信这种情况在全国绝非孤例，还没有“职能转变”，只是弱化了一些作用，便有如此后果！

到目前，还不能说有多少教研室已经完成了“职能转变”，毕竟由哪里转到哪里仍然“月朦胧鸟朦胧”。但传统的教研方式的的确确是受到了冲击的，对此，最为敏感的应该算是身在教研室的教研员们和中小学教师们。由于在本书写作过程中不断地与他们打交道，很自然地得到了许多与这个话题相关的信息，正是这些信息，令我觉得“职能转变”令人担忧。

北京的一位 20 世纪 70 年代参加工作的高中语文教师，在即将退休之际对于这种变化发表了自己的意见。

“现在的教研活动(指区教研室)与从前相比变化太大了。坦率地说，我觉得目前教研活动对教师的帮助不大。每次活动找个教师说一说，这样当然可以，但是说完之后呢？没有人出来做个总结：这样设计是好的，为什么？那样处理这篇课文不妥当，又为什么？所以教师参加了活动，听到了许多，提高却不多。”①

① 2008 年，北京市某薄弱校高中语文教师.

她的同事，一位20世纪90年代参加工作的中年数学教师与这位老教师的看法十分相似：

“我自己在上课前的各项备课工作均花了不少时间，而且学校也针对这种情况，组织我们跨年级交流——因为虽然现在每个人负责一个年级，但都曾经教过初中各个年级的。这当然也很有帮助，大家有什么事情可以相互商量。可是这是不够的，简单说，我教的这个年级教学进度如何？快了慢了还是正合适？人家大学校有年级备课组，大家会协调和统一一个进度，我怎么办？一个年级两个班，就我一个人啊，和谁去商量？如果进度比其他学校差太多，期中考试学生就吃大亏了。现在教研室也不知为什么，不统一说明一下进度什么的。真是麻烦。教材教法分析也是这样，每次一个学校的教师讲，具体就是这个课怎么上，可是讲完之后，教研员也没个总结评价什么的。到底讲得对不对啊？哪里讲得好，哪里不合适？还得自己琢磨，而且现在教材变化这么快，自己琢磨的结果又怎么知道合适不合适啊？这样的教研活动，对教师帮助不太大了。”①

一所重点中学的语文教师表示了类似看法：

“我们也会轮流准备，但总是感觉对自己帮助不是太大，花了时间准备，花了时间去听，但最后怎么样？没有人给指点。最后还是自己琢磨，或者回到学校备课组大家再商量，我们学校备课组人多，有几位经验丰富的教师，当然情况很好。但那些学校规模小的学校就比较惨了。”②

20世纪80年代末期参加工作，现在担任北京市某重点中学校长的原生物教师如是说：

“现在教研室的活动对教师的帮助的确不如从前。20世纪80年代我刚刚工作的时候，每次参加区教研室活动都觉得特别有收获，哪部分内容，应该怎么上，哪个问题，学生容易出错，出错原因是什么，等等。而且区里的教研员会主动找我这样的新教师个别谈话，提希望，提要求。问你有什么困难和需要啊什么的，说实在话很温暖的。现在好像做不到了。教研室仍然组织

① 2008年，北京市某薄弱校初中数学教师.

② 2008年，西北某重点校高中语文教师.

活动，但经常是'轮流坐庄'，今天这个学校某教师讲讲，明天那个学校某教师说说，但他们说的哪些地方对，哪些地方不合适，经常没有分析和评价。如果身为年轻教师，哪里有能力判断呢，所以说对教师的帮助不如从前的说法我是能够理解的。"①

上述四位教师的教龄都在20年以上，很自然地，在谈到教研活动的实际效果时会进行时间跨度比较大的前后比较，简单说，在他们看来，教研活动的权威性下降了，作为教学指导和范例的色彩淡化了。

对比起来，近十年参加工作的年轻教师，由于经历所限，无从比较。一般说，更多地会直接谈到教研活动对自己的帮助。

某普通中学的初中一位外语教师的感受便很有代表性：

"区教研室组织的教研活动我是每次必定参加的。你看我们这样的学校，初中每个年级只有两个班，就我一个人教。人家规模大的学校可以有教研组集体备课，那当然好多了，我找谁集体备课啊？当然也可以请教其他年级的教师，但毕竟人家有自己的任务，不可能让人家把你的教学任务当成自己的啊。所以主要还是得靠自己单干。说实在话，心里真的很没有'谱'。参加区里教研活动对我特别的有帮助，可以听听，看看别人怎么做，也有机会和其他学校同年级的教师讨论一些问题。所以啊，我觉得教研室组织的活动还是非常有意义的。"②

无论教师们的评价如何，转变正在发生。说到原因，一些教师认为，现在的教研员本身往往在教学经验的积累上比较弱，没有能力驾驭这种面向全局的活动，"说白了，水平不够"。不过，据我几年来的观察，大部分的教研室在选拔教研员时还是比较看重和坚持实际教学背景及其实力的。我想，可能还需要正视的原因是，在对于"追求升学率"气势磅礴、日益严厉，但有时不够理性的声讨中，一些本来合理、正常的教研活动在事实上被归入了"应试"教育名下，因此而式微。比如，过去教研员会针对一道数学难题的分析滔滔不绝，一连串地展示十几种解法；会围绕一篇课文的中心思想或写作技巧

① 2008年，北京市某重点校高中生物教师.
② 2008年，北京市某薄弱校初中英语教师.

论古说今，旁征博引。可以说是对具体内容的教学下足了工夫。现在，很少有教研员会在教研活动中这样做了，固然可能有“水平”所限，更主要的恐怕还是“投鼠忌器”。

有教学存在，就会有对于教学的研究，毕竟人是有理性有智慧的生物。不过，对于教学的有意识、专门化的研究，只能是教学发展到一定阶段，达到一定水平之后才有可能。在很长的时间内，教学水平的提高只限于从教者个人的经验反思。进入现代社会，在普及的学校教育系统中，对于教学质量和水平的要求则趋于明确、迫切，相应地，在全世界范围，人们提高教学质量和水平的渴望从未停止。教研组织的职能，就定位于课堂教学效率的最大化追求。教研活动的独立、教研组织的产生，最根本的源头均在于此。

教研活动的基本假定是：通过专门人员的努力，就教学质量和水平的追求能够形成具体的主张和可操作的模式，并且凭借教研活动使之广泛迁移，从而收到普遍的效果。教研员们的殚精竭虑，无出其外。这样的职能需要转变吗？或者说这样的教研不再为我们所需要？不妨设想一下，如果教研不再需要，大约有几个条件是必需的。

一是系统知识的学习不再需要。要素主义教育家巴格莱曾经提出，教育在人类社会进化中所起的作用好比“社会遗传”①，“与所有其他动物相比，人类是唯一能对知识进行积累、提炼，并将知识一代一代传承下去的高级动物。”②显然，这是社会进步的基本条件。也许终于有一天，技术的进步可以将某种知识的“芯片”直接植入人类大脑，从而替代一门门课程的学习。不过，恐怕这首先要面对伦理学上的拷问：谁是芯片制造者？谁是芯片植入者？谁有权力决定制造者和植入者的身份？而且，难道这样不是回到野蛮时代？在这些伦理命题没有达成共识前，“社会遗传”就仍然要依靠教学完成。

二是课堂不再需要。也就是集体教学这种形式不再是必须。目前计算机和网络的出现似乎为个别教学提供了无限可能的前景，可惜尚未成为普遍的现实。而且，即使有一天编制完善的个别学习程序可以最大限度地满足每个

① 巴格莱．教育与新人[M]．北京：人民教育出版社，2005：21.

② 同上．

学生的不同需求，也仍然存在问题：人机互动基础上的教学能够全部取代教师和学生之间的人际互动基础上的教学吗？

三是教学研究不再需要。如果上面两个问题的回答仍然是“否”，那么就必然会产生这个问题，除非，我们终于可以培养出“万能”的教师，这样的教师，无论学生如何千差万别，无论教学本身如何发展演变，都能够应付自如，无须专门的教研活动扶持。

至少，这三条是必须满足的，不是单一，而是全部。若果如此，教研活动也罢，三级教研系统也罢，真的可以寿终正寝。否则，就仍然存在人们最初建立教研系统的需求，而且它的基本职能——指导教学——还就真的不能“转变”。

讨论这些，决不是主张现存的三级教研完美无缺，已经没有改善的空间。而是说，对于“职能转变”的提法值得三思，至于“职能转变”的行动则更应慎重：如履如临。

三、兹事体大——教研与科研之争

其实职能转变的提出大约别有一番苦衷，前面谈到，在全社会声讨基础教育领域的片面追求升学率的潮流中，教研室每每被视为具体责任承担者。而事实上，取消教研室又几乎是不可能的。提出“职能转变”，可以看做是这种两难处境中的一种对策。然而，在这样的口号下，对于教研室传统职能和现有工作方式的讨伐也就箭在弦上。

为了否定某种现象，往往会肯定另外一些现象。在对于教研室现有工作方式批评否定、教研室地位式微的同时，就目前而言，是对教育科学研究的赞扬和肯定，以及近年来基础教育领域教育科研的日益强势。尤其是在一些城市学校中，基本是学校个个有课题，教师人人写论文，鲜花着锦，烈火烹油，一派轰轰烈烈热闹景象。开题、结题、鉴定、评奖，这些原来在大学和科研机构里面常用的词汇，如今已经成为中小学校长和教师们的常用术语。这其中隐含着的选择、判断和价值观耐人寻味：教研室的职能转变，就是将现有的工作方式及其传统，尽可能向教育科学研究的范式转变。实际上，主张教研工作应当增加科学研究色彩的主张，已经广为传播。一些地区的教研室也进行了尝试，大力提倡以课题研究的形式组织教研活动。与此相关，教研工作应当提高科学研究水平，教研员应当提高理论素养，增强科学研究意识，等等，类似呼声近年来不绝于耳。

仔细来分析，教研室、教研员，都有个“研”字在里面。毕竟，教研的性质决定了它在完成自身所承担的各种任务时，当然地含有“研究”的成分。但事情的复杂在于，在中国，“研”字号的还有与三级教研制度并列存在的教育科学研究机构，并且一般也是从省(自治区、直辖市)到县(市)，这些年来许多学校也成立了专门的教科室。虽然大家都有一个“研”字，但此“研”非彼“研”，其实大不相同，有点像民航局与航天局，虽然都有一个“航”字，都与头顶的天空打交道，可是工作范围楚河汉界互不干扰，民航局操心的是客运、货运，航天局琢磨的是登月、建太空站，相通之处肯定有的，但定位不同，使命也就不同。若进一步考察，会发现教研与科研之间的关系大有门道：目前许多地方的教研室不仅已经与教科所并列在同一牌子之下，在人员上也有“混编”趋势。是不是该为此称颂？值得思考。

1. 唇枪舌剑

至迟在世纪之交，正式或者非正式的有关教研与科研关系的争论已经浮出水面。虽然不能说是剑拔弩张，但双方观点中冲突的激烈程度显而易见。

一方强调的是二者各自的特殊性：

“新中国成立初期，学习苏联经验，结合中国实际，在高等学校建立了教学研究室，作为学校教学和科研的基层组织；在中、小学校和部分小学，按学科分别设置教学研究组，简称教研组，教研组的主要职能是组织教师学习党的教育方针和政策，研究教学大纲、教材和教法，钻研教学理论和专业知识，以及总结交流教学经验，帮助新教师提高业务能力等；在省、地、县三级教育系统设有教学研究室，主要负责本地区一部分教学管理，以及学科教学研究与指导工作。”“20 世纪 50 年代中期以后，我国开始建立专门从事教育科学研究的机构，其中一些省级教育科学研究机构与省级教学研究机构为一套人员、两块牌子。这类机构除了开展教研工作以外，还要开展以面向本地区为主的应用方面的教育科学研究。可见，我国的教研机构和教育科学研究机构一直是并存的、工作各有侧重的两套机构。"①

另一方则认为二者之间的界限似无必要：

"自从1981年北京教育科学研究所(筹)成立起，'教研'和'科研'开始各自划定领域，分道扬镳。'教研'的根本任务，由其发端可见，主要是集体备课、观摩教学、编写教参和指导具体教学等几项具体内容。随着教师合格学历比例的逐年增大和教师学识水平、教学能力的不断提高，'教研'的内容也不断提高和加深，逐渐衍生出教师基本功大赛、考试命题、教学视导(个别视导、集体视导等)、教学评优等新的形式。同时区县和学校两级教研组织也不断充实和规范化(比如规定每100名教师须配备若干名教研员等)，原由市教研部门承担的一部分任务，逐渐下移到区县和学校的教研室，市教研部门成为一个从事'中小学教学研究和学科教学业务管理的机构'，对区县的教研室实施业务指导。同时，市教研部门还拥有把'所了解的教学情况和研究的问题，及时向市教育行政部门汇报，并认真贯彻领导指示与要求'的职能。'教研'由此走上了一条带有浓厚的行政管理背景的指标坚硬的路子，尤其是当考试日益成为教学的指挥棒的时候，'教研'正是这条本已十分坚硬的指挥棒中的硬核。"②

来而不往非礼也，教研一方守土有责，当然做出辩解：

"时至今日，在基础教育领域内，大家已经习惯地使用'教研'一词，其含义应当是对教研机构、教研工作和教研人员的泛称。如果一定要区分'教研'与'科研'的话，至少历史上形成的工作机构、工作任务、工作方式、专业人员队伍构成的不同，别无他意。无须也无法对此二者比短长、论高低。"③

各有说辞，似乎也各有道理。事实上，这是一个值得在更广泛领域，在更深刻层次上充分探讨的问题。而且，这种争论颇有"急迫"色彩。在一本关

---

① 钟作慈．对充分发挥教学研究在基础教育课程改革中的重要作用的几点认识[A]．梁威主编．北京教育科学研究院基础教育教学研究中心编．新时期教学研究工作的继承与创新[C]．北京：同心出版社，2003：34.

② 耿申．教育研究札记[M]．北京：北京教育出版社，1999：14.

③ 钟作慈．对充分发挥教学研究在基础教育课程改革中的重要作用的几点认识[A]．梁威主编．北京教育科学研究院基础教育教学研究中心编．新时期教学研究工作的继承与创新[C]．北京：同心出版社，2003：36.

于教研室的专著中，有这样的内容：“教研室是地方教育行政部门设置的承担中小学教育科研、教学研究和学科业务管理的事业机构。各级教研室在当地教育行政部门的领导下工作并接受上级教研部门的业务指导”。“一般情况下，教研室应单独建制。省市级教研室负责该省市中小学教育科研、教学研究的宏观指导和教学业务的宏观管理，区县级教研室负责所辖区县中、小学教育科研、教学研究的具体指导和学科教学业务的具体管理，侧重组织好经常性的教研活动。”①字里行间可见，在专门从事教研的人中，虽然仍然在坚持教研室的独立建制，二者的界限却已经有所淡化，在没有彻底理清楚两个“研”区别之前，足以令人担忧。

2. 比较与甄别

要对上面的争论做出判断，还是应该回过头来，从两者的由来寻求端倪。毫无疑问，同属基础教育领域的“教研”与“科研”之间是存在着共性和联系的。从根本目的上，都是为基础教育服务，都追求基础教育的良好效果；从活动对象上，都涉及学校教育最核心和基本的教学活动；从相互关系上，两者的工作成果相互依存和相互转化。然而，除了这些共性和联系之外，二者究竟有没有差别？如果有，这种差别是什么性质的？这对两种机构都是极为现实的，实践中也经常处于各色各样的纠葛间，为此，尝试做些讨论。

(1)不同的追求

在根本目的一致的前提下，“教研”和“科研”实际有着不同的追求，即两者的具体工作目标是不一样的，可以说是学理与事理的区别。

教育科学研究部门追求的是学理，是以理论形态表征的揭示教学规律的研究成果，是针对未知领域的“为什么”的说明解释。比如学校开设计算机课程究竟应该包括哪些内容？中小学是不是必须采用班级授课制？学生的作业量在什么样的时间范围内是合理的？某种教学模式成功的根本所在是什么？某种评价手段的基本原理何在？……这些都可以是教育科学研究的课题，完成这些课题要依靠调查、实验等方法。在此，介入教学往往是必需的，但这种介入是为了研究而进行的。

---

① 刘振山. 教研手册[M]. 北京：华夏出版社，2002：71.

教研部门追求的是事理，希望得到的研究成果是实践领域的“怎么做”。比如学生理解牛顿惯性定律时经常出现哪些误解？为了让学生掌握物理变化与化学变化的本质区别，应当演示什么样的实验？初中学生的记叙文写作练习有哪些要点？这些是教研部门必需回答和为学校教师提供指导和建议的。在此，研究直接指向教学实践，是为了教学而研究。

教育科学研究的追求在于发现和描述教育规律，发展和丰富教育理论知识体系。教育科学研究的一般程序类似于其他领域研究活动的程序，需要经历提出假设、设计研究方案、搜集资料——通过实验、调查、观察等具体方法、处理资料、验证假设、得出结论——证实或者证伪。作为最终结果的结论，主要是某种理论形态、有一定普适性的成果，比如某种观点，某个原则，某条原理，等等，总之，“发现”是教育科研的根本追求。

教研活动的追求则有别于此，它并不承担获得理论形态成果的使命。教研人员所致力于获取的——也是人们对于教研人员所期望的，是某个地区某个学科的优秀的、可行的教学方案——某种方法、某种程序、某种手段等，理论色彩淡，操作品格强。下学校听课说课、集中教师共同备课、介绍优秀的教案、解释教学的重点和难点、检查教学进度、讨论复习要点、推出优秀教师的课例，这样比较好，那样不妥当，等等，就是为此服务。当然，真正能够获得优秀的教学质量，必然是符合教学规律的，甚至可能导致新的教学规律的发现。只是在教研活动这里，教学如何符合了规律？符合了哪些规律？相关的学术表达和理论阐释既不是任务也不是追求。所以，一些优秀教师或者学校的先进教学经验的最终总结，每每需要教育科学研究人员的参与，原因也正在于此，因为这时是需要理论提升的时候了。

这就好像在人类历史上，作为物理科学的牛顿定律在被发现之前，已经存在了千百万年，而且已经有人在生产和生活中巧妙地加以利用，并且从中受益。然而，这一定律的巨大威力还是在牛顿把它们以科学理论的形式概括出来之后。生机勃勃的教研活动中，总是在运用着各式各样的“牛顿定律”，有些可能是经验水平上的运用，有些则是有相当理论自觉地运用，但无论怎样，在教研的天地中，“运用”才是最主要的。

(2)不同的品性

任何严格意义上的科学研究都是指向未知——不仅是个人的未知，而且是整个人类的未知，研究者实际是代表着全人类在未知领域探索。教育科学研究也不例外，某种教育现象、某个教育特例、某类教育问题……都可能成为研究对象。研究者必须亲身与研究对象打交道，频繁的、直接的、反复的，假设可能会一次次推翻，实验可能会一回回重来，结论可能会一遍遍修正……所有这些，几乎都决定了，教育科学研究一般只能在小的范围、个别的对象上进行，探索未知的性质本身、研究者的主要精力都不允许研究在普遍的规模上展开，也不是在常规教学的形态上展开。教育研究课题需要选择实验学校、需要与实验学校协商，皆源出于此。

与此形成强烈对比，教研活动当然也要探索未知，但这种未知是狭义的：根据已知的、确定的理论，针对我所负责的这个地区，这个年级，这个学科的某个教学问题，去指导教学，去帮助教师完成教学任务，达到教学目标。各级教研室的教研活动总是全局性的，省级教研室组织的教研活动要以全省的常规教学为对象，市级教研室组织的教研活动要以全市的常规教学为对象。不仅如此，还要对自己所在范围的教学活动的结果负责——教育科研则绝对负不起这种责任，除非经过反复实验和相当长的推广过程。而任何教研活动的结果，一般会在所辖区域发挥全面性的影响，造就成功的、不那么成功的，甚至是不理想的教学实践。

(3)不同的阵地

在基础教育的领域内，教育科学研究的范围几乎是没有边界的，课堂教学当然是其中的重要组成，但其他各个方面同样会成为课题立项的选择。只要看看各级教育科学规划办公室的选题指南，便可以十分形象地理解这种阵地的宽广。从幼儿教育到高等教育，从国防教育的内容到学校操场跑道的材料选择，即使在中小学教育研究中，举凡思想品德教育的形式，学生的同伴关系，校园文化的打造，青春期学生的心理，班主任工作，等等，全部可能成为教育科学研究的选题和对象。

教研活动则不同，从产生之初，直至几十年后的今天，始终立足在课堂教学这个学校教育的最主要阵地之上。不同年级的教学，不同学科的教学，不同学校的教学，不同学生和不同教师的教学。教研活动的形式千姿百态，教研活动的具体内容千变万化，然而无论如何，万变不离其宗，所有的节目都是在课堂这个舞台上演出的，从来未曾离开过这个阵地。班主任工作、学生的同伴关系，就中小学校，就学生个体，当然重要，但却没有可能成为教研室的专门工作内容，教研员的专门任务。

阵地的差别很自然地会导致教师们对于两种活动的不同态度。某区级教科所负责人(YH，2010)在谈及工作时曾经表达自己的无奈：

“我们是无法与教研比较的。同样组织活动，教师们参加教研不需要动员说服，你不用提醒他也一定会去。我们的活动就是另外一回事，有时候必须得借助行政力量，动用行政命令，否则可能真的没有几个人会参加，积极性差别太大了。”

不难想见，作为普通教师，最为关心的，首先是自己日复一日需要面对的教学任务，教育科研则可能并不是直接为这些教学任务服务，教师们表现出的“冷淡”合乎情理。

河南省一位著名小学的校长谈道：

“近些年教师忙于写论文的时间很多，其实许多是不得已，评职称需要嘛。可是，这样其实把许多本来用于琢磨教学的时间占用了，许多论文其实与教师教育教学水平的提高没有多大关系。所以啊，论文是多了，可是教学水平未见得就高了。”(LN，2010—12)

(4)不同的成果

“笔者曾参加一次××级教师研修，一位××主任在讲台上照着讲稿照本宣科，作‘中小学教师如何作研究’的报告——从选题的科学性、操作性、实用性一直说到变量、自变量……接着摇头晃脑地解释什么叫无关变量、什么叫标准化实验……听讲的教师如入五里云雾，于是先是窃窃私语，继而哗笑不已，后而进进出出，甚至扬长而去。虽然期间这位主任威胁说如果不保持会场安静就要拖堂，但仍然无济于事。直到组织者一再声明，会后点名不在的教师不给出具报销发票，大家才如坐针毡、如芒在背地被捆绑在会场上……其间，他还语出惊人地说，论文不能出现第一人称的‘我’字，否则就‘格杀勿论’。真是叫人哭笑不得而又愕然不已！研修活动结束后，这些经过各个学校精挑细选前来参加研修的学员们，几乎众口一词地称，乘兴而来，败兴而归。”①

可怜这位学者的讲课遭到如此奚落，其实他讲的内容没有什么不妥，均属教育科学研究方法的基本常识，包括那个“不能出现第一人称的‘我’”。如果是在大学本科生或者研究生的教育科研方法课上，无可非议。令人遗憾的是，上述情景并非偶然，近年来在不同规模的“继续教育”，不同层次的“在职培训”背景中，类似场面时有上演。不同人对于上述情境可能做出不同的解读。按照本书的讨论，遭到这样的嘲弄，往小里说，这位学者个人选择不当，导致说者与听者的错位——当然，事实上他个人也没有这个选择权。往大了说，这正是“教研”与“科研”关系不清的表现。

我们不妨设想一下，一位好学上进，忠于职守的教研员，想必乐于学习，乐于“研究”，那么，他应该进行什么样的“研究”？怎样去研究？如果他或她严格按照这位学者所介绍的种种内容，选择课题、控制变量、搜集数据、分析资料、撰写报告，那么，最终将会得到什么样的研究成果呢？很可能，是一篇概念严谨，结论可靠，理论性强的学术论文，也许可以顺利地发表在列入 CSSCI 目录的中文核心期刊之上，也许还可以因为成果的价值而获得某种名称、某个等级的学术奖项。这一切，都是可能的，但却大可质疑：这样的研究者，还是教研员吗？这样的成果，还是“教研”成果吗？这样的研究结果，能够直接用来指导中小学教师的课堂教学吗？如果真的有一天，衡量教研室的成果不再是某个地区学校教学的质量(很“不幸”也很肯定，这种质量的最有力也最主要的指标是学生各门课程的成绩和分数，就像 TIMMS，就像 PISA)，而是像大学和研究所的学者们的成果一样的学术论文和学术专著，那么可以说，教研室也就寿终正寝了，至少是名存实亡。

“教研”成果的骄人业绩并不表现在成果的“学术”性上，而是要落实为理想的教学实践，可能也会形成文本，这个文本也一定是教案式的。教研室所必须面对和解决的实际问题是：设计合理效果积极的教学活动、分析到位令教师获益的评课活动、教这一课适宜运用哪种方法、讲解这个内容应该特别

① 林高明．读书·读课·读人——一个县级教研员的思考[J]．人民教育，2008(11)．

注重哪个概念，等。在行使职能时一定程度的实践色彩不仅“必然”，而且也“合理”。教研员可能指导教师：“这篇文言文在教学时要特别注意其中几个通假字和名词做动词的用法”，集体备课组可能决定：“这个定理最好分为三个步骤来推论证明”，多数情况下，教研员和备课组组长无须用一篇学术论文充分说明其中的规律，却并不妨碍他们决定和建议的正确。反过来说，如果他们真的在教研活动上宣读以纯学术论文形式完成的上述意见，多半会沦入前面所说那位“主任”的尴尬境地。

教育科研则不同，概念明晰、学理深刻、逻辑严谨的论文，过程严格、数据可靠、分析合理的报告，是必须的要求。“生命之树常青，而理论是灰色的。”鲜活的教学实践与抽象的教学理论之间，永远存在距离和差别。实践“不可能遵循理论家所设想的那种逻辑，也常常不可能按照行动者事先的规划去行事，因为千变万化的制约因素总是迫使行动者不是按照理论可能性而是根据现实可能性对行为路径或行为模式做出选择。”①即使教育科学研究开出了所有“药方”，仍然需要实践领域的专家号脉诊断，才能够在诸多“药方”中做出恰当选择。正是在这个意义上，科研是无法替代教研的。

必须说明，以上甄别只是相对的、一般的情况。在现实中，总是有扎根实践的教师，锐意进取的学校，从千姿百态的教学实践中发现问题，潜心研究并且取得具备很强理论品格的科研成果。

四、“上帝的归上帝，恺撒的归恺撒”

“校校有课题、人人有科研”，这样的号召，在许多地方已经成为教育行政部门对学校的要求。至少，在每年例行的对于中小学校的评估中，差不多都将有无科研课题以及教师们撰写了多少论文作为重要指标。

学校的科研课题命运怎样？结果又如何？对此，各种批评的声音十分活跃，并且“英雄所见略同”。

有学者指出，中小学教育科研存在“有行动无研究”“有研究无成果”“有成果无转化”“有方法论无具体方法”“有定性无定量”“有叙事无提炼”“有课题无

---

① 朱国华著．权力的文化逻辑[M]．上海：上海三联出版社．2004．191页．

问题”等问题。[①] 还有人批评中小学课题研究是“三多一少”，即课题数量多、课题经费多、参与成员多，但能够解决实际问题的课题少。[②] 又有人对中小学教育科研提出了深度质疑：“许多学校轰轰烈烈地展开了教育科研工作，从表面上看，教育科研在学校里是一派繁荣、硕果累累。但事实上，在这些美丽泡沫的背后，真正意义上的教育科研又有多少呢?”[③]关于学校教育科研课题，有人做过生动描述：“开题及结题时，专家云集，嘉宾满座，开题与结题报告详尽具体，上级领导充满赞扬，上上级领导话语中肯，结论往往是‘该课题取得了很大的成功’，轰轰烈烈的‘科研秀’也就时而在有些学校上演着。而平时大量的研究工作往往被搁置一边，对研究过程中出现的一些问题、偏差却常常轻描淡写，甚至遮遮掩掩。”[④]

这样的情景不是少数、个别。比如我自己，也曾经不只一次经历过类似上述情形。大约两年前，在一所普通学校赫然见到“构建中学生心理健康目标体系”这样的课题，大惊之余便是十分、百分的不解，询问之下得知，是从本地区主管科研部门为学校提供的若干课题中挑选的。这所学校是一所普通学校，没有目前许多名校专门设置的教科室，只是由一名主管教学的主任负责，课题的实施过程与上面罗列的如出一辙。负责课题的主任十分苦恼：“老师们哪里有时间，的确是走形式的成分很多。”为什么一定要做呢？校长和副校长给我的解释是一样的：学校每年有综合评估，科研是其中一个部分。是否有科研课题，以及科研课题是什么级别的，多少老师参加，完成得如何，都有分数的。如果没有一定级别的课题，学校在评估上就很难合格，或者分数很难看。

原来如此，科研课题的争取和开展大多不是由学校教育教学的真实需要驱动，而是来源于外在的压力。其实校长和教师们是不以为然的，但也只能是腹诽。

---

① 郑金州．警惕学校教育科研中存在的问题[A]．全国教育科学规划领导小组办公室．教育科研大家谈[C]．北京：教育科学出版社，2007：129－135.

② 吕赟．课题研究应该关注学校中的实际问题[N]．中国教育报，2008-11-07.

③ 任守辉．莫让学校教育科研“变味”[J]．教育科学论坛，2008(6).

④ 同上。

上述情况大家有目共睹，于是又有许多论文进一步讨论：学校里面的教育科研应当是什么样的？教师需要和欢迎的科研课题应该是什么样的？对此，又是“英雄所见略同”：“把能否解决实际问题，在多大程度上解决实际问题，能否改进教育教学实践，在多大程度上改进教育教学实践，能否提升教师教育教学水平，在多大程度上提升了教师教育教学水平，能否促进学生的身心发展，在多大程度上促进了这种发展作为衡量教师教育科研的最终标准。”① “课题研究就应该紧密联系学校的教育教学工作实际……把课题研究的立脚点和出发点放在解决教育教学实际问题上。这样的课题研究才是实在的。”②“广大教师不是专门的研究者，他们更重要的工作是教书育人，这就决定了科研要在具体的教育教学实践过程中展开，要为教育教学服务。他们研究的优势不在基础研究和规划系统性研究，而在于应用研究和自发性研究，着力解决教育教学中的实际问题。”③

这样讲固然不错，但似乎十分眼熟，这不是教研又是什么？

“横看成岭侧成峰，远近高低各不同。”如果换个思路，似乎有助于看清楚目前教研与科研的纠结缠绕。说到底，为什么要普遍地在中小学校开展科学研究？为什么要用衡量科研成果的标准来要求学校、教师的研究成果？尽管目前大家都在这样做，但其合理性究竟在哪里？如果“大胆假设”，不妨提出，中小学并不必须承担专门的科研任务。之所以这样说，是因为，种种对于中小学科研所谓不规范、形式化的批评指责其实都是源于一个前提：学校就应该进行专门的教育科学研究，既然如此，面对如此众多的不规范、形式化，也就只能得出教师研究能力低、学校科研水平差的结论。而一旦我们撤销这个前提，种种负面的判断也就不成立了。

当然，“大胆假设”是需要“小心求证”的。就此，我们可以做点简单分析。

首先，既然并没有人要求大学和研究机构的教育理论工作者们必须胜任中小学某个学科的课堂教学，那么为什么要强制中小学教师必须像理论工作者一样能够胜任专门的科学研究工作、写出合格的论文及研究报告？难道完

---

① 郑金州．教师做教育科研的十条建议[J]．人民教育，2008(5)．

② 吕赟．课题研究应该关注学校中的实际问题[N]．中国教育报，2008-11-07．

③ 汤先平．中小学教育科研存在的问题及对策探析[J]．教育科学论坛，2008(7)：35．

成自己承担的教学任务不需要教师倾注全部智慧和心血？

其次，“群众性”的科研，实际上模糊了教育实践与教育研究的界限，否认了教育科学研究工作者与中小学教师的分工。取消了这种分工，实际上便回到了原始的混沌——专门的教育科学研究的出现，实际上远远迟于专门教学实践的出现。二者的分离是教育发展历史过程达到一定阶段后才可能。

有位教研员对同地区一位从事教育科研的朋友开玩笑：“你们整天忙个什么？知道不知道教师们怎么想啊，你越是少忙，他们工作越少干扰。”虽然刻薄了些，却道出了许多学校和教师的苦衷。由于模糊了科研与教研分界，取消了研究者与教师的分工，在轰轰烈烈的群众性教育科研运动风起云涌的同时，产生大量的科研泡沫便无法避免。这样的“科研”，不仅难以产生真正有价值的成果，甚至未必令学校教育教学质量从中受益，更为令人担忧的是，经常加重了学校和教师的负担，干扰了学校正常的教育教学活动，乃至产生种种消极后果。

那么，教育科学研究的终极目的难道不是在于提高教学实践水平吗？教育科学研究的各种成果究竟如何进入实践呢？理论应用于实践，是需要中介的，实际上，教研组织所扮演的恰恰是中介的角色。当然，就目前的一般状况，教研室在这方面仍然有很大的空间。

“科研”与“教研”，没有高低贵贱之分，但此研究非彼研究。同样为“研究”，同样普遍存在，同样为教育实践服务，却不可混为一谈。自然，二者有相互依存和转化，之间并未横亘着“柏林墙”，但毕竟是两个不同的过程，必须有明确的分工，而目前这种群众性的教育科研的广泛存在，并不合理。正如有学者所说：“从教研的目的来看，教研就是把教育经验和理论转化为教学行为，从而优化教学过程，以获得最佳的教学效益。如组织教师学习大纲及教材，研究教法，分析学生情况，集体备课，观摩教学，交流经验等等，这些教研活动都是为了改变传统的、陈旧的教学观念，掌握和运用教学规律，增强教学的针对性、科学性、有效性，从而提高教学质量。”①

近年来，在许多地方有所谓“教研科研化”的提法和做法，（并无统一表

① 姚文忠编．中小学教研与科研[M]．奎屯：伊犁人民出版社，2000：4．

达，在此泛指此类倾向）主要意图就是是以科研课题带教研活动。根据上面所说，未见得是好事，因为这种做法冲击了教研活动已有的传统，很有可能令教研活动对现行中小学教学的既有作用被削弱。说得严重些，有可能导致教研室逐渐虚化：一个将学术追求作为任务，以探究未知为目的的教研室，已经背离了建立教研室的初衷，背离了各级教育行政部门设置教研室的初衷，最终会因为无法满足中小学的实际教学需求而丧失独立价值而最终失去自我，至少，威信丧失，形同虚设。

“上帝的归上帝，恺撒的归恺撒”，教研与科研的界限，是应当分清的。

第二章

教研组织的基本建制

第一节　各级教研的组织系统

几十年来，教研室在全国范围内已经形成了相当正规的组织系统。这个系统主要包括三个层次，时常被人们称为三级教研制度：省(自治区、直辖市)级教研室，县(区)级教研室，学校教研组。[①] 无论哪一级，教研组织均直接或者间接隶属于教育行政部门领导之下。如北京市教研室是省级教研室，(现在名称是北京市教育科学院基础教育教学研究中心)，隶属北京市教委。海淀区教研室则隶属海淀区教委。湖北省教研室，是省级教研室，隶属湖北省教育委员会，黄冈县教研室则隶属黄冈县教委。各个学校里面的教研组，则隶属于学校领导。

遍布全国的教研组织，专职的教研员总共有多少呢？有一种说法，全国有百万之众，相当于欧洲一个小国家的人口总数，不过很多人认为这个数字估计过高了。曾经担任北京市教研室负责人的一位资深教研人员(FH，2007)回忆，北京市市级教研室在人数最多时达到140—150人。加上各个县(区)教研室，全市教研人员的总数超过2000人。近年来的统计，这个数目有所减少，大约是1000上下。北京市中小学教师的总数近年来一直维持在10万左右，教研员所占比例大约是1%。而全国中小学教师总数近年来大约在千万左右，按照这个比例，百万之数似乎并不特别离谱，然而，事实上在县一级农村地区，教研员占教师的比例数一般要比上述北京市的平均1%低得多。

教研系统的正式名称及其归属一直在变化。就名称而言，先后有“教研室”“教研中心”“教研培训中心”等。除归属当地教育行政部门领导之下，先后有直接作为独立事业单位设置，在教育学院内设置，在教育科学研究院内设置，在教师进修学校内设置，与教科所、电教中心联合设置，等等。当前的情况是，独立设置的比较少，但无论是设置在某机构内部，还是几个部门联合，都保持相对独立，尽管沿用“教研室”这个称谓已经不多。此外，以下所谈是近年来的大致情况，“文化大革命”之前教研室的有关状况，在历史部分

① 关于三级教研制度，实际有两种理解，参见第一章第一节．

讨论。

1. 省(直辖市)教研室

以下是近几年搜集到的几个省级教研室的人员及构成，由于力量有限，详细程度和获得资料的时间均不统一。

北京市基础教育教学研究中心①的内部机构及人员构成

教研室	主任(人)	成员(人)
中小学德育课程教研室	1	2
中学语文教研室	1	1
中学数学教研室	1(返聘)	2(1人为返聘)
中小学外语教研室	1	4(1人为返聘)
中学物理教研室	1	2
中学化学教研室	1	1
中学生物教研室	1	1
中学历史教研室	1	2
中学地理教研室	1	2
小学数学教研室	1	1
小学语文教研室	1(返聘)	1(返聘)
中小学科学教研室	1	2(1人为返聘)
中小学社会教研室	1	2
中小学体育教研室	1	3
中小学艺术教研室	1	3
中小学综合实践活动教研室	1	3
教育理论与评价研究室	1	5
现代化教育信息传播研究室	1	2(1人为返聘)
秘书室	1	8

中心设专职主任一名，副主任两名，书记一名，各教研室主任均为兼任。

① 即原来的北京市教研室.

全部人员为 66 人，其中 7 人为返聘。①

这一数字，比起前面所说“曾经”的人数，正好缩小了一半。

浙江省教研室人员构成②

正式在职人员共有 46 人(男 30 人、女 16 人)。出纳、文印、司机、信息中心等岗位聘用合同制工人 8 人。

在职人员中研究生(硕士)5 人、大学本科 36 人、大学专科 6 人、中专 3 人；省特级教师 10 人，其中享受国务院特殊津贴人员 1 名，全国优秀教师 2 人、省功勋教师 1 人。

室领导成员

主任、书记：1 人，副主任、副书记：1 人，副主任：2 人

部门负责人及成员

办公室主任及副主任：2 人，办公室成员：5 人

财务室主任及副主任：3 人

发展部主任：1 人，成员：1 人

课程研究室主任：1 人，成员：2 人

研训管理部主任及副主任：2 人，成员：3 人

评价研究室主任：1 人，成员：4 人

高中部主任：1 人，成员：5 人

初中部主任：1 人，成员：5 人

小学幼教部主任及副主任：2 人，成员：4 人

外借：1 人

甘肃省教育科学研究所(原为甘肃省教研室)人员构成③

共 42 人，其中，所长、副所长、书记、工会主席等脱产人员 6 人，师范教育、职业教育等 6 人，行政、财务、资料司机等 10 人，

教研员 20 人，分布如下，

学前：2 人(1 人兼职)

---

① 北京教育科学研究院基础教育教学研究中心编，《2005 工作年报》(内部资料).

② http：/jys. zjedu. org/gnlm/gljs/201009/2544. html，2007 年.

③ 甘肃省教研员 XS 提供的 2006 年的数据 .

小学语文：1人

小学数学：1人

小学英语：2人

小学品德与社会(兼品德与生活)：1人

小学音乐美术：1人

中学语文：2人

中学数学：1人

中学英语：1人

中学政治：1人

中学物理：1人

中学化学：1人

中学生物：1人

中学历史：1人

中学地理：1人

中小学体育：1人

中小学信息技术：1人

省(直辖市)级教研室与中小学教学的关系不十分直接，所承担的升学压力相对较小。因为各省之间在高考升学方面的竞争情况比较复杂，受到国家在该省投放的高考招生比例、本省高校的分布及招生容量等制约。与同一省内各地区之间的竞争，统一地区内各学校之间的竞争相比，其为人们所直接感受的激烈程度要遥远、和缓得多。

省(自治区、直辖市)级教研室要对这级教育行政部门辖区内所有学校负责，由于所辖地域广阔、学校数目和教师人员众多，服务对象群体极其庞大，几乎不可能组织全员的教研活动——随便任何一科的任何一个年级，教师数目动辄“成千上万”，即使不考虑交通和经费，场地便很难解决，效果和质量更是难以保证。因此，省(直辖市)级教研室的教研活动多少带有导向色彩，不求覆盖面和影响的大小，更注重活动的内容和方向，不像县(区)一级那样经常性和制度化。同时，省(直辖市)级教研室的管理职能比较突出，组织活动时会更多考虑方向性、指导性。

因此，省级教研室的人员目前普遍比从前有所减少，一个可能的原因是考试制度的变化。以前一些统一考试比如小升初考试、初中升高中的中考，都曾经是全(省)市统一进行，由市级教研室统一命题阅卷，近年来，这些考试逐渐取消或者权力下放，导致了省级教研室人数减少。

2. 县(区)教研室

县(区)级教研室由县(区)级教育行政部门领导，与省市级教研室并非上下级关系，彼此之间主要是业务方面的联系。当然，县(区)级教育行政部门本来就在省级教育行政部门领导之下，因此省级教研室对于县(区)级教研室也存在指导与被指导关系。

与省级教研室比较，县(区)教研室的工作最为鲜明的特征集中表现在，县(区)级教研室与中小学教学的关系是直接的、实质性的。这种特征在其工作中体现得极为充分。其实，无论是省级还是县(区)级教研室，在具体的工作内容和方法上有众多相似，不过，以下特征则是在省一级教研室不突出而在县(区)级教研室极为典型的："零距离""全学科""全年级""全员式"。①

如此任重道远，县(区)级教研室的人员配备通常"兵强马壮"。一般说，在城市地区，县(区)级教研员的配备要比省级更为整齐。省级教研室虽然基本能够保证每个学科有专职教研员，但未必分别到每个年级有专人负责。而众多县(区)级教研室则在初中和高中阶段都会就主要学科按照年级配备教研员，也就是说，初中、高中的语文在各自的三个年级分别各有一名教研员专门负责，初中、高中的数学在各自的三个年级也分别各有一名教研员专门负责。

以下是几个县(区)级教研室的人员及构成。

北京市某区教研室：(2009年)

该教研室与科研部、学前部、德育心理部等合并后，统称为教育研修学院，负责教研的是中学部和小学部，人员配备情况如下：

中学部共55人，具体分工为

主任：1人

---

① 参见第四章第二节.

语文学科室：7 人

数学学科室：5 人

外语学科室：8 人

历史学科室：5 人

地理学科室：3 人

政治学科室：6 人

物理学科室：6 人

化学学科室：5 人

生物学科室：3 人

技术综合学科室：2 人

体音美学科室：3 人

内勤：1 人

小学部共 29 人，具体分工为

主任：1 人

语文学科室：7 人

数学学科室：7 人

外语学科室：3 人

科任学科室(包括品德与生活、科学、品德与社会、体育、音乐、美术等)：10 人

内勤：1 人

成都市某区教研培训中心：(2010 年)

中　学	小　学
语文：初、高中各 1 人	语文：3 人(各两个年级)
数学：初、高中各 1 人	数学：3 人(各两个年级)
英语：初、高中各 1 人	英语：1 人
物理：初、高中各 1 人	品生、品社、健康：1 人
化学：初、高中共 1 人	体育：1 人
生物：初、高中共 1 人	中小学音乐：1 人

续表

中　学	小　学
历史：初、高中共1人	中小学美术：1人
地理：初、高中共1人	学前教育：1人
政治：初、高中共1人	教师培训：2人
体育：1人	科研室：3人
职教：1人	
其余为干部后勤人员	

南昌市某区教研室：(2007年)

全区共有教研员14人(缺编4人)，其中男性5人，女性9人。

学科分布情况是：中学数学、语文、英语各1人，中学物理、化学、生物、政治各1人，小学数学、语文、英语各2人，中小学体育、美术、信息技术各1人。

3. 学校教研组

学校教研组处于三级教研系统的最基层，并不是独立机构，成员就是中小学教师。关于学校教研组，将在第五章专门讨论。

第二节　农村地区的教研组织

人们经常谈到中国基础教育的城乡二元化结构，教研组织作为中国基础教育的组成部分，自然也免不了带有这种二元化色彩。

就行政级别论，县级教研室与区级教研室是平行的，按照国人熟悉的说法是“同级”——行政级别相等。不过，农村地区幅员辽阔，学校分散在不同村落和集镇上，彼此之间往往距离遥远，本书所概括的“零距离”“全学科”“全过程”“全员式”教研活动，在大中城市司空见惯，农村地区则很难做到。

可以想见，在教师缺编严重的农村地区，教研室人员的配备不会乐观。按照实际需要，自然是教研员的数目应当适度超过城市地区，像上海北京这样以区为单位集中开展教研活动极为困难，变通的方法就是按照地理位置进一步将全县划分若干区块，并行地推进教研活动，这样就需要在教研员人数配备上多过同级的城市的“区”级教研室。但实际情况是，不仅“多过”完全看不到，农村地区“县”级教研室的人员配备反而普遍要低于城市的“区”级教研室。久而久之，农村地区县级教研室逐渐因地制宜形成了一些自己的工作方式。

需要说明的是，在农村地区，县级教研室一般只负责义务教育阶段的教研，高中教研活动部分由上一级教研室负责，比如地级市或省会城市的教研室。

以下是三个县级教研室的人员配备情况。

广东省揭阳市某县(2007 年)

县教研室共有 9 人，其中

主任：1 人

初高中：语文 1 人，数学 1 人，物理 1 人，化学 1 人(兼任副主任)，政治 1 人，

小学：语文 1 人，数学 1 人，

英语学科：1 人(小学至初中)

作为参照，这个县的学校和学生人数如下。

学校数目：

小学	初中	一贯制①	完全高中	职业中学	总校数
471	59	6	18	1	555

学生数目：

小学	初中	完全高中	职业中学	总人数
347365	131804	27299	5530	511998

(小学和初中数字的差异，为义务教育至初中段的流失率。)②

① 所谓一贯制是指这些学校包括小学至高中各个阶段.

② 北京师范大学 2009 级教育硕士 SX 提供.

广东省某县教研室(2006年)

该县共有21个镇，2个办事处(不是镇的)，全县共有40多所初中。

县教研室共有10人，其中，语文、数学、外语、物理、化学、生物、政治、历史、地理各有专职教研员1名，同时从中小学教师中聘请一些兼职教研员，与专职教研一同展开各项教研活动。主要活动包括：听课评课，这几年的一种方式是一个学校集中活动一个月。

音乐、美术、体育无专职教研员。而该县有一所高中的前身是原来该县中等师范学校，音乐、美术、体育教师理论很强，于是，这些教师中的一些人很自然地成为县里的兼职教研员，承担该县相关科目的教研工作。[①]

福建省Z市(该市为县级市)

Z县教研室共分两个科室：小学教研室和中学教研室(以下简称“小教室”和“中教室”)。Z县教研室共有专职教研员16人，其中幼教教研员2人(挂靠在小教室)，小学教研员和中学教研员各7人。此外，教研室共聘请兼职教研员67人，其中小学兼职教研员12人，初中兼职教研员37人。

Z市是县级市，高中兼职教研员18人。教研员的具体配置情况见下表[②]：

县教研室专职教研员配置情况

(单位：人)

	教研员数量	性别		教龄(单位：年)			从事教研工作的年限(单位：年)			学历		
		男	女	10—19	20—29	30—39	<10	10—19	20—29	中专	大专	本科
小学教研室	7(不包括幼教的2人)	7	0	1	3	3	2	3	2	3	3	1
中学教研室	7	6	1	1	6	0	3	3	1	0	1	6
总计	14	13	1	2	9	3	5	6	3	3	4	7

① 资料为作者在该县硕士研究生班授课时所了解.

② 李凌. 县级教研室运行状况调查研究[D]. 北京：北京师范大学教育学院，2009.

小学各学科专、兼职教研员配置情况

（单位：人）

	教研员	各学科的人员配置										
		语文	数学	英语	科学	品德与生活（品德与社会）	综合实践活动	信息技术教育	体育	音乐	美术	合计
小学教研室（不含幼教）	专职	3	3	1	0	0	0	0	0	0	0	7
	兼职	2	2	1	1	1	1	1	1	1	1	12

中学各学科专、兼职教研员配置情况

（单位：人）

			各学科的人员配置															
			语文	数学	英语	物理	化学	生物	政治	历史	地理	劳技	综合实践	美术	音乐	体育	信息技术	合计
中学教研室	初中	专职	1	1	1	1	1	化学兼	1	政治兼	英语兼	化学兼	化学兼	音乐兼	1	0	0	7
		兼职	5	5	5	5	5	2	5	3	2	0	0	0	0	0	0	37
	高中	专职	0	0	0	0	0	0	0	0	0	0	0	0	0	0	0	0
		兼职	2	2	2	2	2	2	2	2	2	0	0	0	0	0	0	18

注：据1988年的统计，当时初中史、地有专职的教研员；小学体育和音乐有专职教研员

显然，县级教研室的人员配备并不充足，以这样的教研室力量，保证一个县义务教育的教学，必然捉襟见肘。于是，在教研人员的努力和广大教师的支持下，更根本的是在农村学校提高教学质量水平的渴望推动下，逐渐出现了一种非正式的，游离在县教研室和学校教研组之间的教研组织，并且逐渐引起人们的关注。

“近年来，在一些农村地区出现了一些小区域性的教研机构。”“许多县

(市)区的教研室都指导组建了这样的下级机构……地域片区教研机构，一般设立中学、小学教学业务辅导站，其负责人由教研室聘请精通业务，在片区内德高望重的在职中学、小学各一名校长兼任。辅导站下建立以辅导站负责人为组长的联合教研组，成员由片区内各中小学主管教学的教导主任组成。”①

“教研协作片制度又称片区教研。2007 年以前，z 县的农村教研工作是比较弱的，除少数的集中活动外，平时的教研活动都由学校自己搞。为了使教研活动更均衡地覆盖各个乡镇，2007 年，z 县中教室将全县 14 个乡镇按地理位置划分成五个教研协作片。教研结构由原来的县一校两级变成了更为合理的县—片区—校三级。每个协作片都确定了一所中学为召集单位，该中学校长为片区负责人，教研室还同时指定了五名教研员为五个片区的联系人。每个学期的片区活动计划都要由召集单位、教研室和同片各学校共同讨论制定。该制度实行了一年多，效果比较明显。首先，由于片区教研活动要求该学科全体教师参与，改变了过去个别教师参与而后进行二级传达的状况，大大提高了教研活动的覆盖面和参与度；其次，教研活动由学校、教师和教研员一起策划，众人的智慧对一些教研活动进行了改进，提升了活动效果。”②

不过，“片区教研”似乎也还没有充分普及。2009 年 12 月，在一个“贫困地区教研员培训”活动上讲课，听课教师均来自农村地区，其中不少人就是县级教研员。当我向他们询问“片区教研”时，在座的 80 多人，只有不到 10 个人表示他们那里存在这种教研组织。

第三节　教研组织的定位

一、从制度法理学说起

在这里，有必要就“制度”啰嗦几句。在许多情况下，人们会将组织与制度两个概念不加特别区分地使用，比如人民代表大会制度，各级学校制度，

① 姚文忠编．中小学教研与科研[M]．奎屯：伊犁人民出版社，2000：18.

② 李凌．县级教研室运行状况调查研究[D]．北京：北京师范大学教育学院，2009.

等等。之所以如此自有其合理性，无论什么样的组织，总得要凭借某种制度才能运行，制度则本来是因应组织生存的需求而产生。不过，在另外一些情况下，组织与制度又被加以区分，对此，制度法理学有比较专门的研究。

制度是人们经常使用的概念，按照一般的理解，

“1. 制度指容纳人们的组织或机构。其中又分为收容某些处境相似的人的机构实体与处理社会关注的主要利益和问题的组织实体。前者如医院、监狱、精神病收容所、少年管制所等。这类机构被称之为‘全控机构’，其目的常常在于有效地改变被收容者的价值观念、生活方式、行为模式等。后者如家庭、政党、教会、国家等。这类组织是社会的结构成分，通过它们组织起了必要的社会活动。人们对这些组织有一种使社会生活主要领域获得整合、秩序和稳定的高度的社会承诺，这些组织为社会关系和利益的明确化提供了必要的形式。”

“2. 制度指相对稳定的规范或行为模式，例如社会惯例、宗教教规、政党纪律、国家的法律等。它们或者是自发形成的，或者是有意制定的。由于它们具有形成认同的作用，通过能量和社会利益的投入，人们依着于它们之上，于是实现社会活动的制度化，即达到了某种程度不等的正式化程度，并包括了价值和情感依恋的融合。”①

这样两种用法确乎都是经常性的，其含义也都能够与人们的日常理解相符合。依此，可以说制度与组织几乎是同义语：是某种组织实体，或者某种比较稳定的行为模式。但是，晚近的制度法理学研究表明，制度的意义远远不只这样简单。

“麦考密克指出：制度这一术语的与法律有关的用法与法学家关于‘法律的制度’的概念不大相同。人们经常把某些类型的社会制度或亚制度体系（如大学、医院、图书馆、孤儿院、体育组织等）也称作‘制度’。这些是由人们组成的组织，并且是以一种有组织的方式从事活动，我将把这样的组织称为‘社会制度’……麦考密克还指出：‘哲学意义上的制度（和制度事实）显然与规则

---

① 张文显．超越法律实证主义和自然法理论——制度法理学的认识一方法论和本体论[J]．比较法研究，1995(1).

有某些联系，并不与规则等同。''制度及其实例并不是作为(比如说)独立的客体存在于世界上的。……它们存在于规范或规则的背景中，并为着规范或规则而存在，这些规范或规则(以复杂的组合形式)各自对人在社会背景中的行为赋予意义、使之合理、加以调整或甚至予以认可。'"①

按照这样的分析，人民代表大会也罢，各级学校也罢，严格的、准确的说法应当是"组织"。令人民代表大会行使职责的有关"规则"如宪法和人大组织法等，才是"制度"。同样，令学校可以聘任教师、开展各种教学活动的"规则"如有关章程、条例等，才是"制度"。总之，狭义的制度，是依附于组织、为着组织的。而事实上，特定的制度，本身就表现着特定组织隐蔽的价值追求、组织自身存在的根本依据。组织的合理与制度的合理是不可分的：人们之所以结成组织，是为从事特定目的的活动，而达到目的则必须遵循某些规范，制度将这些规范表现出来。这就是说，一般的思路是，为了组织而建立制度：没有制度，组织如何运行呢？所以，制度为组织所必须。更深入的思路则是：在一定意义上，组织为了制度而产生，人们之所以要"组织起来"，从来不是无缘无故，从来都有目的与追求。因此，组织与制度本身深度地关联着，甚至可以说组织就是制度，制度就是组织。好像又绕了回来——本来人们在言谈话语中，在著书立说时，经常也没有把它们严格区分，但这样绕了一圈，似乎令人对这关联看得自觉和清楚。

之所以不厌其烦地做上述援引和讨论，并不是离题万里或者故弄玄虚。鉴于组织与制度内在的关系，一般不加区分地讨论教研室组织或者制度，固然是可以的，但如果按照制度法理学的视角，将组织(社会制度)与制度(狭义的，引文中哲学意义上的)分开，对于我们的讨论别有启迪，简单说，可以更为清楚地审视教研室存在的真实处境。

教研室作为组织，因其"自下而上"的特征有别于中国当代社会生活中其他大多数社会组织。如前所述，尽管普遍存在、历史悠久、作用强大，却由于难以"通天"处境尴尬，更由于与"升学率"的"暧昧"关系乃至身份认同遭遇

① N. MacComick and O. Weinberger：An Institutional Theory of Law—New Approaches to Legal Positivism，P. D. Reidel Publishing Company，1986. 转引自张文显．超越法律实证主义和自然法理论——制度法理学的认识—方法论和本体论[J]. 比较法研究，1995(1).

混乱。然而，这种组织赖以产生的需求却极为庞大沉重——教学活动在学校教育中的中心地位，中国教育体制的大一统模式，为地区和贫富差异所驱使的人才流动对于分数和成绩的倚重等，令“身份尴尬”的教研组织在“制度”层面上表现出顽强的生命力——组织的尴尬并未导致制度的萎靡，在教学实践中，教研制度一直生机勃勃。可以说，是“制度”的树大根深造就了“组织”的青枝绿叶。

正是为了某种活动方式(制度)能够顺利地、有保障地展开，所以才需要建立某种组织。循着这样的线索便可以进入更深层的思考，作为人的目的性行为，教学活动中内在着各种规范、规则，制度则凭借组织将其外化、表现出来。当我们学习苏联有关经验，并且依据自己的条件建立和完善三级教研组织时，是在受到什么样的价值观驱动？是在期待展开什么样的结果？是在渴望满足什么样的需求？在本书第一节有关教研组织本体的追问中，曾经将教研组织存在的合理归结为：教学活动本身需要专门的研究和指导。[①] 按照上述制度法理学的思想，可以做如下引申：教研组织的存在是由教学活动的规范性和规则性所决定的，教研组织的各种制度乃至于这一组织本身的存废，系于教学活动的规范本身。进而言之，一旦这种组织的特定制度发生彻底性的变化，比如，离开了教学活动本身的规范与规则，那么制度及其所赖以存在的组织，也就寿终正寝，或者转化为其他了。

中国基础教育的三级教研组织，为制度法理学提供了一个例证。教研组织从产生之初就是缘于特定的价值追求：教学质量和教学效率，并且由此派生出特定的制度：以质量和效率为追求的教研活动内容及方式。它围绕教学活动的具体内容，按照课堂教学的基本流程而展开，备课、听课、评课、复习、考试。举凡本书将要讨论的教研室职能和学校教研组的任务，经历几十年的累积和流变，具体的方法和途径丰富多彩、与时俱进，而基本的内容和方式则始终稳定不变。道理简单而又深刻，我们之所以需要教研组织，就是因为需要教学活动的规范与规则，建立起保障它们的制度：“基本内容”和“基本方式”，藉此为教学活动的水平提供保证。舍此，教研制度就不成为教研制

---

① 参见本书第一章.

度，教研组织也就不需要存在。

二、独立与尊严的“挣扎”

在本书写作过程中，先后访谈过各级教研室的主任、教研员多人。我不断地向不同的访谈对象提出同样的问题：“教研室是不是也像许多其他机构一样，会有年度工作计划之类？制订这些计划，是由作为上级领导的教育行政部门规定主要内容，还是由教研室独立完成？”对于前一问，几乎不假思索，所有的人马上回答：“是，当然会有工作计划”，高度一致。对于第二问，通常在回答之前会有一个小小的停顿，然后，所有的人回答再次高度一致：“主要由教研室独立制订自己的工作计划”。对于第二问，通常还会有一些补充：“教委(教育局)可能会针对某个具体问题提出要求，但不会全面地规定”，“教育行政部门可能会要求对工作计划做某种修改，但基本同意和接受教研室的计划”，等。

北京市某区的一位教研员(LT，2008)就这个问题给了我更为详细的回答：

我：教研室应该是一个相对独立的机构，按照惯例每年工作要有一个计划。我想问的是，既然是在教委的领导下，那么教研室的年度工作安排，是自己先做一个交由教委来批准，还是教委下达给你们具体的命令。

LT：我们自己安排。当然，要参照教委每年的工作计划。有时候，教委的工作计划一时间下不来，我们就自己安排自己的，等它那儿来了，再做校正。

我：教委得看看是吧？

LT：其实也不怎么管。

我：没有汇报一下的程序吗？可能还是会有的吧？

LT：不太清楚。基本上我们做完计划，执行、宣布，就这么个流程。

我：那么，比方说您那个教研室的领导要做整个教研室的计划，是他拿一个还是请你们各个学科各自报一个？

LT：现在实际挺乱的。我们当然想先看他的计划，然后根据他的计划去做，而他也想看我们的计划，再根据我们计划去做。现在就是这么揉着。基本上是他先拿出一个计划方案来，然后我们再做。

我：他那方案能细到什么程度啊？

LT：不是很细，也就是条目性的，原则性的。

我：你们的就会比较细了？

LT：我们就要具体安排到每周的工作了。你的核心工作、重点工作是什么，想听谁的课去，教研活动怎么安排，非常具体。

我：年度的计划能这么细吗？

LT：我刚才说的是学期计划。

我：年度的计划比较空泛点哦？

LT：年度计划我们不订，头儿订。教研员一个学期订一个计划。

谈到高兴处，这位教研员说；

LT：教研室不是教育局的直属单位，它是下属单位。

我：直属和下属有什么不同吗？

LT：直属就是直接管了。我给您讲一个笑话。20世纪90年代初某县的教研室，都在教育局那儿上班，每天早晨局长跟过去生产队长派活似的，给他们安排工作：你去干什么，他去干什么。(嘿嘿嘿嘿……)他是这样理解的：我得管理你。实际我们的情况是，不是直接管理，是领导，我们有自己独立的事。你找我办事，咱们得商量商量，我可以不接。要是直属领导，那不能不做。现在就有独立的法人名。要叫教研室的话，就有个谁的教研室的问题。

这个笑话的“笑级”视听者的身份而效果悬殊。实话说我当时也并没有忍俊不禁，后来琢磨一下，找不同人分别试验，果然，凡教研员，甚至包括相当的教师，听到后无不莞尔，其他的人比如大学的教育学工作者则多半没有什么反应。“笑级”的确定源于对教研员工作性质的熟悉理解程度：教研员工作在内容和形式上享有比较大的独立性和自由度，他们的工作从根本上说是高度稳定的。

一般说，各级教育行政部门的领导智慧达观，对待教研室工作的态度非常明智，给予了相当程度的尊重：认可它的独立性，以及它的成员们对于自己工作的规划安排。

前面提到，国家和各级教育行政机构中主管基础教育的司、处等机构，对于基础教育的各项工作是“宏观”的指导，即从整体和方向上规范中小学教育。中小学教学活动的庞大规模亦令行政部门无法事必躬亲一一垂询，他们对于教学的关注——这种关注有时会畸形，却从来没有懈怠——只能以“组织外在化”的途径由教研室代行。教研室在事实上享有比较大的制度空间，这种情况，实际上是教育行政部门和教研室的共识，教研工作者们对此是十分清楚的，“长期以来，全国并无教学研究的统一规划，也少有对区域教研工作和地方教研机构的指导性文件，教研工作基本上被视为一种地方性、区域性事务，各地自然按照本位的认识和区域的实际开展教研工作、建设教研机构。”① 做出这个判断的研究者对此持有批评意见，认为不利于教研室建设。其实，是可以商榷的，联想到人们在讨论国内基础教育发展时经常发出的批评就是“大一统”“难以照顾地方差异”，教研室的这种“各行其是”就不仅未必是缺点，而且颇有道理。各地教研室由于不必事无巨细亦步亦趋地追随行政部门的统一要求与规划，反而获得了从实际出发，根据本地区需求开展工作的条件和可能。避免了在大的官本位环境中许多专业性颇强的机构难以摆脱的羁绊。教研室恰恰是基础教育领域中能够比较独立地开展自己工作的机构之一，被无数人呼唤的教育自主，在这个角落中始终得以生存。

当然，由于系统本身的自下而上，无法通天，教研室这种独立性是缺乏保护的，甚至不能自卫——诸如近年来经常看到、听到对于教研室的各种批评指责，却很少看到、听到主管的教育行政部门为教研室做出解释和辩护。由追求升学率而蒙受的种种指责与非难，令教研室背负着沉重的道义债务，真正是带着镣铐跳舞。

某高校学者，向基础教育领域不同角色的许多人讨教，基础教育领域存在不同部门：教育科学研究所、教育学院、教研室，都是各地均有设置的。“在你们看来，这些机构当中，与课堂教学关系最密切，对课堂教学影响最直接、作用最强大的是哪一个呢?”回答毫无悬念，“当然，是教研室”。

如果一味任教研室的尊严被损害、被剥夺，它的独立性能够继续保持吗?

---

① 秦国龙著．教研论[M]．沈阳：辽宁大学出版社，2005：162.

三、教研室的“肖像”

根据前面的讨论，教研室的形象已经逐渐清晰，用下面几点，大致可以勾画出教研室的一副肖像。

1. 课堂是主要阵地

无论哪一级教研室，也无论哪一地方的教研室；无论哪个学科的教研员，也无论哪个年级或学段的教研员，他们的工作，主要、基本是立足于课堂教学的。如前所述，这是教研组织安身立命的所在。

只要教育行政部门仍然关注教学，只要整个社会仍然希望保证课堂教学，教研室的存在就是必然。以北京市为例，本来独立设置的18个区级教研室，现在多并入其他部门，在2005年，其中的11个教研室已经没有自己的名字，有的挂在教育学院的区分院，有的挂在考试中心，有的与教育科研部门合称教育科研中心，有7所改为“教研中心”的名称。[①] 然而，无论名称是否变化甚至是否失去，教研室在“教育学院”“考试中心”“教科研中心”中始终保留着自己的独立性。这个独立性就在于，它始终是以课堂教学为研究、服务对象的。

可以说，在中国，直接给予学校具体教学活动影响并且真正达到“深刻”程度的力量，就是教研室。无论是各级教育行政部门颁发的有关教研室的正式文件，还是教研员个人的职业角色定位，都将指导教学列为首位，绝非偶然。

2. 教学质量是根本追求

自从有了专门的教学活动，人们就希望这种活动能够获得良好的结果。教研室的出现和存在，就是为了促成这种希望的达成。

所谓“教书育人”，是我们一直以来使用的说法。大约因为太平常——学校就是教书育人的吗，即使望文生义，也不会差到哪里，很少见到对这个说法的讨论。问问身边的人，其实大家的理解并不那么一致。这个说法中实际有两个动词：“教书”和“育人”，这两个动词之间是什么关系呢？汉语的一大

---

① 北京市教科院基础教育教学研究中心．北京市中小学教研员队伍调研报告[A]．北京市教育委员会基础教育处，北京市教育科学研究院基础教育教学研究中心编．北京市中小学教学工作会文件资料汇编[C]，2005：214．（内部资料）

特点是介词通常被省略，简洁优美，哪像西文那么麻烦，比如这句话换作英文，多半会加上个“of”“for”“by”之类，英文考试中，不少人都有过因为介词错误而失分的经历。话说回来，介词固然麻烦，却自有其长处，把各种关系表达得比较清楚，在桌面上(on the table)就绝不会被误解为在桌子上方(above the table)。回到我们的话题，“教书育人”，是既要“教书”又要“育人”呢，还是先“教书”，后“育人”呢，或者是通过“教书”来“育人”呢？这其中很有点学问。

学校并不是唯一的“育人”组织，小到家庭，大到社会，都在不同程度上实际发挥了“育人”作用。因此，在讨论学校教育时，人们经常要特别地将学校教育与家庭和社会的教育区分开来。在这种区分中，“教书”当仁不让地是最能够体现学校教育独特性的活动。教育学的基本原理之一：教学是学校教育的基本途径。教学的任务，按照一般看法有三：“第一，传授和学习系统的科学基础知识和基本技能；第二，在这个基础上发展学生的智力和体力；第三，在这个活动过程中培养学生共产主义世界观和道德品质。”①关于教学任务的阐述，清楚地解释了“教书”和“育人”的关系，学校作为专门的社会组织，“育人”是它的根本使命，然而这种使命主要是凭借“教书”来完成的。“教书”是手段，“育人”才是目的，教学能够也应该促使学生知识、能力、思想的发展，但主要是在教书的“基础上”，在教书的“活动过程中”实现的。主要通过“教书”来“育人”，是学校教育的本色。教研室正是为了“好好教书”“把书教好”而存在的，寻找规律，创造方法，无非是追求教书的高水平，追求教书的高质量。教研室的工作千头万绪，核心所在无他。

既然要“教书”，就免不了要与“分数”发生种种纠缠，在今日中国，分数又在教育发展中处于“风口浪尖”的位置，乃至于许多教育行政部门频繁出台各种文件“打压”学校对于分数的关心，教师们经常对分数绝口不谈……真正是“剪不断，理还乱”。教研室是为提高教学质量而存在的，它关心的就是如何“教书”，如何更好地“教书”，它与分数的关系必然超过任何其他教育机构。其实，分数不过是教学评价的一个常用、好用的指标。格鲁吉亚伟大的教育

---

① 王策三著．教学论稿[M]．北京：人民教育出版社，2005：99.

家阿莫纳什维利在他非凡的教育实验中取消了分数，不过他可并没有取消评价，而是用其他更为艺术和人性化的方式取而代之。教学不可能没有评价，除非人们甘心教学成为一种盲目的、经验性的活动。既然不是所有教师都能够达到阿莫纳什维利的境界，恐怕分数还将成为学校教学的亲密伴侣，而且，我们有理由期待，随着社会和教育的进步，分数终将回归本来面目而不再狰狞。

3. 成员以学科背景配备(学科课程)

在各色各样的教育活动场合，如果有人自我介绍是“教研员”，那么对方接下来的问题自然而然就是：“哦，在哪个教研室？什么学科的教研员？哪个年级(或者学段)啊?”教研员们的定位基本正是按照这样三步完成的。

任何一级的教研室，成员都是按照学科配备和组织的，从前面几个不同级别教研室的组织机构也很清楚地显示出这种特征。教研室全方位地负责中小学设置的所有课程，无论哪一个学科，都有专门的各级教研员负责相关的教学事宜。这种人员安排也就显示出教研活动的特点：必定是按照学科实施的。既然教研室具体地负责各门课程的教学，这是最自然合理的安排，也是多少年来十分稳定的做法。1990 年国家教委的文件也明确提出教研员应该按照国家课程计划设置的课程门类配备。

值得注意的是，对于这样一种传统，近来也开始出现不同声音。

“应该按照新课程纲要的课程体系改造、更新教研室内部结构，设置教育教学理论研究、核心的学科课程研究、综合课程研究等相应的科室，重新规划工作职责和研究领域，依靠重点课题项目和中心工作牵动协作与分工研究。如果仍然沿用 20 世纪 90 年代以前的学科课程设置语文、数学、外语、政治、历史、地理、物理、化学、体育、音乐、美术等小部门，则难以形成拳头产品和教研队伍的综合实力。”①

上述说法，不仅质疑教研室的内部结构，实际质疑的是学校课程的现状——而且这个现状是全世界基础教育的主流，即在学校的课程结构中分科的学科课程占据主要比例。

---

① 刘合荣．教研转型和教研队伍专业化[J]．人民教育，2010(10)．

不是空穴来风，21世纪国家新课程改革以来，分科设置的课程体系受到了强烈的批评质疑，“综合化”成为强有力的声音。关于“综合课程”是一个值得讨论的大题目，此处不做展开，只想强调，目前为止在全世界范围内还没有十分成熟和成功的实验，此外，人们在认可“综合化”的同时，也在思考具体的“综合”方式，许多人提出“综合化”未必以取消分科课程为代价。

既然直至目前分科课程仍然是主流，那么教研室根据课程设置配备教研员便是十分合理的选择。轻易改变这种传统，可能会付出沉重代价。

第四节　教研员的角色与任务

一、特殊的教师队伍

在人类的不同文明中，教师都是历史上最为古老的职业之一。今天为人们所熟悉的种种职业如会计师、记者、律师、警察等远远没有出现、至少没有独立存在之前，教师就已经是相当专门的职业。东西方伟大的哲学家、思想家孔夫子、苏格拉底等人，如果说到职业身份，大概都得算做是教师。在学校教育高度发达的今天，教师更是成为人数最为庞大的专业队伍。不过，从教师职业中进一步分化出来的“教研员”，则相当特殊，就目前的了解及能够搜集到的资料，不仅历史短暂，且在中国以外全世界绝无仅有。合乎逻辑地推论，这种分化大约相当于教师职业内部更为精致的分工，就如斯密在他被奉为经济学圣经的《国富论》中开宗明义所指出的：“劳动生产力最大的进步，以及劳动在任何地方的运用中体现的大部分的技能、熟练度和判断力似乎都是分工的结果。”①人类进步受惠于分工太多，鉴于教学活动的日益规模化，由部分人对其进行专门研究显然符合所有人的需求。

“从历史上看，教育行政部门设立教研室的主要目的是为了帮助教育行政部门管理基层学校的教学工作，负责一个地区中小学各科教学的业务指导，因此，各地均从中小学教师中抽调了一批教学能力和协调能力强、教学水平

① 亚当·斯密．国富论[M]．沈阳：万卷出版公司，2008：4.

比较高的优秀教师到各级教研室做教研员。”[①]教研室对于所在地区教学质量的责任，是由各个学科的教研员分别承担的。那么，什么样的人有资格担任教研员这样的角色呢？

1990年令教研室名至实归的国家教委文件中，关于教研员资格有以下规定：

“教研室的教学研究人员原则上应按中小学教学计划规定的课程门类进行配备。”

“教研员要加强学习，不断提高自身的思想政治和业务素质，努力使自己达到下列要求：

1. 坚持四项基本原则，热爱教育事业，有较强的事业心和责任感，不断学习，勇于创新，注重师德，做中小学教师的表率。

2. 有系统、扎实的学科基础理论和专业知识；有一定的教育科学理论素养和较丰富的教学实践经验；掌握教学工作的一般规律，能运用科学的方法开展研究；具有一定的指导教学工作的水平和组织管理工作的能力。

3. 具有实事求是的思想作风和科学态度，一切从实际出发，理论联系实际，全心全意为教学第一线服务。专职教研员要定期轮流到学校上课，使教学研究与教学实践更紧密地结合起来，不断提高自身的业务能力。”[②]

这个由国家教委发布的教研员职责是最具权威性的，意义当然非比寻常。

目前，在全国各地，都存在着一支教研员队伍。下面是北京市各县(区)教研员的基本情况[③]，可供我们对中小学教师队伍中这个特别的群体做些分析。

---

① 朱志平．教研员何以异化为“考研员”[J]．人民教育，2008(9)．

② 关于改进和加强教学研究室工作的若干意见(教基[1990]013号)

③ 北京市教科院基础教育教学研究中心．北京市中小学教研员队伍调研报告[A]．北京市教育委员会基础教育处，北京市教育科学研究院基础教育教学研究中心编．北京市中小学教学工作会文件资料汇编[C]，2005：214．(内部资料)

序号	县(区)	中学学科教研员	小学学科教研员	合计	中小学教师数量	与教师数量比
1	东城区教科研中心	40	19	59	5 373	1.1%
2	西城区教研中心	40	26	66	6 771	1.0%
3	北京教育学院宣武分院二部	26	18	44	3 955	1.1%
4	崇文区教研中心	32	15	47	2 960	1.6%
5	朝阳区教研中心	41	16	57	9 686	0.6%
6	海淀区教师进修学校	58	18	76	11 863	0.6%
7	北京教育学院石景山分院	26	21	47	2 898	1.6%
8	北京教育学院丰台分院	32	24	56	6 874	0.8%
9	顺义区教育研究考试中心	33	23	56	6 387	0.9%
10	房山区教师进修学校	40	25	65	7 215	0.9%
11	门头沟区教师进修学校	26	24	50	2 582	1.9%
12	通州区教师进修学校	35	22	57	6 402	0.9%
13	大兴区教师进修学校	31	26	57	6 071	0.9%
14	密云县教研中心	29	20	49	4 376	1.1%
15	怀柔区教科研中心	28	21	49	3 313	1.5%
16	延庆县教科研中心	31	17	48	3 292	1.5%
17	昌平区教师进修学校	22	15	37	5 452	0.7%
18	平谷县教育科研中心	22	12	34	5 007	0.7%
19	燕山教研中心	15	10	25	、814	3.1%
	合计	607	372	979	101 291	1.0%

人数比例：教研员与教师的数量比在各县(区)之间差异较大，最多的燕山区为3.1%，最低的海淀区和朝阳区为0.6%(这是北京两个地域面积最大的区，均有相当部分学校处于城乡结合部或农村地区)。各个县(区)平均下来是1%，名副其实的“百里挑一”。

学历水平：中小学教研员本科以上学历达到76%，大专以上学历达到96%，高于北京市中小学教师的平均水平。[①] 虽然说高学历并不一定能够保障成为好的教研员，但良好的专业基础肯定是成为优秀教研员的有利条件。

学科分布：基本与各门学科在课程计划中所占比例相当。语数外等占据课时最多的基础学科，教研员人数也是最多的。同时，所谓小学科也都配有专职教研员。在北京、上海等发达地区，区一级教研室的教研员配备不仅学科齐全，一些主要学科的教研员往往能够按照年级分工。如，高一语文、高二语文、高三语文、高一物理、高二物理、高三物理……一般来说，省级教研室教研员的学科分布最为整齐，县(区)级教研室人员实力最雄厚。[②]

北京市县(区)级教研室教研员按照学科的分布

中学学科		小学学科	
语文	75	语文	83
数学	75	数学	85
英语	68	英语	33
物理	52	社会	19
化学	50	科学	21
生物	37	思品	21
政治	56	音乐	19
历史	48	体育	15
地理	33	美术	15

① 北京市教科院基础教育教学研究中心，《北京市中小学教研员队伍调研报告》，第222页.(内部资料)

② 北京市教科院基础教育教学研究中心，《北京市中小学教研员队伍调研报告》，第216页.(内部资料)

续表

中学学科		小学学科	
音乐	23	信息	14
体育	25	劳动	15
美术	23	综合	4
信息	25		
劳动	14		
综合	8		

需要特别强调，上述北京市的情况，只能代表部分教研室的情况。实际存在要复杂得多。比如，江苏某地级市的区教研室中学物理教研员（WX，2010）表示：

“中学物理只有我一个人，不像一些地方大的教研室，每个年级都有物理教研员。好在我们区高中只有两所。这样，我不可能保证每个年级能够做到每星期或每两个星期有一次活动。我具体组织活动的一般情况是，比如这个星期组织初二年级物理教研，下个星期组织初三物理教研，再下个星期组织高一……这样下来，一个学期中每个年级都会有那么几次活动。至于教学进度的把握，主要是在开学之初先通报给大家，中间再以各种方式协调。当然，学校的备课组活动很严格的，基本可以满足教师们的需求。至于听课评课，那是始终要做的。”

年龄分布：年富力强的中年教师是教研员队伍中的最大群体。36—55岁的教研员占据北京市教研员队伍总体的比例超过了75%，远远高于普通中小学。① 显然，这种比例与教研室的要求相符合，足够的教学经验积累是成为合格教研员的必要条件。

① 北京市教科院基础教育教学研究中心．北京市中小学教研员队伍调研报告[A]．北京市教育委员会基础教育处，北京市教育科学研究院基础教育教学研究中心编．北京市中小学教学工作会文件资料汇编[C]，2005：218.（内部资料）

年龄/岁	总计	小教研	中教研	总计（%）	小教研（%）	中教研（%）
<30	31	15	15	3.2	4.3	2.5
31—35	134	75	58	13.6	21.1	9.3
36—40	217	81	135	22.1	22.7	21.8
41—45	149	58	91	15.2	16.2	14.6
46—50	226	68	159	23.1	18.9	25.5
51—55	122	23	99	12.5	6.5	15.9
56—60	101	37	64	10.3	10.3	10.3

当然，北京市的情况无法全面反映全国水平，大抵在总平均上会略高。粗略地说，教研员队伍基本状况与当地经济、社会和教育发展水平呈正相关。

二、教研员的身份

作为中国中小学教师队伍中特别群体的成员，教研员自然身份特殊。一般说，他们在专业水准上有广泛被认可的权威性。无论是教育行政部门的领导，还是工作在一线的广大教师，通常承认他们是教学上的专家，相信他们对于教学分析判断的权威性。不过，这种专家的身份以及权威的形成，更多地属于“民间”性质，教研员的正式身份与其他中小学教师毫无二致。如前所述，他们填写形形色色的表格时，在职业一栏下，写的仍然是“教师”。

“基于教研工作的特点和教研人员的特点，国家规定教研人员的专业技术职务属中小学教师系列，享受中小学教师待遇，包括教师津贴、获得国家和地方政府授予的专家、特级教师、学科带头人、骨干教师等称号。”①以上意见的出处是我国的《教师法》，该法在第二条规定，教师法的适用范围是：“在各级各类学校和其他教育机构中专门从事教学工作的教师”；在四十条的第三款又补充说明：“中小学教师，是指幼儿园、特殊教育机构、普通中小学、成人

① 钟作慈．对充分发挥教学研究在基础教育课程改革中的重要作用的几点认识[A]．梁威主编．北京教育科学研究院基础教育教学研究中心编．新时期教学研究工作的继承与创新[C]．北京：同心出版社，2003：36.

初等中等教育机构、职业中学以及其他教育机构的教师。"那么，这些说明能否包括教研员呢？在该法第四十条第二款可以看到这样的文字，"其他教育机构，是指少年宫以及地方教研室、电化教育机构等。"①明确地提到了教研室，很明显，已经将教研员包括在教师总体之中。

不过，对于教研员身份，实际存在着不同的看法。比如，在《教师法》的各章中，对小学教师、初中教师、高中教师、大学教师的资格和任用分别做了具体规定，并且对教师的培养和培训、考核、待遇、奖励、法律责任，也都做了规定。从内容看，这些规定主要是以从事直接、实际教学的教师为对象设计安排的。教研员工作的内容和对象，尽管与中小学教师的工作存在千丝万缕的联系，却又的的确确存在深刻差异。毫不奇怪，有人主张对教研员应该实施科研人员或者大学教师的职称系列；同样毫不奇怪，这种声音主要来自教研员群体。

在与各级教研员的接触中，"身份"是许多人都会谈到的题目，无论是省级、地级还是县级教研员，不少人对于他们的职称都表达出困惑、疑虑，甚至不满。担任过某省级教研室主任的老师(ZC，2008)的说法，便是一种典型、精当的意见：

"教研员的工作不同于普通教师，他们是必须要思考和研究问题的。按照中小学教师职称走并不那么合适。但是，如果走研究系列也不行，那样就必须考外语，这些人大多数是很难通过的。可是按照中小学教师职务职称，最高的是中学高级，而中学高级只相当于副教授，特级教师并不是一个级别，而是荣誉性的称号。这意味着什么呢，就是说你在这个岗位上干得再好，从职称上也反映不出来，副教授——到头了。现在其他行业的情况恰恰不是这样，比如，护士行业，如果特别优秀，可以有主任护师什么的，国外的护士最高可以与医生差不多。大学里面管理岗位也可以达到与教授相当。比较之下，一些教研员心理不平衡是肯定的。"

这段话说得诚恳，而且很有代表性。用句中国的老话："行行出状元"，

---

① 以上均见《中华人民共和国教师法》1993年10月31日第八届全国人民代表大会常务委员会第四次会议通过，1993年10月31日中华人民共和国主席令第15号公布.

任何职业都可能做出杰出成就，教研员职称系列从属中小学教师行业，实际上给出了一个暗示：这个行业的从业人员比大学里面的教师、比专门的科学研究人员要求低，即使做到最出色，也要比其他许多专门行业"矮半头"——中学高级教师相当于"副教授"。就如在大学里面并不是人人都一定做到教授，研究所里面不是人人都一定做到研究员，医院里面的护士也不是人人都做主任护师，但其职业生涯的制度设计则提供了这种可能：只要专业水平能够达到社会公认的较高等级的标准。而教研员则不然，即使你贡献卓著，也只能到"副教授"为止，的确，多少带有"行业歧视"的色彩。

对教研员完全套用中小学教师的专业技术职称的确有不合适之处。不过，在全世界范围内，中小学教师职业仍然行走在"专业化"努力的征途之上，教研员这种纯粹"中国特色"的专业角色，更是难以找到差可"借鉴"的"它山之石"。何况，中国的国情是等级观念严重，不仅在心理层面广泛深存于国人头脑之中，同时在现实生活中也是权重极大的因素，工资、住房、各种或明或暗的待遇，以及社会地位，具体而实在，教研员们的郁闷不难理解。

无论职称如何规定，教研员工作的特殊性是值得研究，值得认真对待的。当然，能否比较好地处理这个问题，使得广大教研员感到自己的职业得到应有的承认和尊重，并且能够推动他们不断进取，是一篇有深度的"文章"。

三、教研员的资格与选拔

1. 资格

各级教研室的教研员如何选择？他们来自何处？具备什么样的资格？通过什么样的途径？由什么人决定成为这支队伍中的成员？几十年的历史中，实际上就此已经形成了一些基本经验，虽然在各地情况不尽一致，但在几个主要方面是大概接近的。前面提到国家教委的规定产生于1990年，远远晚于教研员角色的存在。在现实中，教研员的资格，以及他们的选拔任用，早已在实践中形成了比较稳定的"章法"。

教研室在"文化大革命"之后重新恢复，展开工作的同时即着力于制度建设。由于前面提到的"自下而上"的产生方式，自然没有现成的国家法律、规定、文件为依据，各地基本是自己摸索和试行。根据多人回忆，至晚在20世纪80年代后期，各地对于教研员资格已经有了比较成熟的看法，并且在许多地方还形成了制度。

北京市某位已经退休的教研室领导(FH，2006)回忆：

“我还在任时，大约是1990年前后，北京市教研室就制定过专门条例。(说到这里，这位前辈笑起来)当时不懂，条例是用于法律法规的，在什么级别的人民代表大会通过，或什么部门通过，才能够叫‘条例’，反正当时就这么叫了。内容呢，主要是对教研员资格做了规定，包括必须有6年教龄，业务好，人品正，能够团结人，有一定组织及写作能力，等等。所以啊，做教研员，仅仅自己能够上好课还是不够的。因为他必须要组织各种教研活动，写各种材料。”

很遗憾没有找到当年北京市的这个“条例”，不过，在将近20年之后，我们在不同省市的教研室看到了与上面“条例”内容相似的文本。如下面所展示的成都青羊区教研培训中心文件中的教研员聘任条件，与这位领导所说的当年规定十分接近。

该区教研培训中心的《全员岗位聘任方案》中的第四条为教研员聘任条件，具体包括了4条：

“(1)符合《教师法》《教师资格条例》和国家有关规定的任职条件。(2)遵纪守法，遵守职业道德，爱岗敬业。(3)有6年以上教学实践经历；具备教育教学工作的学识水平和从事基础教研、师资培训及教育科研等工作能力。(4)学历达本科及其以上(现在职的45岁以上者适当放宽要求)。”①

这是以书面语言、正式文件形式表达的对教研员资格的要求。事实上，不仅是青羊区，几年来与全国各地各级教研室、教研员接触，种种信息都强化着这样的印象：FH所陈述的当年选拔教研员的条件，今天仍然被相当广泛地沿用，也就是说，聘任教研员的主要条件基本没有多少变化。当然，随着基础教育本身发展，教师队伍在整体上学历水平在提高，教研员队伍在这方面自然也会有所反映，除此以外，根据来自各地的信息，关于教研员资格的

---

① 全员岗位聘任方案(试行)[A]. 成都市青羊区教育研究培训中心管理文件汇编[C]，2001：16.(内部资料)

规定在以下几个方面相当稳定。

(1)有足够的教学资历。一般说，教研员必定来自教学实践前沿，有丰富的教学经验积累，这几乎是各级教研室遴选教研员时最基本的准则。初出茅庐的教师，即使"一鸣惊人"，通常也不会马上被选为教研员，原因很简单：没有足够的课堂教学经验，难以胜任指导、组织、分析教学和设计、组织教研活动的任务。

(2)有出色的教学业绩。虽然远不是所有的优秀教师最终都成为教研员，但成为教研员的几乎必然是自己所在学科内公认的出色教师。

(3)有扎实的理论功底。假若对于教学的把握只能停留在个人感悟的经验水平，显然也是无法胜任教研员工作的。常规的教研活动包括"集体备课""教材分析""考试分析""教学点评"等多种形式，县(区)级教研活动动辄一间大教室中坐满上百人，要能够让前来参加活动的教师真的"不虚此行"，如果没有清晰阐述的能力、精辟洞见的能力、透彻释疑的能力、明晰概括的能力，想要有效地驾驭教研活动是不可能的。所以，事实上教研员们的理论功底一般说要明显地强过普通教师。当然，这里所说的的理论功底与纯粹的教育教学理论并不完全等同。

(4)有一定的管理能力。每个教研员都有相当广泛的工作范围：某个市、某个区、某个县；他们年复一年，时时刻刻要面对、思考、解决的问题包括：我所负责的这个地区、这个学科、这个年级、这个学年、这个学期、这个单元，需要安排哪个方面的教研活动？教研活动需要安排什么内容？以什么形式组织？是工作范围内全员参与还是部分教师？毫无疑问，教研员必然要有管理者的素质，要胸有全局，要运筹帷幄。

2. 选拔

中小学教师队伍庞大，出类拔萃者也不在少数，如何遴选和确定最终的对象呢？上述各种条件虽然意思明确清晰，却是很难量化的，在现实中如何加以操作，选拔出恰当的人选呢？在这方面，没有看到有关文件规定之类，通过了解发现，各级各地教研室在这方面的做法再一次表现出极高的一致性。

由于工作性质和特点，教研员始终与自己所在学科的教师们保持亲密接触。下校听课、教学展示、教学比赛等各种教研活动中，自然会涌现出各门学科教师中的“佼佼者”。教研员会对这些人进行特别的观察、培养，给予他们在教研活动中担任“重要角色”的机会，频繁到其所在学校全面、深入地了解他们的情况：能力、表现、人际关系……听取学校领导对他们的评价，并且会请同学科其他教研员共同行动，参与这些“考察”活动。最后，在学科教研组达成一致意见，在基本被认可后，会征求当事人的意见——鉴于教研员的地位，这种征求意见多半是以圆满结局作为尾声——绝大多数被征求意见的教师会表示同意。之后，便是例行的程序，如无特殊情况，领导会批准，于是，教研室里面又多了一位新成员。

上述教研员资格和选拔方式，散发着浓厚的“乡土气息”，没有什么严格的实验研究或者理论体系作为依据。然而，却是来自长期普遍的摸索、实践、积累，凝聚着无数教研员和教育行政人员的智慧，行之有效，理应得到足够的尊重。

任何制度都应当与时俱进，教研员的资格与选拔方法自然也不例外，不过，改革的合理性是值得思考和斟酌的。“近几年来，有的地方教育主管部门或教研室采取了纸笔考试的办法选拔专职教研人员，这无疑是一种历史的进步，因为与以往相比，其标准公正、客观得多了，但缺点是其‘效度’可能会变得更低。因为专职教研人员的标准是非常复杂的，远非是纸笔考试所能查得出的。”①这种担心很有道理，而且似乎过于“客气”了，因为这种方式与传统方式相比，是否称得上“历史的进步”其实不是“无疑”，恰恰值得怀疑，诚如作者所说：“专职教研人员的标准是非常复杂的，远非纸笔考试所能查得出的”。

另外一种值得思考和斟酌的做法是，近年来一些大城市教研室招收了一些直接走出校门的高学历毕业生，如硕士、博士等，直接进入教研室担任教研员。高学历自然是成为称职教研员的良好条件，但缺少教学经验使得这些年轻人的学历优势难以转化为合格教研员的资历，这也是一件令人怀疑的事情。据了解，这些教研室在接受高学历新人后所做的第一件事情，就是安排他们到中小学去历练，从事一两年的教学活动。可见教研室负责人头脑清醒。

① 郭增才．县级教研室职能定位研究[D]．济南：山东师范大学教育硕士学位论文，2003：19.

既然如此，从高学历教师中选拔教研员也许更加合理，毕竟，从教研室“下去”任教已经很难保持教学实践的“原生态”了，一两年的时间比起惯例的“六年”资历更显得单薄，远远不足。

在全社会追求高学历的大环境中，要求教研室“免俗”很难，但坚持一直以来行之有效的民间选拔方式是值得尊重的。水涨船高，教师队伍整体学历水平的提高自然会导致教研员学历的提升，刻意追求似属多余。

四、教研员的任务与考核

各级教研室都对教研员的工作有专门的管理规定。

21世纪初，成都市某区教研培训中心对于教研员职责的规定是：

“1. 能根据教育改革与发展的趋势，教委中心工作和‘一三一现代教育工程’，结合工作特点提出调查研究的课题，拟出调查提纲，深入第一线调查研究。对调查出的材料能做出科学分析，写出调查报告，供教育行政部门决策时参考，同时能制定改革措施促进工作有效、高质量发展。2. 师德高尚，团结协作，努力进修，不断进取，起好表率作用。3. 负责主持编写有关教育教学材料，能吸收优秀教育教学成果丰富其内容，在研培结合模式的运作中不断提高工作效益。4. 能针对研究课题，主持、组织高质量的教育教学观摩活动。对活动的状况能作科学的点评，对倾向性问题能作出深入的阐述，以提高全区教育教学质量。5. 能根据构建“学校、家庭、社会、网络”四结合教育模式的总目标，提出具有科学性、前瞻性、针对性的研究课题，并组织实施。能参加、组织课题结题、评审工作。能指导教师掌握教育科研的方法和技术以促进我区教育研究整体水平的提高。6. 深入学校(园)指导工作，对学校(园)的教育教学管理、教研组建设，能针对倾向性问题提出改进意见。能帮助骨干教师总结经验，并进行推广。7. 能制订有关教师(干部)培训计划，按照继续教育的要求，主持培训活动(上示范课)，有力推进我区师资队伍建设工作。8. 能用普通话作为工作用语。能熟悉、掌握计算机和网络技术基本操作技能，熟悉 office 办公系统软件(文字处理、电子表格、演示文稿制作)，能应用辅助教学软件，具有同教师一道研究制作 CAI 课件的能力，具备上网查询和发布信息的能力。能基本掌握英语的日常教学用语。9. 能总结本人工作经验和研究成果。负责培养、考查、推荐本学科(工作范围)的学科带头人(或优秀教育工作者)。"[①]

上述文件在全国各地的各级教研室都存在，内容大同小异。

除了这种总体性要求外，许多教研室还曾经制定制度按照学期、年度考核教研员。比如，北京市教研室(现称基础教育教学研究中心)一位副主任(MH，2009)说：

"过去曾经有过规定，集中活动次数、到学校听课的次数、节数等，比如5次全市活动/每学期，听课50节/每学年或30节/每学期，大致如此。此外还有每学期组织多少次、哪些种类的集中教研活动等。"

一位小学教研员(GY，2009)回忆：

"有过内部管理规定：每人每年听课多少，负责跑多少学校。但实际上没有很严格地计算什么的。"

目前的情况是，大多数地方并不做这样详细的规定，而是代之以比较笼统的要求。如北京市某区教研室的对各科教研员的学期要求是：每学期要组织7次大型的教研活动，还要到各个学校去听课评课，如此而已。

这样笼统的要求会不会令教研员工作失去约束和保证？事实是最好的证明，多次与各地有关人员的接触中，我所得到的信息是，无论是否详细规定每学期的大型教研活动、听课数、下校数，大多数地区的教研员们都是极其自觉、极其尽职尽责。正如那位主任所说："规定不规定其实并不那么重要，因为实际上大家的工作量都要超过那个5次8次，50节，30节之类。"为什么能够如此？无非两点，一是教研员们都是教师出身，经过多年教学实践，专业思想稳定，对教学有感情，多半职业操守良好。二是教研工作非常"实在"，无论教研室对个体教研员的考核是粗是细，每个学期每个学年的考试成绩就是对教研员工作最为有力的旁证，压力也好动力也罢，实际上督促着教研员不能也不敢丝毫懈怠。每次全员性的教研活动一般是半天，之前的准备至少要投入四五倍的时间。至于跑学校更是家常便饭，一位北京市高中资深教研

① 成都市青羊区教育研究培训中心全员岗位职责(十)教研员岗位职责[A]. 成都市青羊区教育研究培训中心管理文件汇编[C]，2001：27.（内部资料）

员说："全市700多所高中，我自己跑过的绝对半数以上。"要知道教研员下学校可不是"走马观花"的听听课，看看校园，通常必定是带着教研活动去的，或者是应学校要求，也可能根据教研员的工作计划安排。也许是集体备课，也许是对教师公开课的点评，也许是针对特定教学内容组织一次专题研讨，总之，是教师们切实关心的题目、是学校教学的实在任务，扎扎实实，满满当当。

在县(区)级教研室，往往还聘有人数不等的兼职教研员，即从在职教师中选择一部分人——当然也是比较优秀的教师——担任一部分教研工作。在集体式教研活动中，经常可以看到兼职教研员的身影。据了解，兼职教研员的工作一般是无偿的，即使有酬劳也很有限。不过，因为教研活动本身的重要，这种兼职的身份是带有"荣誉"色彩的，当教师面临职称评定、考核评优等环节时，受教研室委托组织过多少次教研活动，承担了什么样的教研任务，都是很有分量的筹码。因此，尽管没有报酬，尽管需要额外付出，尽管十分辛苦，教师一般还是乐于担任这种兼职教研员角色的。当然，如果参与教研室组织编写的各种辅导材料或者复习资料等，他们与教研员一样会得到稿费或者劳务等报酬。同时，兼职教研员往往是选拔正式教研员时的后备人选，成为兼职教研员，意味着对该教师教学水平和组织能力的肯定和承认。

教研员并非真正的"干部""学者"，但由于实际享有很高的专业威望和专业地位，因此从普通教师成为教研员意味着职业生涯中有特别意义的机遇——很类似过去"提干"。虽然如此，也不是所有教师面对成为教研员的机遇时都做出积极回应的，例外较少，却总是发生——对于讲台和学生的眷恋、对于所在学校的特殊情感、对于教研员工作压力的担忧和不适等。

五、教研员与教师的关系

教研室是教学的权威组织，教研员是手握"大权"的人物，那么，教研员与教师的关系如何？教师们如何看待这些专业"权威"呢？

对此，FH谈了以下看法。

"大多数教研员与教师的关系是很融洽的。我当教研室主任时就提倡教研员与教师做朋友，主要是指导教师。个别教研员可能摆架子，那是自己定位不准。当然，教研员在教师心目中比较有威信。”

“教研员的威信主要是一种专业性质的威信，这与校长、小教科长、中教科长或处长们的行政权威是有区别的。这些领导们也会来听课，即使来了一群，未必有几个是教师所教专业的，所以教师并不特别在意。但如果是教研员来听课，教师通常会比较紧张。因为教研员就是负责这个专业的，是内行，是权威，不仅懂而且是水平比较高的专家，能够发现问题和毛病，教师‘怕’教研员也是自然的。”

几年来与许多普通教师的交流印证了这位前教研室主任的话。教研员与教师的关系的确与科长、处长甚至有时包括校长在内的“领导”们关系不同，虽然也有“上”“下”之分，却更具浓厚的“同行”色彩。彼此的沟通、交流主要都是围绕着教师的日常职业活动展开，即便是指导、帮助，也不同于各级行政领导那样更多原则性、更多指令性，而是更具体、更实在、更详细，因此，也别有一种亲切。除了会有“紧张”之外，教师们在日常教学中遇到的困难与问题，疑惑与烦恼，每每愿意向教研员倾诉和求教。我曾经先后向不同学校，不同学科，不同教龄的教师们询问，对于他们个人的成长，教研员究竟扮演什么样的角色？概括起来说，绝大多数的教师肯定教研员的工作，也肯定他们对于自己成长所给予的帮助。需要补充的是，具体的情况又的确存在差别，这主要看各地教研室本身的工作状况，也要看教研员自身的工作态度与水平。

“有些同志总对教研人员的权威性表示不满，不明白为什么教研人员在本地区、本学科教学领域和教师中有很大的分量，盖因其不了解教研工作的特点，没有看到教研人员的另一方面，即‘为人梯、扶人进、扬人名’，许多名师和骨干教师恰恰是在教研人员帮助下或通过教学研究工作涌现出来的。”①

现实总要比理论概括复杂，基本肯定教研员对于教师成长的帮助，并不意味着所有的教研员都能够得到教师的认可。缺乏责任心，漠视教师的需求，甚至尸位素餐的人在教研员队伍中也是存在的，一如任何其他领域，当然，只是少数。

---

① 钟作慈．对充分发挥教学研究在基础教育课程改革中的重要作用的几点认识[A]．梁威主编．北京教育科学研究院基础教育教学研究中心编．新时期教学研究工作的继承与创新[C]．北京：同心出版社，2003：36.

2007年，在河北某市某省级示范高中的一次小规模座谈会上，任教于不同年级、不同学科的高中教师告诉我，无论是对于教学、对于自身成长，当地教研室的教研员都没有给予什么帮助。该市的教研室也基本不开展什么教研活动，只是偶尔会组织一些教师的教学比赛，也会组织学生的各种比赛。(2007年2月26日座谈)

2007年，在西南某省会城市，利用函授机会，我向分别来自中小学的二十几名教师了解他们参加教研活动的情况。他们表示，在小学和初中阶段，几乎没有什么教研活动。教研室和教研员当然都有的，只是不大知道他们每天在做什么，也不清楚他们的工作与自己有什么关系。

前后大约5年时间，像这样的反映，我只遇到两次，应该说是少数吧。

个别教研员“端架子”“耍大牌”也是存在的。“有些教研室领导和教研员对教研室的职能定位不清楚，把自己当做‘行政官员’。一些教研员不去研究课程，不去研究教育教学，而是经常到学校去检查教案，组织学科竞赛，开展各种形式的统考活动。他们只是作为教学研究工作的组织者和管理者而存在，他们的教学管理方式就是‘发号施令’，就是‘布置工作’‘检查验收’，开统考后的分析排队。”①这种批评所提到的现象，要比上面所说“不知道他们每天在做什么”的情况普遍得多，的确在许多地方存在。不过，“检查教案”“组织学科竞赛”“开展统考活动”都是教研员分内的职责，但疏离课堂、疏离教师，总是高高在上的“发号施令”，则无疑与教研员工作的根本所在相去甚远了。

除此之外，一些规模较小的普通学校或者薄弱校老师们会说，教研员有点“嫌贫爱富”，大学校，重点校，会去得多些，小学校，薄弱校，就很少来。对此，我专门请教了北京市某区的化学教研员，出乎我的意料，他十分爽快地一口承认，并且说出了自己的理由：

“学校太多，跑不过来。你说怎么办？如果平均跑，效果就不好，所以我就是要多找重点，有代表性的。比如规模比较大的学校，水平在合格以上的学校。像现在高中课改，都换了新教材，内容变化相当大，教师们真是着急。我得帮助他们驾驭教学啊，所以我就必须去××校，××校，听几次课，基

① 朱志平．教研员何以异化为“考研员”[J]．人民教育，2008(9)．

本就可以了解面上的情况，其他学校的问题也都差不多，这样，我对教研活动的安排就比较有数了。”

都有道理吧，薄弱校的确是更加需要教研员扶持的，若是改变一下思路，这个问题也许并不那么无奈：如果教研员的编制宽松些？

六、教研员的“专业发展”

2008年9月，北京市某区教研室主任来到了北京师范大学教育学院的教科所，来意让所里几位教授“受宠若惊”，原来是希望双方合作，以共同研究和理论培训的方式，提升教研员的个人素养和工作水准。这位女主任精明干练，言简意赅：

“教研员本身是培训者。我们的教研员都是专家，每个人在自己负责的学科都是出色的教师，在学科教学方面也钻得很深——否则他们也到不了我这里。但是，他们的工作性质基本是不断的‘输出’——为中小学教师服务，为他们的教学提供指导，提供帮助。而他们自己却没有‘输入’——谁来培训他们呢？谁来促进他们的专业发展？目前教研员的工作经验色彩浓厚，工作效率在提升上是存在空间的。另外一方面，教研员的工作范围是比较固定的，就在学科之内，因此也就比较窄，长期扎在学科之内，也会造成局限性。所以，需要帮助他们拓展眼界，提高水平。他们自己的专业发展是需要考虑的。”

尽管教科所曾经接受委托为中小学教师提供过各种各样的培训，但面对如此任务还是“如临大敌”，毕竟，教研员不同于一般教师，他们的工作性质，他们的工作特征，都决定着这样的培训非比以往，教科所决定展开专门的调研和准备。

这位教研室主任即使不是第一个，也必定是较早提出这个问题的人之一：教研员本身的专业发展。正如她所说，教研员一直在做着“培训者”，一直在“输出”。任何一个系统如果没有“输出”和“输入”之间的平衡，是难以为继的。当然，频繁到中小学听课，不断钻研以教科书为核心的资料，都是重要的“输入”，都为教研员胜任自己的角色源源不断地提供宝贵养分。但诚如那位主任所说，这些基本仅限于教研员自己所负责的学科范围之内，就任何一个学科都承担的教书育人的使命而言，固然必不可少，却仍然不够。此外，中小学各门课程的内容具有相对的稳定性，这种稳定性经常表现在教研员日常专业行为中一定程度的重复，日复一日年复一年，消磨了精神和锐气，不是不可能的。

也许人们很容易同意，教研员同样需要培训，需要专业提升，那么由谁来承担这样的任务呢？国内现行的继续教育系统已经相当完善，如省(自治区、直辖市)一级的教育学院，县(区)一级的教师进修学校等，来自中小学的教师源源不断在这些部门接受继续教育。教研员却不在此列，可以说他们的继续教育是一个空白，教育学院和教师进修学校送往迎来的一批批学员中，鲜见教研员的身影。近年来，一些地区的省级教研室开始要求教研员像教师一样，每年修满若干继续教育的学分，据称在区县级教研室这种要求颇具刚性。不过，据了解，在各个地区教育学院目前所提供的继续教育的各种培训内容中，基本没有为教研员"量身定做"的项目，很难满足教研员的需求。

令人欣慰的是，这件事情正在引起人们的注意，近年来，许多地方在探讨教研员的专业发展和深造需求，尝试为这个群体打造合适的"产品"。

华东师范大学的"教研员之家"近年来颇有影响。"教研员之家"是华东师范大学所设的教研员研修中心，由网络教育学院和课程与教学研究所合作，成立于2009年3月。迄今，已经为上海、浙江、青海、天津等省市举办了教研员研修，受到了学员的欢迎。"教研员之家"根据实际调查，为教研员量身定做有针对性的课程；开发了专业网站——E教研员之家，提供"学习资源""作品展示"和"博客"等栏目，教研员可以在这些栏目中讨论和交流各种专业问题；创立"清＋洗＋晒"的研修模式，就真实问题互动学习……①

同样是在上海，据称已经开始了"基础教育教研员专业发展"评优活动。自2010年始，每两年举办一届，由上海市教委教研室和上海市中小学幼儿教师奖励基金会共同组织，在上海所有区县展开。评选项目的内容主要涉及：学科专业知识和课程教学理论；课堂教学和指导课堂教学；设计作业、编制试卷和评价学业；组织、策划教研活动和指导校本教研；培养骨干教师和促

① 以上资料来自 http：//ejyyzj.ecnudec.com，2010-08-01.

进师资队伍建设；沟通协调和表达交流；实践和推进现代信息技术应用。[①] 显然，样样针对的是教研员的“看家本事”。

无疑，这些都是广大教研员的福音，希望类似以教研员为对象的尝试能够一路走好，兴旺发达！

① 上海市教委教研室．上海市基础教育教研员专业发展评优活动方案(试行稿)．2010-05-08．(内部资料)

第三章 教研组织的历史与现状

第一节　教研室的由来

一、“疑似”的苏联血统

如前所述，教研组织并不是按照国家行政系统自上而下建立的，那么，它究竟起源于何处、发端于何时呢？迄今，虽然一些学者有过论述，但专门研究并不充分，也就没有十分确切、清楚的结论。在流行的种种说法中，有两点特别值得提到：一是教研室这种专门组织来自于苏联；二是教研室这种专门组织在新中国成立于20世纪50年代。

关于第一点，以下论述是比较有代表性的，“新中国成立初期，学习苏联经验，结合中国实际，在高等学校建立了教学研究室，作为学校教学和科研的基层组织；在中等学校和部分小学，按学科分别设置教学研究组，简称教研组，教研组的主要职能是组织教师学习党的教育方针和政策，研究教学大纲、教材和教学方法，钻研教学理论和专业知识，以及总结交流教学经验，帮助新教师提高业务能力等；在省、地、县三级教育系统设有教学研究室，主要负责本地区一部分教学管理，以及学科教学研究与指导等工作。”①“20世纪50年代初，我国开始成立教研室，”成为“从事中小学教学研究和教学业务管理的机构，是同级教育行政部门在教学工作方面的助手。”②

在其他一些涉及教研室起源的文献中，也有类似的描述。不过，进一步追问，苏联基础教育的教研组织是怎生模样？中国是通过什么样的渠道学习苏联这一经验的？对于这些问题，很难找到清楚的说明。说来有趣，今天这样庞大而作用举足轻重的组织，却禁不住“家谱”的考据，颇有“身世迷茫”的味道。

在全面学习苏联的时期，教育领域影响最大的莫过于凯洛夫和他所主编

---

① 钟作慈．对充分发挥教学研究在基础教育课程改革中的重要作用的几点认识[A]．梁威主编．北京教育科学研究院基础教育教学研究中心编．新时期教学研究工作的继承与创新[C]．北京：同心出版社，2003：34.

② 王洁．教研员要和教师共同行动学习——基于实践角度的分析[J]．人民教育，2008(19).

的《教育学》，那么，能否从中找到教研室的踪迹呢？

1953年，人民教育出版社根据苏联1948年莫斯科出版的版本，翻译出版了凯洛夫主编的《教育学》，全书二十一章，皆未提及“教研室”或者“教研组”。①

1954年12月13—14日，凯洛夫在俄罗斯苏维埃联邦社会主义共和国教育科学院主席团召集的教育学问题会议上做了“苏维埃教育科学的现状和任务”的报告，在批评当时苏联学校“未能在实际工作中努力钻研真正的、有科学根据的教学和教育方法的技巧”时，提到“各种教学小组、教学研究组、教育研究室，甚至教师进修学院多半是在日常工作中，‘训练’教师去应付眼前的功课”。②

1957年，人民教育出版社翻译并出版了苏联1956年版凯洛夫主编的新编《教育学》。在这一版的第十六章中，有相当篇幅的文字，讨论了“教学研究工作及其相应的组织”。③

以上资料显示，同样由凯洛夫主编，1948年和1956年的两个版本《教育学》中关于教研组织的讨论从无到有，处于两个版本之间的时期作为主编者凯洛夫本人讲话明确提及了教研组织及其活动，为这个从无到有做了“旁注”。对此，似乎可以推测，最初编写《教育学》时，苏联的学校教研组尚未成熟，因此稍晚才在后来的《教育学》版本中进行了专门阐述。这种理论滞后于实践情况在教育实践中十分常见，合乎情理。

既然凯洛夫《教育学》没有发放“出生证”，那么是不是可以转向当时的教育实践领域去看看？

十分幸运，在2010年看到了华东师范大学比较教育博士董绍才的学位论文④，其中提供了大量翔实可靠的资料。按照这些宝贵线索追踪，果然大有

---

① 凯洛夫．教育学[M]．北京：人民教育出版社，1953.

② N. A. 凯洛夫．关于苏维埃教育科学的现状和任务[J]．人民教育，1955(9).

③ 凯洛夫．教育学[M]．北京：人民教育出版社，1957：476.

④ 董绍才．基础教育教研室制度创新研究——基于山东的案例[D]．上海：华东师范大学，2009.

收获。

最早在1951年，《人民教育》编辑部便翻译并刊登过"阿拉木图的教育研究室""教师进修学院规程""区教育科教育研究室规程""教师进修学院和区教育研究室"文章，对苏联的教研情况做过介绍。

1955年，由当时的教育部副部长陈曾固任团长的我国中小学教师代表团访问苏联，"代表团重点学习、研究了苏联综合技术教育、教学工作、师范教育、教育行政领导等四方面的经验。次年，2月8日，教育部作出决定：全国中小学、师范院校教师和教育工作者学习代表团的总报告、专题报告和资料，结合我国具体情况，把苏联教育工作的先进经验运用到实际工作中去。"①在代表团学习的经验中，教研室便是重要的一项。

访苏期间，代表团实地考察了苏联的教师进修学院等教研机构，了解了教研机构的制度建设和运作情况，并以《苏联的教师进修学院》为题做了详细的介绍，收入访苏次年出版的《中国中小学教师访苏代表团报告集》②之中。以下是其中部分内容；

"苏联各加盟共和国除设有由教育部领导的中央教师进修学院外，各省、边区和直辖市都设有由各省市教育机关领导的教师进修学院。"③

"省、市教师进修学院不完全是学校性质的组织，它还是全省(市)领导和研究教学法的中心。它的任务是：(一)负责研究全省教学法工作，提出改进意见，给学校和各科教师以具体指导和帮助；(二)收集和研究教师的先进经验，组织经验报告会，编辑出版教师的经验专册；(三)负责经常提高教师的水平，帮助教师教学教学法的研究。"④以莫斯科省教师进修学院为例，共有14个教学研究室："俄语与文学教学研究室；数学教学研究室；物理教学研究室；化学教学研究室；生物教学研究室；外国语教学研究室；地理教学研究

---

① 中国教育年鉴编辑部编．中国教育年鉴 1949—1981[Z]．北京：中国大百科全书出版社，1984：936.

② 中国中小学教师访苏代表团报告集[R]．北京：人民教育出版社，1956.

③ 中国中小学教师访苏代表团报告集(第2卷 综合技术教育和中学各科教学)[R]．北京：人民教育出版社，1956：44.

④ 中国中小学教师访苏代表团报告集(第1卷　赴苏访问考察的总报告及教育行政领导和师范教育)[R]．北京：人民教育出版社，1956：45.

室；历史和宪法教学研究室；图画教学研究室；体育教学研究室；课外、校外活动研究室；小学教学研究室(专门研究指导小学教师教学法工作)；儿童之家工作研究室；教育学研究室(专门针对校长教学工作)”。

“省(市)所属县(区)市都设有教育研究室(内设主任一人，教学法指导员两人，有些县只有主任一人)，由县(区)市教育科领导，并接受省、市教师进修学院的指导。县还有联合教学小组的组织，它是由县教育研究室指定各科优秀教师分别组成的(每组由优秀教师一两人组织，他们不脱离教学工作，但任课时数可酌减)。”①当然，各地情况也不尽相同。

各个研究室的工作人员被称为“教学指导员”，“省进修学院教学法指导员的条件是：高等学校毕业有10年以上教龄，教学成绩优良。如教学工作有特殊成绩的，教龄不足10年的也可以，但不能少于5年，教学研究室主任一般都是由教学指导员提升的。”各教学研究室一般有主任1人，教学指导员1—3人。②

工作任务大致如下：

1. 提高教师质量

2. 教学法研究工作

“教学法研究工作是教师进修学院的最重要的经常工作之一。”

“教师进修学院进行教学指导工作的方式，主要的有以下几种：

(1)提高干部，每年有例行的会议，以及非例行会议，参加者主要是各县联合教学小组组长，并且吸收部分教学经验丰富的积极分子参加。内容包括报告教学大纲的变动情况，讨论学校总结的教学经验、今后工作计划、考试准备工作等。③

(2)印发教案和其他指导文件。“为了帮助教师，各教学研究室经常收集本科有经验的教师所写的某些题目的教案，同时自己也动手编写某些题目的教案，印成小册子，发给教师参考。教师进修学院的教学指导员还根据所了

① 中国中小学教师访苏代表团报告集(第1卷 赴苏访问考察的总报告及教育行政领导和师范教育)[R]. 北京：人民教育出版社，1956：52.

② 同上，第45页

③ 同上，第53页

解的情况，草拟教学法指导书，或写文章发表，指导教师改进教学工作。”①

(3)到学校去给教师以具体的直接指导。以莫斯科省教师进修学院为例，对于教学指导员到学校去有明确的规定，“教学指导员下去时一般是先听课。他们规定每一位教学指导员每个月至少要到学校去听20节课。(全年听课不能少于200节。)听课后要提出意见，指出改正缺点的办法。”②

3. 经验总结工作

这方面主要是发现有经验的教师，通过研究总结提升教师的经验，并且介绍推广。③

果然，从加盟共和国的教师进修学院，到县(区)的教育研究室，都存在着专门的教学研究组织，且与中国的教研室在职能甚至工作内容上颇多相似之处，而教学指导员则更似乎是我们的教研员的别称。

有研究者考据，在那一时期，我国许多地区还聘请苏联专家来做报告，如山东省教育厅在1957年7月1日要求苏联专家纳乌莫夫在省教育厅和济南市教育行政干部会上作了《关于教研室工作》的报告，介绍了教研室的性质、任务、工作方式、工作经验等情况。④

综上，我国“三级教研组织”的产生直接受到“苏联经验”的影响确凿无疑。不过，仅仅用学习苏联经验来解释教研组织在中国的普遍存在，解释其半个多世纪的演变与发展，解释其积累的丰富多样的经验，是远远不够的。

二、十足的中国特色

谈到教研组织的历史，经常被提及的另外一个说法是：虽然教研系统的成熟完备和大显神威是在20世纪改革开放之后，但它在中国的历史可以追溯到50年代。支持这种说法的资料虽然不多却十分可靠。

前北京市教育委员会负责人在一篇文章中曾经提道：“追溯起来，在我

---

① 中国中小学教师访苏代表团报告集(第1卷　赴苏访问考察的总报告及教育行政领导和师范教育)[R]. 北京：人民教育出版社，1956：53.

② 同上，第52—55页

③ 同上，第55—57页.

④ 董绍才. 基础教育教研室制度创新研究——基于山东的案例[D]. 上海：华东师范大学，2009.

国，政府教育管理部门为了发挥教学研究对于编写教材、学科教学研究与指导和为教育行政部门决策提供依据的作用，早在 20 世纪 50 年代就开始组建各级教学研究机构。”①

此说言之有据。1954 年 8 月 7 日，教育部将北京市委所作的决定通报各地，其中提道：“过去我部对于提高教育质量注意不够，对改进教学缺乏明确的思想领导，对教师学习缺乏应有的指导……今后必须采取各种有效措施，积极稳步地提高中小学教育质量。”通报还指出：“提高教育质量、贯彻全面发展的教育，关键在于改进学校的教导工作、抓紧做好教学工作这一重要环节。”至于具体措施，首先提到的是修订教学计划、修改教学大纲和教科书、编写教学指导书和教学参考资料，强调各级教育行政领导要加强对教学工作的领导，同时指出：“有条件的地区应建立专门机构，管理教学研究与教学指导工作。”②

在这份由教育部通报全国的北京市委《关于提高北京市中小学教育质量的决定》中，主要措施包括 4 条，其中第 4 条提道：“市教育局应设立专门机构或专人负责管理教学研究和教学指导工作，经常地、系统地检查和帮助学校改进教学。”③在教育部的“通报”中，以及北京市的“决定”中，所说的专门机构自然就是后来的教研室，只是均未使用这个相应的名称。

1954 年 12 月 20 日至 31 日，教育部召开中学教育工作汇报会，又一次提到了教研室的建设，在《关于教育工作汇报会的通报》中指出，“省(市)教育厅(局)和学校在提高中学教育质量方面，当前应抓住下述几个重要环节”，其中第一条是：“加强教学工作的领导。改进教学是提高教育质量的基本途径，今后各级教育行政部门，必须将教学工作切实领导起来。为了加强对学校教学工作的领导，教育厅(局)除应加强视导工作，有计划地培养视导人员，建立视导机构和视导制度外，并应创造条件，设立或健全教学研究室，进行教学

① 梁威主编．北京市教育科学研究院基础教育教学研究中心编．新时期教学研究工作的继承与创新[C]．北京：同心出版社，2003：序言 1.

② 《中国教育事典》编委会．中国教育事典(中等教育卷)[Z]．石家庄：河北教育出版社，1994：204.

③ 同上，第 205 页．

研究工作，以加强对学校教学工作的具体指导。”①此时，已经正式使用了教研室的名称，就目前看到的文献，这是教育部文件中最早使用教研室名称的记录。

对比前面的讨论可以发现，教育部两次提及教研室是在1954年，不仅早于凯洛夫《教育学》中出现有关教研组织内容的1956年，也早于教育部代表团在苏联考察教研室的1955年，当然，更早于该代表团系统介绍教研组织经验的报告集出版的1956年。更为有趣的是，有研究者考据，我国最早的省级教研室上海教研室的建立早在1949年。②

不是源于凯洛夫《教育学》，也不是来自政府代表团的正式考察报告，莫非，人们都记错了，教研室原产地就在中国？或者仅仅发端于1951年《人民教育》的几篇文章？似乎都缺乏足够的说服力。

在一次对顾泠沅先生的访问中，得到了非常有价值的启示。

我：有个事情很有趣，我要跟您求证一下。国内翻译出版的凯洛夫《教育学》，1953年版，没有提到学校教研组，1957年的，有了。可是我们教育部1954年的文件中就有了建立教研室的内容，难道我们实际上要比苏联还早吗？

顾：不，不是这样的。

我：是不是学校里面有，但是书里没有？

顾：当时凯洛夫的教育学里没有提这个组织，但是在苏联，存在教研室，那时苏联农村搞合作社，教师也以合作社的形式，搞在一起，名称也叫教研室，有的，这个是肯定的。

我：问了许多人，好像都不能肯定，还是顾老师说得清楚。

顾：不是我说得清，这个问题我请教了谁呢，请教了我们的吕型伟先生。他当时接手国民党的学校，然后呢在学校里面搞教研组。当时有人去苏联，看到有这样的组织，教研组就是学苏联，抓两件事情，第一件事情学凯洛夫教育学；第二件事情，苏联专家过来，学习怎么上好每一堂课，总结优秀教师的经验，两件事情。教研室的任务就是两个，一个是学理论，理论就是凯

① 《中国教育事典(中等教育卷)》，第206—207页．

② 董绍才．基础教育教研室制度创新研究——基于山东的案例[D]．上海：华东师范大学，2009．

洛夫。(2008年4月12日访谈)

原来如此，学习苏联经验不错，但起初便是“民间行为”，发生在凯洛夫这样的苏联教育家尚未从理论上加以阐述之前、在中国政府正式派代表团研究考察之前。有理由推测，由于当时两国关系良好，在各种教育的甚至未见得是专门教育的种种相互往来和信息交流中，国内教育工作者已经对这种专门研究指导教学的组织有所了解和认知，并且基于实践需求形成了十分积极的态度，因此便开始自发地、探索性地建立自己的教研组织。所以，才有1949年上海教研室的成立，才有北京市委的决定和教育部的通报。当然，后来的代表团访问、介绍文章的出版更是推动力量。产生时的中国特色，赋予了教研组织这种“舶来品”强大的生命力。由于违反经济规律，农业合作社早已不复存在，但缘于学习农业合作社的教研组，却获得了长久的生命力。在中苏两国关系交恶、苏联教育理论受到种种公平和不公平的批评后，教研组织仍然能够长久屹立在中国本土。

事实上，在20世纪50年代初期直至中期，教育界先后向苏联学过的东西太多太多，何止是教研组织！举凡学制年限、课程设置、教科书、教学活动、评价方式，还有红领巾教学法，工农速成中学，甚至中小学校舍的规划与设计……因为苏联小学年限较短，我国虽然大部分地区延续六、三、三，但也在许多地方进行了小学五年、中小学八年一贯制等实验……因为苏联作为第一个社会主义国家开设了“综合技术教育”课程，我国在很长时期内也在中小学开设相应的课程；因为苏联教育学将教学过程划分为五个的基本环节，我国中小学也严格按照如此操作；因为苏联中小学普遍采用5分制，我国也将一直沿用的百分制评价改为五分制……，如此等，不一而足。如今回眸凝望，几十年过去，林林总总的“苏联经验”，在中国的命运大相径庭，有些早已是昨日黄花，几乎被人遗忘，有些融入了新中国基础教育体制之内，生机勃勃。教研室便是其中具有长久生命力的一项。简单地说，这些“搬来”的经验最终能否在中国生根、发芽，还要取决于是否符合教育规律，取决于是否适合中国基础教育的“水土”。

时下，一些研究者将1954年的两个文件中的有关内容作为教研室产生的根据，有一定道理。不过，是否可以推翻我们所主张教研室“自下而上”产生的性质呢？未见得。所谓“自下而上”不仅是有没有提到那么简单，比如，文件并非专门就教研组织而发的，而是在“提高教学质量”“教育工作汇报”这样题目的文件“提到”而已，再比如，虽然提出了设立教学研究室，但并没有做出具体的规定：像具体职能、机构所属、组织定位等。最后，在中国特别重要的是，国家教育部固然下发了这样的文件，却并没有在自身设立这样的主管部门，如前所述，在国家行政机构普遍以“自上而下”方式建立的大背景之下，按照惯例，很难驱动下级教育行政部门就此有建立专门机构的行为。

在此，上述文件中同时提到的另外一个部门可以作为颇富参考性的旁证。《关于教育工作汇报会的通报》中，除了提到了教研室之外，还提到了“加强视导工作，有计划地培养视导人员，建立视导机构和视导制度”。①

新中国成立之初的1949年11月1日，中央人民政府教育部成立，机构中设立了视导司，此外，部内其他各职能司局也设有兼职视导人员。随之，各省、市、自治区教育厅(局)均设立视导员，与教育部一样，既有专职也有兼职。② 1953年教育部还曾经就视导司工作做过规定，此后没有看到教育部视导司单独下发的文件，也没有看到地方这一部门存在和发挥作用的痕迹，似乎视导机构不复存在。③ 据说，“由于独立设置的视导机构和人员，往往不熟悉业务主管部门处理问题的详情，不能与业务部门密切配合，便取消了独立的视导机构和人员，把视导工作交给职能司、处去负责。”④虽然没有看到文件要求各地取消，但直到20世纪80年代初各地不存在视导机构是事实。

1983年7月，在全国普通教育工作会议上，教育部出台《建立普通教育督导制度的意见》，提出县以上教育行政部门都要设立督导机构。1984年8月，国务院批准教育部设视导室，负责巡视、检查和指导帮助全国各地的普教工作。这时，仍然没有看到各地有“成立”的动作。1986年9月，国务院办公厅转发国家教委、国家计委、财政部、劳动人事部关于实施《义务教育法》若干

---

① 《中国教育事典(中等教育卷)》，第206—207页．

② 中国大百科全书(教育卷)[Z]. 北京：中国大百科全书出版社，1985：176.

③ 国家教育督导制度简介之一 新中国成立初期的教育视导工作[EB/OL]. http://www.moe.gov.cn/publicfiles/business/htmlfiles/moe/moe_901/200506/8060.html.

④ 中国大百科全书(教育卷)[Z]. 北京：中国大百科全书出版社，1985：176.

问题的意见【国办发(1986)69号文件】，明确指出要“逐步建立基础教育督学(视导)制度。国家和地方逐步建立基础教育督学(视导)机构”。1986年10月，国务院批准教育部视导室更名为国家教委督导司。[①]“自1986年以来，建立了国家、省、地、县四级教育督导机构，网络逐步建立。全国31个省(自治区、直辖市)全部成立了人民政府教育督导团(室)。98.5%的地(市)级建立了教育督导机构，其中91.1%是人民政府教育督导机构。全国共有2716个县建立督导室，其中人民政府称谓的占82.7%。”[②]

可见，1954年《关于中学教育工作汇报会通报》提出了建立视导机构，并且率先在教育部成立了视导司，于是，各地也设置相应机构。教育部取消视导机构，各地随着取消。而重提恢复视导机构时，各级教育行政部门仍然慎重观望。1986国家教委督导司成立后，各地便雷厉风行地恢复了四级督导机构，据称只用了两年左右时间。这就是说，某个职能部门的建立，专门文件、一般地要求并不是足够的条件，上级主管部门本身的机构设置才是更直接、更强大的作用。

当然，视导也罢，督导也罢，本身是教育行政部门组成部分，与教研室的事业单位身份有所区别。但道理一样，只要看看各种教育事业单位如考试中心、电大成大、电教中心等，这种“从中央到地方”的特色均痕迹鲜明。相比之下，教研室在至今没有上级主管部门的条件下，产生并且普遍、长久地存在，不能不说是个“异数”，是非“惯例”。仅仅用有关文件中“曾经”提到，并不能够完全解释。同一文件中并列地提到视导与教研室，前者很快难以为继，后者则稳定发展，结果迥然相异，如果不是理性、自觉的选择、如果没有来自实践的强大需求，便很难解释。至于其在基础教育领域的“强势”地位，就更需要充分地研究才能够说明，如前所述，“足够”的合理性应该是教研室产生与存在的最深刻、根本的原因。

言归正传，虽然教育部没有成立主管部门，教研室还是在中国各地建立

① 国家教育督导制度简介之二 教育督导制度的恢复重建和法规建设[EB/OL]. http://www.moe.gov.cn/publicfiles/business/htmlfiles/moe/moe_901/200506/8061.html

② 国家教育督导制度简介之三 督导机构和督导队伍[EB/OL]. http://www.moe.gov.cn/publicfiles/business/htmlfiles/moe/moe_901/200506/8062.html.

起来。如同许多资深教育工作者的回忆，“文化大革命”之前，教研室在我国各地已经普遍存在。十分幸运，一份20世纪50年代的材料为这种说法提供了支持。

1958年，《安徽教育》第6期刊登了一篇署名为“芜湖县文科教研组”的文章：《骆村学区的民办小学联合教研组》，原文如下：

芜湖县骆村学区的小学教育工作，在当地党政的正确领导下，由于乡社干部和教师的积极努力，在4月1日的一夜之间，办起了十七所民办小学。教师十七名，其中初中毕业的三名，初中肄业的七名，高小程度的七名。他们对教学工作的基本知识懂得很少，不晓得怎样上课，教学效果很差。中心小学为了帮助民小教师解决教学工作中的困难，提高教育质量，除号召公小教师和民小教师交朋友，强调公小教师以带徒弟的方式加强就地辅导外，并及时地成立了民小联合教研组，加强教学研究活动，由中心小学校长担任组长。

民小联合教研组根据缺什么学什么，教什么研究什么的原则，通过讨论研究，确定从第八周起到学期结束止，开展八次教研活动。活动有学习、问题研究、观摩、评议总结等，有机地结合进行。每次活动前，组长先做好充分准备，深入各个民小听课，从中找出问题以便提出研究指导改进。活动后做出小结，使教师得到正确认识。现将该组活动计划介绍如下：

周次	研究内容	目的要求	学习文件	活动方法	执行人
第八周	学习新教育方针	使民小教师懂得教育工作者的任务是要培养有社会主义觉悟、有文化的劳动者。	1.“关于正确处理人民内部的矛盾问题”中“知识分子问题”一段。 2. 安徽教育57年第12期及58年第1期“新教育方针试解”	1. 阅读文件。 2. 由组长中心发言。 3. 讨论。	
第九周	学习“民办小学暂行教学计划”(草案)	使教师懂得课程设置、时间安排、认真执行计划。	芜湖县人民委员会教字第00251号通知。	1. 阅读“民办小学暂行教学计划”(草案)。 2. 讨论怎样执行计划。 3. 明确课堂常规。	

续表

周次	研究内容	目的要求	学习文件	活动方法	执行人
第十周	怎样巩固学生	减少或消灭流生现象。	请县教研室供给参考材料。	1. 研究前一周组织教师总结巩固学生的经验做介绍。 2. 漫谈巩固学生的体会和方法。	
第十一周	示范教学	通过实际观察改进教学方法	1. 中心校长简短报告示范教学的重要性。 2. 学习教材与教学笔记。	1. 先由示范人汪兰英谈谈本课教学中的体会。 2、讨论、评议、小结。	
第十三周	怎样上好语、算课	明确低年级教学方法。	学习小学语、算教学大纲(草案)中有关低年级部分。	1. 学习大纲。 2. 汪兰英同志报告怎样教低年级语算。	
第十四周	识字教学	学会进行低年级识字教学的方法。	安徽教育58年第四期"低年级语文科识字教学——'识字教学'座谈会记录"。	1. 阅读安徽教育低年级语文科识字教学。 2. 组织有经验的公小低年级教师参加。	
第十五周	观摩教学	改进教学方法。	低年级教材及教育刊物上有关文件。	1. 授课老师报告备课经过。 2. 熟悉教材、教学笔记。 3. 评议、总结。	
第十六周	总结	总结经验找出存在问题。		全组组员漫谈教研活动对改进教学活动的帮助，找出存在问题。	

拂去岁月的厚厚蒙尘，这则报道告诉我们一些确切的信息：

第一，文章署名"芜湖县文科教研组"，可以推想，至少一定还有"芜湖县理科教研组"，足以证明，在50年代的中国农村地区，县一级教研室已经存在。当然，名称与后来通用的有差异。

第二，当时的教研组，主要任务就是指导学校教学，这篇由县教研组署名的文章，所陈述的主要内容便是如何帮助在大跃进背景中仓促上马的学校开展正常教学。

第三，当时的教研活动方式，与今天十分相似，如讨论教学方法的选择，开展示范课和观摩课，讨论学生的巩固复习等。

有研究者考据，20世纪50年代中期，国内成立了一批省级教研室，以上海市最早，1949年，其余从1953—1956年，浙江省、贵州省、河北省、辽宁省、湖南省、山东省、陕西省、内蒙古自治区也分别成立了省级教研室。有些省的教育行政部部门还印发过“教学研究工作条例”之类的文件。① 但据多方了解，这个时期省级教研室并未在全国普遍建立。

可惜，有关“文化大革命”之前教研室的资料所见甚少。意外的是，在搜寻线索过程中却柳暗花明：甚至在“文化大革命”之中，教研室竟然也没有完全消失，仍然顽强地存在，并且发挥着作用。北京市某区数学教研员(GZ，2008)如是说：

GZ：从历史上说，教研部门在20世纪70年代就有。

我：70年代有吗？那可是“文化大革命”之中啊。

GZ：有。

我：您确定吗？

GZ：在海淀1971年肯定是有的。

我：那时候叫什么名字，进修学校？

GZ：就叫进修学校，一直就有。那个时候为什么要有呢，主要是基于历史原因，那个时候教师的学历水平不够，必须进行在职教育。而在职教育当时又没有相应的基础，为了解决教师在职过程中的教学问题，必须要找一些很有教学经验的人组成这么一个班子，去指导这些教师的教学活动，进修学校担负的其实就是这个任务。

---

① 董绍才．基础教育教研室制度创新研究——基于山东的案例[D]．上海：华东师范大学，2009.

我：那个时候北京市别的区呢？

GZ：好像都有，海淀区在“文化大革命”前有教研室，每个学科有个教研室，后来“文化大革命”冲击瘫痪了，1971年开始恢复，就这么一直延续下来，它解决的问题呢，主要是解释教材，组织教研活动，有关教材的认识啊等。至少到90年代中期之前，都是这样。

一位在“文化大革命”期间参加工作的教师(XG，2008)表示，那时的确参加过教研活动。

“记得参加工作后也有进修。好像是每周一次，上大课那种，我们是到海淀进修学校去。叫什么、是不是教研室组织的记不清了，但那种活动与后来的教研活动基本相似，只是没有那么正规，去不去也不那么严格，自己决定吧。当然我们还是去，本来学的东西少嘛，还是希望能够有点提高、收获。”

顾泠沅先生对那个特殊时期教研室的存在也给予肯定。

我：顾先生，在“文化大革命”开始前，您已经工作了吧？

顾：我在1967年工作，还是在“文化大革命”期间。

我：就直接到青浦了吗？

顾：对，

我：那时候青浦县有没有教研室？

顾：有的，青浦县是这样的，“文化大革命”之前是有教研室，“文化大革命”初期断了，后来又有。(2008年4月12日访谈)

北京市某教研室原领导(FH，2006)回忆改革开放后北京市教研室成立时则说：

“1986年，当时的北京市教育局长宣布组建北京市教育局教学研究部，任命我担任主任，拨款20万元作为经费。办公地点在宣武门附近，就是今天北京市教育委员会的所在地，成立了教育学院二部，就是北京市教研室前身。”

全国情况自然各有差别，从整体上可以说，自从20世纪50年代建立之后，教研室在中国基础教育系统中一直存在，但普遍、完备的程度远不及今天。最大的中断在是“文化大革命”，但即使那时也并未完全消失，在部分地区，大约是最为混乱的时期过去之后，以“复课闹革命”为旗帜恢复起来。当然，在“文化大革命”之间，是不可能正常开展活动、更不可能真正发挥指导教学的作用的。不过，迄今所了解的情况，多半只能证实县(区)级教研室长期存在，也未必使用教研室名称，有人称大多附属于教师进修学校之中。至于省级教研室，主要是在“文化大革命”之后才普遍建立的。前述北京市教研室原领导谈到改革开放后情况时也是用的“组建”，而不是“恢复”。

第二节　教研室的发展阶段

无论教研室在20世纪50年代准确发端于何时何地，也无论教研室在“文化大革命”之前规模、作用、地位怎样，都不可能与80年代之后相提并论。向有关人员了解情况时，多位资深教研工作者对此有共鸣。原因很简单，一是“文化大革命”前17年间基础教育本身发展总体有限，义务教育尚未普及，高中教育更未有后来的规模气势，对于指导教学的需求远不如后来突出；二是新中国成立之后，基础教育在社会生活中始终处于敏感地位，在一次次政治运动中载浮载沉，学校教学随时面临各种压力和困境，名正言顺地研究教学罕有其时。“文化大革命”之后，中国的基础教育进入了新中国建国以来最为繁荣稳定的时期，相应地，教研室也迎来了自己的黄金时代，经历了重要的发展与变革。在这30年里，教研室的前进轨迹呈现出比较鲜明的阶段性。北京市基础教育教学研究中心(原北京市教研室)在总结自己的历史时，曾经将其大致划分为三个阶段：

“第一阶段(1981—1986)”，“教研工作以中学阶段为主，从事研究、宣讲、辅导国家大纲和统编教材的工作。”

“第二阶段(1986—1996)”，“形成了中小学全学科和幼教、师范类较健全的教研结构，承担着对北京市中小学、学前和师范进行教学研究和为教育行政部门提供决策服务的工作。”

“第三阶段(1996—)”，“承担着对北京市中小学各学科的教学研究、指导和服务工作及为教育行政部门决策提供依据的工作。”①

① 梁威等．回顾历史 把握机遇 开创基础教育教学研究工作的新局面[A]．梁威主编．北京教育科学研究院基础教育教学研究中心编．新时期教学研究工作的继承与创新[C]．北京：同心出版社，2003：4.

北京市的情况自然不可能代表全国各地的具体发展过程。不过，如果将上述阶段的时间界限略微“模糊化”，就其发展阶段的主要任务和特点，则可以比较确定地说，这样三个阶段的划分在顺序上有其合理之处。也就是说，虽然在准确时间上会有差别，就主要内容、任务演变的先后次第，上述三个阶段有相当的代表性。

一、恢复与组建(20 世纪 70 年代末—80 年代中)

可以说，从邓小平“拨乱反正”恢复高考那一刻，已经预示了教研室日后的辉煌岁月和显赫地位。高考制度及此后中小学升学考试制度的恢复，是基础教育恢复与发展最直接的动因，各级学校的教学质量开始得到重视，整个社会对于恢复教学秩序和教学水平犹如久旱望云霓。

当时国内基础教育的状况，大概是如今的年轻一代无法想象的：学校教学秩序基本完全瘫痪，教师们毫无尊严和权威，教学毫无章法和规矩，学生毫无约束和压力。

一位在“文化大革命”期间北京的初中毕业生(LZ，2007)这样回忆当时的学生生涯：

“1966 年的暑假，是我这一生中最长的一个暑假。现在想想，也许是世界上最长的一个暑假吧？因为‘文化大革命’爆发，想来校长和教师们也不知道该怎么办——校长老师都成了修正主义教育路线的执行者了。于是我们在应该开学的时候就收到了学校的通知——主要意思就是因为要搞‘文化大革命’，所以学校暂时不开学。那时小啊，五年级，开学该升六年级的，正是贪玩的年龄，一听不开学真是高兴。失落茫然什么那是很久以后的事情了。这样的通知一连接了好几个，很过瘾，最后，才‘复课闹革命’，于是升入 6 年级。其实早就过了开学时间，6 年级没有念几天，就进了中学。那时也是就近入学啊，不过可没有今天这么麻烦，不用考试，直接通知你到哪个学校。反正大家知道已经没有考大学这回事情了，上好的学校没有什么高兴，上差点的学校也没有什么不高兴。然后就是三年初中，这三年初中根本没有上几天课，一会儿到工厂学工，一会儿到农村学农，一会儿上街反对苏联入侵珍宝岛，一会儿支援西哈努克亲王……。

也有物理，不过那时叫做‘工业基础’，讲什么‘三机一泵’：发电机、起重机、拖拉机、水泵。生物，叫做‘农业基础’，讲蝗虫灾害，化学叫什么不记得了，只记得讲如何防原子弹什么的。就是这点东西，其实连一半都没有讲完。老师也想讲，但很小心，一不留神就会被说成‘复辟资产阶级教育路线’，学生很牛的，想听就听，不想听就起哄，教室可以随进随出，老师是不管——不敢管的。作业老师还是会布置，但是不是完成没什么关系，考试是彻底没有的。总而言之初中三年没有学什么东西。”

此后直至“文化大革命”正式结束，虽然断断续续地几次“复课闹革命”，但学校教学秩序一直没有真正恢复，没有真正意义上的教科书，没有正规的考试。当然各地不太一样，有些地方好一些。1972 年 7 月 2 日，周恩来在接见回国的美国华裔物理学家杨振宁时，“表示赞赏他关于加强我国基础理论研究工作和研究人才培养的看法和建议，并要求会见时在座的北京大学教授、革命委员会副主任周培源‘提倡一下理论’。”他对周培源说：“你回去把北大理科办好，把基础理论水平提高。”此后，周恩来还指示：“现在强调实践，对理论提倡不够，学校里的基本理论课也少了”，“对社会科学理论和自然科学理论有发展前途的，中学毕业后，不需要专门劳动两年，可以边学习边劳动”。“大中学毕业生不一定百分之百的回到原单位，有些人可以留下来深造”，“从理论上提高。”[①]显然，周恩来希望借此机会恢复教育秩序，然而毕竟回天无力，此后的中学生毕业后仍然面临上山下乡，直接走入社会。邓小平 1974 年复出使得此事有了些希望，但很快到来的“反击右倾翻案风”又使些微的希望成为泡影。1970 年至 1976 年期间，根据毛泽东的“七二一”指示，部分高校招收了“工农兵大学生”，录取方式是选拔推荐来自实践领域的工农兵青年，与中小学教育教学全无瓜葛。

当噩梦终结，举国进入“拨乱反正”、中小学也开始步入正轨，开始进行正常的教育教学活动时，一方面，广大教师欢欣鼓舞；另一方面，人们尴尬地发现，许多教师实际上已经不会教书了，当时教育界“拨乱反正”任务极为

---

① 中央教育科学研究所编．中华人民共和国教育大事记(1949－1982)[Z]．北京：教育科学出版社，1984：443.

艰巨。各级教研室正是在这个过程中逐渐发展壮大起来。

NG 老师从 20 世纪 80 年代中期到退休前一直担任北京市某区教研室的教研员，先后负责小学地理、社会、思想品德课程，也是全国唯一的小学社会课的特级教师。① 1961 年，他高中毕业于在北京颇有名气的二中，按照当时的政治标准“家庭出身”有问题而不能报考大学，被分配到北京市朝阳区担任小学教师。“文化大革命”中经历坎坷，在东北农村“劳动改造”十余年。1980 回到朝阳区某小学，1985 年调到朝阳区教研室担任小学地理教研员。对于那时的教学状况，以及教研室所起的作用，NG 老师印象鲜明。

“当时教研室的作用非常强。那时教师的水平普遍是比较差的。老教师基础当然好些，但多年没有正式上课，专业已经生疏了。新教师本来就是‘文化大革命’当中毕业的，自己都没有学到什么，而且大多数高中，甚至初中毕业经过短期培训就上岗了——那时的短期培训有可能只是几个星期或几个月而已。所以教学质量可想而知，讲错、讲拧、讲不清楚的事情太常见了。笑话也是挺多的，有个老师讲中国的大城市上海，说‘上海是我国经济文化都很先进的城市，有许多著名的高等学校，包括军事学校，比如著名的黄埔军校就在上海’。至于上课，什么上课的基本环节、什么启发诱导、新旧知识衔接等，许多年轻教师完全不懂，上课就是念课文，然后教师自己随便讲。

1985 年我当了教研员之后，针对这样的状况，主要做了三件事情。一是建立骨干教师队伍，那时哪里有什么骨干教师，何况小学地理又是‘小学科’，只靠我个人力量肯定不够啊。我就在区里的学校听课，一所学校一所学校的听过去，寻找比较好的教师，把他们选拔出来，让他们发挥作用。二是提高自己业务水平，毕竟我也离开学校很多年了，自己下工夫，否则怎么去指导别人？我后来陆续在中师、教育学院给教师们上地理教学法方面的课程。三是深入第一线，到学校里面去，与教师交流，听课、上课、讨论。”

虽然 NG 老师所谈是“地理”这样“小学科”的情况，实际上是具有普遍性的，“大学科”如语、数、外的情况，一点都不比上面所说乐观。

---

① 1992 年小学教学大纲规定小学开设社会课，1993 年实施。此前小学分别开设历史和地理课程。到 2001 年基础教育课程改革，社会课与思想品德课合并，小学 1—2 年级开设品德与生活课程，3—6 年级开设品德与社会课程。

那时全国的中小学教师可以分为两部分，NG 老师所谓“老教师”和“新教师”分别是指这两批人。

“老教师”指“文化大革命”之前参加工作的，他们中的大多数曾经分别接受过比较正规的师范教育(即毕业于中等师范学校、师范专科学校、师范学院或大学)，或者有完整的普通教育学历，有一定的教学基本理论基础和实践经验。“新教师”指在“文化大革命”期间参加工作的。尽管文化大革命“砸烂修正主义教育路线”，高考取消、高等教育实质上停顿，“文化大革命”期间为培养“工农兵学员”有限度恢复的高等教育中也根本没有师范专业，小学和中学在形式上却没有停顿。除了“文化大革命”开始之际的一年多完全“停课闹革命”外，一届届的小学生、中学生基本仍然按照学年如期入学、毕业，因此虽然上不了什么课，学不到什么知识，对中小学教师的需求在形式上仍然存在。由于传统的教师来源已经断绝，就必须另辟蹊径解决问题。以北京市为例，做法是从初中和高中抽取部分学生，在中等师范学校进行时间不等的培训，然后补充到学校之中。

按照上面方式成为中学教师，在恢复高考之后又考入北京师范大学，现在某教育科学研究所任职的 XG 研究员回忆道：

“我是 1972 年高中毕业。当时大多数同学是下乡插队去了，还有少部分去当兵。因为家里面哥哥姐姐已经都去插队了，所以按照政策我可以留城。学校把我们这些人送到工厂去劳动，我记得是北京印刷厂，大概三个月之后吧，来了个通知说中师招人——就是原来的北京第三师范学校，培训后做中小学教师。老师让我去，我就去了，也没有任何考试。后来了解到大概是经过学校推荐的。说是培训，其实只有 8 个月，而且第一个月劳动，还有一个月实习，真正上课的时间非常有限。

当时让我们每个人自由选择两科，一个主科，一个副科。主和副跟咱们现在理解的不一样，任何学科都可以是主，也可以是副。意思就是你至少能够教两门课，我当时选的主科是英语，副科是美术。学校也给我们开了教育学和心理学课程，不过内容非常少。虽然已经是‘文化大革命’后期了，这些内容仍然讲得十分简单，也很‘左’，我记得讲教育学还批判凯洛夫。文化课给我们的感觉就是把高中学过的内容又复习了一遍，也不奇怪，本来人家三师就是培养小学教师的吗，原来的学生都是初中起点的。现在要培养中学老师，他们也真是有点不知道怎么办。

就这样，8个月，我就成了中学老师了，教英语，也当班主任。现在看来很可笑啊。”

俗话说“三日不弹，手生荆棘”，老教师已经把看家本领忘记得差不多。“文化大革命”期间参加工作的新教师自己的文化课基础就是“灌了水”的“工业基础”和“农业基础”之类，恢复和保证教学质量的急迫和艰难可想而知。在这样一个特殊时期，教研室大显神通，促使中小学教学活动迅速地走上了正轨。对此，国家曾经给予实事求是的中肯评价。在1990年那第一份有关教研室的专门的红头文件中便谈到：“党的十一届三中全会以来，在各级教育行政部门的领导下，省(自治区、直辖市)、地(市)、县(区)各级中小学教学研究室(以下简称教研室)在恢复和稳定正常的教学秩序、执行教学计划和教学大纲，开发教学研究，总结推广教学经验，积极组织教改实验，提高教师的业务水平，以及加强中小学教材建设等方面，做了大量工作，取得了很大成绩，为提高中小学教学质量做出了积极贡献。”①

一位亲身经历了教研室的恢复，重建，于21世纪初退休的北京市教研室负责人(FH，2006)回忆。

“1986年，当时的北京市教育局长宣布组建北京市教育局教学研究部，任命我担任主任，拨款20万元作为经费。办公地点在宣武门附近，就是今天北京市教育委员会的所在地。

我在此之前已经担任了多年教研员。80年代，那时是教研室发展最好的时期。教研室和教研员在教师当中很有威信。特别是改革开放之初，那时大环境对于教学抓得很紧，因为‘文化大革命’耽搁了十年，很多教师不知道自己教学的问题在哪里，也不知道如何提高自己的教学水平。而当时教研室的教研员都是一些有经验的优秀教师——是从各个学校抽调上来的。看一看课，就能够提出非常有针对性、非常有帮助的意见，教师当然服气。”

① 关于改进和加强教学研究室工作的若干意见(教基[1990]013号)

这一时期，各地教研室先后基本完成了三级教研组织的建设。根据前面所说，大致情况是，原来没有省级教研室的，这时开始组建，原来就有的则得到恢复，省(自治区、直辖市)级教研室应该是在这个时期成为全国范围的普遍存在，县(区)级教研室基本恢复。到20世纪80年代初，在中国基础教育的庞大躯干之中，已经普遍建立起了三级教研组织(学校教研组也已经恢复)，权力、地位、人员、职能等，得到了上至教育行政部门，下至中小学校的广泛认可。

此时，整个教研系统欣欣向荣。

二、稳定与发展(20世纪80年代中期—90年代中期)

1. 春风拂面

根据老资格教研工作者的说法，这一时期是教研室的“黄金时期”。

一位教研员(FH，2006)这样回忆：

“各地一些人员的印象，教研室的黄金时期是在90年代前后。当时的国家教委基础教育司曾经每年召开全国范围内的教研工作会议，参加的人员就是各省市自治区基础教育处处长、教研室主任，除了这两部分人员外，有时还有督导办公室主任。因为当时成为惯例，我们还自己戏称为‘基督教’成员。除了教育部召开的会议之外，教研室还自发地成立了非正式的、民间色彩的组织。比如，当时京、津、沪三个直辖市的教研室每年召开联席会，教研室的主任和副主任参加，主题就是交流有关信息，介绍各自的经验等，后来重庆也参加了。

当然，因为多在寒假暑假期间，也有那么点旅游色彩，都是选在比较有名的旅游地点开会，也会安排旅游的时间。”

这位前辈的回忆大抵比较可靠。到20世纪80年代中期，繁重的“拨乱反正”任务可以说基本完成，整个基础教育面貌一新。中小学的教学秩序在各地都建立起来，学校教学在全国大部分地区开始走上正轨，教研室在这方面的任务告一段落。自然而然地，中小学开始在更高的水平上追求教育教学质量，教研室也就必然要开始尝试为自己寻求新的工作目标和工作方式，由此，进入了发展中一个新的阶段：鼎盛时期，或者按照前辈教研员们自己的说法：

“黄金时期”。如果说，前一个时期的任务在某种程度上说是带有很强烈的“恢复”色彩，那么这一时期则更多地是探索和创新。实际上，当时教研室面临的形势不仅是改革开放以来最好的局面，也是新中国成立以来最好的局面。首先，十一届三中全会后整个国家欣欣向荣，邓小平“尊重知识、尊重人才”的思想广泛深入人心，由此形成了基础教育生存发展的良好社会环境；其次，1985 年中共中央提出关于教育体制改革的决定，1986 年公布《义务教育法》，这些都极大地振奋了教育界广大干部和教师的精神，基础教育内部焕发出充分的活力，重视教学，重视教学质量，前所未有地理直气壮，一时蔚然成风。

前面一再提到的国家教委发布的《关于改进和加强教学研究室工作的若干意见》，就是在这个时期出台。《意见》中有关教研室的内容在时间上晚于有关实践，恰在这一时期出台当然也不是偶然，不仅是承认了教研室的存在，也表明了教学工作在当时的地位，及其受重视程度。其实，新中国成立以来，在教育部下发的文件中，专门强调教学质量、强调重视教学工作的文件数量是很少的。所以这个文件也就特别让教研员们欣慰。

1993 年 5 月 4—7 日，当时的国家教委基础教育厅召开了全国省级教研室主任会议，在这个会议上，“与会代表认真总结了教研室的工作，讨论了新形势下教研室的中心工作和工作重点，提出了改进教研室工作的意见和建议。”会议还产生了由国家教委办公厅在 1993 年 8 月 4 日以《全国省级教研室主任会议纪要》①为名，向全国基础教育系统印发的文件。

由国家最高教育行政部门组织专门会议，针对教研室出台和印发专门文件，迄今所见在新中国教育历史上绝无仅有地集中发生在这一时期，毫无疑问也极大地鼓励和刺激了教研系统本身的发展。

还是那位老先生(FH，2006)的回忆：

“20 世纪 90 年代初那几年吧，我们几个兄弟教研室还举办过教研室主任培训班，大概持续了三四年。另外，曾经评选过全国优秀教研室。当时按照地区分为北片和南片分别评选，最终当选的分别是天津市教研室(北)和安徽省教研室(南)。当然评选是有些条件的，现在记得的有：是否有独立的办公

① 国家教委办公厅文件：关于印发《全国省级教研室主任会议纪要》的通知(教基厅[1993]14 号)

建筑、人员的配备是否齐全，等等。”

让一些教研员至今难以忘怀的是，对于教研室的评价并不止于一般性的肯定，在上述文件中，还有对教研室发展的细致入微的关注：“当前有些地方的教学研究工作在指导思想和工作职能等方面还有待进一步明确，教研人员数量不足，有的经济待遇不够落实，教研经费也比较紧张，致使教研室工作还不能适应教育事业发展和改革形式的需要。”①“要加强教研队伍的建设，对缺少教研员的学科要尽快调配或配齐教研员；已经配齐的要抓紧抓好对骨干的培养，提高他们的思想政治水平、业务水平和组织管理能力等。”②

在教育部的两个文件中均具体地提到教研室的人员配备和培养问题，可以想见对于教研室这样“自下而上”的组织是多么大的鼓舞。事实上在这一时期，各地的教研制度都产生了丰富的成果。以北京市教研室为例，后来对于中小学日常教学产生重大影响的标志性成果——即 1995 年印发的“三个文件”：《北京市进一步加强和改进中小学学科教学的意见》《北京市中小学学科教学常规（试行）》《北京市中小学学科课堂教学评价方案（试行）》，就是在这一时期开始孕育和基本形成的。③

此时，整个教研系统“威风八面”。

2. 暗流涌动

任何事物的成熟，都会从正反两个方面表现出来，教研室也不会例外。在提高基础教育质量方面的作用得到普遍肯定，成为教育界“强势”部门的同时，很自然地，教研系统也暴露出本身的局限与弱点，开始引起人们的关注与担忧，尤其是各级教研组织与考试、分数扯不断的纠结，也就与已经成为教育乃至与整个社会的焦点的升学竞争、学生负担和压力、个性发展的扭曲等难解难分，受到人们的批评和责难几乎不可避免。

客观地说，自从邓小平同志提出恢复高等教育入学考试制度以来，所有

---

① 《关于改进和加强教学研究室工作的若干意见》（教基[1990]013 号）

② 国家教委办公厅文件：关于印发《全国省级教研室主任会议纪要》的通知（教基厅[1993]14 号）

③ 梁威等．回顾历史 把握机遇 开创基础教育教学研究工作的新局面[A]．梁威主编．北京教育科学研究院基础教育教学研究中心编．新时期教学研究工作的继承与创新[C]．北京：同心出版社，2003：5.

这些问题就已经埋下了“伏笔”，恢复高考对中国改革开放的意义不用多说，但人们有时的确忘记了，恢复高考并不是一件没有任何代价的事情。在满足中国社会现代化对于人才需求的同时，以中国社会的文化传统和今日条件，上述种种问题的产生同样是不可避免的，是必须长期付出的代价。

面对这些问题时，采用什么样的应对方式，做出什么样的抉择，是对于教研室的严肃的考验。一些教研室和个别教研员的做法，令广大教师不以为然，也将教研室推向前台，开始进入人们对基础教育种种现实问题反思的框架之中，接受人们的分析和考量。对于教研室的种种批评、责难此时已经显露端倪。

三、调整与“茫然”(20世纪90年代末期至今)

20世纪90年代以来，随着义务教育的基本普及、高校扩招、随之而来的高中教育规模迅速增长、课程改革等一系列事件的出现，随着基础教育的演变，教研室也进入了一个新的阶段。

这一时期基础教育中最为引人注目的现象就是，由国家主导的各种改革措施频繁出台，且密度、深度空前。这种现象有着复杂深厚的社会基础，至少包括了：改革开放带来的整个社会生活的温饱与稳定，使得人们终于有暇给予教育较多关注；独生子女政策的延续改变了多数中国家庭的结构，极大刺激了父母对于子女教育的期望；读书做官的悠久历史传统在社会现实中的根基；悬殊的城乡和地域差别导致人们对学历文凭的狂热追求等；以及所有这些投射到中小学后导致的种种扭曲畸形的教育弊病，简言之，我国基础教育发展相对落后与人民群众对于优质教育的强大需求形成了尖锐矛盾。解决矛盾必然是一个长久的过程，具体途径无非是改革与发展。

在这样的大背景之中，教研室实际身处漩涡中心，种种新观念、新措施，在付诸实施之时，却每每对教研室既有的传统形成强烈的冲击，甚或将其逼至两难境地。

第一，“素质教育”口号的提出，动摇了教研组织安身立命的所在。围绕“素质教育”口号的讨论，学界已有诸多讨论。无论站在哪种立场，人们恐怕都得承认，这一口号对于以追求教学质量为根本的教研系统来说，造成了实质性的困扰，引起了思想上的混乱。在先后几年的访谈活动中，不只一位教研员提到教育部某高层领导曾经明确指责："教研室是追求升学率的罪魁祸首。"将"片面追求升学率"的起因归结为教研室，显然是把这个有深厚基础的社会现象简单化了，而且也过分夸大了教研室的力量。无论如何，"素质教育"口号的提出，的确对于教研室的发展有负面影响。

第二，以取消"小升初"为代表的考试改革，削弱了教研室的权力和威望。由于素质教育对考试的讨伐，基础教育阶段各考试的地位光环不再，且逐渐弱化。首当其冲的是"小升初"考试在全国的取消，改为就近入学，随后是"中考"的权力的逐级下放，等等。随着各种考试的取消或者淡化，掌握这些考试生杀大权的教研系统，自然也就威风不再。

第三，"新课改"中一系列口号和举措的提出，挑战着教研室的"道统"。2001开始的新一轮基础教育课程改革，声势浩大，影响深远，至今众说纷纭。作为改革主要指导思想的《基础教育课程改革纲要》，在改革的具体目标上，提出了著名的六个改变：

"改变课程过于注重知识传授的倾向，强调形成积极主动的学习态度，使获得基础知识与基本技能的过程同时成为学会学习和形成正确价值观的过程。

改变课程结构过于强调学科本位、科目过多和缺乏整合的现状，整体设置九年一贯的课程门类和课时比例，并设置综合课程，以适应不同地区和学生发展的需求，体现课程结构的均衡性、综合性和选择性。

改变课程内容'难、繁、偏、旧'和过于注重书本知识的现状，加强课程内容与学生生活以及现代社会和科技发展的联系，关注学生的学习兴趣和经验，精选终身学习必备的基础知识和技能。

改变课程实施过于强调接受学习、死记硬背、机械训练的现状，倡导学生主动参与、乐于探究、勤于动手，培养学生搜集和处理信息的能力、获取新知识的能力、分析和解决问题的能力以及交流与合作的能力。

改变课程评价过分强调甄别与选拔的功能，发挥评价促进学生发展、教师提高和改进教学实践的功能。

改变课程管理过于集中的状况，实行国家、地方、学校三级课程管理，增强课程对地方、学校及学生的适应性。”①

显而易见，以三级教研组织长久以来形成的传统衡量，上述六个改革目标颇具颠覆性，全盘冲击着一直以来各级教研组织的工作任务和内容。很自然地，在课程改革初期，教研室处境尴尬，相当数量的教研员心情郁闷。背负着“追求升学率”罪魁祸首之名，批评指责不绝于耳，面对雷霆万钧、几乎全盘否定自身传统的改革风云，烦恼可想而知。然而，事态发展却出人意料，随着课程改革的推进，教研室的处境出现了微妙的改善。

当然，处境的改善离不开教研室自身的努力。事实上，各级教研室都主动采取了在课程改革中“重塑形象”的尝试。

2003 年，北京市基础教育研究中心承办的“‘全国教研创新研讨会’于 4 月 15—18 日在北京校长大厦召开。”来自全国 15 个省市的教育行政部门、大学课程中心、教研部门、教科研部门和中小学校长共 300 人参加了会议。在会上，市教委李观政副主任向大会致辞；教育部基础教育司司长朱慕菊做了题为《新课程与教学研究工作思路创新》的报告；上海教科院顾泠沅教授做了《新课程与教学研究工作方式的创新》的报告。与会者就教研工作创新、学科教研创新和新时期教研员素质三个专题，分成三个会场进行了研讨和交流。由此掀起有关教学研究工作的大讨论，推动了全国教育各部门对教学研究工作的深层次思考。”②

这个会议可以算作是“标志性”事件，影响深远。

此后，教研室在参与课程改革的名义下，继续得到来自教育部的支持和肯定。教育部在 2005 年 11 月 13—15 日，在北京召开了全国范围的“全国基础教育教学研究工作研讨会”，名义是教学研讨，实际是为课程改革保驾护航。参加会议的人员包括，教育部负责课程改革的有关负责人，以及“来自全国各省(市、自治区)的 33 位省级教研室主任和省级教研机构领导，”会议得到教育部相当的重视，教育部基础教育课程教材发展中心、基础教育司共有 12 位领导出席会议。在这次会议上，讨论了《关于进一步加强和改进基础教育教

① 基础教育课程改革纲要(试行)．钟启泉，崔允漷，张华主编．为了中华民族的复兴 为了每位学生的发展 基础教育课程改革纲要(试行)解读[M]．上海：华东师范大学出版社，2001.4－5.

② 北京市教育科学研究院基础教育教学研究中心编，《工作年报》2003，第 154 页．(内部资料)

学工作的意见》(讨论稿)和《关于进一步加强三级课程管理的意见》(讨论稿)的修改办法，交流各地先进的教研工作经验。①

自课程改革以来，在教研室的各种文件中，在教研室组织的各种活动中，频繁出现和使用的概念便是“创新”和“职能转换”。翻阅一下2001年以来各地各级教研室的工作报告之类文件，便可以体会教研室就此的付出与努力。以北京市为例，在年度工作报告中增加了许多新的专题，如：“基础教育教学研究工作思路探究”“基础教育课程研究”“课程教材改革实验实施”“信息技术与学科整合”“北京市基础教育课程改革实验工作”“校本教研”“基础教育创新教学项目”。这样一些名目，在课程改革之前是基本没有的。②

毫不夸张地说，迄今在全国范围内，各级教研室实际上已经成为了推动课程改革的主要力量。一个地区课程改革的局面如何，走向如何，在相当程度上取决于教研室对于课程改革的认识和态度。作为课程改革的主要依靠，各级教研系统承担着诸多相关事宜，如教师培训、新教科书的辅导、指导校本课程的开发、推广改革所推崇的教学方式方法等。此外，作为课程改革内容之一的教科书多样化，更是无心插柳，极大地强化了教研室的地位(主要是省级教研室)，这大概不是改革者最初能够预料的。

以下是就上述问题对北京市某教研员(GZ，2008)的访谈。

GZ：2003年教育部验收海淀区的新课标试验，来了一个教育部负责人，还有几个大学的教授。

我：关于教研室说了什么吗？

GZ：验收的时候他们提的第一个问题就是，你们认为教研室存在的意义何在？我当时没有说太多。实际上在这之前教育部已经有一个文件，说到教研室可能在推进新课标的过程中是个绊脚石。③

---

① 参见 http：//jys. zjedu. org/，2006-02-10.

② 参见北京教育科学研究院基础教育教学研究中心编，《工作年报》，2003年、2004年、2005年、2006年等.(内部资料)

③ 始终没有在正式文件中查到这样的文字，但这种说法绝非空穴来风，本人曾经在不同地区和级别的教研室的教研员那里听到他们提及这一说法。

我：对，我也听到过这个说法，甚至于有一种质疑，现在还需要教研室吗？

GZ：那么半年之后，等他们再来的时候，我就跟这些人说了一个现象，我说你们当初提出教研室存在的意义何在，打了个问号。我说从我自身的经历来看，政府机关实施新课程标准，这是一个政策，由谁去实施，得有教研员这号人。

我：实际上全国都有这样的问题。

GZ：对吧，从你教育部这个层面上，落实到教师身上，得有个过渡吧？

我：没有一个中间过渡是不行，没办法落实啊。

GZ：每个人对新课标的认识都不一样，诠释结果参差不齐，你这个新课程怎么弄就得有一个中间的角色，解释新课程标准，解释新教材，教研员所起到的作用就是这个。实际上就是把理论变为行动，把理论变为可操作的程序化的东西。

我：这个也很滑稽，原来是有您说的那个“绊脚石”的提法，但是事实上从全国来看呢，最后这个课改的推进呐，主要是靠的教研室。

GZ：我们跟他谈完之后，一个月半个月，就追发了一个文件，说教研员在其中起到了不可替代的作用，要大力地发展。

我：这个很有趣。

GZ：所以当时那位负责人就说，我们走过全国那么多城市，见识过那么多教研员，我们觉得海淀区教研员水平最高，认识最深刻，给我们说的无话可说。

我：其实据我了解，还是有人说过的，可能说得比较委婉，而且对象、时间也不一样。说不定是说的人多了，而且实际情况也比较突出了，所以才有后来的改变。

GZ：我的感觉，中国的国情就是这样，中国的文化传统就是需要一个共性标准划一，这么一个教育传统，而实际上教研员就是在起这个作用。

事态的演变富有戏剧性，但道理并不复杂，推动如此规模的课程改革，教育行政部门的责任是全局和总体性的，能否走到实处、能否真正落实，仍然需要依靠教研组织这样专业的力量。

虽然柳暗花明，重新巩固了地位，得到了承认，但教研员们心头并不轻松。因为他们必须时刻面对种种内心和现实的纠结，社会和上级仍然要求他们拿出各种考试的好成绩，而改革的精神又与此时有冲突。有位资深教研员说："无非说一套做一套。"虽然刻薄，却代表了相当部分教研员的真实心态。究竟应该如何对待以往的传统，如何面对改革的要求？

此时的教研室，百味杂陈，喜忧参半。

经历了上述几个阶段的教研室，在面对未来的规划与选择时，以我这样的"外人"看来，并不那么清楚，反而是多少有些迷茫。

第四章

教研室的基本职能

有人提出："近几年来，面对新课程实验的大规模推进和实验工作中大量问题的出现，僵化封闭、自上而下、按部就班式的传统县区教研制度，已经无法适应中小学教育教学科研和基础教育改革发展的需要。转换县区教研室职能，建立富有活力的基层教研新模式，成为了教育界有识之士的共识和呼唤。"[①]这种观点近年来相当流行，于是，坚持传统乎？转变职能乎？时常见诸文字，前面也做了些讨论，但是，兹事体大，仍然是不够的。

在教育部1993年的文件中，罗列了教研室的主要职能。实际上，多年来各级教研室也承担着这样的职能。几十年来履行职能的岁月中，教研活动获得了哪些经验？这些经验是否得到了应有的评价和提升？教研活动积累了多少教训？这些教训有没有给予及时的整理和总结？如果说教研室基本称职、作用积极，根由何在？如果说教研组织已经是明日黄花，急需职能转换，依据何在？如果没有对于这些职能做具体详细的考察，恐怕对于这些问题都很难做出可靠的判断。

在学校生活中，自然年度是以学期、学年分割的。招生、开学、考试、毕业，流水般周而复始地循环，周一的升旗仪式、10：00的课间操、自习、听课、实验，与一门门语、数、外、理、化、生、史、地、政、音、体、美课程，纵横交错，好像纺织机上的经线和纬线，编织出学校生活的画卷，编织出一代代儿童青年的学生时代，一届届教师的职业生涯。当然，也铺就了教研室施展本领的天地。正如前面所说，教研室的基本阵地在课堂。教研室的种种职能，教研员的所思所为，无非是以"课"为中心，逐步向外扩展。

行文至此，阿莫纳什维利那首独一无二的献给"课"的诗，总是在眼前飘来飘去，索性把它抄录在这里。[②]

课，你好！

课，你在哪儿诞生，在哪儿生活？

在教室里吗？

---

① 刘卫红．新课程改革背景下县（区）教研室职能转换的个案研究[D]．兰州：西北师范大学教育管理专业教育硕士学位论文，2007.

② [苏]W. A. 阿莫纳什维利．孩子们，祝你们一路平安[M]．北京：教育科学出版社，2005：68.

你不可能孤零零一个人生活在教室里，因为你不能脱离我而生存。

我始终伴随着你，思考着你，设计着你的生活！

……

如果没有儿童，如果人一生下来就是成人，就是个会说话、会读书、会写文章、会计算的人，也就永远不会有人想到你！

脱离儿童、脱离学生，你同样也不能生存，因而你也生活在学生身上！

……

你就生活在我们的教室里，但不是在教室里空无一人的时候，而是只有在我和我的学生们齐集一堂的时候。

他们坐到各自的坐位上去，我站到黑板前面——这时，你就诞生并开始生活。

比起普希金"爱情的水泉，活跃的水泉！我给你带来两朵玫瑰作礼品。"不够那么空灵啊，比起莱蒙托夫"在大海的深蓝色的浓雾里，一只孤独的帆儿闪着白光"，少了一种悠远清丽的画面感啊，但是依然很美。可能因为，尽管献给教育、献给教师的诗歌不绝如缕，由一位教育家倾情讴歌"课"的诗篇，这是唯一。

根据教育部文件的罗列，查阅各地教研室的有关资料，参考来自教研员们的说法，本章将教研室职能归纳为六个方面分别讨论。

第一节　实施国家的课程计划(教学计划)

新中国成立后，课程制度一直是中央集权制管理，即由国家制订统一的课程计划(教学计划)和课程标准(教学大纲)，各地学校按照国家规定开设课程实施教学。据统计，新中国成立至今，中小学课程先后经历了8次比较大的改革变化。由于课程计划(教学计划)与课程标准(教学大纲)都是由国家制定，所以无论改革与否，都面临如何落实到学校层面的实际问题。教研室所承担的，正是这个任务。

在课程相对稳定时期，教研室主要是将国家既定课程付诸实施，以中国国情而论，这个任务并不轻松。事实上，仅就人们熟悉的"开齐开足"国家规定的课程，就十分艰难。众所周知，在广大农村地区，偏远地区，音体美课程未予开设，或者课时大打折扣至今仍然十分普遍，以至许多学生进入大学之后才开始第一次打篮球，第一次踢足球，……理化生课程的实验，也是每每会被演化为黑板上的介绍，甚至干脆杳无踪迹。对此，教研室其实没有决定权，主要还是由地方教育行政部门、学校领导操作，根本则仍是受制于社会经济和文化发展水准。前面关于教研员的资料中便可以看出，越是到了基层，到了农村，教研员配备就越是难以“整齐”。

每一次的课程或者教学改革，教研室则是推进的中坚力量。当然，负责全局的是各级教育行政部门，但如前所述，行政部门的各种指令不可能自动进入到每所学校、每个课堂之中，无论是新增加的课程，还是调整过的课程，要教师们能够驾驭和胜任是需要支持的，这种支持的来源，就是教研室。比如，教科书曾经是全国高度统一的，本次课程改革以来，结束了这种历史，实施教科书的出版使用向审定制过渡。采用何种教科书的决定权在省或市的教育行政部门，于是相应级别的教研室也就责无旁贷地承担起了协助教师熟悉、掌握教科书的任务。比如2003年开始的高中新课程，较之从前变化极大，每门课程都由数目不等的必修和选修模块组成，推行难度很大，于是各地省、市、区教研室负责高中的教研员们，围绕这项工作倾注了几乎所有力量。每个寒暑假，都会组织教师们进行培训，以便能够承担教学任务。说来有趣，本次课改初期被认为是“绊脚石”的教研室，已经在不知不觉中成为倚重的对象。

此外，中央集权的课程制度对基础教育水准起到强大保护作用的同时，也一直受到无法适应地区和学校差异的批评。于是，从20世纪80年代开始，国家的课程计划中开始为地方留有余地，比如增加了地方课时，由各地自行安排课程，比如对某些课程(计算机、小学英语)的开设年级允许变通等。这些，也都需要教研室来具体操作，根据教育行政部门的决策，开展满足学校和教师的相应要求的种种教研活动。

2001年开始的“新课改”声势浩大，就课程结构而言，明确提出了国家课程、地方课程、校本课程的三级课程结构，是前所未有的大举措。对此，需要说明两点：

第一，“地方课程”和“校本课程”事实上延续了20世纪80年代以来历次改革中“地方课时”“选修课”“活动课”等改革的精神，并不是前无古人。

第二，尽管力度很大，但本次改革仍然没有从根本上改变中央集权的课程体制。这主要表现为，基础教育各个阶段的国家课程不仅占据最大比例，而且决定权仍然由国家掌握。即：义务教育也罢，高中教育也罢，国家课程设置几门，每门课程容量多少，某个知识某项原理是否进入课程，是必须遵从国家统一要求的。各地各级的教育行政部门、各所名校重点校，在此没有任何选择。因此，教研室在课程层面的主要任务仍然是执行国家颁布的课程计划。

不过，在实施国家课程计划方面，教研室的任务有两点明显不同于以往。

第一，本次课程改革提出了“综合实践活动”的课程板块，其中的“研究性学习”延续了1992年颁布的义务教育课程计划中的“活动课”，且延伸至高中，并更具力度。但此前的“活动课”实施并不理想，本次改革中，“研究性学习”成为热点，各地教研室在这方面做出了很大努力，其中一些在省、县级教研室配备了专职的教研员，一些有条件的学校也安排了专人负责。

第二，本次改革还设置了“校本课程”，规定了专门的课程比例。此前的若干次改革，虽然也不同程度地要求开设“活动课”“选修课”等，但在力度上从未达到这一次的水平，波及的学校也从未像这一次的普遍。要求所有中小学从事课程开发，其挑战性可想而知，教研室就此责无旁贷，事实上承担起了帮助学校开发、实施校本课程的任务。

附录：江苏省义务教育课程设置实验方案(修订)

年级周课时科目	一	二	三	四	五	六	七	八	九	学科总课时数	占总课时比例
品德类课程	2	2	2	2	2	2	2	2	2	626	6.6%
历史							2	2	2	206	3.6%
地理							2	2		140	8.3%
科学			2	2	2	2				280	
生物							3	2		175	

续表

年级周课时科目	一	二	三	四	五	六	七	八	九	学科总课时数	占总课时比例
物理								3	3	204	
化学									4	132	
语文	8	8	7	7	6	6	5	5	5	1985	20.9%
数学	5	5	4	4	5	5	5	5	5	1495	15.7%
外语			3	3	3	3	4	4	4	832	8.7%
体育与健康	4	4	3	3	3	3	3	3	3	1029	10.8%
音乐	2	2	2	2	2	2	1	1	1	523	11.0%
美术	2	2	2	2	2	2	1	1	1	523	
综合实践活动			3	3	3	3	3	2	2	641	6.7%
地方和学校安排的课程	3	3	2	2	2	2	3	2	2	731	7.7%
周课时数	26	26	30	30	30	30	34	34	34		
学年总课时数	910	910	1050	1050	1050	1050	1190	1190	1122	9522	

第二节 指导教师的教学活动

在三级教研组织中，指导教学都是最为基本、最为核心的职能。

教学总是发生某个教室之中。在中国，一些学校的同一年级可以有几十个班级，一个区动辄上百所学校，“指导教学”，谈何容易！几十年来，中国的教研组织，围绕着指导教学这项职能，逐渐地形成了一些基本的形式，也表现出了一些基本特征。

一、“全学科”“全年级”“全员性”“零距离”

2009 年 8 月下旬，北京市某中学，学生还没有开学，教师们已经结束假期来到学校，投入新学期的各项准备工作。某中学高中语文学科的刘老师来到学校教务处，手里拿着一张表格，行色匆匆，找到负责教学的吕主任：“这个学期的课表有错误，周三下午给我排了一节课，那是区里的高中语文教研时间。”吕主任拿过课表仔细看了看，然后打开计算机，调出自己设计的原始表格，发现上面的安排并不是这样，周三下午并没有给刘老师排课，看来是编辑打印时出了什么差错。于是一面向刘老师解释，一面安排办公室人员收回已经下发的课表修改重印。

其实这种情况在现实当中十分罕见。在大中城市的区一级教研室——比如北京市的各个城区，各学段及各学科的教研活动基本都有统一、固定的时间安排，相当稳定且很少变化。比如，中学语文在周四上午，小学数学在周二下午……各个学校的“吕主任”们——有时是教务处的主任，有时是教务处工作人员——对此当然十分熟悉，排课表时会细心地将教师的上课时间与教研活动的时间错开。通常在前一个学期末，至迟在正式开学之前两周，课表会完成。一位中等规模中学的校长(LF，2010)表示，“新学年，也就是暑假后那个学期，这项工作大概得花上一个星期左右。寒假后，简单些，也就是三天左右的工作量吧。”另一位中学名校，当然也是规模巨大的中学的校长(HG，2010)补充，“其实我们的时间也差不多，一个星期大致够了。不过，不是排完了就完事大吉。开学后，大约还要有三周左右的调整时间。特别现在，各种培训、进修——教研以外的啊，反正各种活动很多，因此排好的课表还是要做许多调整。三周上下，基本可以稳定下来了。”

“排课表”应该是全世界所有中小学例行的教学管理工作，每个年级的每个班级、每个班级的每个科目，从每天的第一节课到最后一节课，分别由哪位教师执教，均需逐一落实。语、数、外与理、化、生、史、地、政治的次序，文化课与音、体、美的关系，都要妥善处置，通常由专人负责。在中国，完成这项任务还要比其他国家多考虑一个特别且重要的因素：教研活动时间。无论“吕老师”的安排，还是“刘老师”的焦急，都确凿无疑地表明：教师参加教研活动的时间是需要学校给予保证的，这是不成文却十分“刚性”的制度。如是，就会有类似规则：周一上午的8：00—10：00，全校不安排化学，因为这是区教研室的化学教研活动时间；周四下午的1：00—3：00全校不安排语文课，因为这是区教研室的语文教研活动时间……

与此相应，在县(区)一级教研室，每周五个工作日几乎每天都会安排专门的教研活动，分别按照学科和年级进行。诸如：周三上午 8：00—10：00是中学数学教研活动时间，于是，教研室就要分别为初一到高三六个年级的教师准备六个教室或者会议室，按照年级开展教研活动。届时，全区的中学数学教师准时到达教研室所在地，按照自己任教年级进入不同教室参加活动。在很多地方，小学数学的教研活动也会采用同一时间。

如上，是中国县(区)级教研室的典型写照，其中表现出几个十分鲜明的特征。

“全学科”：即教研活动覆盖了学校所开设的各门课程。无论语文数学，还是地理历史，都会有教研室专职的该学科教研员负责，统筹安排各种形式的教研活动。不仅学校传统科目如此，即使 21 世纪以来新增加的研究性学习、信息技术教育等课程也是如此——或者配备新的专职教研员，或者由原来负责其他学科的教研员兼任。中小学教师无论任教科目如何，都能够在教研室组织的活动中找到归属。

“全年级”：即教研活动覆盖了中小学所有年级。这一特征在中学阶段尤其突出，在本书延续几年的写作时间内，所了解到中学最常见的县(区)教研活动主要是分别针对各个年级组织的，而且这样的活动也最受教师们的重视和欢迎。据称，小学的主要科目如语文数学，也曾经较多地按照年级活动，但近年来常见的方式是，按照高(五、六年级)中(三、四年级)低(一、二年级)三个阶段分别开展教研活动。

“全员性”：即教研活动指向所有教师。教研活动并不单独为某个教师群体服务：新入职的教师、达到某种资历的教师等，而是教研室所在区域内所有学校的所有教师。在集中的教研活动中这个特征最为突出，活动的选择安排是从全局出发的。

“零距离”：即教研活动直接以当下的教学任务为内容。教研室组织的各种教研活动基本是与学校的教学进度同步的，如初中二年级的物理下个星期要介绍欧姆定律，那么该年级这个星期的物理教研活动就是有关欧姆定律的教学，高中二年级语文正讲到庄子的《逍遥游》，那么该年级此前的一两次教研活动都可能与《逍遥游》的教学有关。这样，与教师的工作零距离"亲密接触""无缝对接"。

上述几个特征，是三级教研组织的"共同规定"。不过，在县(区)级教研室，由于集中了大批优秀教师出身、专职的教研员，又由于直接承担着所辖地区教学质量的责任，这样一些特征体现得最为充分。可以说，正是凭借这样几个特征，为教研组织实现"指导教师的教学活动"提供了极为周密的保证，使其不仅仅是一种目标、一种期望，而是真切地成为现实。从小学、初中一直到高中，中国基础教育的教学活动都不是某个教师、某个学校的孤军奋战，而是由三级教研组织的专业活动作为坚实的后盾和支撑。

与20世纪80年代恢复之初相比，今天教研活动的具体形式更加丰富多样，然而无论变化如何，上述几个特征仍然存在。为中小学教师完成日常教学活动提供直接、具体的专业指导，支持和保证学校教学工作顺利开展，改善和提升学校教学工作的水平和质量，始终是教研室最基本、最主要、最核心的工作。在完成这本书的几年时间里，曾经接触到全国不同地区的为数众多的中小学教师、教育行政官员、各级教研室教研员，谈到上面这样一些基本特征时，可以说是"有口皆碑"，都给予充分的肯定。近年来一项全国性的调查也显示，对于体现了这些特征的教研活动，小学一半以上、初中近一半教师给予了肯定。① 需要说明的是，实施新课改以来，教研室及其传统教研活动一直背负着"应试教育"恶名，如果这个调查是在课改之前，这个比例想必会更高。上海教研室在2008年的一项调查②，也得到了类似的结果。

本书讨论教研活动时所用素材，虽然不是全部，但更多地来自中学教研。

实际上，全国许多地区的省、地、县(区)教研室都曾经分别设立中学教研室和小学教研室。北京的朝阳区和海淀区，至今小学教研室仍然是相对独立、与中学教研室并列的。有些地区的县(区)级教研室，教研员在中小学都是按照年级配备。不过，就大多数地区的情况，可以说无论是否独立设置，目前的中学教研活动要比小学教研活动更具规模、更具强度、也更具效果。

---

① 中央教育科学研究所课题组．全国校本教研实施现状的调查分析及对策研究[J]．教育科学研究，2007(1)．

② 赵才欣．教师的期待与教研员的责任[J]．人民教育，2008(10)．

造成差别的一个主要原因即“小升初”考试的取消。根据一位北京市某区已经退休的小学教研员(NG，2009)回忆道：

“20世纪80年代中期以前，小升初是全市统一考试，八九十年代中期，每个区统一考试。那时小学教研室活动比现在频繁，当然没有中学那样的密度像每周一次。但大型活动每个学期都会有几次。有时活动经常还要发票，没有票都进不去。不像中学那样年级界限那么清楚、固定。教研室准备组织活动前，会把时间告诉学校，这样，小学在排课时会将时间让开以便教师能够参加活动。教科书分析、重点难点分析、试题分析，活动挺多。

一直到小升初取消之前，六年级的教研活动特别频繁，无论是全区统一出题，还是市里统一出题，区的教研室每个单元都会有正式考试，所以，教研室会按照单元卡学校的教学进度和教学质量，单元考很正式的，统一考试时间，统一阅卷，换校监考，等等，非常严格。说实话，统一考试对学校和教师是会造成一定压力，但对于督促教师认真教学钻研专业的确有好处。现在没有统一考试了，学校压力小了，教师教学好与差也没有比较。但社会上各种补习辅导恶性发展，学生负担不但没有减轻反而更加严重。”

当然，各级教研活动仍然对小学教学作用深广，只是较之从前式微。

二、主要的活动形式及内容

在全国范围内，下面几种形式的教研活动相当普遍。如前所述，下面的内容主要以县(区)级教研室为依据。

(一)集中的教研活动

集中的教研活动就是将同一学科、同一年级的教师集中到一起进行教研。在三级教研组织中，都是采用频率最高的形式，所谓“全员性”“全学科”“全年级”“零距离”，主要也是通过这种形式来保证的。

集中的教研活动的实质，是将学校教学的外部、简单的时间和内容上的一致性推进到教学活动的内部。即同一教研室所在地区，任何学校的任何学科、任何年级、任何班级的任课教师，教学均非自行其是，而是会形成大致接近的面目。当然，这种“大致接近”是以高质量为追求的。譬如：一篇课文的精华所在及如何诠释，一个概念需要通过什么程序才能建立，一项技能可以凭借哪些练习迅速形成，甚至一个事实需要哪几个例子支撑，等等。这种特色，不独中国使然，在苏联教育学中已经表现出来。曾经有一则流传甚广的笑话：凯洛夫骄傲地宣称，我看一下手表，就知道全苏联境内任何一所中小学的任何一个年级，学生和教师们正在做什么。这个笑话用来调侃极端的教育集权式管理非常恰当且鞭辟入里。然而换个角度思考，事情的确还有另外一面。假若并不极端，也不僵化，能够保持一定的弹性和自由度，为教师富于个性风格的教学创造性留有充分余地，那么统一的进度本来是现代教育的特色之一！同一年龄的学生，在同一所学校和同一间教室，按照基本相同的程序，学习基本相同的科目及内容，正是夸美纽斯构想的现代教育制度的基础。就在20世纪中叶，美国要素主义的代表人物巴格莱也曾经对法国类似的"步调一致"给予极高评价，批评美国教育的缺乏规范。他不厌其烦地引用法国作家的叙述、人均书刊消费量、犯罪率统计、政治领袖的学术背景等，说明法国文明的发达，并且提出，"法国社会取得的这些成就，从根本上讲是整个国家实施单一的相同的初等学校课程计划的结果，课程的变化仅仅是每隔十年才能觉察到有微弱的变化。"[①]算起来，巴格莱虽然年长凯洛夫几十岁，但活跃在教育界的时间前后相差无几，看来对于教育体制心有灵犀。

集中的教研活动主要做什么？通常安排什么样的内容？从20世纪80年代到今天，比较稳定性地持续至今的内容主要包括：教科书分析、教学重点难点分析、复习考试内容介绍、考试成绩及错误分析。

以下是北京市某区教研室四个学期的中学集中的教研活动安排，虽然难免以偏赅全，但亦可见微知著，具体地反映出这种教研活动的特征。

各个学期教研活动总数如下：

2005—2006年第一学期，共安排教研活动222次，

2005—2006年第二学期，共安排教研活动228次，

2006—2007年第一学期，共安排教研活动274次，

2006—2007年第二学期，共安排教研活动193次。

教研活动的主要内容分布如下：

---

① 巴格莱．教育与新人[M]．北京：人民教育出版社，2005：113.

主　题	2005—2006学年第一学期(%)	2005—2006学年第二学期(%)	2006—2007学年第一学期(%)	2006—2007学年第二学期(%)
中高会考试题分析	8		4	0.5
期中期末考试题分析	1.4	15.4	3.6	10.9
教学计划	4.5	3.1	0.4	2.6
集体备课	16.6	12.6	33.2	24.4
公开课	21.1	26.3	25.9	32.1
经验交流	11.2	4.4	3.3	2.6
骨干教师会	0.4	2.2		1
科研	0.4		1.8	
考试复习	13.1	14.5	12.8	18.1
工作总结	0.8	0.9	0.4	0.5
布置其他相关事宜	3.2	3.9	2.6	2.6
培训	19.3	15.4	11.7	4.7
学科组长会		0.4		
青年教师会		0.9		

教研活动在各个学科的分布如下：

科　目	2005—2006学年第一学期(%)	2005—2006学年第二学期(%)	2006—2007学年第一学期(%)	2006—2007学年第二学期(%)
英语	9.9	13.2	14.2	15.5
语文	10.8	10.9	15.3	11.9
历史	4.1	5.3	7.3	6.8
地理	2.7	3.9	6.9	3.6
政治	7.7	9.2	6.2	9.8
物理	6.8	10.5	8.8	12.4
化学	10.8	7.5	8.8	6.8
生物	7.1	4.8	6.9	4.7
信息	4.5	5.3	1.8	2.1
音乐	6.8	4.4	3.3	4.1

续表

科　目	2005—2006 学年第一学期(%)	2005—2006 学年第二学期(%)	2006—2007 学年第一学期(%)	2006—2007 学年第二学期(%)
体育	6.3	3.5	1.8	0.5
美术	4.5	4.4	1.8	2.6
劳技	2.7	1.3	0.4	5.2
数学	15.3	15.8	16.5	13.5
综合实践活动				0.5

教研活动参与主体的分布如下：

2005—2006 学年第一学期

2005—2006 学年第一学期，按参与活动的不同主体进行分类

全体教师					初　中								高　中												
骨干教师	中青年教师	分科	组长	参评	全体		初一		初二	初三			全体			高一			高二		高三				
					中青年	学科代表	青年	分科	分科	分科	青年	组长	中青年	组长	分科	分科	实验校	青年	青年	分科	分科	组长	重点校组长	普通校	中青年教师
5	7	49	7	5	2	16	3	9	10	17	3	4	1	1	6	26	1	1	1	19	23	1	1	1	3

初高中全体教师参加的活动共有 73 次，占总数 222 的 32.9%；初中教师单独参加的活动有 64 次，占总数的 28.8%；其中，初中全体教师参加的有 18 次，初一 12 次，初二 10 次，初三 24 次；高中教师单独参加的活动有 85 次，占总数的 38.3%；其中，高中全体教师参加的有 8 次，高一 28 次，高二 20 次，高三 29 次；骨干教师 5 次，占总数的 2.3%；中青年教师 21 次，占总数的 9.5%；组长 14 次，占总数的 6.3%，其中重点校教研组长参加 1 次；普通学校的教师有 1 次单独参加的机会，占总数的 0.5%。

2005—2006 学年第二学期

2005—2006 学年第二学期，按参与活动的不同主体进行分类

全体教师					初中							高中								
骨干教师	中青年教师	分科	组长	参评	全体	初一		初二		初三		全体		高一		高二		高三		
						青年教师	分学科	分学科	青年	分科	青年	中青年教师	分科	分科	青年	青年	分科	分科	组长	中青年教师

初高中全体教师参加的活动共有 50 次，占总数 228 的 21.9%。初中教师单独参加的活动有 82 次，占总数的 36.0%；其中，初中全体教师参加的有 18 次，初一 17 次，初二 23 次，初三 24 次；高中教师单独参加的活动有 96 次，占总数的 42.1%；其中，高中全体教师参加的有 8 次，高一 32 次，高二 18 次，高三 38 次；骨干教师 4 次，占总数的 1.8%；中青年教师 39 次，占总数的 17.1%；组长 5 次，占总数的 2.2%。

2006—2007 学年第一学期

2006—2007 学年第一学期，按参与活动的不同主体进行分类

全体教师				初中										高中												
骨干教师	继教教师	中青年教师	分学科	全体		初一		初二			初三			全体		高一			高二		高三					
				中青年	学科代表	青年	分学科	青年	分学科	组长	分学科	青年	组长	中青年	分学科	分学科	骨干教师	青年	青年	分学科	分学科	组长	重点校教研组长	普通校	普通校青年教师	中青年教师
3	2	5	21	1	20	1	14	3	18	2	30	7	3	4	11	26	2	2	2	26	38	14	1	2	1	15

初高中全体教师参加的活动共有 31 次，占总数 274 的 11.3%。初中教师参加的活动有 99 次，占总数的 36.1%；其中，初中全体教师参加的有 21 次，初一 15 次，初二 23 次，初三 40 次；高中教师参加的活动有 144 次，占总数

的52.6%；其中，高中全体教师参加的有15次，高一30次，高二28次，高三71次；骨干教师5次，占总数的1.8%；中、青年教师41次，占总数的14.7%；组长20次，占总数的7.3%，其中重点校教研组长参加1次；普通学校的教师有3次单独参加的机会，占总数的1.1%。

2006—2007学年第二学期

2006—2007学年第二学期，按参与活动的不同主体进行分类

全体教师						初中								高中						
骨干教师	中青年	分学科	组长	参评人员	普通校	全体		初一		初二		初三		全体	高一		高二		高三	
						中青年	学科代表	青年	分学科	青年	分学科	分学科	青年	分科	分学科	青年	青年	分学科	分学科	新教师、中青年教师
1	3	25	3	3	1	1	7	2	22	1	22	25	3	3	26	1	1	20	21	2

初高中全体教师参加的活动共有36次，占总数193的18.7%。初中教师参加的活动有83次，占总数的43.0%；其中，初中全体教师参加的有8次，初一24次，初二23次，初三28次；高中教师参加的活动有74次，占总数的38.3%；其中，高中全体教师参加的有3次，高一27次，高二21次，高三23次；骨干教师1次，占总数的0.5%；中青年教师14次，占总数的7.3%；组长3次，占总数的1.6%；普通学校的教师有1次单独参加的机会，占总数的0.5%。

从表中可以看出集中教研的基本情况。

活动具体内容分布。以针对日常教学的活动最多。无论在初中还是高中阶段，教材教法分析(集体备课)、考试复习、公开课、教学计划(安排协调进度)等在各个学期都占据了最大的比例。可以想见，这样的活动能够有效地协调所在区各个学校在教学的指导思想、基本进程、学业要求方面的必要的统一性。

学科分布。在科目上，毫无悬念，语、数、外、理、化等占据最大比例，与这些科目在学校教育中的所占课时以及实际地位一致。此外，即使课时较少的音、体、美、劳技等所谓“小学科”，也有比较充分的教研活动保证。

年级分布。覆盖了中学所有年级。很自然，针对毕业年级的活动更突出：在初中阶段，以初三年级教师的活动次数为最多，在高中阶段，以高三年级教师活动次数为最多。这种情况与人们的一般印象基本符合，这是两个即将分别参加“中考”和“高考”的年级，两个考试均是“性命攸关”强竞争性的，当然也就是学生、教师、家长格外关注的年级，作为直接负责指导教学活动的教研室，必须对这两个年级的教研活动另眼相看。

活动对象分布。各个学期的安排中，分学段、分年级的全员性活动都占据最大比例。此外，显示出教研室在教师队伍成长方面亦有所考虑和安排，每个学期均有按照不同年龄分组的活动，特别是针对青年教师的基本功、教学比赛等内容。同时，也有管理性质的如各学校学科教研组长参加的活动。

活动形式。包括了由教研员主讲的教材教法分析、由教研员主讲的考试命题思路和复习建议、公开课、经验交流、比赛、科研课题活动、试题分析、工作总结，等等。

总体说，这个区的教研活动很典型地体现出教研组织的本色：强烈的实践意味。

2008 年，我们走进北京市名声卓著的海淀区教研室，亲身体验了两次完整的教研活动。

第一次，2008 年 10 月 10 日，下午 2：00，初中三年级数学教研活动。

活动从 2：00—4：30 左右结束，大致可以分为四个部分。教室内始终座无虚席。教师们十分认真，与时下频繁要求教师们参加的名目繁多的各种培训、讲座、学习等场合相比较，教师们聚精会神的态度令人印象深刻。

第一部分。是海淀区教研室初中三年级数学教研员的讲座。内容主要是平方根教学，对新课程改革后教科书有关内容的变化做出说明解释，就教师们比较困惑的地方、教学中把握不准的地方给予指导。教研员根据之前在若干学校听课的发现，根据自己的分析研究，为一线教师做辅导，其中有对于变化的说明，有对于困惑的澄清，有对于不当做法的纠正，有操作性很强的建议。在讲座进行中，多次与教师互动交流。①

第二部分。是海淀区某中学教师介绍八年级上学期期中复习建议。②

下午 3：00，教研活动进入第三部分和第四部分，分别在两个地方同时进行。

第三部分。是题目分析。部分教师离开后，教研员与留下的教师共同讨论几个题目。这几个题目属于教学中有一定难度的，对这类题目进行教学分析，过去是名正言顺的内容，而且为教师们所看重，近年来对于升学竞争和学生负担过重的批评，也因为教研室被认为用“偏题”“怪题”难为学生，这些教学中较难的题目在一定程度上转移到了各种校外辅导和培训上，教研活动中此类内容有所减弱，至少在声势上没有从前显赫。但无疑，并未销声匿迹，因为教师总是要面对这样的教学内容，学生的发展进步也仍然需要这样的教学内容。

这位教研员展示的题目，以及解题思路应该说是比较出色的，既有趣味性，又有很强的思维训练价值。现场教师们也饶有兴致，纷纷出招破解。于是活动进入最佳状态，可以说是整个教研活动中的高潮。

教研员拿出一道题，传统解法要用到积分的知识，很多老师喊：“超纲了！超纲了！”教研员说：“咱能不能用中学知识把这题解决了。”然后大家就琢磨，第一个老师上去讲了一半发现错了，台下的老师立刻热闹起来，争着要上去，一定要给他讲明白不可。③

完成题目讨论后，教研员不忘谆谆勉励教师们钻研业务，“老师们，这些题目的难度挺大，不光是对初三年级的学生，对咱们老师也是如此。我自己一拿到这样的题目，也想了半天。当然，您作为老师，应该会做这样的题目。包括我在内，如果一天两天不做题，还行。十天八天不做题，您可能就开始荒废了。当一个学期下来，如果您不做题，您可能就被淘汰了。”④

此外，就复习试卷、题目发放、代数几何的内容比例等做了交代和说明。

① 见本章附录 1.
② 见本章附录 2.
③ 参见本章附录 3 和 4.
④ 参见本章附录 3.

第四部分。教学设计大赛辅导活动。所有准备参赛的数学教师，离开自己所在年级教研活动的教室，集中到另外一间较大的会议室中。按照要求，40岁以下青年教师必须参加北京市教学设计大赛，区一级初赛后，优胜者再参加市一级决赛。因此，在这个年龄段中、此前尚未参加过比赛的教师基本全部到场(没有得到详细数字，估计人数至少在80人以上)，听取有关比赛的辅导。辅导有两项内容，先由参加过上一届教学设计大赛，并且获得一等奖的海淀区某中学高中数学教师介绍参赛经验，然后由教研室数学学科负责人(GZ)就参赛各项事宜做全面介绍，包括注意事项，具体建议等。①

第二次，2008年10月22日，上午8：30，高中二年级语文教研活动。

与上次初三的数学教研活动一样，可以容纳100多人的教室内挤得满满的。

活动大致分为两个部分：

第一部分。是该区高二语文教研员的报告。首先强调重视选修模块、搞好选修模块的集体备课，请教师帮助录入学生的测验分数等具体事务。此后，教研员重点谈本学期语文课的主要内容：必修模块5。因为高中新课程按照模块考试，此时也已经接近期中考试，所以就这个模块的复习考试范围及其要求做了详细说明，包括语文知识、背诵篇目、古文阅读、现代文阅读、试卷结构、分值分布等。②

第二部分。该区某重点中学高二年级的一位语文教师就选修模块的作文教学做介绍。按照高中新课程语文课程标准，高中语文设置5个选修系列，该区的选修课采用人民教育出版社教科书，选修课中包括作文训练。这位语文教师的介绍，就是以此为基础设计的作文训练。包括了选修模块作文框架设计、训练内容、议论文写作、训练时段、设计过程、设计原则等。其中以高考作文和本区学生作文作为素材联系实际展开说明，结合学生思维能力和作文能力的培养，有思想有观点，有概括有材料，主讲的教师口才也很好，听众反映积极。③

---

① 参见本章附录5和6.

② 参见本章附录7.

③ 参见本章附录8.

我询问身边的教师的看法，有人评价非常高，也有的教师说，内容是很好的，不过在普通校和薄弱校，这样的设计难度偏高了，实际很难完全实现。

对于集中教研这种最为常见的教研活动，教师们的评价如何？一般说，是肯定和欢迎的。除了前面提到的一些调查的统计数字，几年来与不同教师的交流，也不断地强化着这样的判断。

北京某区一所普通中学，规模比较小，无法形成各个年级同学科的备课组，因此各学科教师对于区里面组织的教研活动格外重视。生物、地理等学科的教师都是一人教全年级的课程，他们均对教研室组织的活动表示肯定。

年轻的历史教师说：

“教研室对我的教学帮助很大。我们学校规模比较小，没有集体备课组。区教研室组织的各种活动，如教材教法分析，还有听课、评课、说课什么的，听听是非常有帮助的。”

同样年轻的地理教师表示：

“教研活动当然要参加。我们学校每个年级只有两个班，实际只有我一个人教这两个班，要想一起备课根本没有可能。教研室组织的各项活动都很实际。而且，教研活动时我还可以接触到其他同行，大家是教同一年级的，遇到的问题也都差不多，相互交流很有意义。”

当然，不同学校对集中教研活动在态度上存在差异。尤其是那些名校，与普通学校相比，要洒脱一些。

北京一所重点中学的语文教师这样说：

“我们重点学校的教师对区里的教研活动还是很重视的，一般都会去。当然与普通学校或者薄弱校相比，可能挑剔些，比如有些老师会打听一下，这次什么内容？谁来主讲？如果觉得内容或者主讲人不是太理想，或者认为要讲的内容自己已经很了解，就可能不去——偶尔的啊，哈哈。我们学校因为离教研活动地点比较远，学校每天会安排车子送不同学科教师去参加活动。

现在有些教研活动都是与继续教育挂钩的，如果不去就拿不到学分。不过一般也管得不是很严，有时候没去的老师请人代签一下到。最极端的，这个年级组 5 个老师只去了一个，就把其余几个人的名字都签上了，不过这种情况很少啊。比如我就很规矩啊，一般是每次都到的。当然，比较而言，新教师会更积极，老教师稍微挑剔些。”

湖北省某地级市重点中学高中化学教师表示：

“我们学校对于区里的教研活动不是特别重视。讲到考试分析什么的那是一定要去参加的——得知道和别人比起来怎么样啊，特别是主要的问题，错误类型及原因，不同学校分别有哪些漏洞等。至于教科书分析什么的，我们有时候就不一定去参加。很简单，我们学校是本地区最好的学校啊。每个学科最好的老师一多半都在我们学校，许多人本身就是兼职教研员，教研活动的主讲还经常会找我们的老师担任。学校又有集体备课，我们自己的集体备课可能对老师帮助更大。你想，全区活动要面对各种学校，有和我们差不多的好学校，也有比较薄弱的学校，生源差距太大了，教师队伍水平也不同，所以全区的教研活动肯定要照顾大多数，这样针对性当然就不强了。我们自己的备课组活动就不用考虑那么多，就是我们自己的学生，就考虑他们的情况。对我们来说当然更有效率。”

在小学阶段，如前所述，自从取消“小升初”考试后，各学科的教研活动趋向式微。但仍然维持着一定基础。根据北京市西城区某位参加工作近两年的小学数学教师的经历，她所在区数学教研活动的情况大致如下：

“全区同一年级教师参加的活动大致每个学期至少会有三次，主要是这个年级的教研员的报告。比如教材分析，上个学期考试情况——基本情况啦、主要问题啦，还有这个学期的教学重点什么的。另外还有全区范围的活动就是研究课，题目由区里统一安排，但分片进行，我们区大致分为5个片，每个片有一所学校承担研究课，其他学校的教师根据地理位置分别到开课的学校去参加活动。

现在是没有全区统考，不过有北京市教学质量监测，会抽查某个学校、某个年级、某个学科。所以学校还是很重视教学质量。这些教研活动教师们都会很自觉参加。”

无论中学还是小学，语数外这样最基本的科目，还有中学的理化生史地政治等科目，教研活动比较强，音体美科目，以及比较新的信息技术、研究性学习等科目，虽然教研活动频次相对会少一些，但集中的教研活动也是一定会举办的。

附录 1：

时间：2008 年 10 月 10 日下午 2：00

地址：海淀教师进修学校

年级、科目：初中三年级数学

活动主题：期中复习指导

主讲人：海淀区教研室初三年级数学教研员

老师们好。今天，我们来进行关于期中的教学分析。在这个之前我想就这一段时间我听课的情况跟大家做一点汇报。

这一段时间呢我们经常到学校去听课，老师讲的比较多的是实数那一部分。有很多老师，比如(列举学校名和老师名，此处略)，很多老师都提供了很多优秀的课。同时我也听到了一些年轻老师的课，因此，我在这里把我的一些想法跟大家汇报一下，希望能够引起大家一些思考。

第一，对于算术平方根和平方根的教学的处理。对于算术平方根和平方根的问题，我们是不是应该明确下面几个问题。第一个，要明确为什么要引入平方根？为什么，老师们？为什么要引入？事实上有两个原因，第一个就是，生活中的需要，对吗？换句话说，几何图形的展示，对吗？它的一个几何图形在数上的展示。那么另外一个就是数，数不够用了。那么由这两个原因，引起了我们必然要引入算术平方根。

第二，明确学习的意义是什么？它实际上是我们学习后面的——比如说，实数，比如说，一元二次方程——的基础。那么实际等于是在给后面打基础。

最重要的就是，您要体会后面这句话，如何理解人教版(教材)将算术平方根(这部分内容)放在平方根前面？这是老师们印象比较深的，因为大家都觉得特别别扭，大家之前都习惯了，那么现在一转过来，怎么办？把算术平方根(这部分内容)放在平方根前面。这个时候，两个体例，我觉得没有谁对谁错之分，只有呈现方式不同。在这里面呢，人教版(教材)搁在这个地方，有两个原因。第一个原因，就是我们刚才说的现实性，就是体会实际需要，老师们想想看，算术平方根的引入是从一个生活实际引入的，对吧。那么第二个原因，就是降低对于概念的要求，所以在这儿我觉得您要体会一下，教材为什么这么安排。我现在觉得很多年轻老师真的特别努力，然后就按照教材去讲。但是老师们是不是也应该去深思一下，去交流一下，为什么这么安排。原来是怎么安排的。

另外一个，我们再看这一章的重点是什么？算术平方根作为教材内容应该讲到什么程度，是我们教师应该特别把握的。那么在这儿应该说这么一个事情，本章的重点应该在平方根，而非算术平方根。因此在这里面要注意一个度的问题。我们站在全局的角度来看你这个局部的时候，这个局部应该掌握到什么程度呢？实际上就是适可而止，过分强调算术平方根，容易导致什么呢，负迁移，是不是。

第五个问题，“算术平方根”作为人教版教材的起始课，应该注意哪些个问题？我觉得不光是一个平方根的问题，主要是涉及很多习题的难度，比如后面的知识的一个起始课的问题。

对于起始课我们应该注意这么几个问题。

1. 引入。引入一定要恰当，说明它研究的必要性，要充分考虑学生的心理特征。尤其一个好的引入情境，如果能够快速地让学生进入状态，进入主题的话，那么您这节课成功了一半。

2. 概念本质。对此，老师一定要有自己的理解。在自己理解的基础上，您再去研究教材、研究课标，然后研究我们的教材分析。

3. 从特殊到一般。我在这儿单独说一下，也就是第三个问题，比如说你对于算术平方根也好，平方根也好，肯定是从特殊到一般，进行一定的抽象，那么也就是从数到式的这个变化，您是否变到位？也就是一个变字。

4. 总结。总结归纳，我总觉得老师们在这个总结上缺乏一个提升，以及一个影响的过程。

最后一个就是特色，这个特色我们都知道，比如说您去听课或者其他人听您的课的时候，特别希望听您跟别人不同的地方。可能您能有特别的，但是前提是有道理，那么我觉得在这儿就体现一个创新。算术平方根作为人教版的起始课，您应该注意这几个问题。

下面，我想专门拿出其中的一个问题来强调一下，作为算术平方根的概念，我们怎么去理解它。老师们您看我这儿写着一个根号 a，那么首先第一个，关于根号 a，您了解多少？我去听课的时候，包括我最开始的研究，不说您，就说我个人，最开始的时候，备教材的时候，我的认识，也是一个初步的。虽然不同的教材有差异，但是知识本身，它应该是不变的。所以我们在这儿强调对概念本身的理解。老师们想想看，算术平方根您应该了解到什么程度？一个一个地说，好吗？周老师，您给起个头吧。不用说全，您了解多少，就说多少。

(老师发言)正的，非负的。双非负。(教研员)您看，老教师就是老，能说出双非负。(教师)是一种运算，也是一种结果。是一个二次根式。(教研员)那么您看我对老师们说的进行一个总结，看您是否对它有一个更深入的理解？首先第一个，根号a表示a的算术平方根，这是它的定义。第二个，X的算术平方根平方等于a，那么X应该大于等于0对吧。要求我们是非负数对吗。那么它的结果是什么？唯一确定的。结果的唯一确定性。另外一个，咱们原来学的是什么，X的平方等于a了，X是什么数？是任意实数对吧？那么这个X是不是还算底数？现在是已知底数要求一个什么，一个幂对吗？现在翻过来要求什么，已知幂，求底数。接着就是刚才谈到的那句话，叫双重非负数，根号a，a本身大于等于0，根号a也大于等于0。接着再往下走，就是老师们提到的，加减乘除都是什么，两个数，是不是都是两个数运算的一个结果，那么我们最后呢，现在平方根开方是什么，是一个数。比如根号4，根号4是不是由一个数以及它的运算符号引起的这么一个结果啊。那么再接着认识，它就是一个运算符号对吗？所以我觉得我们对于根号a的认识，到一个归纳提升的时候，在这儿必须到位。所以我在这儿列了一个表，1、2、3、4，您是不是在这儿也能让学生提升到这样，也这样列表列出来，哦！原来是分散学的，现在弄到一块了。

另外一个就是特色的创新，在这两天听课的时候呢，你比如说在育红中学，还有我昨天听课的时候，人家两位老师怎么做的呢？我手中有两个面积为1的小正方形，它们的边长都是1，这些肯定都是老师问的，我现在就这么说了，你是怎么算出来的？同学们手中现在有两个边长为1的小正方形，你能用它们拼成一个面积为2的大正方形吗？产生了学生的一个认识冲突。这是我们以前也设计过的，但是这里面两位老师有自己的想法。那么这种引入方式的优点在哪儿呢？让学生动手操作，调动学生的积极性，然后呢引出了算术平方根的学习的必要性，我干吗要学它？我现在能够表示，但是这个数我不认识的，它在数轴上是哪儿，所以就引出了必要性。但是我感觉，可能有这么一个想法啊，学生的重点可能放在哪儿呢，都放在拼上了，我看了有7到15分钟，甭管好学生差学生。那么好了，您今天的重点是让他们拼呢，还是让他们认识到根号2的存在呢。所以它有它的优势，有它的劣势。那好我也给大家提另外一种方式，但是也是有优劣之分的。您比如说第二种方式呢我就是这么走的，1的平方等于1，这个人人都知道，那么在形上的体现就是边长为1的正方形面积为1。那么边长为2的时候面积等于4，我直接就给它展示出来了。那现在引出了这么一个问题，谁的平方等于2呢？也就是说，我现在面积为2，那么谁的平方等于2呢？有老师们跟我说，学生们会问，真的存在面积为2的吗？存在不存在我觉得可以借助于上面研究的问题，那么我现在有两个正方形，你现在拼完了以后看看有没有面积为2的？那么我这样的，我的优势在哪里，我的优势在于我引入了算术平方根的必要性，另外一个，能够让学生快速地进入状态，此外，我从代数和几何两个角度认识，一个是代数的数的发展的知识，它的必然趋势导致的，我缺数了，我不够用了。第二个，从形的情况来展示，那也就是，我从两个角度来同时入手，让学生来感受根号2。但是它不足之处呢，就是不如你第一种方式，人家那个特别引人入胜，让学生一下子就把注意力都集中了，特别能够调动学生的胃口。这两种引入方式各有优劣，那么老师在选择的时候不妨把您的想法融入到您的教学当中。

在这儿我想接着再说的就是后面的那个提升。很多老师跟我说这个问题，你比如说根号2，它的那个研究方法，老师们想想看，怎么研究的，就是在数轴上逐渐逼近，这是一种方式，另外一个拿计算器(计算)，对吗，无限逼近，无限缩小它的范围，那好，这是一种方式，这种提升方式对于我们算术平方根来说意义在哪里？它有多大作用，老师们不妨思考一下。我们能否在这儿创一下新，我那天看到××老师在这儿下了一些工夫，老师们不妨看一看。那么好，咱们是通过两个面积为1的正方形，拼成一个面积为2的正方形，引入根号2，和我们前面的呼应。那么好，你能告诉我根号2大概有多大，你能在数轴上画出来吗？学生怎么去画？能画出来吗？当然能画。学生画一个边长为1的正方形，那么它的对角线就是根号2。老师说为什么是根号2，学生说您在前面不是有一个拼的过程吗？您拼的过程不就已经体现了根号2的存在了吗？所以他在这个地方能够让学生(明白)。另外一个，为什么要引入这个数轴，实际上我们今天引入了一个新的数，在有理数的时候我们回归到几何图形，回归到数轴上来进行，那么我们现在学习一个新的数的时候也要回归数轴。回归数轴的时候让学生体会，敢情1和2之间还有那样的一个数，在1.4和1.5之间还有那样的一个数，实际上就体现了数轴上的点的同一性。另外一个想到的是什么，就是局限性。算术平方根研究方法的局限性是什么，那就是边长为正，也就是说 X^2 等于a，那么X是什么？边长X是大于等于0的，那么它的局限性就体现在这儿了。也就是说我们只在正半轴上画出根号2，那么换过来我们能不能对着去找出负的根号2，有负的根号2吗？那么按照对称，我能找出负的根号2，有了负的根号2，我是不是就能引出下一节课的内容，平方根，因为它是体现正负性的对不对。好，那么有的老师也问我这个问题，说我有没有必要把勾股定理搁在前面来讲？老师们，有必要吗？你看好多老教师都跟我摇头，觉得不必要，没必要的原因是什么，因为我们是要让孩子今天感受根号2确实存在，以后我们还会学到类似的很多，比如 $\sqrt[3]{\ }$ $\sqrt[5]{\ }$ $\sqrt[7]{\ }$ 这样的数字，就够了。所以这个算术平方根是要体现它的现实性，没必要每一个都说出来。如果说要提升的话，××老师在这儿已经做得相当好了。你说还能不能有别的创新呢。我觉得是不是还可以在教学方式上创新。教学方式上你比如说，我们学生一开始做的是什么工作？如果我要做的话我肯定先让学生阅读，这节课说实话真的从知识点上创新是不容易的，因为它就可数的那么一点东西，那怎么办？我们现在有一句话叫什么，我们教师现在改的是什么，是我们的教学方式，和我们的学习方式。这是我们课程标准上特别提倡的一个理念上的改变，对吗？那您是不是可以从教学方式和学生的学习方式上入手。

今天不能讲的太多，今天主要是期中的复习。我主要是针对老师们在教学中出现的问题(跟大家交流一下)。然后呢，我们请八一中学的于晓静老师给我们做关于期中的复习交流，现在让我们以热烈的掌声来欢迎于老师。

附录 2：海淀区八一中学于晓静老师："八年级(上)期中复习建议"

八年级上期中复习建议

八一中学　于晓静

一、考试范围
二、考试性质
三、考试功能
四、复习思路
五、命题建议

刘忠新

一、考试范围

第十一章 全等三角形 （必考）

第十二章 轴对称 （必考）

第十三章 实数（必考）

第十四章 一次函数 （调整章节，可不考）

第十五章 整式的乘除与因式分解 （调整章节）

二、考试性质

本次考试属于阶段性考试，是过程评价中的一次比较重要的考试，有学习和诊断的性质，同时还应该具有激励的性质．

三、考试功能

1．检测功能

2．导向性功能

3．定位功能

四、复习思路

（一）考试要求

（二）复习建议

（一）考试要求

基本要求：指对所学知识有初步的认识，形成基本技能并达到基本落实的水平，它包括对知识的过程性的认识，对知识的了解与基本再现等．

略高要求：指能在理解知识形成技能的基础上，准确运用知识解决与之相应的数学问题和简单实际问题的水平，它应是在掌握知识的前提下，对知识的简单应用．

较高要求：指能合理的综合运用知识与技能，并达到了灵活的程度，从而形成相应的能力，实现对数学问题或实际问题的分析、推理以及准确表达的水平．

（一）考试要求

第十一章　全等三角形

- 基本要求：
- 了解全等三角形的概念
- 略高要求：
- 掌握两个全等三角形的条件和性质；
- 会应用全等三角形的性质和判定解决有关问题
- 较高要求：
- 会利用全等三角形的知识解释或证明经过图形变换后得到的图形与原图形元素间的关系

（一）考试要求

第十二章　轴对称

- **基本要求：**
- 了解等腰三角形、等边三角形的概念；会识别等腰三角形、等边三角形；理解等腰三角形、等边三角形的性质和判定。
- 了解图形的轴对称，理解对应点所连的线段被对称轴垂直平分的性质；了解物体的镜面对称。

（一）考试要求

第十二章　轴对称

- **略高要求：**
- 能用等腰三角形、等边三角形的性质和判定解决简单的推理和计算。
- 会按要求作出简单平面图形经过一次或两次轴对称后的图形；掌握简单图形之间的轴对称关系，并能指出对称轴；掌握基本图形的轴对称性及其相关性质。
- **较高要求：**
- 会运用等腰三角形、等边三角形的知识解决有关问题。
- 运用轴对称进行图案设计；与其他变换综合运用解决有关问题。

第十三章　实数

内容	基本要求	略高要求	较高要求
无理数	了解无理数的概念	会用有理数估计无理数的大致范围	
平方根与算术平方根	了解平方根和算术平方根的概念，会用根号表示非负数的平方根及算术平方根，了解开方与乘方互为逆运算	会用平方运算求某些非负数的平方根，会用计算器求平方根	
立方根	了解立方根的概念，会用根号表示数的立方根	会用立方运算求某些数的立方根，会用计算器求立方根	
实数	了解实数的概念	会进行简单的实数运算	

第十四章　一次函数

内容	基本要求	略高要求	较高要求
函数及其图像	了解常量和变量的意义；了解函数的概念和三种表示方法；能举出函数的实例；会确定简单的整式、分式和简单实际问题中的函数的自变量取值范围，并会求出函数值	能探索具体问题中的数量关系和变化规律，会用适当的函数表示法刻画某些实际问题中变量之间的关系	结合函数关系的分析，能对变量的变化趋势进行初步预测，结合图像对简单实际问题中函数关系进行分析
一次函数	理解正比例函数；能结合具体情境了解一次函数的意义，会画一次函数的图像；理解一次函数的性质	会根据已知条件确定一次函数的解析式；会根据一次函数的解析式求其图像与坐标轴的交点坐标；能根据一次函数的图象求二元一次方程组的近似解	能用一次函数解决实际问题

第十五章　整式乘除和因式分解

考试内容	考试要求		
	基本要求	略高要求	较高要求
幂的运算	了解整数指数幂的意义和基本性质	能合理运用幂的性质解决简单问题	
整式的乘法	理解整式乘法的运算法则，会四个以内单项式的乘法运算、一个单向式与一个多项式的乘法运算、两个一次式的乘法运算	会简单的整式乘法与加法的混合运算	能灵活选用恰当的方法进行相应的代数式的变形
平方差公式和完全平方公式	会推导平方差公式、完全平方公式，了解其几何背景	能运用平方差公式、完全平方公式进行简单计算	能根据需要进行相应的代数式的变形
因式分解	了解因式分解的意义及其与整式乘法之间的关系	会用提公因式法、公式法（直接用公式不超过两次）、十字相乘法进行因式分解（指数是正整数）	能运用因式分解的知识进行代数式的变形，解决有关问题

基本要求：

（1）基本概念(公式)的准确掌握

（2）基本题型的熟练掌握

（1）基本概念（公式）的准确掌握

1. 已知，如图：$\angle B=\angle C$，$AB=AC$，要说明$\triangle ABE\cong\triangle ACD$.

(1)若以“SAS”为依据，还要添加的条件为________；

(2)若以“*ASA*”为依据，还要添加的条件为________；

(3)若以“*AAS*”为依据，还要添加的条件为________.

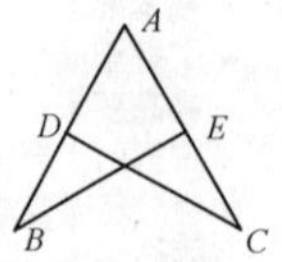

（1）基本概念（公式）的准确掌握

2. 如图，已知$\triangle ABC$的六个元素，则甲、乙、丙三个三角形中和$\triangle ABC$全等的图形是________

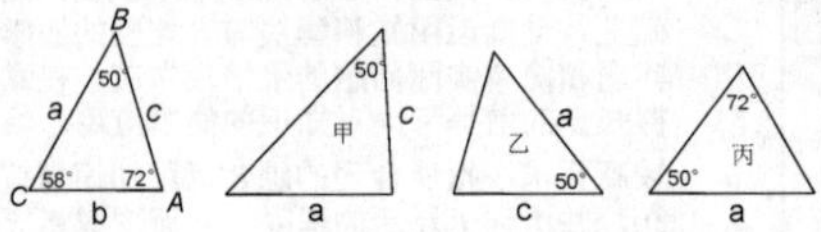

（1）基本概念（公式）的准确掌握

3. 下列图形中，为轴对称图形的是（　）

A　　B　　C　　D

（1）基本概念（公式）的准确掌握

4. $(-a-b)^2$ 的运算结果是（　）

A. $a^2-2ab+b^2$　　B. $-a^2+2ab-b^2$

C. $-a^2-2ab-b^2$　　D. $a^2+2ab+b^2$

（1）基本概念（公式）的准确掌握

5．下列说法中，正确的是（　）．

（A）27的立方根是-3

（B）-25的算术平方根是5

（C）16的平方根是4

（D）正数 a 的算术平方根是 $\sqrt{a}$

（2）基本题型的熟练掌握

1.（08年）若 $|x+2|+\sqrt{y-3}=0$，则 xy 的值为（　）

A. -8　B. -6　C. 5　D. 6

（2）基本题型的熟练掌握

2.（北京08）分解因式：$a^3-ab^2=$________.

（北京07）把代数式 $ax^2-4ax+4a$ 分解因式，下列结果中正确的是（　）

A. $a(x-2)^2$　　B. $a(x+2)^2$

C. $a(x-4)^2$　　D. $a(x+2)(x-2)$

（2）基本题型的熟练掌握

3.如图所示的是在一面镜子里看到的一个算式，该算式的实际情况是怎样的

205=28+051

图1

205=28+051　|　120+85=205

图1　　图2

（2）基本题型的熟练掌握

4.已知一个等腰三角形的一个内角为50度，则其余两个角的度数是__________。

（2）基本题型的熟练掌握

5.已知直角三角形中30°角所对的直角边为2㎝，则斜边的长为（　）

A. 2㎝　B. 4㎝　C. 6㎝　D. 8㎝

函数 $y=\sqrt{x-2}$ 的自变量x的取值范围是____

略高要求：

1.如图所示,把一个正方形三次对折后沿虚线剪下一角,则展开后所得的图形是（ ）

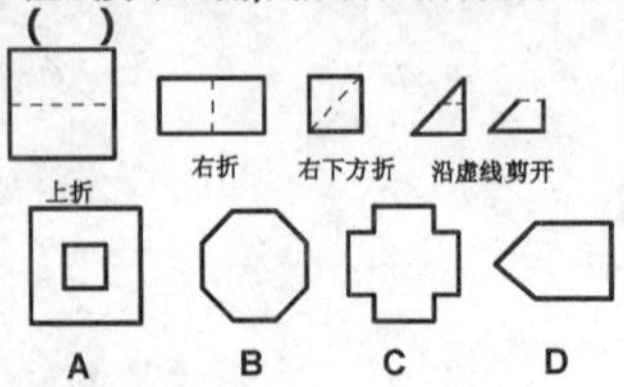

略高要求：

2.已知：在△ABC中，AB=AC，D是BC中点，DE⊥AB于E，DF⊥AC于F

求证：DE=DF

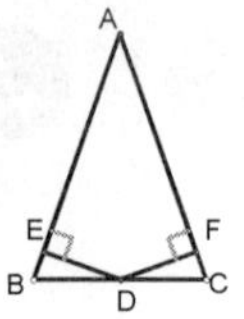

略高要求：

3. b如图，在边长a为的正方形中剪去一个边长为的小正方形，把剩下的部分拼成一个梯形，分别计算这两个图形阴影部分的面积，验证了公式

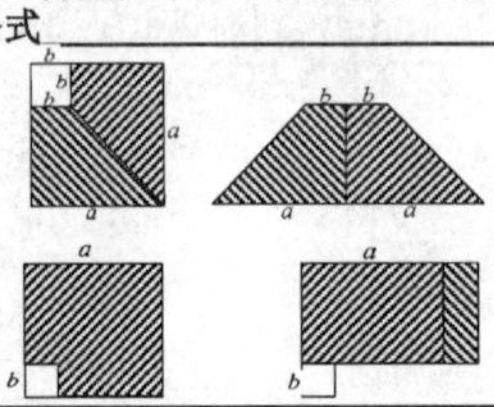

略高要求：

4. 求代数式的值

（1）已知代数式 $(2x-5y)(x+3y)-3(2y+x)(x-2y)$，

其中 $x=-2, y=3$，求代数式的值。

（2）已知 $a+b=3$，$ab=-12$，求下列各式的值：

①a^2+b^2　　②a^2-ab+b^2　　③$(a-b)^2$

略高要求：

5. 已知两直线 $y=2x-1$ 和 $y=-\frac{2}{3}x+3$，求它们与y轴所围成的三角形的面积.

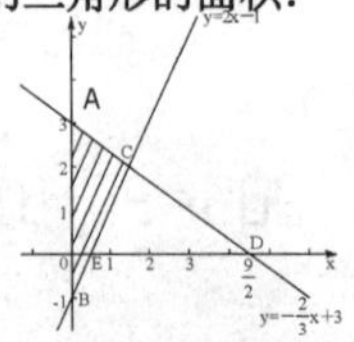

改编：①还可以求这两条直线与两条坐标轴所围成的四边形AOEC的面积.

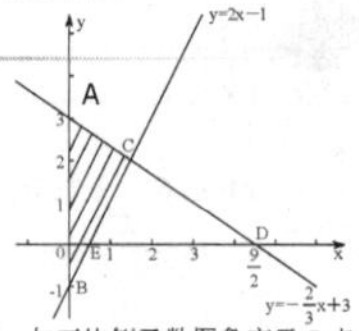

改编：②一次函数图交 x 轴于点 $A(6,0)$，与正比例函数图象交于 B 点，点 B 在第一象限，且横坐标是 4，若 $S_{\Delta ABO}=15$，求这个正比例函数与一次函数解析式，并画图象。

略高要求：

6.在数轴上画出表示 $2\sqrt{2}$ 的点。（保留作图痕迹）

较高要求：

1．（08西城）如图，正六边形ABCDEF，点M在AB边上，∠FMH=120°，MH与六边形外角的平分线BQ交于点H.

（1）当点M不与点A、B重合时，求证：∠AFM=∠BMH;

（2）当点M在正六边形ABCDEF一边AB上运动（点M不与点B重合）时，猜想FM与MH的数量关系，并对猜想的结果加以证明.

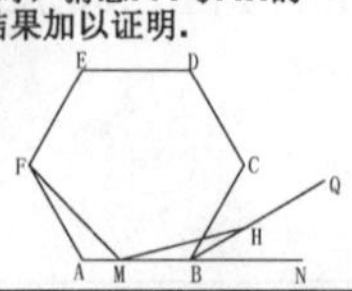

证明：（1）∵六边形ABCDEF为正六边形，
∴每个内角均为120°，
∵∠FMH=120°，A、M、B在一条直线上，
∴∠AFM+∠AMF=∠AMF+∠BMH=60°
∴∠AFM=∠BMH.

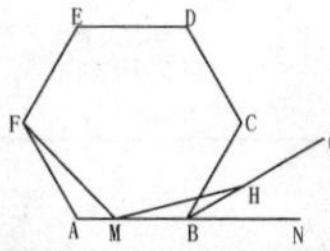

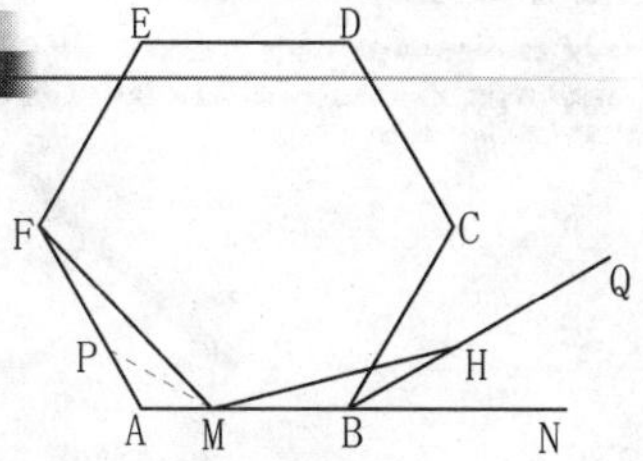

（二）复习建议

1.紧抓基础知识

2.由易到难，层层递进

3.关注数学方法的总结

已知：如图，在△ABC中，∠B、∠C的平分线相交于F，过F作DE∥BC，交AB于D，交AC于E，

求证：DE=DB+EC

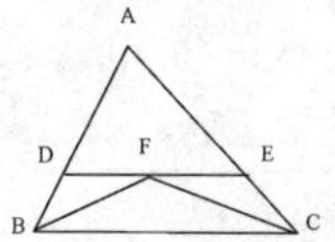

变式1.已知：如图，在△ABC中，∠ABC、外角∠ACG的平分线相交于F，过F作DE∥BC，交AB于D，交AC于E，　求证：DE=DB-EC

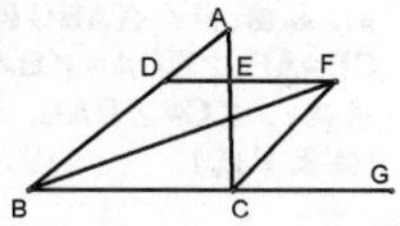

变式2.已知：如图，在△ABC中，过A作FN∥BC，交外角∠ABH的平分线于F，交外角∠ACG的平分线于N，　求证：FN=AB+AC

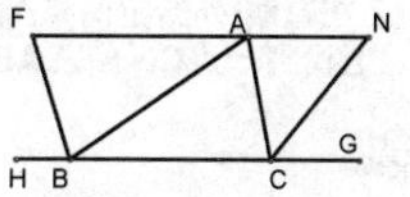

2.由易到难，层层递进

在直线上找满足条件点

(1)与已知两点等距

(2)与已知两点距离和最小

(3)与已知两点距离差最大

(1)与已知两点等距

9. 如图，某地由于居民增多，要在公路边增加一个公共汽车站，A，B是路边两个新建小区，这个公共汽车站建在什么位置，能使两个小区到车站的路程一样长？

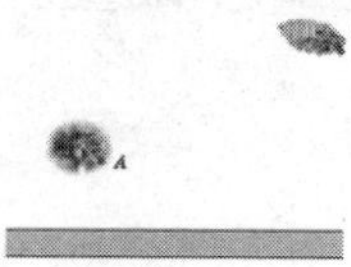

（第9题）

拓广探索

11. 电信部门要修建一座电视信号发射塔，如下页图，按照设计要求，发射塔到两个城镇 A，B 的距离须相等，到两条高速公路 m 和 n 的距离须相等。发射塔应修建在什么位置？在图上标出它的位置。

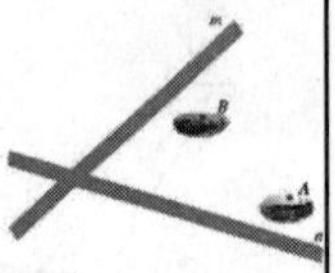

（第 11 题）

(2)与已知两点距离和最小

已知A，B两点，如图，在直线上求作一点P，使PA+PB最小

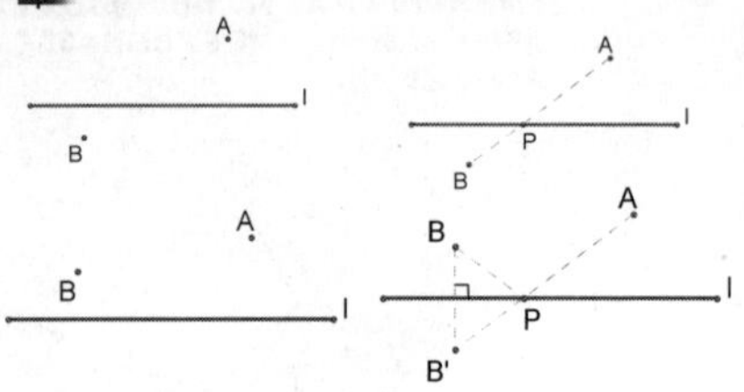

(3)与已知两点距离差最大.

已知A,B两点，如图，在直线上求作一点P，使PA与PB这两条线段的差最大

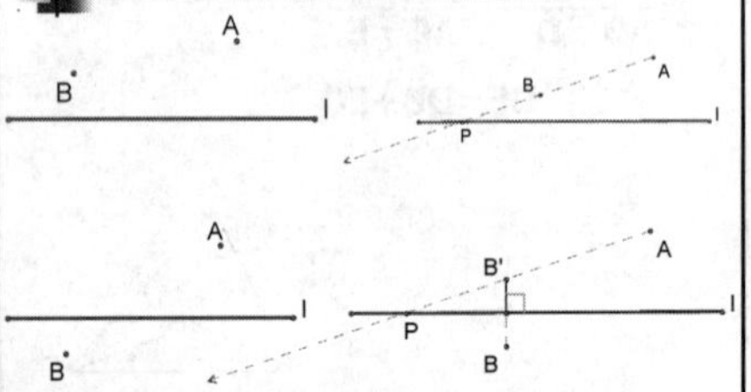

2. 由易到难，层层递进

如图，在平面直角坐标系中，有点A（0，1）又点B在x正半轴上，∠OBA＝30度，在坐标轴上找一点P，使△PAB为等腰三角形，那么符合条件的点共______个

1.在直线l外给定一点A，在直线l上给定一点B，要求在直线l上找到一点C，使△ABC为等腰三角形。

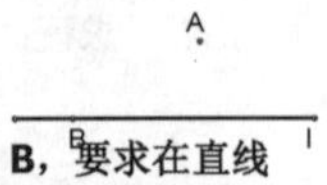

2.在直线l外给定两点A，B，要求在直线l上找到一点C，使△ABC为等腰三角形。

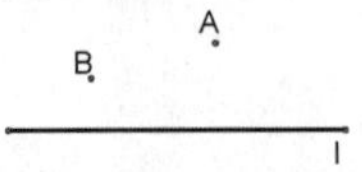

3.关注数学方法的总结

例. △ABC中,AD平分∠BAC,AB=AC-BD,求∠B:∠C的值.(截长补短)

例. 如图, △ABC中,∠B=2∠C,AD⊥BC于D,求证：AB+BD=CD.
(利用高线构造轴对称三角形)

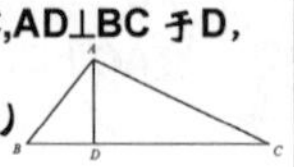

例. 如图, D是△ABC的BC边上一点，且CD=AB,∠BDA=∠BAD,AE是△ABD的中线.
求证： ∠C=∠BAE.
(倍长中线)

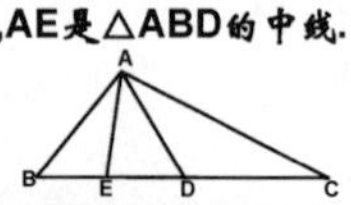

已知：如图，AD是△ABC的角平分线，DE，DF分别是△ABD和△ACD的高。

求证：AD垂直平分EF

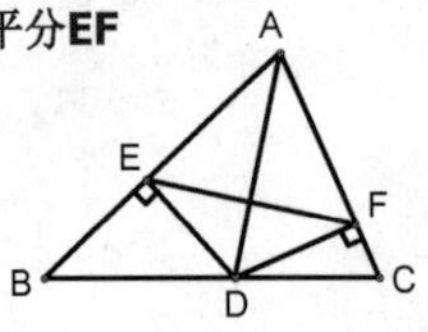

3.关注数学方法的总结

例、（08西城）如图，正六边形ABCDEF，点M在AB边上，∠FMH=120°，MH与六边形外角的平分线BQ交于点H.

（1）当点M不与点A、B重合时，求证：∠AFM=∠BMH；

（2）当点M在正六边形ABCDEF一边AB上运动（点M不与点B重合）时，猜想FM与MH的数量关系，并对猜想的结果加以证明.

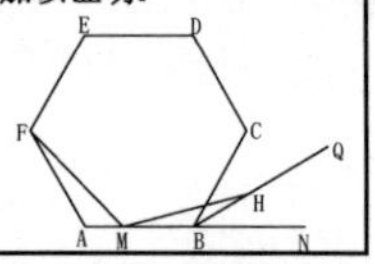

变式1、如图，等边三角形ABC，点D在AB边上，∠CDE=60°，DE与△ABC外角的平分线BM交于点E.
（1）当点D不与点A、B重合时
求证:∠ACD=∠BDE；
（2）当点D在等边三角形ABC一边AB上运动（点D不与点B重合）时，猜想CD与DE的数量关系，并对猜想的结果加以证明.

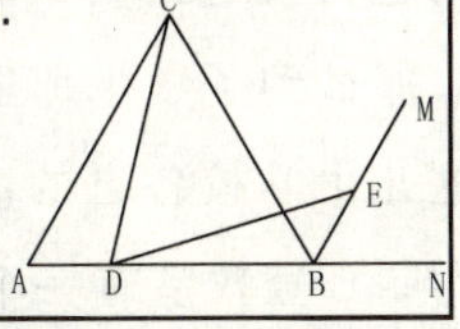

变2、如图，正方形ABCD，点M在AB边上，∠DME=90°，ME与正方形ABCD外角的平分线BF交于点E.
（1）当点M不与点A、B重合时，求证：∠ADM=∠BME；
（2）当点M在正方形ABCD一边AB上运动（点M不与点B重合）时，猜想DM与ME的数量关系，并对猜想的结果加以证明.

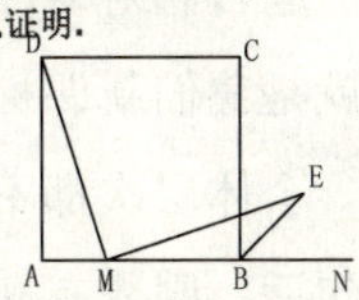

变3、如图，正五边形ABCDE，点M在AB边上，∠EMF=108°，MF与五边形外角的平分线BF交于点F.
（1）当点M不与点A、B重合时，求证：∠AEM=∠BMF；
（2）当点M在正五边形ABCDE一边AB上运动（点M不与点B重合）时，猜想EM与MF的数量关系，并对猜想的结果加以证明.

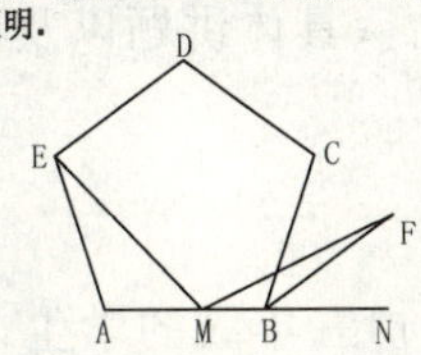

五、命题建议

◆卷面120分满分，答题时间90分钟.

◆难易度比例：
易、中、难比例约为5：3：2

◆试卷结构
本试题共8版，共约25道题；
选择题8道；填空题4道；解答题（计算题、作图题、证明题等）约13道
代数、几何比例约为1：1.

五、命题建议

◆基础题一定要到位，注意知识点的覆盖率，出题不要过难，以激发学生学习兴趣。综合题最好设计几问，入手较易，出手难，体现层次性

◆回避有争议的问题，文字要求严谨.

◆注重能力、注重联系、注重探究
（降低低分率，提高及格率，控制优秀率）

谢谢！

附录3：初三某数学教研员难题分析(未参加青年教师教学基本功大赛辅导的教师)

刚才大家也看到了，刚才×××老师在给大家的定位上，尤其是基本要求的题目相对多一些。为什么较高要求的题目没有给大家提供，最重要的一点就是我们新课标有一句话叫上不封顶，那么到了学生那里尤其是我们的学生，个体层次都不一样，因此我觉得在这儿由学校各自的情况来定。我想插一句话，刚才有几位老师走是因为在5号、6号教室有一个基本功大赛的培训，所以，如果要去您动作快点赶紧去。

留下的老师来看一下，按照以往的教学方式我们可能到这儿就结束了。但是我总觉得大家来一次不容易，所以我想跟大家做一些交流。最重要的一点，老师们咱们来做一下下面这道题好吗?(具体讲题以及板书过程省略，可参见附录4)

最后，教研员小结。

老师们，题目的难度挺大，不光是对初三年级的学生，对咱们老师也是如此。我自己一拿到这样的题目，也想了半天。当然，您作为老师，应该会做这样的题目。但是，如果确实一时间不会做，怎么办?您可以给一个很好的思路，可以联系往年的经典考题。比如××题，其实就是去年期末考试最后一道题的变形，除了图形的方向不同，并没有本质的差别。当时那道题怎么做的，老师们肯定都比我清楚，但是我就想说一句，老师们，包括我在内，如果一天两天不做题，还行。十天八天不做题，您可能就开始荒废了。当一个学期下来，如果您不做题，您可能就被淘汰了。所以我想提醒一件事，就是做题。第二个，就像刚才××老师说的，做题要多联想。第三个，类似这样的题，是不是要说明，我们得先把海淀区的题先做了，再去做全国的题。不要先去做全国的题，反而把自己本区的题给丢了。

这个是刚才由题目引出来的，接着我说几个通知。第一个通知，刚才老师们看到的是三份试卷，一份参考题，您以这个为准，上不封顶，我还会在咱们的网络上把没有发到的题目和答案都给您，您别着急，我这周都会陆陆续续发上去。也就是说，我们一共应该是七份题，如果没有收到，您到时候赶紧找我。另外，我们会把这份题的相应的答案给您。还有，我们会把教案在下星期五以前发到公共邮箱。另外提醒大家的是，这一次是自命题，那么老师有一个困惑，就是我如果是连片儿的考试怎么办？连片老师出题的时候我给一个建议，比如说我们北京市出题的时候，我们会把这几本书搁在一块，我们找它们之间的交集，如果是连片儿的考试，建议您绝对找交集，交集最重要的地方在哪儿，比如我们前面的考试里面，前三章，旋转，就是咱们前面的那个全等，还有轴对称，您得有吧，还有实数，您得有吧。然后，不要搞后面的内容，而是结合初一的内容给出题，那就是刚才特别让××老师给大家强调的，代数与几何的比例一定千万别低于1∶1，代数一定要多，否则您的学校，您的家长以及您自己，都对不起自己。好了，今天就到这儿。有问题的可以再来跟我交流。谢谢大家。

附录 4：教研员用几何画板软件呈现的几道题目

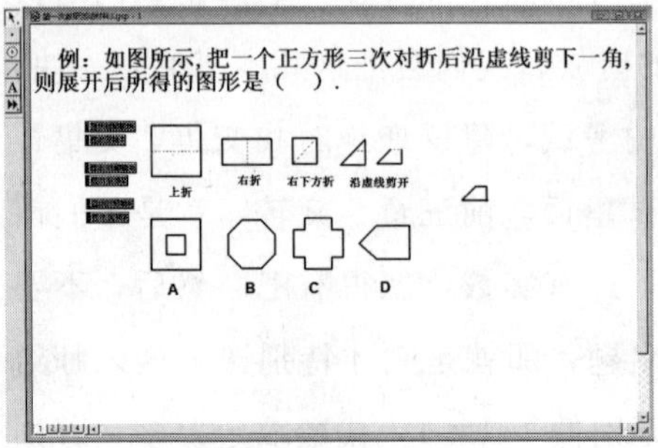

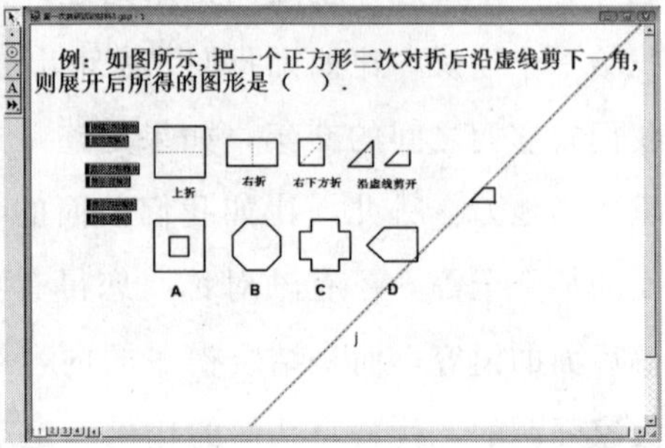

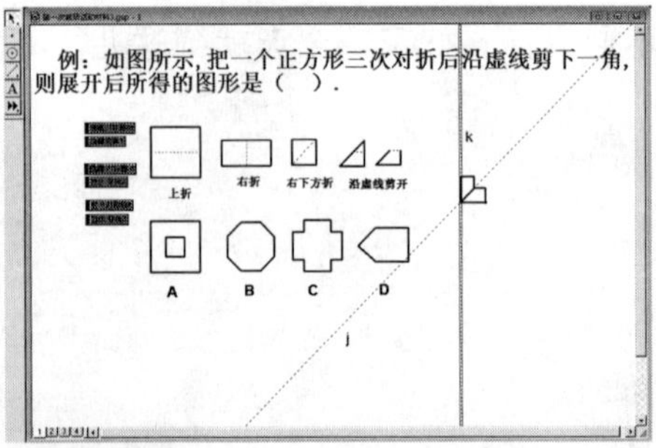

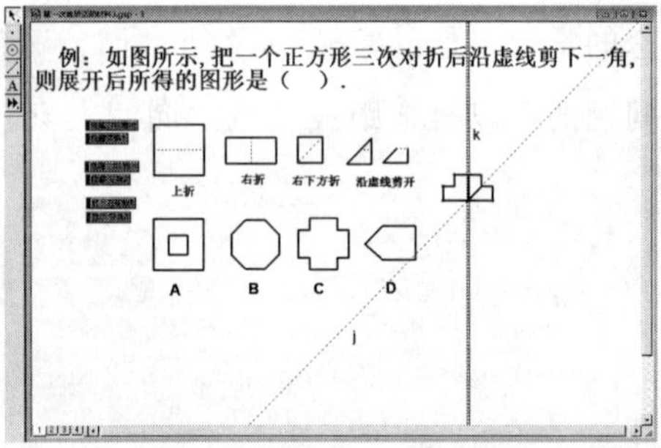

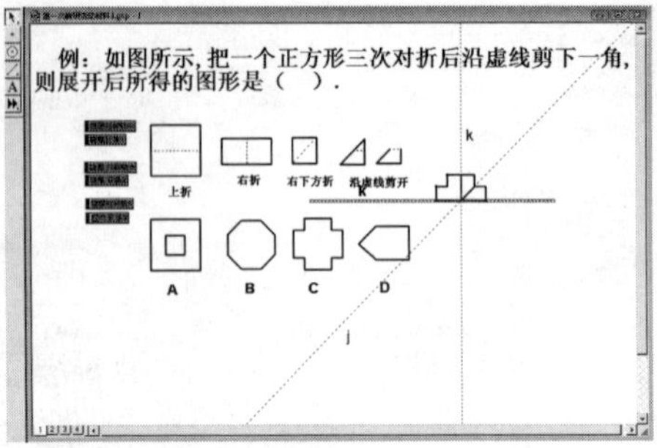

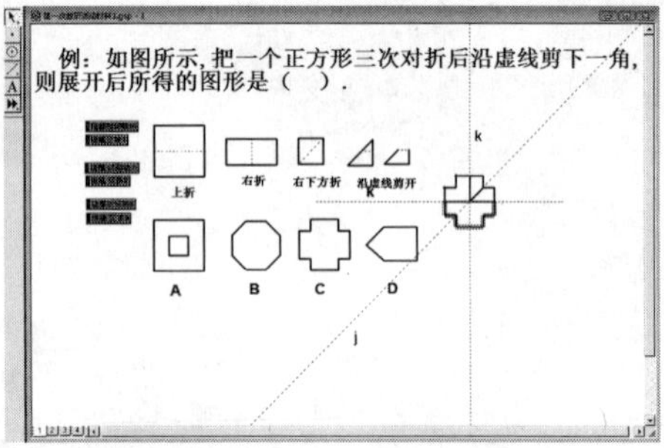

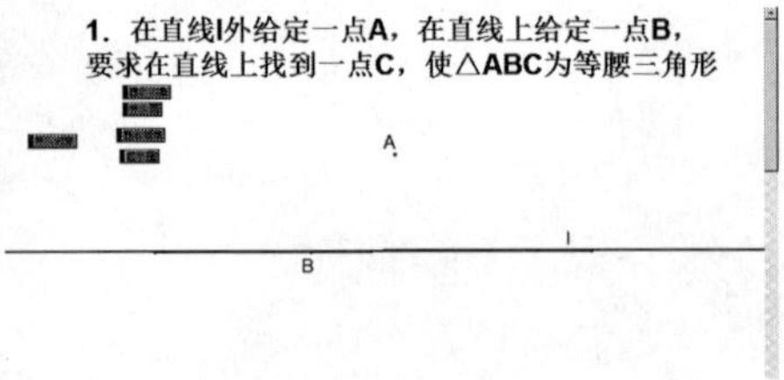

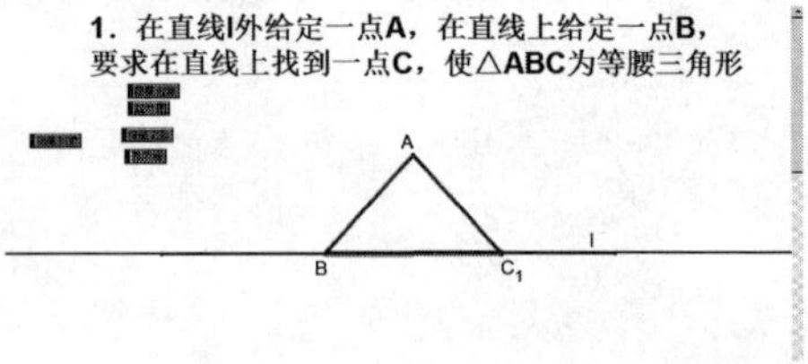

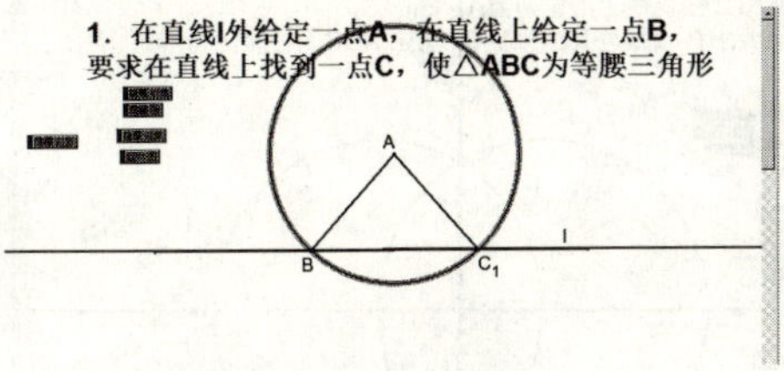
1．在直线l外给定一点A，在直线上给定一点B，
要求在直线上找到一点C，使△ABC为等腰三角形
A
B
C1
l

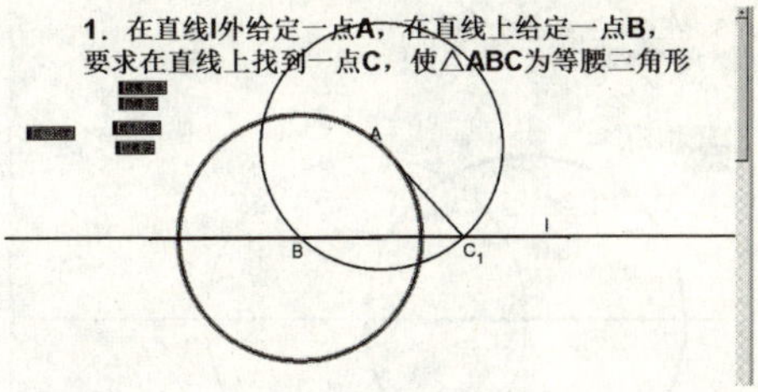
1．在直线l外给定一点A，在直线上给定一点B，
要求在直线上找到一点C，使△ABC为等腰三角形
A
B
C1
l

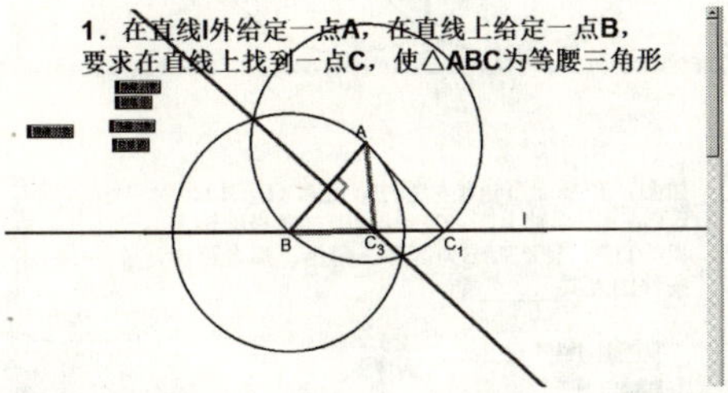
1．在直线l外给定一点A，在直线上给定一点B，
要求在直线上找到一点C，使△ABC为等腰三角形
A
B
C3
C1
l

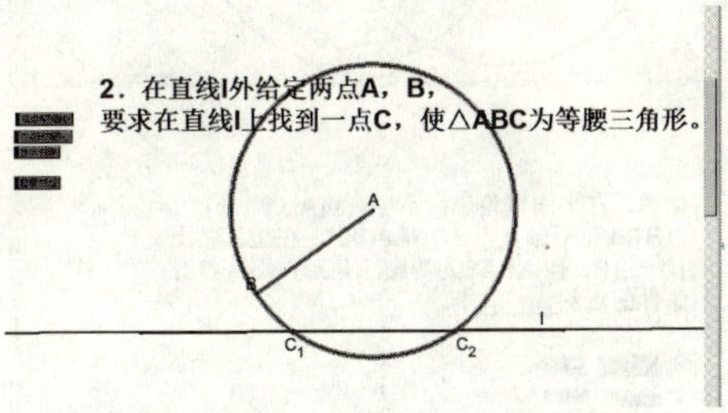
2．在直线l外给定两点A，B，
要求在直线l上找到一点C，使△ABC为等腰三角形。
A
B
C1
C2
l

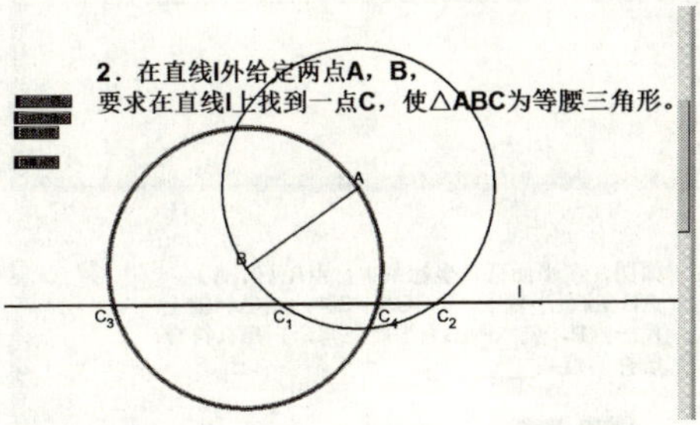
2．在直线l外给定两点A，B，
要求在直线l上找到一点C，使△ABC为等腰三角形。
A
B
C3
C1
C4
C2
l

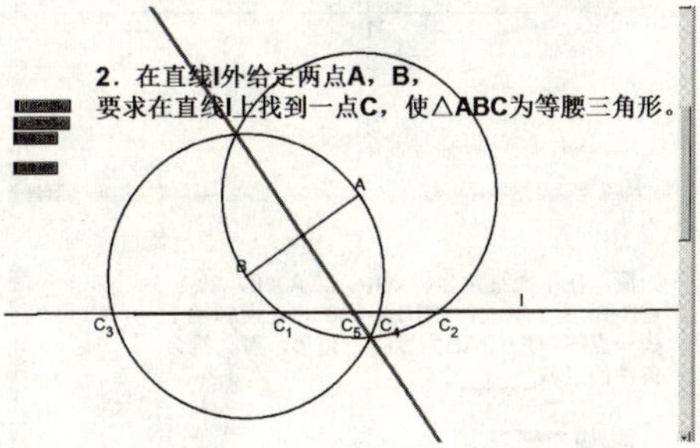
2．在直线l外给定两点A，B，
要求在直线l上找到一点C，使△ABC为等腰三角形。
A
B
C3
C1
C5
C4
C2
l

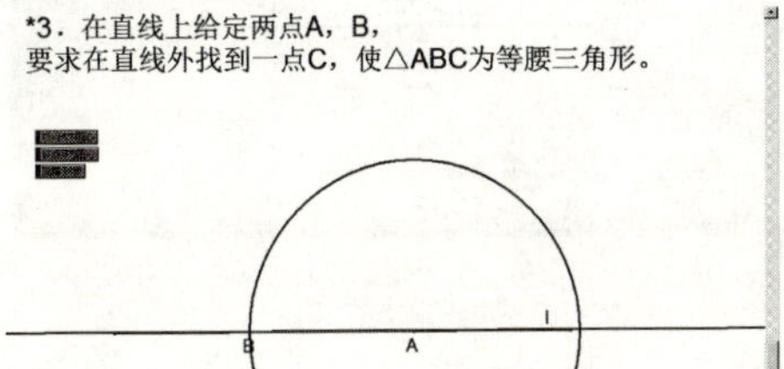
*3．在直线上给定两点A，B，
要求在直线外找到一点C，使△ABC为等腰三角形。
B
A
l

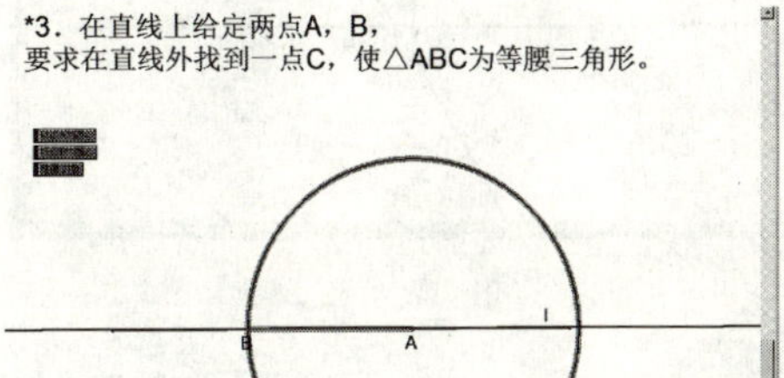
*3．在直线上给定两点A，B，
要求在直线外找到一点C，使△ABC为等腰三角形。
B
A
l

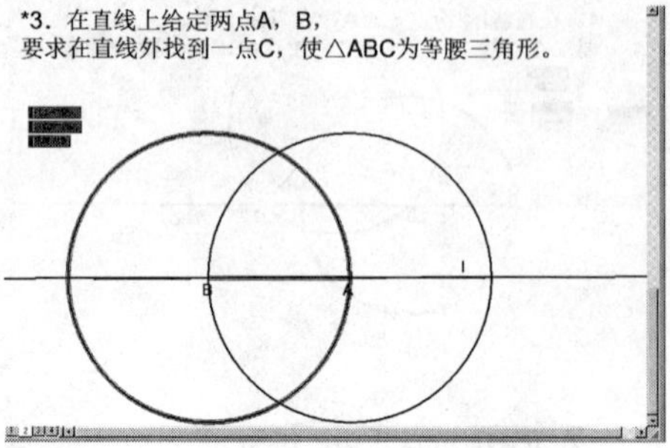

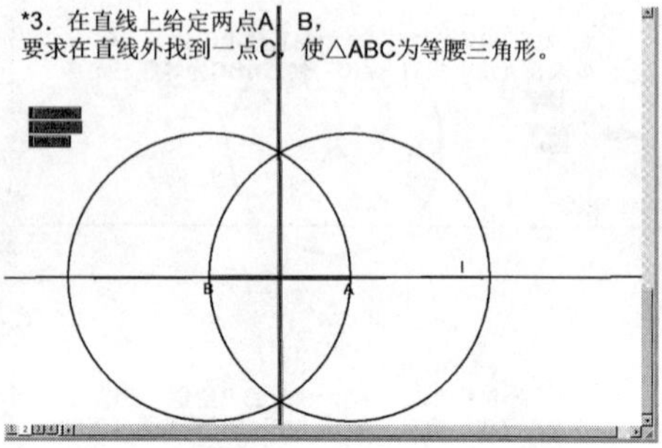

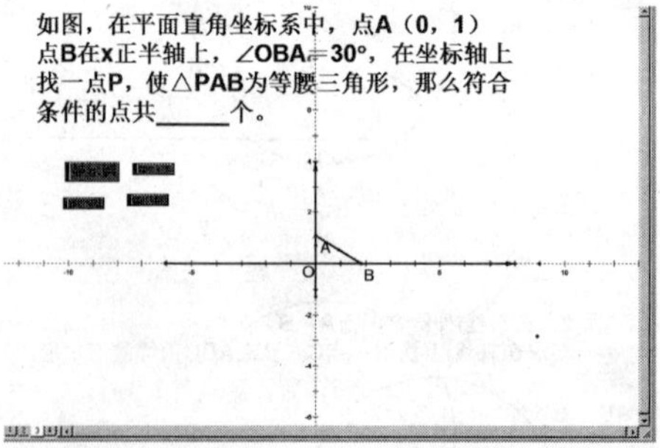

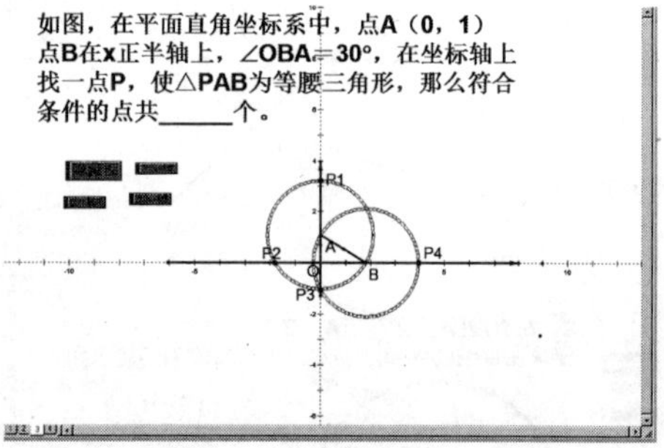

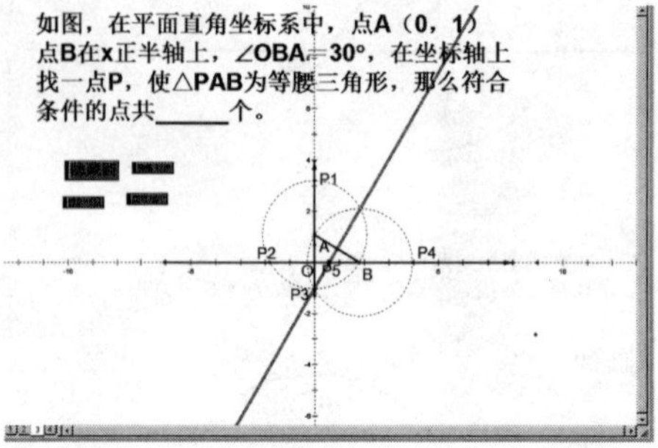

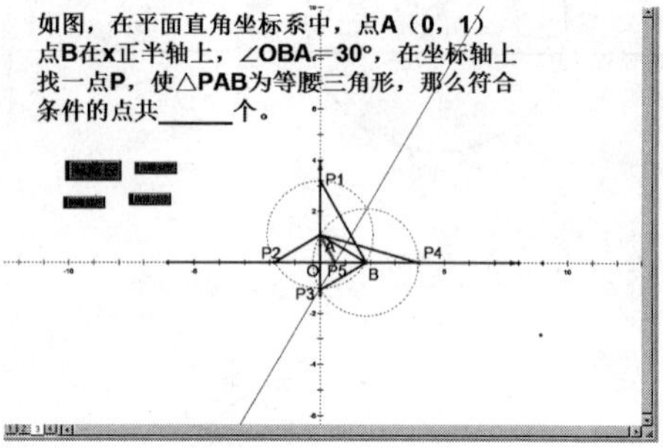

附录5： 活动一：上届北京市教学设计一等奖获得者，某高中教师介绍参赛情况。（此处略，参见第四章第五节）

附录6： 活动二：《关于教学设计的若干问题》（此处略，参见第四章第五节）

附录7： 时间：2008年10月22日星期三，上午8：30

地点：某区教师进修学校某教室

年级：高中二年级　　　　　　　　　　　　科目：语文

活动主题：区高中二年级语文教研员的报告。（因为走错教室，晚到约10分钟，故内容不完整。）

咱们各位老师，尤其是各位备课组长，一定要利用规定的时间，也就是咱们的选修模块，带领咱们本校的老师针对选修模块进行集体备课。这个集体备课呢，大家从一开始还是要回过头来把课标好好看一下，然后好好研究一下学校选修课，这个拜托大家做一下。

再一个就是咱们各个备课组长，还按照以往的惯例，我会做一个每个小项分数的数字统计，咱们每个学校出两个班，两个样本班，我会把这个表格发到咱们的公共邮箱里面，大家做一个数据的统计，不用计算，就把学生得了几分几分输进去，你不愿意出现姓名就给他们编个号就行，甚至不编号都无所谓。比如这个孩子第一题得了2分，接下来2分，3分，就把他卷子上的原始分录下来就完了，不需要计算，把数据汇总之后我来计算，适当的时候给大家来做一个反馈，我觉得这个数字还是蛮有用的。

接下来还有一个，我把这个必修模块五的试卷还有复习的重点和范围简单地给大家说一下。这个必修模块五要求的是统一命题，现在要进入到冲刺阶段了，那么卷子呢，整个的结构还是90＋30，前面基础性的试题是90分，后面有30分的发展题。第一卷，也就是基础性试题，是以课内为主，后面基本就是课外的了。前面的那个内容大家也不会陌生，有一块内容属于基础知识部分，考查学生的基础知识，读准字音，认清字形，成语运用，病句，像这种成分的残缺啊，搭配的不当啊，句式的杂糅啊等，都是最常见的而且比较典型的病句类型。

另外，文学常识的出题范围限定在教材中涉及的重要的文学作品之内，不出这个范围，也不出咱们必修的范围，因为这只是一个模块考试，不是高考，也不是会考。

还有就是古诗的背诵和默写，其实咱们这套教材大家知道，能背能默的就三篇，一个是《归去来兮辞》，还有《陈情表》，要求背诵的，还有一个是《滕王阁序》。就在这个圈里面绕，上下句的默写，因为是最基础的要求，这是古诗文的一个默写，大概占到8分左右，这个分应该都能拿到。然后文言文的阅读，还是这样，要求学生来掌握实词、虚词，它们的意义和用法，这个是课内的文言文，那么考的方式呢，仍然是上一次的，不出现一段，就是考查学生几个选择题，这个就是文言文部分。

现代文阅读部分，咱们课内也考，咱们给老师一个复习的重点，就是在第一单元小说单元里面的，一个是《林教头风雪山神庙》，还有一个就是《敲钟人》，这两篇作为复习的一个重点。然后前面的那个基础的课内阅读部分就是这样的。作文依然搁在第一卷，50分，和以往一样。咱们这一次依然是议论文的写作，可能会给他一个小素材做一个引导，然后让学生自选角度自拟题目来写，那么这是议论文。前面的90分就是这样一个情况。

后面有30分，一个是课外的文言文，大家也不会很陌生，我们主要考的是实词虚词的掌握，然后是对文章内容的一个理解和把握。然后考一个课外的大的现代文阅读，然后古诗鉴赏也要涉及，具体考试的大家也比较熟悉，这里给大家说一下。那么指导思想是什么呢，还是跟以往一样，依纲据本，让学生大面积地及格，咱们语文我觉得全区的及格率应该在90%，因为咱们今年没有统一阅卷，我尽可能和咱们中心组商量，给大家一个比较细一点的答案，就是评分的一个标准，那么大家都知道，再细也不可能细到把学生的问题都涵盖进去，所以拿到一个问题，咱们组内研究出一个标准就可以了。另外，要注意一个什么呢，不要抠那个答案，因为有的时候学生他的意思对了，意思说到了，或是从另一个方面理解了，都是可以的，包括作文什么的，咱们不能那种，说随便地给别人很高很高的分数，但同时作文这个问题就是这样，不要压，不要压分，要让学生大面积地及格。那么这个就是我今天啰里啰嗦要和大家说的几件事。下面我们请周××老师就这个选修模块议论文作文教学的设想，跟大家做一个交流。我在上学期就说过，咱们已经陆续成立了几个小组，针对各个选修模块的教学进行了研究，古代诗歌，古代散文，现代诗歌，现代散文，很多，每一个内容都有一个小组，有二三十位老师，做了大量的工作，这一次就是周××老师代表他们那个组，首先做一个关于作文教学设想的内容，后续的还有。下面就有请周老师。

附录8：海淀区101中学周曼云老师，“选修模块作文教学设想”教研活动

■选修模块作文教学设想

101中学周曼云
及作文组全体老师

■选修模块作文框架设计

- ■训练内容:议论文写作
- ■训练时段:一学年(穿插)
- ■设计过程:多次讨论
- ■设计原则:实用,好用

■语文的外延与生活等同。这是语文教学中常说的话。而就语文考试而言，对生活的敬意，在于以解决生活实际问题为指导思想，通过某些试题呼唤“活的语文”“能用的语文”“用来过日子的语文”。受教育的根本目的是为了更好地生活。对一个普通公民来说，也许一生都不需要作诗、写小说，但一般意义的“听、说、读、写”的生活技能却须臾不可离。

■作为基础教育之一科，要求学生正确使用祖国的语言文字，具备应有的“听、说、读、写”的生活技能，能够正确、顺畅地阅读，能够准确、得体地表达，能够胜任置身其中的现代学习生活和交际生活。这同样是高考语文命题承担的使命。它没有太强的文学企图，而是将语文能力视为常态生活技能之一种，此种理念在信息阅读（无论科学类或文学类，甚至包括古诗文类）和语言表达类试题中体现得再清楚不过。这亦是高考命题对“大语文观念”之一解——此解实实在在。

■如果学生平素过分陷于文学性阅读的朦胧与曼妙中，其实与高考的现实要求是存在距离的（即便高考试题中的文学作品阅读也不是广义的“文学性阅读”）；我们那么看重作文审题，而高考作文其实是简化审题的（“简化”不是“不要”，而是难度较低，题意一目了然），正如一些教授所说：“学生不会每次写文章都跑题，但如果失掉了发现的能力、思维的活力和创新的意识，只知道守规矩、不出圈儿，在他的专业领域里恐怕一辈子都难有作为。”中学语文教师丝毫不理会大学那扇门内将要发生的事情，教和考便很容易脱节，我们的学生也很容易变得脆弱，教师也很难不迷惘、惆怅。

■综上所述，在学术规则与国情规则的双重制约下，我们大概可以作如此体认：高考试题中的语文，不是广义的语文，只是语文中的一部分且是能说得清楚的那部分；不是僵化的旧式语文，而是承载着新文化信息、涌动着现代思想意识的语文；不是文学意义上的语文，而是通识、普世意义上“为了生活”的语文；不完全是中学教学中“原生态”的语文，而是为了学生继续深造、保证其可持续发展的有着前瞻意义的语文……

- ■依照原来的教学计划进行
- ■适用于多数学生的表达方式
- ■可训练的作文文体
- ■综上所述以训练议论文写作为主

■我们的设计原则:尽可能实用,好用;形成系列,稳扎稳打;重在思维,练在过程

■选修课作文框架介绍

- ■材料作文如何提炼观点
- ■如何运用论据证明观点
- ■议论文横向思维拓展训练
- ■议论文纵向思维拓展训练
- ■议论文多种论证方法的使用
- ■议论文开头与结尾训练

■以肖海洋老师的样稿为例:

■作文教学系列化(不能无序,随意,跟着文题走,跟着感觉走)

■作文教学生活化(杜绝玄虚,做作,不用大而无当的概念,文题例文等尽可能使用新鲜的材料)

■作文教学实用化(有理论的指导,更侧重训练方法的探讨)

■作文教学科学化(思维重于技巧的训练)

■本框架着眼于局部技能\某一环节的训练

■作文的提高是个综合\牵一发动全身的过程

■比如我们教学生开头结尾(即凤头\豹尾)的写法,实际上它们依赖于中间猪肚的丰厚.

■所以,作文训练应是片断与全篇\思维与技巧的相辅相成过程

■反观中学教学，我们对学生发现生活、认识生活、感悟生活的培养是很不够的。有时候，我们热衷于材料作文、话题作文、标题作文三种类型的区别。有时候，我们根据社会政治、文化热点鼓动学生屯集材料甚至猜题押宝。有时候，我们过分且仅仅陷入文章开头结尾、语言修辞的技术处理中难以自拔。而思维的合理性、新颖性、深刻性被我们回避了。如果考生能够对问题做纵深的思考，不人云亦云，一定会写出富有个性的文章，一定能够给读者以启发。而这种对思维的优化，正是我们教学中每每缺失的——它是写作能力培养的关键性一环。

■表面化(肤浅)、雷同化(无个性)、套路化(训练模式)、口号化(大话空话)等倾向再所难免.

■**我们从思维的宽度和深度上来看，学生能否(1)根据材料提供的内容(2)展开合理联想，(3)找寻适合自己的写作角度，(4)从而表现出一种深度关注和具体思考，是考场作文的关键。**

■**思维的合理性、新颖性、深刻性被我们回避了。**

■1. 虚实转化的能力

■指面对一个陌生的题目，能够在抽象与具象之间从容转换的能力。具体的人事物景，为实；抽象的看法、道理、精神，为虚。无论怎样的作文命题，不外乎是让学生写生活，谈认识，因此，构思中的虚实转化就显得很重要了。

■由故事引出道理，再由道理去审视生活，最后对生活现象做深入的思考，产生感悟与认识。它呈现出一个较为典型的转化过程：材料（实）→道理（虚）→生活现象（实）→生活感悟（虚）。

■先探讨第一次转化，即从材料到道理的转化。如果这个转化出了问题，不是跑题便是僵化，这两种倾向同样令人担忧。

■**(1)根据材料提供的内容(2)展开合理联想，(3)找寻适合自己的写作角度，(4)从而表现出一种深度关注和具体思考，**

■ **文学,需要凝视**

■“细雨湿衣看不见,闲花落地听无声.”亦浓亦淡的初春之意一下子笼上我的心头.我无声而叹:既然“看不见”,何以得知“细雨湿衣”;既然”“听无声”,又何以觉察“闲花落地”;为何无形无声却能感人至深?我想,那是诗人的心灵默默地“凝视”着这不易察觉的春天.文学,需要凝视.

(1)“细雨湿衣看不见,闲花落地听无声.”(引诗句)

■(2)亦浓亦淡的初春之意一下子笼上我的心头.我无声而叹:既然“看不见”,何以得知“细雨湿衣”;既然”“听无声”,又何以觉察“闲花落地”;为何无形无声却能感人至深?(一组耐人寻味的追问,是对原诗进行深入的解读,是为下文推出“文学,需要凝视”所做的合理铺垫,是聪明的顺势导引)

■(3)我想(先问后答,导入适合自己写作的角度),那是诗人的心灵默默地“凝视”着这不易察觉的春天文学,需要凝视.(亮出观点)

■由阅读原材料到得出自己的感悟认识,即根据材料提炼出合理的新颖的观点认识,是学生面对作文的第一种能力.

■思维的宽度更多表现在面对题目时联想的范围能力,入题角度.

■ 请送我一片轻轻的爱

■“轻轻地我走了,正如我轻轻地来;我挥一挥衣袖,不带走一片云彩”——我曾经长久地痴迷于徐志摩的安静.想象中,大爱也应该是这样吧,如春风化雨,润物无声,却给人以长久的慰藉与感动.

■而近些年,中国的慈善事业如全球气候一样持续升温.我却不知为何对种种如明星义演义卖\大款一掷千金的”爱”感到一点点冰凉----这种喧哗高调的爱,慢慢稀释了我眼中的泪水.

- 理想中的爱应该是安静的，是细雨湿衣般的不为人知.
- "细雨湿衣看不见，闲花落地听无声."爱，如细雨闲花，不因难以看到难以听到而折损她的价值；同样，高歌猛进\喷涌而来，爱，也不因其呐喊的姿态昂扬了她的价值.将这种富有哲理的思考与当代中国的慈善事业相联系，便构成了此文的内存逻辑.
- 从取材上看，一篇好的作文绝不泛泛而谈，将一个普适性较强的题目与自己关注的生活恰当对接，是智慧之举.
- 以上是部分虚实转化能力(思维宽度)示例.

- 从思想上看，一篇好作文又常常呈现出作者独立的思考精神和非凡的感悟能力.
- 不写不痛不痒的文章，也不烹制调和了小哲理\小情调的"心灵鸡汤"，尽管是应试之作，也同样有悲天悯人的情怀和拷问社会的勇气.用写作的尊严博得读者的敬爱，这是此文的意义.

- 2．优化思维的能力
- 高考作文主要考查两个字："想"与"写"。对于大部分考生来说，笔下枯索，不是"手"的问题，而是"脑子"的问题。
- 解决脑子问题，即不断训练学生能够主动想问题，更能够拓宽思路，能够深入思考事理本质，使文章具有启发性。简言之，思维的宽度与思想的深度，是我们对考场作文的期待。

- 优化思维能力(思想深度):示例
- 2008海淀一模作文题:
- 阅读下面文字，按要求作文。
- "人生如春蚕，作茧自缠裹。一朝眉羽成，钻破亦在我"是诗人陆游的诗句。不论是作茧，还是破茧都会引起我们的联想或感悟。请你根据自己读这几句诗的体会，写一篇文章。
- 要求：①自拟题目，自定角度。②除诗歌外，文体不限。③全文不少于800字.

- 对"作茧自缚"的理解：
- 是简单的"自--找--麻烦"吗？
- 自我约束；自找困境；自我封闭
- 外界嘈杂（乱）一帆风顺（热）长途跋涉（迷）
- 无论是自我封闭还是自我放逐，目的都是为了那一朝的钻破.
- 一段时期的茧封或是焰炼，蚕、蝉、蝶的涅槃过程是必需的，因为它是自我成长自我完善、蜕变升华的过程，是对旧我的毅然决裂，是对新我的无限期盼.
- 所以，再来思考"蚕的作茧自缚"过程，就会觉得它变得格外美丽，充满了非同寻常的意义和价值，甚至带有几分悲壮的色彩.

- 蚕的作茧过程：
- 黑暗；拥挤；压抑；孤独；寂寞
- 意在钻破，重在恢复和还原，打破原有的框架模式；为光明而忍受此时的黑暗.
- 意在升华，苦难变成甘甜；压力转化为动力；或者把孤独当作享受，是一种更为高远的境界.

- 2007北京卷高考作文题
- "细雨湿衣看不见，闲花落地听无声"是唐诗中的名句

- 有人说，这是歌咏春天的美好品格；
- 有人说，这是暗指一种恬淡的做人境界；
- 有人说，这是叹息"细雨"、"闲花"不为人知的寂寞处境；
- 有人说，"看不见"、"听无声"并不等于无所作为；
- 还有人说，这里的情趣已不适合当今的世界……

请你根据自己读这两句诗的体会，展开联想，写一篇文章.

- 要求：
- 1.自拟题目，自定角度。
- 2.除诗歌外，文体不限。
- 3.全文不少于800字。

- 2007高考作文示例：
- 闲花落地听无声
- “细雨湿衣看不见，闲花落地听无声。”诗人在歌咏春天，歌咏春天细雨的温润，闲花的悠然，更是在暗指一种恬淡的做人境界和淡定的生活态度。只有智者才能超然于物外，守以心灵之高洁，而在浊世中开出恬淡之花。

- 庄子逍遥游于天地间，他摒弃世俗的缠绕宁做一鱼在涂中曳尾。庄子的恬淡在于他宁清贫生活不做官场小人；庄子的淡定在于他宁持行竿不顾而不接受士人之邀请。他于富贵之乡牡丹花海走过却仍一身清爽，他于浊世中超脱世外，做那自由之人。他守护了他心底那最易被常人所忽略，被世俗所侵染的一块圣地，以高洁之水滋润、灌溉他心底的那颗恬淡的种子，终于开出高洁之花。那花是默默然地开于自然，恬淡间是一位老者的拈花一笑。

- 陶渊明，一个在入世后选择出世，一个在官场中选择隐逸的人。他的心是恬淡的。那恬淡是他“采菊东篱下，悠然见南山”的淡定；是他“少无适俗韵，性本爱丘山”的坚信，是他“羁鸟恋旧林，池鱼思故渊”的超然。或许那“听无声”之时是孤独的，寂寞的，但智者却以其信念与孤独共舞那份寂寞中的坚守，那份坚守中的淡定将其所经历的苦难换化为他人性的宝石，在历史长河中绽放亘古的光芒！
- “闲花落地听无声”是怎样的一种境界啊！那是恬淡中的从容，从容中的随性，随性中的超然……

- 李白——一个响彻整个盛唐的名字。然而在当世，又有几个人真正理解他呢？他月下独酌“对影成三人”，他的孤独不是因他不能位高权重，声名显赫，只因没有一个真正理解他的人。于是“安能摧眉折腰事权贵，使我不得开心颜”的绝决，让他选择了内心的淡定。他周游各地，做一超然世间的白鹤，在自由中收获恬淡与从容。是什么铸就那些传世名作，是他对世间的理解，当他深深理解并懂得后，他学会以淡泊游于自己理想的天空。只有内心豁达的人才能体会“闲花落地听无声”“此时无声胜有声”的境界。那“秀口一吐，便是半个盛唐”不仅仅是那一个个放荡不羁的文字，那更是李白超然于物外的那颗心的无声的倾诉！

- 唯有恬淡，人们才得以在喧嚣中找寻片刻的宁静，唯有淡然，人们才得以在混浊中做忠于自己内心的高洁善良之事。智者以其行告诉世人，以其心影响后人。何不在乱世中找寻属于自己的那份恬淡，用心去感受“闲花落地听无声”的境界！
- 文章优点有二：
- 一、熟中显巧。文章援引三个事例中的人物，都是大家再熟悉不过的，中学课本里有，因其个个是“大家”，课堂上老师讲得详细，学生学得透彻，所以在考场紧张的气氛下能想起、使用这些熟悉的材料，从写作者的角度来说有轻车熟路之感。本文内容上？

- 显得厚实丰富，论证上较为深入透辟，也正得益作者对这三个人物的熟知深知。当然，使用材料最关键的一点是要让它与主题贴合，与文题贴合。本文较好地做到了这一点。
- 二、平中见奇。取材不新的文章不见得是平庸平常的文章，所谓文无定法。本文值得称道之处在于它有典雅秀丽的语言和生动流畅的表达。几个并不新奇的事例，在作者笔下却别有一番“风味”。写庄子，句式较为齐整，语势流利畅达，与所写人物的精神气脉贯通融合，重在赞美其高洁的品格，淡定的心性；写陶渊明，大量引用他本人的诗句，颇有点“以其诗表其心证我文”的意味，重在增强文章论辩的力量。

- 不足之处是，文章作者似乎对“恬淡”“淡定”的内涵理解得不够准确深入，什么样的表征下是内心真正的恬淡，什么能造就真正淡定的人生，“恬淡、淡定”跟“与世无争，世不关己，逃避怯弱”有何不同……文章至少应当从某一方面深入下去，否则，就有“从头至尾把几句与中心观点有关的话来回重复”的嫌疑。另外，李白的例子是在说明恬淡还是在强调他“不得以而超然物外”？如果是后者，那就有悖于所要表达的主题了。

■**教师示例：思维的深度拓展**

■是陶潜“采菊东篱下，悠然见南山”的安逸、自在？还是朱熹“事理通达心气平和，品节详明德行坚定”的随和？或是“难得糊涂” 的豁达？古往今来，概无定论。不过，有一点可以肯定，真正“淡泊”之人，皆能置个人得失于度外，视功名利禄如粪土，心态平和，操守清廉.

■1.正面回答恬淡是什么，对恬淡的内涵做出准确\独特\深刻的阐释.这是行文的根基.

■淡泊，是种境界。浑浑噩噩，不思进取的人是无法“淡泊”的，他们眼中的淡泊不过是种“平庸”和“玩世不恭”。

■“淡泊”是一种胸怀，锱铢必较、气量狭小的人是无法“淡泊”的。

■淡泊更是种信仰，公而忘私的人甘于淡泊，敬业奉献的人懂得淡泊，节操高尚的人向往淡泊。

■2.泛谈：以上没有借助事例，直接简要分析，直言恬淡是什么.在三段中各加入一个事例，就是一篇不俗的文章.学生有事例，没分析.事例的特点是“形”象.

■ 3.深谈：

■淡泊，是一种宽宏的气度。这种气度不是小肚鸡肠，而是宽厚、仁慈的大度。心胸狭窄者，永远也走不进淡泊的境地。能做到不争名利，不争宠于阿谀奉承之中，不心存嫉妒，让平静的心中有一股自然的荡气与豪气。让超然与洒脱、从容与镇定来为自己找一个淡泊的心境，让自己在平衡的心态里，品味出宽阔心中的内敛韵味。

■4.模仿学生的“三段”论：

■恬淡，是一种与众不同的风度。这种风度中，潜藏着一种向上的力量和敏锐的智慧。

■恬淡中的成功者不矜夸，不用千里风雨人生路的感悟来装点自身，在成功后淡然地看待所取得的成绩。

■恬淡中的智慧者不浮躁，不用万卷诗书来做外表的修饰，在寂静中默默的耕耘。

■恬淡中的求索者不患得患失，不计较是否有颇丰的收获，也不计较失大于得的比例失调。

■5.从反面谈：以下阐明什么不是恬淡，什么看似恬淡，什么是伪恬淡.

■有人在激烈的竞争中败下阵来，无心奋起，于是自我标榜“淡泊”，这是误解，淡泊不是消极。有人在感情游戏中颇受挫折，心灰意冷，于是声言心如古井，再不掀波，从此“淡泊”，这同样是误解，冷漠不等于淡泊。雄心万丈而壮志未酬，于是标榜“淡泊”，这是颓废者的自暴自弃；无才无能而碌碌无为，却也号称“淡泊”，这是失意者的自我安慰 .

■6.最精辟之谈：最有价值的分析.一语中的.

■恬淡，是一种品格，也是一种心态。是有所求而亦无所求，无所求的是最庸俗的功利目的，而有所求的是人生的最高境界。

■7.摆明现实意义：

■在竞争日益激烈，诱惑日趋繁华的社会里，固守节操，淡泊名利并非易事，只有树立远大的理想和人生追求\肯于乐于奉献的人，才能做到淡泊明志，宁静致远。

■作文题目：(101中学周伟杰老师拟题)

■北京奥运会运气最差的人要数埃蒙斯了，4年前因为最后一枪脱靶而无缘金牌的他又在最后一枪出现重大失误，丧失金牌…… 赛后埃蒙斯一脸的无奈，但很快他还是大度地跟夺得金牌的邱健拥抱，祝贺邱健赢得金牌。之后我们看到，他的妻子科特琳娜一直捧着他的脸，用充满爱意、又饱含着理解与安慰的眼神看着他……

事后网友们给出了如下评论：

■①只能说心态、运气不好，他太紧张了。这些也是较量的因素，不一定全靠实力！

■②真是位绅士！希望他下次能如愿以偿！埃蒙斯，我为你加油！！

■③她妻子真的是很美很美……

■④上帝把两次玩笑开在同一个人身上，看似残酷，但从某种意义上说，或许倒正是对他的偏爱。

■⑤埃蒙斯接受采访的那段话说得真好：“我已经做好了所有的准备，包括失败，这就是体育。”

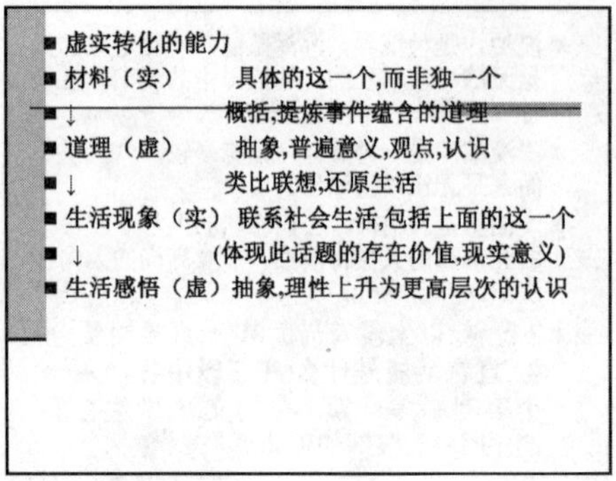

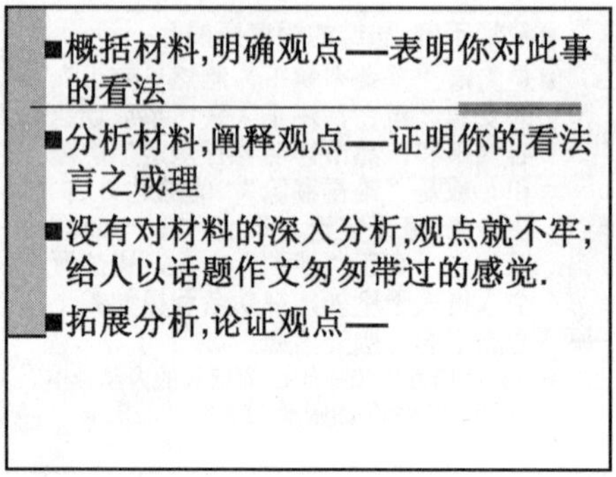

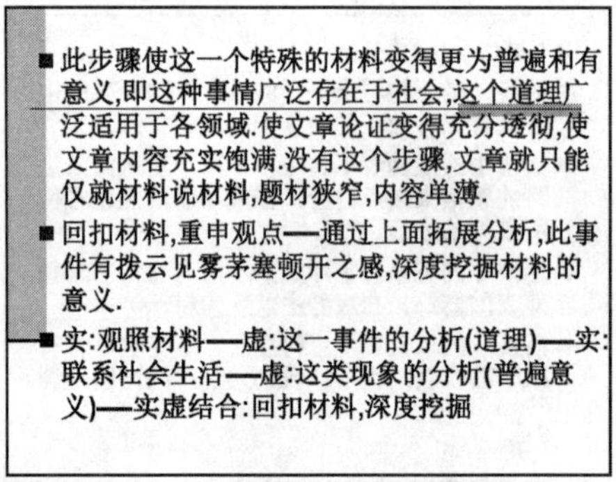

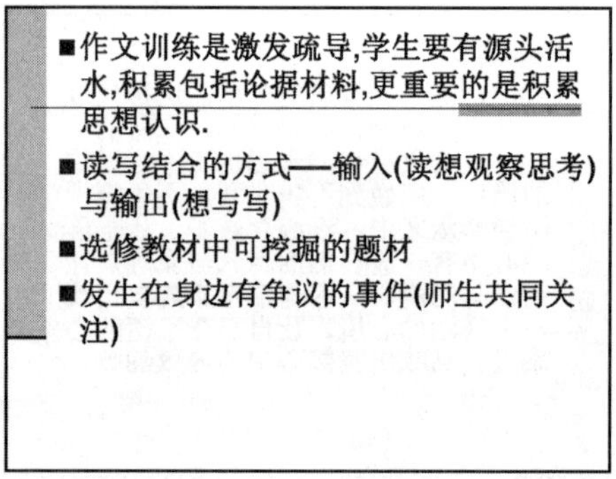

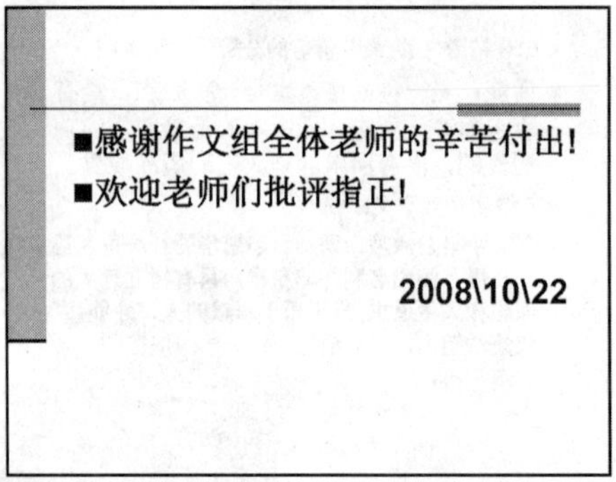

（二）听课、评课（共同备课）

关于听课、评课，《教育大辞典》中有这样两个条目。

“观摩教学”：“教师间有目的地互相听课的活动。用以对教师的教学质量作出评定；对某一教学专题开展研讨；或推广先进教学经验。可通过日常听课、示范课、教学专题研究课等形式进行。观摩一词，源出《礼记·学记》：

“相关而善之谓摩”一词。汉代郑玄注：“摩，相切磋也。”①

“评课”：“对教师上的课进行分析评论。检查教学质量、总结经验的一种方式。大体分两种：教师上课后的自我分析称自我评课；由教学小组、教研室(组)以教学评议会形式进行的分析、评论。后者研讨教学经验、指出存在问题，分析产生问题的原因，提出改进教学的措施。一般以上课的基本要求作为评课的准则，如要求上课目的明确；内容正确；方法恰当；结构紧凑；教学效果好等。对探索、研究性的教学改革试验课可依据教学试验要求作普遍的或专项的评论。”②

把以上两个条目的内容加在一起，再减去评课条目中的“自我评课”，基本上就是对另外一种教研形式的说明——“听课、评课”。当然，“听课、评课”在学校内部也会发生，这里讨论的专指由教研室组织的此类活动。这种活动在经常性上仅次于集中的教研活动，从教研员工作的绝对时间比例上往往还要超过前者，区别在于，这种活动的对象是个别学校、个别教师，较前者更富于针对性。

“听课、评课”自“文化大革命”后，教研室恢复之初，就已经大行其道，并且得到中小学教师的肯定。北京市一位资深教研室主任(FH，2006)曾经谈到20世纪80年代的情况：

“教研员到学校去听课评课，是非常受教师们欢迎的。那时候学校争着请我们去啊，不容易，那么多学校都来请，不可能都去，实际上是跑不过来的。所以能够请到的学校教师就特别高兴。听老师的课，然后提出意见——非常具体的意见，不是那种模棱两可的，教师不愿意听那样的意见，没有什么帮助。教研员都是学科教学的专家，非常优秀的，意见往往是一针见血，再和教师一起备课：这个地方应当怎么讲，那个例题需要怎么分析，你说老师能够不欢迎吗!”

从另一个角度，这位前主任也特别推崇教研员“下校”这种具体工作方式：

“一些学校会请我们去，帮助他们解决某个具体的问题。比如，学校的某

① 教育大辞典编纂委员会．教育大辞典(第一卷)[Z]．上海：上海教育出版社，1990：211.
② 同上，第211页．

个学科像语文啊、历史啊在某次考试中成绩比其他学科差许多，也就是学生学得不好。那么说明这个学科的教师教学有问题。那么他们会请教研员到学校去，连续一段时间听老师的课，然后帮助教师分析：哪里做得不到位，再然后和老师一起备课。常常是来请的学校太多，教研员的日程都排不过来啊。事实证明这样的工作方式是非常有效果的。”

至于这种教研活动的效果，也得到普遍的肯定。一位亲身经历了“文化大革命”的优秀教师回忆自己职业生涯时提到：

“1995 年，我向阳泉市教研室提出倡议，建议成立中心教研组，由各县区各科的学科带头人组成市中心教研组，每月活动一次。每次深入一所中学，去听一节课、评一节课、进行一个专题讨论。他们采纳了我的建议。我们物理中心的 7 位老师非常齐心，每次活动都认真听课，听完以后当场提出改进建议。这样做，不仅使讲课的老师有很大收获，听课的所有老师都从中受到很大的启发……这样做的结果，使阳泉市的物理成绩连续十几年在山西省各地区遥遥领先。”①

就在 2009 年，我在北京市某区某普通中学——严格地说，属于当下所称的“薄弱校”，亲身领略了一所“薄弱校”的听课评课活动。通过一次偶然机缘，他们请到了另外一个直辖市某区的前物理教研员。学校组织了初二物理的听课评课活动，被请来的教研员听了一节课，内容是初二物理电学欧姆定律部分，关于电流通过导体时发热现象。

执教的是一位有十几年教龄的女教师，教学过程基本如下：

首先，复习之前学过的相关知识。然后，教师提出问题：在一个电路中，通电后电阻丝会不会发热，在什么条件下发热？随后，教师演示实验——分别改变电流、电压、电阻，其中包括了学生在实验之前的讨论、预测，在实验过程中的观察、操作，以及之后的总结实验结果和形成结论。应该说，是一堂比较完整全面的课，教师思路清楚，教学环节安排严谨，次序得当。

看起来，教学效果一般，学生看到了发热现象，也记住了，但是脸上的表情显示，他们没有“恍然大悟”的收获，没有“心领神会”的感受，让人觉得，

① 龙军. 胡朗老师访谈录：教坛耆英 师表风范[J]. 中国教师，2006(11).

他们对这节课的印象平淡，似乎学到的新知识很快会随着时间的流逝被淡忘。

请来的教研员有40多年教龄，担任教研员也有20多年。身材高大魁梧，相貌朴实敦厚，观之可亲，一口浓浓的方言版普通话在该校普通话字正腔圆的教师群中显得十分突兀，颇有点滑稽味道。不过，他开口不久，教师们就忘记了他的口音，个个面容凝重。

教研员肯定了任课教师的教学设计：全面、清晰，各个环节连贯，层次由浅入深，学生参与充分，等等。总之"该有的都有了"。然后，指出了"要害所在"，"虽然看起来什么都有了，但学生的理解没有真正到位。"任课教师听到这里不由得点点头，"是啊，一做题还是会错"，事后她对别人这样说。

接下来这段话最让老师们钦佩和印象深刻：

"当然，这个问题实际是比较复杂的，即使到了高中也难以完全讲透彻，因为这个现象的纯粹物理学原理是非常深奥的，中学生的知识水平无法彻底懂得。但是，能不能够让他们在一定程度上理解其中的道理？强化他们的掌握水平呢？是可以的。现在是看起来什么都讲了，但是学生还是只看到现象，其实可以这样解释几句：

物体温度的高低是由原子（分子）振动快慢决定的，振动得越剧烈物体的温度就越高。

增加电压，使得自由电子受力增大，运动加速，所以电阻丝会发热。

增加电流，自由电子与原子碰撞更加频繁，使原子振动加剧，产生的热量增加，所以电阻丝会发热。

增加电阻，在电流大小不变的条件下改变导体的电阻，电阻越大碰撞就越多，产生的热量也越多，所以电阻丝会发热。

这样解释，虽然学生并不能够在物理学的最根本的理论层次上理解上述现象，但会大致明白其中的原因——也就是发热的原因，在一定程度上领悟其中的道理，印象和理解就会比刚才那堂课要深刻。"

任课教师听得心服口服，一再表示大受启发，茅塞顿开。其他几位一道听课的初中物理教师的反映也十分相似，教师们送走这位教研员后，神往又遗憾，不约而同地表示："这样的指导是我们最需要的，可惜太少了。"

说"少"其实只是就这所学校而言，很简单，学校规模过小——初中每个年级最多2个班，学校所在地区的教研员的确少有机会光临。公道地说，如果站到教研员立场，比如看看他们的工作计划或者工作记录，对这种“少”会有几分理解。一直到今天，听课评课在教研室开展的教研活动中占据相当比重。到学校里面去，到教室里面去，直接观察教师的教学。之后，听取教师介绍设计思路和刚刚完成的课的反思，以此为基础，教研员会对教师刚刚完成的教学进行细致入微的分析、评价和建议。这样的活动与教师教学直接相关，教研员的指导又十分明确具体，受到教师的欢迎十分自然。

听课评课，不仅是教研员日常工作中的重要内容，而且在绝对的时间比例上与集中的教研活动旗鼓相当。很简单，集中的教研活动一般每周只有半天，除去这半天以及为这半天所做的各种准备外，教研员们通常是在各个学校中“听课评课”。用他们的话说：“今天下校了，××中学，听他们初中化学组新教师的课”“明天要下校，参加××校高中某年级语文备课组活动”“这个会我不能参加，因为已经和××校说好要参加高二年级备课组活动”“那个事情改个时间吧，我已经答应××校去评他们青年教师的展示课”……这些都是教研员们经常的话语。听课、评课之后，最为理想的是共同备课，即教研员与备课组教师一起研讨，生成新的教案。不过，受到种种条件限制，共同备课活动未必都能如教师们所愿次次实现。

听课、评课活动的范围不一定，有时是教研员和任课教师一对一的单独交流。不过因为机会难得，事实上，大多数情况下学校会组织同年级同学科教师——也就是同一个备课组的教师一道参加，甚至范围更大，学科组所有成员即同一学科不同年级教师全部参加。

既然是教研员的主要工作方式之一，一般各级教研室都会鼓励和督促教研员为之。有时还有明确的规定：每个学期至少到多少个学校，听多少节课等。例如北京市教研室曾经规定教研员每学期听课50节/学期。不过详细了解一下，全国各地教研室对于这样的规定并不特别“较真”，许多教研员对于这样的问题的反应也很相似：“有规定啊，肯定有的，我记得不太清楚，大概是……”。开始我颇觉怪异，现在行行业业都讲究业绩考核，于教研员职业如此密切的工作标准怎么会大家都语焉不详？慢慢悟出点门道，便换个方式请教：“你们到学校听课评课的次数一般会超过规定呢，还是很难达到规定？”果然，这下回答斩钉截铁："当然是超过，几乎所有人每个学期都会超过规定，而且多得多。"对此，很自然的想法便是：是不是规定本身过低了？就我的了解，切不可轻率做如此结论。教研员的职责是多方面的，除了已经说过和将要说到的，还有许多富于"弹性"的任务，如参加编写教科书，参加编写教辅，配合各级教育行政部门的种种检查评估等。满足规定的限度，将精力转移到其他事情上可说是无可非议。而事实上，几年来与教研员们的接触，令我印象深刻的是，听课评课活动在他们心目中地位不凡，绝大多数教研员表现出十足的敬业态度，愿意在这件事情上投入，尽可能地在繁忙的日程中安排好一次次到学校去的计划。应该说，这是他们的职业定位及其价值取向决定的。

有时，省(直辖市)级教研室会与县(区)级教研室跨级合作，在比较短的时间内，以集中协作的方式展开听课评课活动。以北京市为例，近几年来经常开展的"教学视导"，就属此类。所谓视导，顾名思义，含有"视察""巡视"和"指导"两层含义，在北京市范围内，教学研究领域的最高机构当然是市教研室，由这一机构出面，与县(区)教研室协同行动，对学校教学质量进行"视导"，自然非比寻常，其具体形式，就是"听课评课"。

北京尊为首都，但地域广阔，城区教育的发展便参差不齐，远郊县(区)则尤其为甚。除了长期的规划、支持发展外，这种"教学视导"主要在城区相对比较弱的区，以及各个郊县开展。以下是 2004 年在两个郊县视导的基本情况。

通州区，2004 年 3 月 7—10 日：

小学阶段，市区两级教研员先后到玉桥小学、宋庄中心小学、后南仓小学和东方小学教学视导。分别听了小学数学、语文、英语、自然、社会、音乐、美术、体育、品德、劳动和信息技术等学科的 77 节课。自然常识、英语、信息技术学科还分别组织了研究课。课后市、区教研员与讲课老师和学校领导一起就学科课堂教学，在新形势下如何进行课程教材改革，更新教育观念，改进教学方式，教好每一节课；在教学过程中如何坚持和倡导以学生为本进行教学，创设教学情景，激发学生学习兴趣，引领学生学会主动学习，合作学习，探究式学习，有效地开展师生互动、生生互动的教学活动；如何改进教学方式使学生真正能够在和谐民主，活而不乱的氛围中学习进行了研讨和交流。

中学阶段，北京市教科院基教研中心的30多位教师，与通州区的教研员们一起，进行了听课、座谈、研讨、宣讲、评价等活动。期间，视导人员在潞河中学、运河中学、通州二中、通州四中、马桥中学、永乐店中学共听了187位教师的课。其中A级课72节，B级课109节，C级课5节。①

昌平区，2004年10月17—20日：

小学阶段，市区两级教研员"15位教师一共听了10所学校的91节课，其中研究课11节。

中学阶段，"市区两级教研员在视导期间，市区领导与市区教研员一起，在前锋中学、实验中学、南邵中学、昌平三中、昌平一中、昌平五中6所学校听课181节，此外还在昌平二中、昌平四中等9所中学举办了14个学科共21节研究课，并进行了教学研讨及专题讨论。"②

三四天内集中听课评课分别达到264节、193节，很有"集中优势兵力打歼灭战"的味道。与平时个别教研员长线的听课评课相比，教研员人数集中，活动密集，效果也十分显著。如是，2002年到顺义，2003年到延庆和燕山，2005年到东城、房山和密云，2006年到门头沟…… 用一位市教研员(LG，2010)的话说："几年来基本可以覆盖北京市所有地区，当然，有些地方去得少，比如海淀、西城，人家也不需要吗。郊县对于这种活动最为欢迎。"

常规也罢，跨级协同也罢，作为一种主要的教研活动形式，听课、评课活动与集中的教研活动对比鲜明，各自的优劣恰好对照鲜明。前者能够保证较大的"面"，一次集中的教研活动，可以把针对某个学科具体教学问题的主张和要点传达给教研室所辖地区所有学校，因此效率显著。但缺点也显而易见，如那位湖北的高中化学教师所言，一个地区内学校差距悬殊，同一年级同一学科，学生却是"差之千里"——在初中和高中尤其如此，教师水平也参差不齐，集中的教研活动是很难满足因上述差异而派生出的在教学上的不同

---

① 北京市教育科学研究院基础教育教学研究中心．赴通州区教学视导工作报告，2004年05月．(内部资料)

② 北京市教育科学研究院基础教育教学研究中心．赴昌平区教学视导工作报告，2004年12月．(内部资料)

需求的。

相比于集中的教研活动，听课、评课、共同备课活动则是针对“点”展开的，所希望探讨的疑问，需要克服的困难，期待加强的薄弱环节，都是某所学校、某位教师正在遭受的困扰、富于个性化的问题，所得到的结果也因为这种“对症下药”而能够“立竿见影”。这两种活动可以说相得益彰，相辅相成，共同保证了教研活动的广度和深度。

（三）组织公开课

1. 公开课的特殊品格

组织公开课，是又一种常见的教研活动形式。在各种教育辞典中没有找到有关公开课的专门词条，不过，前面援引的“观摩教学”和“评课”中提到的“示范课”“专题研究课”都可以归入“公开课”名下。有学者对公开课做了比较细致的分类。“公开课大概可以分为三种类型：有以研究为主的（研讨某一教材内容、某种教学方法、某种教学思想，等等），有以汇报为主的（如青年教师汇报、优秀教师展示，等等），还有以评优为主的（如评选优秀教师、特级教师等）。”①这种分类与实际情况比较契合，此处讨论的主要就是第一种类型的公开课，第二、第三类与后面第四节、第五节有关教师职称评定和各种教学比赛的内容有所交叉。

作为教研活动的公开课，与“听课评课”活动在形式上也有交叉，根本的区别在于其鲜明的“研究”色彩。在各种教学改革中，公开课是使用频率比较高的。比如，某次课程或者教学改革提出了新的理论或者思想，反映在教学上则必然地会有具体的主张：课程本身的变化，教科书的更改，提倡实行某种教学方法，鼓励采用某种评价手段……由于改革的节奏往往并不与学校生活的周期吻合，也往往没有足够的前期准备，纵使教研员个个是资历深厚、教学出色的行家里手，也无法在短时间内十分准确地形成关于改革的成熟经验，向全局范围内普及时难度就更大。于是，公开课便成为推行新的教学思想和方式方法的有效途径。

作为教研活动的公开课，主要表现为以下几个特征。

---

① 郭华．静悄悄的革命[M]．北京：北京师范大学出版社，2003：225.

在目的上，带有“示范性”特征。听课评课经常会发生在某所学校之内，有时也会被叫做校内公开课等，无论名称如何，学校内部的听课评课，并不一定有“示范”功能，很可能执教者是刚刚入职的青年教师，需要借助这种机会发现教学中的漏洞和缺陷，听取老教师的意见，以便改进和提升自己的教学水平。而教研室组织的、作为专门教研活动的“公开课”则不同，有时会在学校以外的专门场所进行，以便更多教师能够参加，即使安排在学校之内，也不同于教研员们下校的“听课评课”，而是为了推行某种教学思想、倡导某种教学方法而安排的，参加公开课的教师，无论执教者还是旁听者，都知道，在公开课上展示出来的教学，即使还有尚待完善之处，却是带有榜样性质的，是今后要推而广之，要全体教师效仿的。

在内容上，表现出“创新性”品质。学校内部的听课评课或观摩教学，多半是“常规”性质的，即以大家所了解的原则、标准为判断依据，也多半会采用大家所熟悉的具体方法和形式。而教研室组织的、作为教研活动推出的公开课则不同，如前所述，带有改革尝试的意味，或超越于人们所熟悉的原则和标准，或突破了大家所熟悉的具体方法和形式，这样自然就表现出某种创新性。例如，倡导小组合作学习时，多数教师并不知道应该怎样运用于课堂，于是就可能由教研员先行学习，然后辅导某位教师准备一节实施小组合作学习的课，然后以公开课的形式推出，供大家学习探讨。许多教学模式、教学方法都曾经先以这种方式向教师们展示，计算机、多媒体在教学中的使用等，也是如此。

在规模上，具备“全局性”范围。学校内部的观摩教学、听课评课，通常是一所学校之内的事情，即使有教研员参加，主要也是为特定学校服务。教研室组织的公开课，则服务于教研室所辖区域内的全部学校，在全局范围内展开。教研室在组织公开课时，一般都会要求自己所在区域内所有学校参加。

在形式上，要求“正规性”操作。学校内部的观摩教学、听课评课，执教者与旁听者关系比较轻松，课后的讨论中无论提出质疑，发表意见，相对随机，很少刻意的安排。而教研室组织的公开课不同，因为是示范，是创新，所以课后的讨论便有着进一步介绍、诠释的功能，往往会事先安排一些专门的发言，发言人的身份多半也非同寻常：教研员本身、优秀教师、教育行政领导或来自教育研究部门和高校的学者等。

当然，公开课作为教研活动的一种形式，并不限于政府主导的大规模教育改革提出的新任务，在常态的教学实践中，教研员们一旦发现比较好的教学典型，也会采用这种教研活动，用意仍然不外是展示和推广。

2. 自我保护与“同盟”

公开课是“中国特色”的教学活动。在本书写作期间，曾经向一位来自马来西亚的华裔留学生(JH，2007)了解他们那里的相关情况，答曰：“没有。”不仅完全没有“公开课”这样的活动，“在马来西亚，获准去听老师们的课是一件十分困难的事情。校长没有权力要求教师接受外面来的人听教师的课，面对类似事情，通常教师们很干脆地就拒绝了。”惊诧之余，询问韩国留学生，答案也差不多，教师们很少相互听课，也很不情愿外人来听课，更没有必须上公开课的义务，他们有时会根据管理者的要求接受别人来“听课”，但那是作为对于教师教学水平的检查。日本和美国略有不同，通常教师比较能够接受外来者听课的要求，但彼此之间的听课很少，像公开课这样的活动基本没有，除非在大学或其他部门的学者主持某项研究课题时才会发生。

对中国的中小学教师来说，在一定场合、按照一定要求、在一定范围内开设公开课则是职业生涯中的“必选动作”。在教师各级职务晋升的条件中，都会有明文规定在一定范围开设公开课的要求(多为前面分类中的后面二种)。作为教研活动的“公开课”未必与教师完成“必选动作”的公开课重合，无疑，一旦被选中为教研活动的节目，意味着教师面临机遇和挑战。

公开课的地位非比寻常，具有“高风险”“高回报”的特征。一位教师，可能由于成功完成了某次公开课而瞬间成名，从而获得种种名誉的和实际的“好处”：领导的器重、提拔的可能、职务晋升的便利，等等。因此，对于教师来说，公开课“举足轻重”。在接到公开课任务时，教师们往往会用一个专门的动词：“做”：“下周要在区里的集体教研活动中‘做’一节公开课”“上个月在市里的改革经验展示会上‘做’了一节公开课”……这与他们谈到自己日常工作时所用的动词是很不相同的。一般情况下，教师们不会使用这个动词：今天我上课时有个学生捣乱，昨天上复习课时课堂练习不错……一个“做”字，将公开课与常规教学之间划出了一道界限。于是，大多数的公开课便有了一个特征：事先演练。

对于公开课的批评早已有之，“在公开课上，教师、学生、教学过程的种种行为几乎都带上了统一标准的面具，成为隐匿个性化的匿名化教学。在公开课上，没有日常情境下的各种偶然事件，没有与教学内容相脱离的问题。公开课就像是经过不断过滤的‘纯净水’，没有什么杂质，当然也缺乏日常教学的丰富多彩，缺少了由各种无法预期的偶然因素带来的发展契机和创造性机会。”①

“如果是本校教师上公开课，在上课前几分钟，执教老师总要对学生进行‘战前动员’：(作笑容满面状)今天有许多领导和老师来听我们课，大家一定要好好表现，因为你们代表着学校的形象。老师这里准备了不少奖品，(教师展示给学生看)只要在课堂上积极发言，课文读得精彩，课后到我这里领取！(作一脸严肃状)至于那些不肯动脑筋，不愿举手的同学，以后再不选他来上公开课！如果是外校‘大腕’级的教师来校上课，作为学校，总是吩咐任课教师精挑细选上课的学生：普通话准的，课文朗读好的，思维活跃的，一个班凑不齐，几个班一起凑，确保上课的孩子个个都是‘精兵强将’。在上课前几天，课前老师就反复训练学生诵读要教的课文，力求读得不添不漏，句句有神。”②

公开课非比寻常的“后果”，令教师们很难以平常心加以对待。在被强制性要求人人提供公开课的大背景下，教师们会自觉或不自觉地采取一种自我保护的态度，这种自我保护有时还会“升华”到一种“同盟”行为。

2009年，北京市某城区某学校，因为参加一项课题，初中英语教师被要求上公开课，听课的有区教研员和同区几所学校的初中英语教师。学校规模小，同年级教师只有两位，两堂课上下来，差距明显。A教师教学设计周密，课堂掌控到位，很好地实现了教学目标。B教师则差得多，甚至出现一些硬伤，课堂混乱松弛，教学任务基本落空。我当时参加活动，印象深刻且大为惊异的是随后的说课活动中各位外校教师的表现，他们众口一词，所有人发

① 郭华．静悄悄的革命[M]．北京：北京师范大学出版社，2003：225.

② 吴勇．课堂，当给儿童“挺直”的脊梁[J]．中国教师，2006(1).

言均是只讲优点，对两位教师不加区别，一律肯定。只有区教研员指出了B老师课的几个问题，且语气和措辞讲究，委婉到几乎听不出是批评。事后与一些教研员论及此事，他们说这种情况挺常见：教师们无非是“同病相怜”；自己也会有这样处境的，同情和保护十分自然。

无须说，这样的现象已经违背了公开课的初衷。是耶？非耶？如果将对于公开课褒贬评价的立场彻底地从个体教师转移到教研室，从指导和服务教学的的目的出发，那么，判断便相对容易也相对简单。公开课不失为一种便利、有效的教研途径。正如有小学教育工作者指出：“舆论大谈特谈公开课的功利色彩，将公开课视为‘表演、作秀、造假’的嫌疑。事实上果真如此吗？对这种思想，不能否定它积极的一面，公开课确实应该是常态的研究课，而不是功利的课。但是公开课对于探讨教学规律，研究教学方法，推广教学经验，提升教学质量，有着十分重要的意义。”“我们应当以宽容的心态看待公开课，评价公开课，参与公开课。”①

不错，“公开课能够促使教师对自己的日常教学活动进行自觉反思，有意识地去除那些消极的、不好的做法，自觉地提炼、升华、凸显、强化那些好的、优秀的做法。”②更能够营造一种共同探讨、协商的氛围，提供研究、切磋的平台。公开课的种种“猫腻”值得正视，更有必要加以革除，但不能期望这种努力能够毕其功于一役。更值得慎重的是，如果以这些弊病作为彻底取消公开课的理由，多少有些因噎废食。作为一种教研活动的具体形式，公开课有存在的理由。

第三节　各种考试命题

不知不觉间，考试在中国的基础教育领域已经成了一个微妙的话题。各种各样有关学校教育和教学的文章和专著，都可以巧妙地回避考试、闭口不谈分数，或者轻飘飘一带而过。然而，在讨论教研室功能时，回避或者轻飘

---

① 丁小平．行进中的课改：困境与选择[J]．中国教师，2006(6)．

② 郭华．静悄悄的革命[M]．北京：北京师范大学出版社，2003：227．

飘都是不可能的，无论是功是过，教研室与考试的关系长久而结实，服务于考试更是教研室的任务。一篇专门讨论教研室的硕士论文有这样的概括："目前，各级教研室拥有除高考命题权之外的几乎所有大规模考试的命题权，这对教研室来说，既是权力，更是责任。"①其实这句话应该加个时间限制：在一定时期内曾经如此，如今，一些考试已经取消，各地陆续成立的考试中心也将若干考试的权力从教研室分离出去，尽管如此，承担与考试相关的工作仍然是教研室的职能之一。

一、世纪伟人的"另一个"贡献

时下，考试压力和升学竞争所带来的折磨，几乎是所有中国人没齿难忘的记忆。人人能够历数其斑斑罪恶，家家皆可痛陈其种种危害。实际上，考试及其压力由来已久，不必提什么科举制度，就是新式学校成了气候不久，半个多世纪之前的中国就已露端倪，其激烈程度一点不比今天逊色。前辈学人何兆武先生在回忆他 20 世纪 30 年代在北京师大附中就读时，十分传神地描述了昔日光景：

"当时北大、清华是最大的学校，每年收新生两百人左右，在校的学生最多不过八百，但考学的时候也有激烈竞争。记得初中三年级毕业那年(1936年)的暑假，和关崇焜在学校里碰见我们的英文老师，他跟我们谈天，说：'你们知道今年北大有多少人报考?'我们不知道，他说：'今年考北大的，不算外地，光是北京就有四千人。……你知道北大才取多少人? 才录取两百!'他说这话的时候，神情非常紧张，好像脸色都变了，甚至给我们一种恐怖的感觉，所以印象特别深。他那意思是说：你们得努力。考试制度所加给中国知识分子的精神负担，大概也称得上是中国文化的一个悠久传统了。"②

新中国成立伊始的 20 世纪 50 年代，"政务院于 1951 年 10 月 1 日发出关于改革学制的决定，其中指出，为使不同程度的学校互相衔接，升学需经过

---

① 郭增才．县级教研室职能定位研究[D]．济南：山东师范大学教育硕士论文，2003：26.

② 何兆武口述．上学记(修订版)[M]．北京：生活·读书·新知三联书店，2008：22.

考试。”[①]随着社会生活逐渐焕发生机，考试及其压力也开始抬头。1955 年 7 月 1 日，教育部发出关于减轻中小学学生过重负担的指示。“该指示指出：中小学学生负担过重，是几年来存在着的一个问题。1954 年秋季以后，发生了新的严重情况。学生的课外作业繁重、考试多。学生每天忙于应付作业和考试，早起晚睡，中午不休息，星期日也赶功课，经常处在神经紧张的状态中。”[②]可见，新中国建立之初，考试与学生负担这一对矛盾业已出现。此后，这样的文件基本上每隔几年都会下发，从未中断。

学生真正从考试中“解放”，只有“文化大革命”的十年。耐人寻味的是，这一解放恰恰是以整个教育事业的瘫痪为代价的。按照时间的维度，几乎可以说“文化大革命”在教育领域自废除高考而始，自恢复高考而终。

1966 年 6 月 18 日，《人民日报》全文公布了中共中央、国务院 6 月 13 日发出的《关于改革高等学校招生考试办法的通知》，称：高等学校招生考试办法“基本上没有跳出资产阶级考试制度的框框，不利于贯彻执行党中央和毛主席提出的教育方针，不利于更多地吸收工农兵革命青年进入高等学校。这种考试制度，必须彻底改革。”《通知》说：为了使高等学校和高中有足够的时间彻底搞好文化革命，使实行新的招生办法有充分的时间做好一切准备，中共中央和国务院决定，1966 年高等学校招收新生的工作推迟半年进行。同日，《人民日报》发表社论《彻底搞好文化革命 彻底改革教育制度》，并刊登北京女一中高三(四)班、北京四中高三(五)班学生写给党中央和毛主席的强烈要求废除旧升学制度的信。[③] 从这一年起，全国高等学校入学考试消失了整整十年。很快，红卫兵奉旨造反，正常教学骤然停顿，全中国所有的中小学全部取消了正式考试。后来，中小学名义上是“复课闹革命”了，教学在形式上有所恢复，却谈不上任何质量和水平。那时毕业的中学生，号称学习过语、数、外，也学习过理、化、生，却是真正的徒有其名。我本人便是在那个时期接

① 《中国教育事典》编委会．中国教育事典(中等教育卷)[Z]．石家庄：河北教育出版社，1994：497.

② 同上，第 498 页．

③ 中央教育科学研究所编．中华人民共和国教育大事记(1949－1982)[Z]．北京市：教育科学出版社，1984：401.

受的中学教育，首先，一度没有高中，如北京1969届和1970届初中学生都是毕业便直接走向社会。其次，所学内容简单粗浅，即使从1971年开始恢复了高中，也基本没有多少改善。在1977年、1978年两年的高考中，“文化大革命”期间毕业的高中学生在成绩上远远无法与“文化大革命”之前毕业的高中甚至初中生相比。自然原因多多：毕业后无论成绩如何同样上山下乡使学生无心学业，家长知道学生前途出路与学业无关无意过问，老教师作为“臭老九”在接踵而来的运动中惟恐成为“修正主义教育路线”复辟者不敢认真执教，新教师自己所受教育有限也无能规范从业……但以上种种之外的一个重要事实就是：中小学常规的考试制度作为“修正主义教育路线”的组成部分被彻底废除，因此，尽管那时教师也会给学生留作业，甚至也有期中期末检查(非正式的考试)，但学生不完成也没有人敢较真，成绩如何更是无关紧要，是否及格没人关心，成绩出色或糟糕全无所谓。评价本身的诊断、调整、强化、教育作用不复存在，教学质量如何没有人真的在乎。平时没有考试，升学也无须考试，学生按照年级顺序从小学直接升入初中，再从初中升入高中，并且几乎百分之百地是就近入学。因为初中和高中毕业后所有学生都要参加“三大革命实践”：“工”：进工厂成为工人——可以留在城里，所以在当时是比较好的出路；“农”：即通常所说“上山下乡”“插队”(也包括半军事化管理的军垦农场和建设兵团)；“兵”：参军，这在当年是最为让人羡慕也最为光荣的出路，但如愿者是少数。当然，“例外”总是有的。比如洪晃女士就曾经在“文化大革命”高潮之际去美国读小学和中学，这大概是彼时的同龄人做梦也想不到的，自然是国家外语人才的需要使然，却绝对与一般人无缘，发生在极狭小的神秘领地。大多数学生的出路，与毕业于什么学校、学习成绩高低全无相关。前途如此一目了然，可以想象，在就近入学时没有任何学生和家长持有异议，与今天这样近乎惨烈的“择校”对比鲜明。

如今令整个社会头痛不已的考试竞争，在“文化大革命”后的恢复，绝对是一出严肃的正剧，而且可圈可点。当中国社会终于结束了“文化大革命”的噩梦，教育领域第一个，而且迄今看来最重要的事件就是恢复高考。1977年8月8日，邓小平在科学和教育工作座谈会上发表题为《关于科学和教育工作的几点意见》，提出“今年就要下决心恢复从高中毕业生中直接招考学生，不要再搞群众推荐。”①从而拉动了新时期教育恢复和发展的序幕，这一事件早已载入史册。

邓小平在考试方面对于教育的贡献，其实还有另外一件：中小学考试制度的恢复。很可惜，在各种研究中至今对此少有提及。如果让现在的年轻人分析历史，多半认为，既然“文化大革命”结束，高等教育开始通过考试招生，那么中小学各种考试的恢复自然水到渠成。宏大的历史叙事固然可以这样言说，真实的演变过程却绝对没有如此简单。实际上，从高考的恢复到中小学各种常规考试的恢复之间，存在着一个时间差，这个时间差大约有将近两年。

邓小平恢复高考时，“文化大革命”余威犹在，毛主席关于教育尤其是考试的批评言犹在耳且地位至高无上，有几个人敢于冒天下之大不韪呢。因此，名正言顺地恢复各级考试在那时并不是一件轻松的事情，非具大魄力大智慧者不敢为，非位高权重者不能为。在恢复中小学正常考试制度这件事情上，仍然是这位世纪伟人高屋建瓴，起了决定性的作用。在 1978 年 4 月 22 日的全国教育工作会议上的讲话中，邓小平在谈到“提高教育质量，提高科学文化的教学水平，更好地为社会主义建设服务”的意见时，指出：“考试是检查学习情况和教学效果的一种重要方法，如同检验产品质量是保证工厂生产水平的必要制度一样。当然也不能迷信考试，把它当作检查学习效果的唯一办法，并且要认真研究、试验，改进考试的内容和形式，使它的作用完善起来。对于没有考好的学生，要鼓励和帮助他们继续努力，不要因此造成不必要的精神负担。”②须知，直至此时，有关“真理标准的讨论”尚未到来，“三中全会”亦未召开，“两个凡是”③仍然紧箍咒般束缚着人们的思想和行为。

在这一重要讲话之后，全国各地才陆续正式恢复了基础教育各个阶段的

---

① 中央教育科学研究所编．中华人民共和国教育大事记(1949－1982)[Z]．北京市：教育科学出版社，1984：494.

② 《中国教育事典》编委会．中国教育事典(中等教育卷)[Z]．石家庄：河北教育出版社，1994：501.

③ 1977 年 2 月 7 日，《人民日报》、《红旗》杂志、《解放军报》发表社论：《学好文件抓住纲》，社论中提出“凡是毛主席作出的决策，我们都坚决维护，凡是毛主席的指示，我们都始终不渝地遵循”。邓小平为首的党和国家领导对这一口号提出了质疑，并且发起讨论，以“实践是检验真理的唯一标准”赢得了人们的广泛支持。1978 年召开的十一届三中全会否定了“两个凡是”。

升学毕业考试。比如，上海市于1979年9月，率先正式恢复初、高中招生考试制度，[①] 全国其他地区也陆续跟进。中小学的各种考试得以"正名"，中小学的教育教学终于名正言顺走上正轨。根据北京市教委一位领导(ZW，2009)回忆，"其实，一些地区和学校在高考恢复之后已经自动地在中小学开始进行各种考试，因为大家都觉得应该如此，都拥护。"但这毕竟是民间的自发式行为，不是正式的制度建设。中小学"理直气壮"地恢复考试，实际上就是在邓小平讲话之后，比高考的恢复整整晚了两年。

迄今，谈到邓小平对教育的贡献，都会提到恢复高考，殊不知，邓小平在恢复中小学考试方面，同样功德无量造福全民。如果没有上述讲话，中小学教学秩序的恢复必然蹉跎延误，高考所孜孜以求的选拔人才的目的将难以获得坚实的基础。考试之于教学，之于学校教育，就如同质量检验之于生产，之于工业，没有考试，教学的质量和水平是无从保证的，这是教育的基本规律。由是，邓小平堪称尊重教育规律的楷模。可惜较少看到相关评价，甚至似乎已经为人们所淡忘。

二、权力来源与滥觞

从学理上说，考试是教学的衍生物——没有教学，就不需要考试；反过来也是一样，没有考试，教学就谈不上质量和水平。当然，考试作为教学活动的一个组成部分，独立性是相当强的，在时间和空间上都可以与相关的教学分离，既可以彼时教，彼时考，也可以彼时教，此时考；既可以彼处教，彼处考，也可以彼处教，此处考，考试的组织和进行可以是一项独立性相当强的任务。基础教育阶段的各种考试原则上均由教育行政部门负责，但具体到命题、阅卷等纷繁复杂的操作，则必须有专门队伍承担。很简单，中小学的各种考试年复一年地周期性发生，教育行政部门没有也不可能有足够的时间和力量投入到这项事务之中。十分合乎情理地，在很长时期内，中小学的各种考试在全国便由各地、各级教研室承担起来，这当然是责任，同时也是

---

① 《中国教育事典》编委会．中国教育事典(中等教育卷)[Z]．石家庄：河北教育出版社，1994：501.

权力。

考试是教研室威信的一个重要来源。除了“文化大革命”那样的非常年月，学生、教师、家长，没有不希望得到好的考试成绩的。毫无疑问，考试命题的职能意味着权力，当这种职能被指定给某个人或某个组织，也就意味着同时将权力授予了这个人或这个组织。长期以来，由于具体承担着诸多考试命题的责任，教研室也就享有着强大的权力和显赫的地位。当然，考试命题绝非教研室威信的唯一来源。如前面提到，对日常教学的指导是教研室最本色的职能，由此衍生出了教研室及教研员在教师心目中的威信。这种威信来自教研室自身的建构——教研活动成功有效，教研室威信便上升，反之则下降。而考试命题所带来的威信则不同，它是被授予的，直接来源于更高级别的权力机构，由于这种权力的巨大作用和后果，造成的事实是，尽管各种升学考试命题的工作在教研室工作的比重上并不特别大，但对教研室威望的消长却举足轻重。

“权力导致腐败，绝对的权力绝对导致腐败，”在教育领域当然也不例外。大权在握，考验着每一个教研室，也考验着每一个教研员。虽然我们一再声称，考试竞争由来已久，但无可争议的一个事实是，这种竞争在激烈程度上，在影响规模上，自改革开放后的中国达到了前所未有的程度。这30年，既是基础教育大发展的时期，也是考试竞争趋于加剧的时期。无论是何先生记忆中的20世纪30年代，或者“文化大革命”之前的“十七年”，考试及其压力，以及与此相伴的“追求升学率”现象，在规模和程度上都无法与今日相比。很简单，那时的义务教育远未普及，教育事业发展也缺少稳定的大环境，所谓“考试竞争”，以及“追求升学率”现象，所波及的社会面远远不像今天这样广阔，不可能如此这般地牵动上至国家政府，下至千家万户的神经系统。各种考试的结果“性命攸关”——关系学生个人发展的可能，关系学校排名，兹事体大，对于结果的关注和希冀也就迫切。

如此局面，必然会有人对考试“动脑筋”，会有人企图从中渔利。教研室不仅近水楼台，而且就在漩涡中心。教育行政部门对于考试是最终的决策者，但如何考？考试的具体内容、具体形式、具体难度等，教研室则是当仁不让的权威，若想打打小算盘，很方便上下其手。被人们诟病的考试问题上的不良导向，在一些教研室的确存在，不是科学、严肃地对待考试，不是尽力避免和遏制片面追求升学率现象，反而推波助澜，变本加厉，巧立名目，致使考试泛滥，题海无边，比赛辅导铺天盖地，偏题怪题层出不穷，篇子、卷子排山倒海，一些教研员，一些教研室，热衷于此，为某个人或某个群体从中渔利，甚至惟利是图，结果戕害了青少年的身心健康，影响了他们的全面发展。只是，这些现象毕竟不是主流，不是大多数。更重要的是，人为地扭曲了考试的面目，异化了考试的精神，不能够简单地归结为考试本身。更为重要的是，造成这些现象的根本原因极其复杂且许多来自教育系统以外，如前所述，只能逐渐地克服和消除，同时必须对其长期存在有足够的思想准备。当然，教研组织本身责无旁贷，要致力于考试的科学化，考试手段的改善，更应该自律以有效地避免和减少各种对于学生的伤害。

三、双刃剑与地位的尴尬

有时想一想，邓小平在决定恢复高考的时候，有没有想到过会带来相应的副作用呢？在《邓小平文选》中，找不到答案。毕竟，邓小平是政治家思想家，不是专门的教育家，然而他亲自出马恢复高考和中小学考试制度，又令人感觉他对此是明察秋毫的。品读他在恢复中小学考试时的讲话，更可以推测，他是一定能够想到的，明知考试可能会产生副作用，仍然坚持恢复考试，这才显示了其非同一般的魄力和胆识。

像学校教育的许多事情一样，在这里也出现让人难堪的“吊诡”，考试好像一把双刃剑，令教研室身份贵重，同时又宿命地背负上沉重的包袱。考试的结果一直是人们评价教研室工作水平和效率的重要指标，即使在许多命题权力已经从教研室分离出去后的今天也没有改变。“教研室如果不能有效指导教师对高考、中考开展研究，或者说哪一年高考、中考没有考好，那么，教研室的工作是失职的，就会受到来自行政、学校和社会各界的责难。”①这段话可以说是道出了各级教研室，各科教研员的共同心声。局外人在批评指责考试压力和学生负担时会将矛头对准教育行政部门，但实际上所有批评指责最

① 朱志平．教研员何以异化为“考研员”[J]．人民教育，2008(9)：33.

后还是会落到教研室头上，尤其是县(区)级教研室。尽管教育行政部门早就三令五申不许搞分数排队，但事实上排名总是存在——成绩及其差别是不可消弭也不应该消弭的。就像奥运会的排名，无论按照金牌总数，还是按照奖牌总数，或者按照国家人口总数，甚至所谓运动的"优雅"程度，大家就是要比一比，看一看，谁更出色，谁更优异。学校教育关乎个人和国家前途命运，结果如何？合格与否，优劣高低，自然是一定要比一比，看一看的。

为了争取好的教学成绩，当然也为了在或明或暗始终发生的各种考试竞争中"胜出"，教研室在考试问题上从来不敢懈怠。钻研内容，分析考卷，布置复习，组织辅导，历来是教研室工作中的重要组成部分。这些本来并不"邪恶"，但如前所述，在今天的中国又难以避免地面目可憎。说来可怜，其他教育部门和教育工作者都可以理直气壮地讨伐考试，义正词严地指责围绕着考试发生的种种悲剧，唯独教研室和教研员们例外——他们一方面也要向旁人一样对于考试口诛笔伐；另一方面还得打起精神为各种考试操劳。仔细想想，对于教研员们着实佩服，该有多么强韧的神经和强健的心理，才能应付这样足以撕裂人格的冲突，并且年复一年地、一样不少地完成所有必须完成的考试。

那么，有关考试的事务在日常工作而言占据着什么样的分量？

根据前面所说，县(区)一级教研室与升学、考试的关系比省(自治区、直辖市)一级的教研室更为直接和密切。那么可以从这一级教研室的情况作点分析。

两个学年期间，在北京市某区教研室的工作安排中，与考试有关的教研活动情况大致如下。

2005—2006 学年第一学期，区教研室共组织教研活动 222 次，其中中高会考 17 次，占活动总数的 8%；期中期末(考试) 3 次，占活动总数的 1.4%；考试复习 29 次，占活动总数的 13.1%，总计占到 22.5%。2005—2006 学年第二学期，区教研室共组织教研活动 228 次，其中期中期末(考试)35 次，占活动总数的 15.4%。

2006—2007 学年第一学期，区教研室共组织教研活动 274 次，其中中高会考 12 次，占活动总数的 4%；期中期末(考试) 10 次，占活动总数的 3.6%；

考试复习35次，占活动总数的12.8%，总计占到20.4%。

2006—2007学年第二学期，区教研室共组织教研活动193次，其中考试题分析21次，占活动总数的10.9%。

(以上数字来源，参见本章第二节)

中高会考：实际指考试之前的有关准备，以及考试之后的情况分析。除会考外，中考、高考都在每学年第二学期进行，新学年开始后教研室按照惯例要对上个学年这几个考试的情况做出评估、分析，全国的三级教研室都会做这件事情，当然，在县(区)一级会做得特别细致。大体会包括本次成绩与上次相比如何；与其他县(区)相比又如何；某门学科情况比较好，某门学科情况比较弱，某门学科成绩进步突出，某门学科成绩下滑严重；今年考试题目的变化如难度的增减、题型的改进、结构的变异……当然还有，这些情况所反映出的教学问题、薄弱环节、漏洞，以及今年的相应对策，等等。

期中期末：每个学期的期中和期末考试，虽然不具备上述几个考试那样决定学生命运的力量，却同样是不可轻视的，正是这些考试的积累，最终决定着那些重大考试的成就。

考试复习：人的记忆与遗忘是同一过程的两个方面，教学却是连续不断的过程。每天，学生接受着新的知识，同时面临着以往学过知识的淡忘，为了解决这个矛盾，无数教育家一直在进行着尝试，而迄今人们最常用的办法还是及时地复习。考试之前的复习通常是积累了分量可观的知识之后，而且考试又近在眼前，自然更加不能等闲视之。

上面的数字和百分比究竟有多大代表性，究竟是过多、过少还是比较恰当？由于资料有限——种种原因，获取此类资料特别困难——实在不敢妄下结论。可以肯定的是，在全国各地的教研室，特别在县(区)一级教研室，关于考试的教研活动一定是工作中一个比较固定的部分，上述比例大概也多少有些代表性。

那么，作为教研室的服务对象，教师们对这类活动怎么看呢？

寻找一番，得到为数不多关于教研活动的调查，结果令人啼笑皆非。在一项了解教师对教研活动需求的调查中，所列选项可谓广泛，如教材分析、专题讲座、研究课、中心组活动、视导听课、教法指导、组织教学观摩评比，等等，相当全面，却唯独没有关于考试的。[①] 这种闭口不谈耐人寻味，大概与如今考试的尴尬处境有关。正式调查避而不谈，私下询问时所得结果却毫无悬念，几乎所有的教师都表示，对于教研室组织的与各种考试相关的教研活动是"非常重视的"，是"一定会参加的"。如是，印证了我几年来的判断，在教研员和教师们心中，与考试相关的教研已经沦落为"只能做不能说的"半地下的"灰色活动"，已经成为他们的"原罪"情结，似乎很可笑，实际上很可悲，如果所有的教育工作者都不能够理直气壮地关心学生的考试及成绩，不知我们的教育将会是什么模样？

北京市某区一位高中理科的教研员（LT，2009）十分直率地表达了自己对于考试的看法。

"考试研究当然是教研室的任务。尽管说考试受到众人的唾骂，但是除去考试，中国不公平的事情太多了，考试还算公平。面试都不成，人为的因素和干扰太多了。并且，就咱们这个国家，考试也不能取消，所以对于考试的研究也是我们的一项任务，包括命题。各个年级的期末命题，中考、高考、模拟命题都是我们的任务。这块任务也挺艰巨，特别是毕业年级。我们还承担着上级领导派的一些任务。比如北京市搞活动，靠谁，还得靠各区县。再比如说考试院，它的命题，中、高考的命题，或者搞一些科研啊，它找谁，还是找教研室。"

鉴于考试的种种弊病和局限，人们从来没有放弃各种各样的改革尝试。只是这并非一项轻松、简单的任务。下面一条消息便值得思考。

"按照市教委的要求，从去年秋季开始全面启动的高中新课改，为了全面提高学生的动手和创新能力，在文化课的教学难度上要求是降低了的。但是，实际上如何呢？

在长达半年的一线采访中记者发现，新课改的高一教学难度不仅没有降低，反而在一定程度上在追赶高考。海淀区、西城区、东城区等多所中学高一学生这样介绍老师的课堂讲课：'这个内容在高考的时候是这样考的，在哪

① 程桂芳．"教师对教研活动需求"调查报告[A]．梁威主编．北京市教育科学研究院基础教育教学研究中心编．新时期教学研究工作的继承与创新[C]．北京：同心出版社，2003：225.

年哪年的高考中也出现了相应的内容。'学生们说，为了能让课堂教学与高考接轨，老师在讲课堂内容举例时总是不断地引用高考试题，我们觉得听起来很费劲。

来自北京教育科学研究院基础教育课程教材发展研究中心的调查正好做了印证：一些区县和学校未能把握模块考试的性质和目的，不是按照大多数学生应知应会的程度编制考核试题，而是盲目地按照历年高考试题的难度或套用高考试题来编制考核试题。结果造成了在一般高中，特别是相对弱势高中有较多的学生考核成绩不合格，不能及时获取相应学分的情况。"

记者在报道后写道："虽然我们大骂我们的学校教学是应试教育，但谁又敢不进行应试教育呢？在高考仍然能改变无数人命运的大社会背景下，学校的教学不应试该怎样呢？家长肯干吗？于是老师们忍着骂名忍着劳累，无奈地在清贫而寂寞的三尺讲坛上'吼着'，就为了满足家长的需求和自己的职业追求。"①

考试的的确确有各种各样的毛病，惟其如此，就更需要我们名正言顺地对待它、研究它、改进它，在所有这些努力中，教研室无疑是一支重要的力量。在考试还不能够尽善尽美、而我们又不能缺少它的时候，如果教研室对于考试漠不关心，难道不是渎职？

四、基础教育各阶段主要考试及与教研系统的关系

如上所述，基础教育各阶段的主要考试分别由各级教研室负责的说法，其实已经是明日黄花。自从 20 世纪 90 年代以来，这些考试与教研室的关系陆续出现变化，折射着基础教育本身的发展，也对教研室产生了诸多影响。

基础教育阶段的考试大致可以概括为以下几种：学校常规考试、小学升初中考试(小升初)、初中升高中的考试(中考)、会考、高考模拟考试。

(一)学校常规考试

每门课程的常规考试，即各种单元测验、期中考试、期末考试等，是中小学运用最频繁的考试，虽然不像"中考""高考"那样"生死攸关"，却与教学

① 邓兴军. 高一课程超难究竟怪谁[N]. 北京青年报，2008-04-29.

的关系最为密切，是教师和学生了解教学成效、调整教学行为的主要依据。在一定意义上也可以说这些考试为“因”，“中考”“高考”则为“果”，这些经常性的、常规性的考试，累计地、渐进地塑造和记录着学生的学业进步，并且最终决定着学生在那些决定性考试中的成败。

新时期以来，在全国不同地区，单元、期中、期末考试都曾经一度采用过市、区、县统一命题的形式。那时的市、区、县教研室就是出题的主要力量。后来这种情况逐渐变化，一是，由于学校之间的不平衡，大范围的统一考试难以适应不同学校的差异。二是，考试受到愈来愈激烈的批评，统一考试刚性强，更容易招致指责。据不完全了解，目前许多地区只有在期末或者学年末考试采用统一方式，以北京市中学阶段为例，期末采取全区统考，由各区自行组织。操作时也十分低调。至于单元考试、期中考试则完全由学校自行命题。

不过，实际情况要复杂得多。还以北京市为例，尽管早就声称除期末外没有统一考试的今天，形形色色的常规考试也并非完全由学校自行其是。在近几年，我在北京市几个区的中学里面便多次看到不同学科以“单元目标”或“形成性单元测验”为名各区统一命题的卷子，当然是由区教研室编制，每个单元都有，只是使用这些卷子的行为则由各个学校自己组织。

就此，我专门请教了某区一位教研员(LT，2009)。

我：高一高二是不是每个单元都有个小测验？

LT：当然有啊。

我：谁出题？

LT：我们(区教研室)出题。期末考试是统一出题，得知道学生的情况怎么样，学生也可以跟别人比一比，自己在这个群体里怎么样。别的像期中考试，区里不组织。

我：那单元考试呢？

LT：也不组织。

我：单元目标呢？刚才您不是说有小测验吗？

LT：那个有，但那只是练习，不能算做考试。

我：这个东西也是很重要的啊，每个单元主要的东西必须得抓得准啊。

这单元目标是一个教研员出，还是整个学科教研员一起商量?

LT：一个班子。像我这个学科，我带着几个骨干教师一起商量。确定下来，再到各个学校。

我：这还差不多。每个单元都这样吗?

LT：都这样。一个人主写，大家给提意见，讨论修改。不能一个人做。反正我们这教研室历来倡导的都是这样，这是集体的智慧。

我：不会是某个教研员一个人自己就出了?

LT：不允许，像我刚才说的，一定要商量，一定是集体智慧。平时的考试就是各个学校老师去出，因为不同的学校学生情况不一样，这不能统一呀。

这位教研员对我的问题回答得十分有趣，刻意地将单元测验与“考试”区别开，首先承认有，接着强调那不是“考试”，用心良苦十分实在。据我的了解，北京市的学校对于单元测验还是比较重视的，因为这毕竟代表着一种“标准”。具体考查，学校之间态度也有不同，“名校”“重点校”，可能将其当作下限：必须达到的，在此基础上会有难度高于这种单元测验的其他考查。那些所谓薄弱校，则可能将其当作上限了，关注点在于有多少学生能够达到这个水平。不同学校的教师都表示，无论是不是叫做考试，这个单元测验由区里面来出题是应当的。

(二)“小升初”

在全国范围，“小升初”都曾经是相当范围的统一考试(直辖市或省会全市、地级全区等)，后来则改为较小范围的统一考试(直辖市或省会下面的县(区)，再后来取消考试，改为就近入学。全国各地大体经历了同样的过程，时间差别则比较悬殊。

1. 艰难的历程

“小升初”是个挺不规范的术语。如果在从前，用官方话语，可以说它是“小学升初中考试”或者“初中入学考试”的简称，按民间理解，则是“小学生有选择地升入初中”或者“中学有选择地从小学毕业生中录取初中生”的简称。尽管时下没有几个人叫得出这个术语的精准全称，几乎所有小学生家长却都对其中的含义明白无误。作为一种正规的考试，“小升初”已经在全国范围内消失了很多年，在改革之初，它经历了“艰难的历程”。

1985 年 3 月 28 日，教育部印发了长春、石家庄、厦门、大同、昆明等五市初中招生制度改革的有关材料，五市材料的主要内容是关于取消小学升初中的入学考试，改为就近入学。并且在通知中提出了："把小学校从片面追求升学率的压力下解放出来，小学生从过重的课业负担中解放出来。"①

"在普及和基本普及初中的地方，应首先进行改革小学升初中的招生考试制度。要积极创造条件，有步骤地取消小学升初中的统一招生考试。凡按当地学籍管理规定准予毕业的学生，即可就近进入初中学习，对申请入学学生较多的中学，可试行小学保送，或推荐加口试，或其他适当办法，录取新生。"②

这是目前所见教育部最早关于"小升初"入学办法的文件，其中的基本思想——减轻学校和学生负担，主要原则——取消考试就近入学，一直贯穿在之后覆盖全国的改革中。

1986 年 3 月 6 日，国家教育委员颁发了《关于在普及初中的地方改革初中招生办法的通知》，提出在普及初中的地方要"积极而稳妥地取消初中招生考试，并按学籍管理规定，凡准予毕业的小学生就近直接升入初中学习"。要求各地"应积极创造条件，从 1986 年暑假招生开始执行。确有困难的市、县，经省、自治区、直辖市教育行政部门批准，可先试点，逐步过渡，积极争取在近几年内完成此项改革。"③

1994 年 10 月，当时的国家教委颁布了《国家教委关于全面贯彻教育方针，减轻中小学生过重课业负担的意见》④。在第二条意见"解决中小学生课业负担过重问题的根本出路在于改革"中提出："要积极推动招生考试制度的改革。小学毕业考试权要逐步下放给学校。已经普及初中教育的地方，小学毕业生免试就近入学。"

1995 年 6 月 6 日，国家教委基教司颁发《关于进一步推动和完善初中入学

---

① 《中国教育事典》编委会．中国教育事典(中等教育卷)[Z]．石家庄：河北教育出版社，1994：32.

② 同上，第 32 页．

③ 《中国教育事典(中等教育卷)》，同上，第 33 页．

④ 转引自：石致玉，陆沈娟编．艰难的历程[M]．北京：京华出版社，1996：3.

办法改革的通知》。称"近10年来，在各级地方政府的重视和支持以及各级教育行政部门的努力下，这项改革总的进展是顺利的。到目前为止，全国绝大多数的省、市、区在已经普及初中教育的地方取消了初中入学考试，实行了就近入学。""但目前一些地方在实施过程中也还存在一些亟待研究、解决的问题，也有一些地方虽已具备了条件，但尚未实施这项改革。"①

这样，到了20世纪90年代中期，全国各个省(自治区、直辖市)已经陆续实施以就近入学为主的政策，取消了小学升初中的考试制度。各地轮替进行了各种小学升入初中的"办法"，如就近、如择校、如推荐，有时独当一面，有时齐头并进，具体办法更是不断翻新。

取消统一考试之后，"小升初"迅速地从一个相对单纯的教育问题成为全民关注的社会焦点。无论在哪个省市，皆无例外，家长与政策开始了"猫捉老鼠"式的游戏，迄今紧锣密鼓。最开始，不少人对于这项政策还是比较相信的，相当数量的学生的确"就近入学"了。因此，一些过去生源比较差的学校——也就是在考试招生时学生往往不会填写在第一、第二志愿中，甚至在全部志愿中都不会填写的学校，成为这项政策的受惠者。一位薄弱初中的校长(LF，2007)至今不无留恋地回忆：

"刚刚实行这个政策的那两年，我们的生源真是前所未有的好，老师们也特别有干劲。我们从前的学生真的都是别人挑剩下的，你再怎么努力也没有什么效果。生源好了就是不同，成绩马上就上去了。可惜，也就是两三年吧，择校风一起来，学生都想方设法地跑了。"

正如这位校长所言，在北京市，这项政策真正能够落实的时间也就是开始的一二年，此后，择校之风愈演愈烈，"就近入学"政策日渐形同虚设。去那些为人追捧的中学了解一下，真正住在附近的学生所占比例微乎其微，有些依据种种原因得到教育行政部门网开一面，完全不参加电脑派位，有些则每年要重新划定派位的范围。在这些学校就读的学生，大部分是以各种方式、各种名目进来的择校生。

2. 不能承受之"轻"

---

① 同上，第8页.

自从取消这种考试实行就近入学后，几乎每年的“小升初”都会成为各地媒体的热点，为了升入心仪的初中，或者说为了避免沦为“就近分配”的对象，家长和学生从小学一年级就开始疲于奔命。备受争议的“奥数”“剑桥英语”，都因为曾经或者仍然在“小升初”中成为重要砝码，受到近乎狂热的追逐。家长的怨言、学者的批评、政府几乎年年更新的政策举措，成为定期上演的固定节目。而围绕着“小升初”，以提供各种择校时的“敲门砖”为内容的培训班、业余学校，居然造就了一个利润丰厚的市场，形成了了一条完整的产业链，聚集了一支庞大的专业队伍——据说很有借此致富者，最为令人羡慕的就是其中不少人在寸土寸金的北京买下位置优越、面积可观的房产。

最为典型的是“奥数”，虽然在“小升初”改革前也存在，规模却不可同日而语。更重要的是，这种考试令学生负担更为沉重。一位拥有公立学校和奥数培训机构校双重身份的教师说：

“奥数培训一般从小学三年级就开始，教学方式就是做类型题。一堂课就讲一种类型的题目，然后让学生做大量同类练习，掌握解题思路。到六年级参加的奥数考试是最后的目标。考试分为初试和复试。两次考试的筛选都约为1/10，因此，最后能进入二等奖的比率只有百分之几，都算极优秀的学生。”①

学生负担未能减轻，家长的负担却实实在在加重了。以成都为例，“根据初步调研，奥数的培训学费，加上由此衍生的买教材、参加奥数考试等，成都一个孩子学习奥数的平均费用支出是上万元。整个成都奥数培训市场约有6亿元。这个市场养活了大约500～600家培训机构，这里面还不包括难以统计的奥数私塾。”②在这些可以计算的数字之外，还有难以统计的无数学生和家长的精神负担和心理压力。

“奥数只是学生择校和学校挑选优质生源的一个选择标准，只要择校的动机仍然存在，奥数就禁绝不了。”③对于“小升初”的乱象，一些教研员的态度十分明朗：“如果考试，学生也会有负担，但肯定比现在这样要好得多。”这种说

① 奥数产业链[J]. 三联生活周刊，2009(28).

② 奥数产业链[J]. 三联生活周刊，2009(28).

③ 同上.

法，实际上与现在许多家长的态度是一致的。

下面是北京市发行量最大的两家平面媒体在2008年的几则相关报道。

2008年3月20日，报载，“记者从有关部门获悉，今年‘小升初’政策将试行小学推荐入中学的方式，各种实验班将被禁止招生，但艺术教育特色学校、体育传统项目学校、科技活动示范学校等特色学校可以在全区范围招收特长生。”①

几乎话音未落，关于“推荐入学”的具体办法还未出台，《北京晚报》就刊登了如下文章：《学校家长联手破解小升初禁令》。

“尽管今年小升初政策还没有出台，（其实是具体办法还没有出台，作者注）但是本市部分学校已经启动了小升初招生工作。今天上午，有两所学校召开了‘小升初咨询会’。记者在现场发现，此前家长们担心的各种招生困难在学校的‘灵活变通’下纷纷迎刃而解。”②

该报详细介绍了这些具体办法：

“实验班”改名“特色班”：

今年市教委明确规定，取消所有学科实验班。不少家长担心，这样的变化会使学校的招生变得无据可依。但在今天上午某中学的招生咨询会上，所有家长都领到了一张“学生情况登记表”，上面有一栏清楚写着；选择何种特色班（画对钩），后面则是语文、数学、英语三个选择。发表格的老师对家长们解释；“特色班”就是“实验班”，因为教委规定不能招实验班，所以把名字改了。学校负责人介绍，“今年区里会对部分优秀学生进行推荐入学，但那是针对少数好学生的，推荐目标也是少数示范校。对其他多数学生来说，择校还是必需的。”现场马上有家长对这位负责人的话表示赞同。

以“师生交流”为名进行测试：

“学校发给学生的‘情况登记表’上，最主要的就是‘获奖’情况一项。”“孩子们拿着‘情况登记表’去和老师‘交流’。一位从‘数学交流教室’里走出来的学生对家长说：‘就考了三道题，行程问题、比例尺和计算，题不太难。’”

---

① 今年“小升初”试行推荐入学[N]. 北京青年报，2008-03-20(A12).

② 学校家长联手破解小升初禁令[N]. 北京晚报．2008-03-29(3).

跨区入学有途径：

“小升初‘就近入学’原则在‘变通’下也变得并非‘不可逾越’。”“‘只要是北京市户口，都可以到我们学校就读，并且不收赞助费。’学校负责人的话让家长们很宽慰。‘外区学生我们可以接收，但是需要家长把孩子学籍拿过来。孩子的学籍派到了哪所中学，就从哪所学校拿过来。’”①

不久，《北京青年报》于2008年5月12日登载了“小升初‘推优入学’确定实施细则出台”文章，称北京市基础教育最好的西称区、海淀区等首批试点。“今年小升初试行的推优入学，是指小学根据学生的身体素质、综合素质、三好学生、优秀学生干部和学业成绩等一定标准，选出一些优秀学生向重点中学进行推荐，同时满足家长择校、中学择生的现实需要。因此，学生要想上个好学校，第一步必须入选‘推优学生名单’。”

“试行推优入学的区县都制定了各自筛选优秀学生的方式……基本上都采取按照一定的标准分梯队筛选的方式。”方式十分复杂，简单说有几个方面：

首先，推优资格分梯队筛选。获得一定荣誉称号或综合素质全A者才有资格参加小学优秀毕业生推荐。小学生的荣誉称号包括：全国十佳少先队员标兵、全国十佳少先队员、北京市十佳少先队员标兵、北京市十佳少先队员、北京市红领巾奖章、北京市三好学生、区十佳少先队员标兵、区十佳少先队员、区红领巾奖章、区三好学生、区全面发展优秀小学生奖。另外，综合素质全A指的是本届小学毕业生在五年级（区级监测年级）学生综合素质评价《小学生素质发展报告单》中获得全A。②

由于推优名单有限，因此是否具有资格按梯队进行。①获得全国和北京市级别荣誉称号的学生肯定获得资格，这部分学生约占学生总数的5%；②为获得县（区）级别荣誉称号的学生、学科成绩全A；③为五、六年级参加教育行政部门认可的各项竞赛获奖者；④还有五、六年级曾担任大队委、中队委或班委者。

其次，推优比例按学校分配。各县（区）自行确定推优比例，如西城区为

① 学校家长联手破解小升初禁令[N]. 北京晚报，2008-03-29(3).

② 小升初“推优入学”确定实施细则[N]. 北京青年报，2008-05-12(A6).

30%，海淀区平均比例为11%，东称区为10%等。据说具体到小学还有差异，比如海淀区有的小学推优比例最高为15%，据悉，这主要是考虑到这些学校获奖的学生更多一点。(像许多北京人一样，我大概能够猜到这些学校的名称)

推优录取摇号决定。推优并不是把学生推荐到某中学，而是学生先填报志愿。据悉，海淀区允许学生填报五个志愿，西城区则允许学生填报三个志愿。志愿必须填满，不允许出现只填报“北京四中”或只填报“人大附中”这样的情况，否则将按照弃权处理。这是为了不影响整个计算机派位程序的正常进行。录取会按照第一志愿、第二志愿……这样的排序依次录取。首先，将学生按照第一志愿学校进行划分，然后再根据志愿学校招生计划进行电脑随机摇号。如果报考的学生数低于招生数，则不用摇号全盘录取；如果报考的学生数超过招生数，则按照一定的程序由电脑摇号产生。①

询问当年小学毕业生的家长，回答依家长的身份各异。不过大家都承认：推优、就近、特长……其实名堂很多，“水很深啊，既然如此，真是还不如考试算了。”许多家长这样表示。

家长和学校的联盟，迫使政府每年政策翻新，结果导致“小升初”不断地“水涨船高”。“全国公共英语等级考试(PETS)”在前几年又成为学生和家长趋之若鹜的一些名校的录取筹码。

全国英语等级考试(Public English Test System，PETS)，是教育部考试中心设计并负责的全国性英语水平考试体系。共分5级：

PETS－1：一级是初始级，其考试要求略高于初中毕业生的英语水平(PETS－1B是全国英语等级考试的附属级)。

PETS－2：二级是中下级，相当于普通高中优秀毕业生的英语水平(此级别笔试合格成绩可替代自学考试专科阶段英语一、文凭考试基础英语考试成绩)。

PETS－3：三级是中间级，相当于我国学生高中毕业后在大专院校又学了两年公共英语或自学了同等程度英语课程的水平。(此级别笔试合格成绩可

---

① 小升初“推优入学”确定实施细则[N]. 北京青年报，2008-05-12(A6).

替代自学考试本科阶段英语二考试成绩。)

PETS－4：四级是中上级，相当于我国学生高中毕业后在大学至少又学习了 3－4 年的公共英语或自学了同等程度英语课程的水平。

PETS－5：五级是最高级，相当于我国大学英语专业二年级结束时的水平。是专为申请公派出国留学的人员设立的英语水平考试。

这样一个原本与小学生全无干系的等级考试，就因为在"小升初"择校中"利好"，受到小学生及其家长热捧，无数小学生的周末消耗在服务这些考试的各种名目的培训班中，于是，教育部下令小学生不得参加。没想到——也可以想到，出现了新的替代目标。

"2007 年 5 月，教育部下令义务教育阶段学生不能报名全国公共英语等级考试(PETS)，各地考点不得受理义务教育阶段学生集体或个人报名参加'PETS'。至此，' PETS'这张每年有近 10 万北京中小学生报名参考、在'小升初'中最具含金量的证书退出'小升初'舞台。"

"然而，按下葫芦起来瓢，'三一口语''剑桥五级考试'、'北京英语水平考试(BETS)' 随即成为进入重点初中校的敲门砖"。据了解，"这样一来，小学生们从为一张证书奔忙转而为了三场考试而奋斗。"

"由于这三场考试所要求的侧重点不同，所以他们要参加相应的冲刺班，一一准备逐个'赶考'成为小学五、六年级学生最主要的'课余生活'。"

"记者调查发现，考取'三一口语'6 级或 7 级证书、剑桥英语二级或三级，PETS—3 并不容易，孩子的英语水平需要达到高中毕业乃至大学二年级水平。"①

这样的考试无疑令本来沉重的学生负担变本加厉，于是便有各种取而代之的主张和办法。然而，关于公平性的担忧便立刻成为笼罩在人们心头的浓重阴云。

"海淀区今年的小升初推优政策首次推行打分排队方式。出乎学生和家长的意料，孩子担任班干部经历，竟然为'小升初推优'赢得主动：打分排队的最高评价分为 100 分，共涉及四大项 48 小项，学生干部首次享受 2 分至 4 分

---

① 小升初英语考证 单词量赶超高考[N]. 北京青年报，2009-04-28(A19).

加分。消息一经公开，立即引发各方争议。”

“根据‘赋值表’显示，可以享受加分的学生干部岗位有三种，分别为大队委、中队委和班委，其中大队委加 4 分、中队委和班委均加 2 分，不能累计加分。按照小学校长和学生家长的介绍，享受这个待遇的学生干部岗位在岗时间限定为 5 到 6 年级。”

“按照海淀区今年的小升初推优政策，一个学生最高普及为 100 分，其中荣誉称号最高 30 分、学业评价最高 60 分，只有评价为 A 才能记分、竞赛获奖最高 6 分。由此看来，对于竞争之激烈不亚于高考的‘小升初’来说，因担任学生干部而获得的 4 分加分‘含金量’不可谓不小。”

许多家长认为，这种政策会加重不公平，引发“潜规则”，有教师表示，要用足政策，轮流“提干”。专家认为，导向不好，小学生当班干部本来是培养为大家服务意识，与升学挂钩，会让孩子从小产生干什么都想要利益挂钩，太过功利。①

择校引发的“灾难”，导致人们将满腔怨气指向了那些中学，那么，中学能不能不择生呢？

“‘小升初’已经成为‘没有硝烟的战场’，家长‘狠心’、孩子焦心都只为能够进入心仪的中学。然而，另一方面，在公众心目中处于绝对强势地位、被疯狂追捧的名校压力也很大。升学率是有关方面与社会各界评价中学优劣的最重要指标，为了在校际竞争和区域竞争中保持优势地位，为了在今后的‘升学大战’中占尽先机，抢夺优秀生源争取将好苗子尽收门下，便成了各名校竞争的战场。一方面要尽量‘跑马占地’；一方面又要防止竞争对手‘戗’走好学生，于是，培育优秀生源从原来的小学五六年级提前至三年级，‘内定’好生源的时间也越来越提前。”

“个别重点中学甚至到周边的知名小学里培养自己的‘生探’，让这些老师提供优秀学生的名单和联系方式”。

“名校越来越青睐自己培育的优秀生源，公办名校除了完成规定的‘划片”招生任务外，剩余计划的 90% 左右会录取自己培养的优秀学生。‘定向培养’

① 海淀小升初 班干部首次加分遭质疑[N]. 北京青年报，2009-04-21(A14).

最主要的方法就是开办一些名义上为民办、实际上是名校自己主办的培训机构。培训机构从娃娃抓起，小学三年级就要开始冲刺。哪些培训机构与哪些名校相‘对应’，家长们心知肚明。追逐名校的第一步就是追逐名校操办的培训班，太‘专一’有风险，那就多多‘占坑’，多报班，多上几个不同的培训机构。”①

尽管越来越多疲于奔命的家长高呼：“子女恢复考试算了，眼下这却是无法办到的。”

“海淀区一位重点中学的校长告诉记者，既然是要选优秀学生，必须要有个标杆。但是义务教育又不允许考试选拔，于是各个学校只能自己制定选拔标准。由于校际标准存在差异，家长们也担心只报一所学校保险系数不够，于是，无标杆反而造成多标杆，家长和学生周末上‘班’现象。”

深受其苦的家长越来越推崇考试，“与其这样带着孩子盲目地不知深浅地学习赶考，还不如区域内实行统一选拔考试，公布统一考试内容。”许多家长表示，统一考试尽管累，但标准统一，孩子学习压力也不小，但至少知道孩子应该学什么，考试考什么。‘两害相权取其轻’，如果按照现在小升初选拔的路子延续下去，小学毕业生英语达到研究生水平都有可能。还不如恢复原来的政策，比现在省心。”

“但是，‘小升初’考试不可能恢复。就初中入学是否恢复考试问题，教育部和地方教育部门曾多次组织调研交流，最终确定绝不恢复考试。”②什么原因？未提。

真是让人头晕眼花，一个小学生上初中的事情，竟然如此复杂。难免让人生出“既有今日，何必当初”的感慨。绝非事后诸葛亮，当年北京市准备此项改革，我不仅与闻其事，而且多多少少参与其中，虽然人微言轻，却态度积极。当时的想法十分“正当”，百分“冠冕”，千分“合理”，万分“公平”：小学生学习负担过重，且义务教育阶段应当淡化竞争。并且，当时的假定是：大家会遵守规则，学校之间的差距与生源有关，如果每所学校的生源达到均

① 重点中学抢生源 催生“生探”[N]. 北京青年报，2009-04-30(A12).

② 同上.

质，即都有能力、成绩水平各异的的学生，可以采用分层教学的方式解决差异，令不同学生适得其所地发展。现在看来，实在是将问题看得简单了，制定规则的人会带头违反，而分层教学也始终没有获得合法性，结果，不仅各种名目的“择校”大行其道，而且金钱、权力一齐上阵，学生负担没有减轻反而加重。

“在没有统一考试的情况下，初中校的教育资源不均衡与家长望子成龙的美好愿望让‘小升初’成为充满火药味的字眼。为在这场战斗中胜出，越来越多的家长和孩子被更早地卷入到‘小升初’的准备轨道中，奥数、英语、作文、文体特长等一连串的竞赛、考试让他们沦为‘考奴’，不肯放过任何一根可能救命的‘稻草’。而那可以与高中乃至大学水平看齐的奥数、英语题目却在透支着孩子们的明天，让他们承受着‘不可承受之’重。”①

不可承受之“重”实则来自不能承受之“轻”。从考试到就近，“小升初”改革的制度设计，归根结底无非一句话，减轻学生的压力和负担。然而，现实无情地告诉我们，虽然取消了统一考试，“小升初”改革的结果早已与改革初衷南辕北辙，制度内的考试退场，为种种周旋在制度边缘的“灰色”行为打开了大门。

“小升初”考试的取消直接弱化了教研室的权力和威望，在一些地方，也导致了教研室在内部机构上的萎缩。北京市某区一位已经退休的原小学某学科教研员（NG，2009）说：

“以前小学教研员配备普遍要比现在力量强得多。虽然不一定像中学那样每个年级专门设一个人，但低、中、高三个年级段差不多都分别有专人负责的。现在你可以看看，很少有这样的了。”

这话不错，在一定程度上，一些校长和教师也表示，现在虽然还是忙，但用于教学方面的精力比从前确有减少。“倒是那些校外培训班之类，把我们过去那些经验都学去了。集体备课啊，相互听课啊，据说很严格。孩子的负担不过是从校内转移到校外了，还赔上了家长，当然更得多花钱。”（LN，2010）

---

① 小升初英语考证 单词量赶超高考[N]. 北京青年报，2009-04-28(A19).

说到底，取消制度内的考试很容易，一份文件，一道行政命令足矣，而人们对于优质教育的追求是不应该也不可能“取消”的，更不会因为红头文件或行政命令而罢休。如何令“小升初”做到公平有效，才是正确的思路。“小升初”改革给予我们的经验和教训是深刻的，不断地提醒这我们，对待任何一项教育改革，都应该如履如临。

有学者指出，在我国基础教育领域，近年来存在着“改革意识形态”，表现为“改革即进步。认为只要有改革，就会有进步……，把改革视为发展、进步的唯一途径”。“改革有理。认为改革总是有理的、正确的”。“改革即合法。认为改革是破旧立新，新的总比老的好，越新越好。改革的合法性是不言自明的，甚至改革就是合法性的标准”。这“是一种把改革理想化、绝对化和权威化的社会思想观念和行为方式。”①在改革开放 30 年后的今天，这种反思体现了可贵的冷静和理性，随着基础教育的发展，的确需要我们对于各种各样的改革持有更加审慎的态度，仅仅凭借着良好愿望，肯定是不行的。严复曾经在 1906 年给熊纯如的信中这样说过：“须知吾人所身受苦痛，其由于恶人者浅，而成于好人者深。”②回顾“小升初”改革的今昔，焉能不感叹老先生所言之精辟！

附录：2009 年海淀区小升初主要赋值评分项目③

1. 荣誉称号，最高 30 分，最低 8 分。其中全国十佳少先队、全国十佳少先队标兵、北京市金帆奖获得者均为 30 分；北京市银帆奖、市长奖均为 28 分；市级三好学生 25 分；市十佳少先队、市十佳少先队标兵、市红领巾奖章均为 22 分；区三好 20 分；区十佳少先队、区十佳少先队标兵、区红领巾奖章均为 15 分；三年校三好 12 分；两年校三好 8 分等(备注：除了校级荣誉外，要求获奖时间为 2008 年 1 月以后；只取最高，不能累计)。

2. 素质评价，总计 60 分，只有考试等级为 A 才能记分，其中包括五年级全区三科统测，一科记 3 分；科学、品德与社会、综合实践、音乐、美术、

① 王本陆．基础教育改革哲学刍议[J]．中国教师，2004(5)．

② 严复．严复集(第三册)[M]．北京：中华书局，1986：662．

③ 转引自：海淀小升初 班干部首次加分遭质疑[N]．北京青年报，2009-04-21(A14)．

体育课等6个学科能力考核，一科记2分；健康状况评价，记2分；关键素质评价，记2分；个性特长发展评价，包括规范汉字、百首古诗、生活技能三项，一项记2分；其他29项成绩，每项记1分(备注：只有评价为A才能记分)。

3. 科技、艺术、竞赛成绩，最高6分，最低1分。其中国际级别记分为4—6；全国为3—5；市级为2—4；区级为1—3(备注：获奖证书必须经过相关认定)。

4. 学生干部岗位，最高4分，最低2分。其中大队委4分、中队委和班委均为2分。

(三)中考

中考也是一个简称，完整的表达是：高级中等学校招生考试。中考也是社会知名度很高的教育词汇之一。按照中国目前的形势，从初中升入高中这个环节，因为距离高等学校的门槛又近了一步，自然比从小学升入初中更为隆重。

1. 权力下放

中考的基本情况是，在全国范围，曾经都是全省(自治区、直辖市)统一命题统一考试，大概到20世纪90年代中后期，开始变化。先后有差别，速度有快慢，但趋势相同，即权力下放，由省(自治区、直辖市)将命题考试权力交给下一级教育行政部门。当然，具体的操作则是各级教研室。以四川省为例，90年代仍然是全省统一命题考试，21世纪初，中考已经由各个市、州自己负责。一般各个市和州仍然采用统一命题考试，也有个别例外，比如成都市的双流区，便是自己单独命题组织考试的。

以下是北京市2010年中考科目及时间安排

6月24日(星期四)

上午8：30—11：00考语文

下午2：30—4：30考物理

6月25日(星期五)

上午8：30—10：30考数学

下午2：30—4：10考化学

6月26日(星期六)

上午8：30—10：30考外语

其中英语听力考试时间为：8：30—8：50

(北京市中考总分为570分，其中语文120分，数学120分，英语120分，物理100分，化学80分，体育30分。)

中考一直是与教研室关系十分密切的考试。仍然以北京市为例，20世纪80年代确定的基本原则一直沿用了许多年。1982年，北京市的城区和近郊区由市教育局确定命题原则和考试范围，由各区自行命题、考试。远郊县则由市教育局统一命题。所谓市教育局命题，即由市教研室承担，各县(区)命题，即由各县(区)的教研室承担。虽然那时已经有县(区)自行命题一说，但在1995年之前，命题原则和考试范围仍然是由市教研室规定的。从1995年开始，海淀区开始自己独立命题，后来，独立命题的县(区)逐渐增加，直到最后取消全市统一考试。不过，虽然说是独立命题，有些县(区)并不是真正自己来做。具体办法是，市里面建立统一题库，各县(区)可以按照需要到题库里面去选择题目组成试卷。另外，据说还可以采用其他县(区)的题目。比如，A县认为海淀的中考题目质量过硬，便可能与该区教研室协商，双方达成一致。届时，海淀区县在印刷试卷时，会按照A县所需的数目加印试卷。这种情况，主要由地处农村的县(区)向公认教学水平较高的西城、海淀提出要求。自然，其中也会产生相应的费用。

对于中考权力下放到县(区)，褒贬不一。反对的人认为会造成各个县(区)考试水平的差距，特别是，有一部分高中是全市招生的，而且恰恰是所有人关注的名牌高中或说重点高中、示范高中等。考试水平的不一致引发这些学校在录取高中新生时麻烦，学校与各县(区)之间的摩擦争执都是可以预料的。对此，教育行政部门会要求各个名校，例如大名鼎鼎的北京四中，向各个县(区)分配名额。比如，某县5个，某县8个，这样，无论这个县的考试水准如何，进入前5名或前8名的学生就有资格上四中了。如果统一考试，很可能，这个县没有一个学生能够考进四中。支持者则强调，各个县(区)的水平差异客观存在，统一命题很难把握尺度，究竟应该以谁为准？分配名额实际上不公平，而且不利于激励相对较差的地区努力提高自身教学质量。

一个更为重要的变化发生在21世纪之初的课程改革开始后。2003年，海淀区作为北京首先参加全国基础教育改革的实验区，由于课程设置和教学进度与尚未进入改革的其他县(区)不同，已经无法按照北京市的标准组织中考，于是，海淀区的中考则由北京市考试院(1996年，由原来的高招办、中招办、成招办、自考办等单位合并成立)负责。随着课程改革规模的不断扩大，北京市各个县(区)陆续进入国家课程改革，于是每年都有不同的县(区)在中考时脱离北京市教研室的控制，进入北京市考试中心(院)。目前，事实上成为由北京市考试院为各个县(区)命题。具体的做法是，由市考试院组织人员构成命题班子，当然，市、县(区)教研员仍然会作为主要成员参与其中，也就是说，出题和阅卷的主力军还是教研员这支队伍。可以看出，在这个过程中，教研室在中考上的权力萎缩了。

考试院负责中考，不仅是削弱了教研室的权力，更重要的是，对于教研室指导教学造成了威胁——没有决定考的权力，对于如何教难免惶惑，所谓没有指挥棒就是这个意思。据称，目前考试院和县(区)正在对中考进行协商，争取权力“回归”，不过仍未尘埃落定。

2. 欲说还休

既然利害超过“小升初”，中考改革自然分外牵动人心。可以设想，中考改革的得失成败会引来较“小升初”更为强烈的社会反响，触动各个社会层面更为敏感的神经。

中考改革起步比较晚，一段时期内的变化只是在权力的转换。开始大张旗鼓地改革，是在20世纪末由教育部发起，基本与新课改同步，指导思想是，“新课程中考作为义务教育阶段的终结性考试与评价制度，最根本的就是要改变‘以升学考试科目分数简单相加作为唯一录取标准的做法’，丰富人才评价标准，合理淡化考试竞争，有效促进学生的全面发展。其目的就是要为全面实施素质教育提供制度保障，促进义务教育均衡发展，切实减轻学生负担，推进课程改革，落实以人为本的科学发展观。”目前，可以说改革过程基本完成，“2008年6月，全国几乎所有地区都进行了新课程中考。这标志着中考改革已经进入全面推广阶段。”①

简单回溯，改革的主要过程如下：1998 年 4 月，在江苏省苏州市、湖北省荆门市等 7 个地区启动中考语文考试命题改革，1999 年 4 月，在上述基础上提出改革的指导思想，“改革的重点是，各科命题要注重考查学生运用知识分析问题、解决问题的能力，要有利于发挥学生的创造性；要符合学科特点；提高命题的科学性。要严格考试管理。”②

2003 年，教育部组织“由高校专家、教研员组成的全国中考评价课题组，在各地自评的基础上，连续 6 年对全国各地的中考命题和组织工作进行评价，提出中考命题、审题、阅卷及评价的建议。连续 4 年组织专家对各地中考命题人员进行培训”。2002 年 12 月，经国务院同意，教育部颁布了《关于积极推进中小学评价与考试制度改革的通知》(教基[2002]26 号)，提出要建立以促进学生发展为目标的评价体系，明确了评价内容和方法。要求中考命题“必须依据国家课程标准，杜绝设置偏题、怪题，要采用形式多样的考试方式，使学生在考试中有展示特长和潜能的机会”。

改革的具体措施：“初中升高中的招生录取中，要综合考虑学生的整体素质和个体差异，改变以升学考试科目分数简单相加作为唯一录取标准的做法，除考试成绩以外，可试行参考学生成长记录等综合评价进行录取。积极探索建立招生名额分配、优秀学生公开推荐等制度。”③

改革的成效：“据教育部 2007 年的调查，全国绝大多数地区组织了与新课程相配套的中考改革，”改革成效主要表现在：在考试命题方面，加强试题与社会实际和学生生活的联系，注重考查学生运用所学知识分析和解决问题的能力，杜绝设置偏题、怪题。改变单一纸笔考试，理科加强实验操作考试，文科增加开卷或开卷与闭卷结合的考试，英语听力考试得到关注，大多数地区将综合实践活动课程列为考查科目。一些地方积极尝试将学业考试的成绩以等级的方式呈现，改变‘分分计较’的做法，消除‘名次’生成的基础。一些

---

① 余慧娟．让中考改革走上制度化、科学化道路——访教育部基础教育司巡视员朱慕菊[J]．人民教育，2008(Z2).

② 同上．

③ 同上．

地区尝试多次考试，缓解‘一卷定终身’给学生带来的压力。90％以上的地区开展了综合素质评价，70％以上的地区将综合素质评价结果作为普通高中招生投档线或入围条件。评价内容包括思想品德、公民素养、学习能力、交流与合作、运动与健康、审美与表现六个方面。①”

从上述报道的文字看，改革圆满成功。实际上，像许多官方主导的改革一样，在宣告成功的同时，也可以听到许多不同的声音。必须承认，改革的初衷善良美好，但就如前面一再所说，考试竞争也罢，学习压力也罢，原因并不仅仅在于教育本身，而是来自社会现实的方方面面，因此，希望通过一个考试改革便能够解决，未免天真。而用力过度，更可能事与愿违。

就以上述报道所提到的“综合素质评价”为例，北京市的尝试便引起轩然大波，至今尚未平息。

2008 年 10 月 21 日，《北京青年报》以《学生综合素质评价惊现多种怪胎》为题，对北京市的基础教育评价改革做了专题报道，称“被称为基础教育破冰之举的综合素质评价正遭遇尴尬”，其中罗列的主要问题有三个方面。

“怪胎一：雷同的多胞胎

西城区一所重点中学校长坦诚地说这种现象确实存在，比如有的老师对学生的评价就是那几句话：‘积极要求进步、努力向上，体育好，学习好等。’这名校长感慨地说，‘有的老师给学生写了十句话，一句都没反映出学生的个性特点，这样的综合素质评价一点意义都没有，我认为应该写得细节化一点，同样是写学生体育好，可根据学生实际情况写他积极参加运动会或者认真做广播操等。’‘目前，在高中综合素质评价采集的数据中，尤其是教师对学生的评价，基本大同小异，更有甚者完全是拷贝粘贴。’某区县一名负责高中新课改数据采集的老师无奈地说。”

怪胎二：人人都是优秀

‘综合素质评价分为四个等级，我们不允许老师给学生打 D，除非学生表现特别不好。’朝阳区一所中学校长说，‘综合素质评价本来是阶段性的评价，

---

① 余慧娟．让中考改革走上制度化、科学化道路——访教育基础教育司巡视员朱慕菊[J]．人民教育，2008(Z2)．

我们担忧使用者把它定性为学生永远是这样。'校长们告诉记者，综合素质评价如今被提升到可以左右学生升学、就业的高度，作为教育工作者我们不能因为学生阶段性表现不好而毁了他们将来的发展，因此，我们要尽可能地肯定学生的优点，像学生打架或者受到处分等肯定不会往里写。但是学生毕竟不是神仙，每个人身上或多或少地都存在一些缺点。'既然这些缺点不可避免，我们就采用婉转的表达方式。'海淀区一所普通中学校长说，'比如某学生的字写得很差劲，考虑到学生长久发展问题，老师会这样写：希望你的字写得更好一些，再婉转一些会这样写：如果进一步努力，你的字会写得更漂亮，这种表述也给学生一个发展的空间。'多名校长告诉记者，为了消除这个婉转可能给学生将来造成的负面影响，学校都要求老师不写缺点。'这样的处理比较好'。学长们说，'没有写一方面意味着学生在这方面有缺陷；另一方面也让使用这个评价的人自己去理解。'

尽管如此，来自宣武、崇文、石景山、海淀、东城、西城、顺义等县(区)的绝大多数校长表示，学校会通过种种努力确保综合素质评价的客观性，'我们既不轻易给学生打D，但也绝不有意拔高。

怪胎三：可逮着机会了

为了实现综合素质评价的客观性，参与学生综合素质评价的人比较多，除了学生本人自我评价外，还包括父母、老师、同学等。只要有人参与，必然带有一定的倾向性和情绪化，有的甚至说'可逮着机会了'。在这些参与评价的人中，父母和学生一般都只会'弘扬'自己的优点。老师和同学的评价则出现了多元化。记者采访发现，绝大部分老师和同学的评价都比较客观，但少部分人的评价情绪化严重，有的甚至还充满打击报复的倾向。'这种情况不可避免。'海淀区一所普通中学校长说，'学生课堂表现不好、学生之间关系不好，都有可能趁此机会给予低评价。'为了避免教师中出现这种打击报复行为，许多中学在向上级单位正式提交数据之前，学校相关负责人都要逐一审核老师的评语。校长们说，学校成立评价组，先对学生大致进行分类，基本达成一致意见后才能登录填写，'这时老师的评价不完全是个人行为。'为了更客观一些，部分学校甚至允许学生自己先看自己的初步评价结果，有异议的可以向学校提出复议，评价组要重新对其评议，确认不予调整的要给学生解释。”①

即使不去考虑考试竞争的复杂社会背景，单从技术上，“综合素质评价”也缺乏可靠性。从各个方面全面考查学生的综合素质，以取代孤立的分数比拼，当然是好事，如果能够保证公平公正，恐怕没有任何人会反对。可惜，迄今为止，在全世界范围内，对于人的各种能力、情感、品德的评价，仍然没有达到公认的科学性和权威性的技术。所以，并非人们死死抱住分数不放，实在担心金钱、权力、关系等会令愿望美好而技术无保证的综合素质评价被侵蚀、被扭曲，在今天的中国，谁能说这样的担心是多余的呢！

相映成趣的是，另外一个直辖市天津，却出台了似乎与中考改革不大协调的政策。

天津市教育委员会在2008年11月发出《关于停止对初中毕业生中部分特长生加分的通知》，决定从2009年起，停止对初中毕业生中的体育类、艺术类、科技类、学科类特长生加分。有报纸冠以“废除特长生加分制度利国利民”的标题登载了这一消息，评论道：“教育界希望以培养特长生打破传统应试教育的期待不但落空，甚至还强化了应试教育，增加了中小学生课业负担。”“‘特长生升学加分’，有着巨大的诱惑力。名目繁多的校外‘奥赛班’、外语班、声乐器班、美术班、竞技体育培训班等应运而生，分级设置，俨然形成了一条完整的教育产业链。望子成龙的家长们，自然不希望自己的孩子‘输在起跑线上’，争相为孩子报名学习，甚至强迫他们培养‘特长’。一些学校和教师还打破正常教学秩序，把精力投入到校园之外能赚取外快的特长生辅导班上。而‘特长生’在一些地方甚至演变为‘特权生’，开具虚假‘特长生’证明，成了滋生腐败的温床。”②

想来天津的尝试也不会一帆风顺，各种各样从可能从“加分”政策中受益的社会成员势必设法“突围”，结果如何，人们拭目以待。

(四)高中会考

1. 最年轻的考试制度

会考“指检验毕业生是否合格的一种考试。教育行政部门对学校进行宏观

---

① 邓兴军．学生综合素质评价惊现多种怪胎[N]．北京青年报，2008-10-21(D2)．

② 张建新，刘刚．废除特长生加分制度利国利民[N]．北京青年报，2008-11-02(A4)．

控制的一种手段，确保教育质量的重要措施之一。考试命题限于学科的基础知识部分。各门学科会考通过，即为合格的毕业生。它属水平考试，不分等第。”①民国时期中小学都实行过会考制度，新中国成立后废止，直至改革开放后高中会考重新出现。②

对于学生来说，会考比高考的压力小得多，不过考试的科目要多出许多门。高考是文理分科，除语数外为共同必考外，两类的学生分别可以免考某些科目。这主要是因为会考与高中毕业证书挂钩，因此所有课程包括计算机、体育等也要通过。只有全部科目通过，才能够拿到证书。会考也不像高考那样集中在三天之内，而是分散在高中各个年级进行。过去一直是从高一到高三都有，新课改以来，则集中于高一高二两个年级。各科成绩分为ABCD四个等级，C以上为及格。因为难度要显著低于高考，所以一般说大多数学生都能够顺利通过。

新课改后，会考分为两个部分，语数外理化生史地政等科目为市级会考，由市教研室出题，全市统一时间，统一阅卷，统一登分。计算机、通用技术、音乐、美术、体育等为区级会考，由区教研室出题全区统一考试。具体科目的考试年级各地也有细微差别，以成都为例，2010年会考情况是，高一末：会考地理、历史；高二末：会考物理、生物、化学；高三上学期末：会考语、数、外、政治。

与其他考试相比，高中会考是新中国基础教育中最年轻的考试制度——出现于改革开放之后。在研究西方国家，尤其是欧洲各国有关经验后推行。1985年开始普通高中毕业会考试点，1990年在全国各地推广实验，1993年成为正式制度。③ 为什么要推行这种考试？有学者概括了会考的最初意图：“当初决定建立高中会考制度时，有两个想法，一是顺应普及高中阶段教育的历史趋势，在高中阶段教育大发展的过程中要稳定高中质量；二是通过省级高中会考制度的建立，使高中教育质量的评价更加科学化，从而促进高等学校

---

① 教育大辞典编纂委员会．教育大辞典(第一卷)[Z]．上海：上海教育出版社，1990：218.

② 同上。

③ 阮洁卿，阮来民．法国高中毕业会考制度的发展及其特点研究[J]．外国中小学教育，2007(8).

招生考试制度的改革，为青少年全面而健康的发展，创设一个相对宽松的教育环境。”①

上文中的“一”是指高中普及之后，以正式的会考作为高中毕业的标准。新中国成立以来，国家对于普通高中的任务始终定性为“双重任务”：为高等学校输送合格毕业生，为社会培养合格人才，也就是普通高中应该为学生做升学和就业两种准备。但国情所使，普通高中实际上始终“挣扎”在双重任务之中，在相当比例的学生和家长看来，读高中本来就是为了上大学的，因此，双重任务始终是镜花水月，新中国的普通高中一直扮演着国外曾经或仍然存在的“大学预科”角色，单凭建立会考改变这种状况其实很难。“二”是指通过会考监督高中教育质量——因为高考是选拔性考试：必须有相当的难度水平以保证区分度，而会考则更主要是水平考试：学生是否达到了高中毕业的标准。会考将高中毕业资格分离出来，单独进行考查，高考的职能可以更加纯粹，专门应对高等学校选拔学生的需求。然而，这样一个许多国家普遍认可的性质，在中国却成为会考坎坷命运的隐患。

20 世纪 90 年代后，会考已经在全国普遍实施。如前所述，内容的全面性和对象的全员性令其规模可观。一年一度的会考任务繁重，从命题到最后的发布结果，所需的人力和物力大约仅在高考以下。这项工作整体的组织部署，主要由各省级教研室承担。下面是 2006 年北京市有关会考工作的总结，窥一斑见全豹，可以大致了解一个自然年度中这项工作的主要节奏和内容，大致体会到工作的分量。

“1 月 9—19 日，基教研中心负责进行了北京市 2006 年春季普通高中毕业会考阅卷工作，9 个学科的命题负责人主持了学科阅卷工作。在王燕春副主任的带领下，共有 10 位教师参与了组织工作。本次阅卷工作共调集全市 400 位教师，经过 11 天的紧张工作，共完成 9 个学科计 30 多万份试卷的阅卷工作。语文、数学、外语、历史、地理四个学科进行了网上评卷，大大提高了阅卷的效率和公平性，取得良好的效果。”

---

① 文喆，北京教科院基础教育教学研究中心. 北京市普通高中毕业会考十年回顾与展望[M]. 北京：北京教育出版社，2003：序言 1.

“4月21—29日，基教研中心中学数学、语文、外语、物理、化学、生物、历史、地理和政治九科教研员在王燕春副主任带领下，投入到紧张的2006年夏季北京市高中会考招生考试的命题工作之中。基教研中心相关教研室自本学期开学之初即开始做了大量筹备工作，保证了此项工作的顺利进行。”

“6月28日—7月10日，基教研中心负责进行了北京市2006年夏季普通高中毕业会考阅卷工作，9个学科的命题负责人主持了学科阅卷工作。在王燕春副主任的带领下，共有14位教师参与了组织工作。本次阅卷工作共调集全市600位教师，经过9天的工作，共完成9个学科计50万多份试卷的阅卷工作。”

“12月4—12日，北京市2007年春季普通高中毕业会考的命题工作在大兴校长大厦举行。在领导小组组长梁威主任、领导小组副组长王燕春副主任带领下，高中语文、数学、英语、物理、化学、历史、地理、政治、生物9个学科的44位教研员或教师参加了此项工作。在日程紧、难度大的情况下，经过8天紧张的命题工作，按计划保质保量地完成了今年的命题任务。”①

较之中考和高考的面目严峻，会考要温和得多。学生如果第一次没有通过，可以再考。比如，高一时没有通过，可以在下一年，参加下个年级的考试。即使高中结业时还有科目未通过会考，也可以在之后的几年内再次考试，直至通过。早在课改之前，北京市还增加了春季会考，也是出于对学生更周到的考虑。一位北京市教研员(GF，2008)对此做了如下解释。

“主要是为了多给学生些机会吧。本来会考在高中一年级、二年级、三年级都有，会考不通过，是没有资格拿到毕业证书的。如果只有一次，那么可能一些学生就拿不到高中毕业证书，因为哪怕只有一科没通过也是没有合格。有了春季会考，学生就可能再争取。实际上参加春季会考的学生经常比参加夏季会考的种类多，比方有的已经出国了，在补习语言，准备在国外读大学，但对方要高中毕业证书，这样就得回来把原来没有考的科目补上。还有的已经工作了，希望拿到高中毕业证书。另外，在校学生参加春季会考的也很多，

① 北京教育科学研究院基础教育教学研究中心．2006工作年报．(内部资料)

有的是第一次没有通过，高二了把高一的会考科目再考一遍，也有的是学生成绩比较好，想早点把会考过了，这样就可能出现这种情况：高一的学生参加高二的会考。

春季会考与夏季一样，也是全科，9个科目都有。难度吗，基本也是一样的吧。”

2.“与生俱来”的纷争

从产生之初，会考便陷于种种纷争。

“其实，就具体的考试制度而言，不论是借鉴发达国家的发展经验，还是总结近百年来中国教育的发展历史，以水平考核为宗旨的会考制度，可能会比以选拔为目标的招生考试制度要有生命力，更有发展前景。”①话是不错，通过与选拔性高考相分离的会考，对于学生高中毕业的资格给予认定，不是很有意义吗？然而，几乎是从一开始，会考制度就隐含着后来的两难处境：如果坚持质量标准，考试便自然要有一定的难度，这样便可能会有部分学生由于无法通过而拿不到高中毕业文凭。如果放松标准，学生基本上都能够通过——许多地方正是这样做的，会考本身便沦为形同虚设。事实上，会考制度实施后，很快就产生了一些争论，不同意见主要也有两点：一是会考存在的必要；二是与高考的关系，围绕着这两点，关于会考存废的争论一直没有停息。

“从全国范围来看，在教育部有关文件指导下，开始于2000年的新一轮会考改革是在极大的争议中开展，争论的焦点问题是全省统一的高中文化课会考有无存在的必要，会考与高考的关系等问题。三年来，许多省市陆续配合高考科目设置方案改革，对已建立十年之久的会考制度进行相应的调整。以广东为代表的省市将省级会考的权限完全下放到学校；以江苏为代表的省市取消了全省统一文化课考试，保留实验考查；而以上海为代表的省市则在重新对会考进行定位思考的基础上，配合高考改革，恢复了省级会考制度；还有就是以北京、浙江、河北等为代表的一批省市在保留着原有高中会考同时，加大全面深入改革会考制度的步伐。”②

① 文喆，北京教科院基础教育教学研究中心．北京市普通高中毕业会考十年回顾与展望[M]．北京：北京教育出版社，2003：序言2.

② 文喆，北京教科院基础教育教学研究中心．北京市普通高中毕业会考十年回顾与展望[M]．北京：北京教育出版社，2003：2.

在撰写本书的过程中，不断地听到有关会考的各种各样的消息。2005 年 4 月，四川重庆江津市政协委员、江津中学教师张晓宏提出关于取消高中会考的建议。张晓宏在建议中说，现行的高中会考制度已不合时宜，存在着增加学生负担、分散学生精力、助长作弊之风三大弊病，应该予以取消。① 2005 年，贵州省教育厅决定，从该年秋季起，贵州将不再组织全省统一高中会考。这标志着贵州省实施了 16 年的统一高中会考制度告别历史。② 从 2007 年秋季开始，湖南将全面进行普通高中新课程实验。与高中课改相配套，拟取消各级教育行政部门组织的高中会考制度，并将尽快着手研究普通高中高考改革方案，颁发新的《考试大纲》。这是记者日前从湖南省教育厅获得的消息③……

为什么，仅仅十几年时间，一项由国家最高教育行政部门自上而下推行的考试，就面临如此的境遇？

3. 本来面目与水土不服

在"原籍"法国，会考制度地位显赫。高中毕业会考，是法国的国家级考试，历史久远，享誉国内外。因为没有专门的大学入学考试，中学毕业会考文凭在法国既代表中学教育的结束，也是学生可以接受高等教育的凭证。法国中学毕业会考制度始于 1808 年，普通文凭考试由来已久，技术文凭考试和职业文凭考试则分别设立于 20 世纪八九十年代。高中毕业会考制度是法国教育的标志，也是法国公民心目中教育机会均等和民主化的标志，其权威性、公正性和公平性备受国际社会的关注和推崇。虽然 20 世纪 90 年代以来法国的会考产生了诸多变化，但其主要性质仍然稳定：证明考生的高中毕业资格，赋予考生进入高等教育的身份。很明显，会考在法国的尊贵地位，来自其双重功能，与其在高校入学中的作用不可分。

中国在采用会考制度之初，对于法国会考的研究可谓充分。然而，对于一个根本性的问题却没有做出恰当的解决，这就是与高考的关系。取代高考是不可能的，高考在先而且树大根深，既然如此，问题就变成了是否与高考

① 政协委员建议 取消高中会考制度[N]. 重庆晚报，2005-04-27.

② 贵州取消全省统一高中会考制度[EB/OL].
http：//www.gz.xinhuanet.com/xwpd/2005-10/21/content_5401108.htm，2005-10-21[2011-03-05].

③ 龙军. 湖南拟取消高中会考制度[N]. 光明日报，2007-01-19(3).

建立联系，以及怎样的联系？由于高考竞争的激烈，每年都有庞大的“落榜生”大军，这些学生不仅高考失利，而且还面临“白白念了三年高中”这样的尴尬。通过会考并且获得高中毕业证书，的确对于缓解这种尴尬具有很实在的意义，特别是改革开放后中国劳动力市场的活跃，以及劳动人事制度的日渐规范，许多行业和部门的准入资格已经使得高中毕业文凭有相当的含金量。

然而在中国，获取高中毕业文凭的会考的状态让人对于这一纸文凭心存疑虑。

有研究者以某省升入师范大学的2007届高中毕业生为对象，调查了会考的情况，结果表明，A省的会考情况堪称“骇人听闻”。一是学生集体抄袭。会考成为“班级内同学间的合作、文理科学生间的合作，甚至有教师参与协作，从而演化成一种全校性的合作抄袭。”二是教师“轻视会考，纵容舞弊”。“班主任‘嘱咐’学生要尽量抄，以期一次性通过”，“尽管采用‘交换监考’，但有一种‘相互通融’的潜规则在起作用”，“如果他们在我们学校抓得紧，我们马上通知在那边监考的老师，他们的学生也别想过。”“考场监考确实很松，大家都拿着试卷抄答案，老师也不把它当回事，”“会考中代考现象很普遍”。三是批改试卷“抽签决定，运气至上”，会考的评定方法是“不批改试卷，阅卷者随机在所有的试卷中抽出不幸运者。”即使批改题目也是走过场，因为，“不管怎样都要抽几个人来补考，交了补考费就一定会过，所以大不了补考，不会不让你毕业的。”于是会出现许多荒唐现象，“有些成绩好的学生却‘挂科’了”，“上一届重点班有个同学英语竞赛拿一等奖，可是会考英语竟然没有过要补考”。相反，有的学生“甚至把题目抄一遍就能过关，更离谱的是一位同学写一些关于爱情之类的歌词填满空白处，可10分的题目竟得8分”。①

如果坚持高中毕业文凭的价值，那么，就一定需要严格的会考制度。可是，高考压力已经让整个社会无可奈何，再来一套严格的会考岂非雪上加霜？于是，在许多地区，会考轻松顺利，很少有不通过的学生。更为滑稽的是，甚至一门或几门科目会考不合格，也并不妨碍考生参加高考。理由十分冠冕堂皇：“不能因为一次会考失利，就剥夺学生参加高考，接受高等教育的权

① 谢翌．高中会考体验个案研究[J]．教育科学研究，2009(6)．

利。”会考不通过，意味着高中没有毕业，一个高中都没有毕业的学生，如何接受高等教育呢？莫非中国的“基础”教育并不是高等教育的“基础”？说到底，还是缠绕中国教育多年的升学竞争。这样的国情，使得会考几乎是一进入中国便“水土不服”。

北京市考试院一位负责人曾经这样说：

“就目前看，会考仍然具有独立功能，所以那些取消会考的省份有些正在酝酿恢复。比如说，高考改革后，3＋2也好，3＋x也好，在一些地方和学校，由于高考压力，就会使得‘2’或者‘x’之外的科目受到影响，严重的甚至不开设。这样就影响了学生高中教育的质量——知识结构不完整。坚持会考制度，迫使学校必须开设各门课程，可以在相当程度上保证学生基本学习高中阶段应该学习的内容，使得他们成为名副其实的高中毕业生。”①

这段话所说是实情，但如何真正保证会考的质量，却仍然是有待研究的问题。正如有学者指出：“会考的地位源自其利益的关涉性。由于会考制度没有与当下学校、教师和学生的利益或前途结合起来，因而很难得到切实执行。”②理顺与高考的关系，必定是其中的关键。

（五）高考模拟考试

以下是2009年的一则新闻报道：

南阳市西峡第一高中是河南省素质教育示范性高中之一，发生几起悲剧：一名成绩优秀的复读生在课上猝死，一名高三女生跳楼，该女生在医院抢救时，又一名高三女生晕倒在课堂上……记者由这些事件关注这所学校，发现所谓“八校联考”，即南阳市八所示范高中自发组织的联合考试。进一步调查发现，“这个专为高考设置的民间联考最早是从湖北省兴起的，现在已经蔓延到全国多个省市。‘八校联考’的参与者已经不限于重点学校或示范性学校，联考学校的数量也远远突破了8个，它甚至已经不再仅仅是一种考试，而已经成为备战高考的冲刺模式和教育范式。参与‘八校联考’的学校都相互攀比，在成绩上攀比，在学习时间上攀比，自然也在名气和资源竞争方面攀比。而

① 臧铁军，北京师范大学教育学院硕士研究生讲座，2009年4月19日.

② 谢翌．高中会考体验个案研究[J]．教育科学研究，200(6).

攀比的后果，是无数学子在进入大学之前，就经历了惨痛的灵肉洗礼。虽然跳楼和猝死的学生是极个别的，但在他们身后究竟有多少被摧残的身体和被扭曲的心灵，实在很难做出估计。”①

高考的高利益、高风险，必然会催生出种种对其追逐的行为，引发上面惨剧的“八校联考”不过是类似考试的冰山一角，当然，也是比较极端的行为。为高考做“热身”的考试全名为“高考模拟考试”，所谓“八校联考”其实是这种考试的变种。高考模拟考试通常先后有两次，俗称“一模”“二模”，分别在高考前两个月、高考前一个月左右进行，参加者就是当年准备参加高考的高三学生。作为高考的“热身”，受到家长、学生和学校极高的重视，尤其是“一模”，由于它对高考成绩相当精准的预测效果，更是令人们对其青眼有加。

多年来，在北京“一模”之后，所有高中都会出现下列场景：

在学校最大的会场，举行所有高三学生家长参加的家长会。会场座无虚席，秩序井然——无须任何人维持纪律，没有参会者会闲谈旁骛。会议一般由校长、副校长或者教导主任主持，家长们人手一册的是本次“一模”的成绩分析。其中包括了各种信息：

全区每个学校总成绩(平均分)，该成绩在全区高中所处名次，成绩的计算完全按照正式高考的标准。

全区所有学生总成绩(各门分数总和之后排队)，每个学生在全区考生中的名次，并不直接出现学生姓名，而是学号或者考号，且每册只注明该学生本人名次。

全区每个学科总成绩及在全区所处名次，每个学生该科成绩及在全区考生中名次。

无论教育行政部门如何三令五申禁止在学校和学生成绩之间做任何形式的名次排队，上述内容是一定会精准无误地被告知。理由简单而充分，家长和学生们需要了解自己成绩的精准信息，而这种信息只有在足够大的参照系中才能解读出具体意义，学生个体的孤立分数说明不了任何问题，不了解自己在竞争伙伴中的确切位置，高考报名无法做出恰当、理性的抉择。就此，

---

① 蔡方华．“八校联考”的癫狂里何谈素质教育[N]．北京青年报，2009-04-08.

家长和学生是有知情权的，学校及学校之间的排队有其存在依据。

会议的主要内容是由主持者对以上信息做出解释，比如按照过去几年情况，多少名次以上大概可以报考一本学校，多少名次以上可以报考二本以上学校。当然，根据学校自身情况，说明的具体内容差别甚大，那些知名学校要十分具体地回答，在什么名次上，可以考虑报考清华北大这样的名校，那些生源较差的学校则要特别说明，在什么名次上只能考虑大专或者职高……

此后，还会有主管教师特别讲话，提醒考前各种注意事项，并且对家长提出要求，如饮食起居，心理调适，等等。

大会结束，经常会再分班开会，班主任就本班学生情况做进一步说明。

通常，会议结束后，大批家长会留下来，排着队找教师个别咨询，家长们耐心地等待，教师则不厌其烦地回答各种询问，双方都不时地对手中的模拟考试信息指指点点……

差不多吧，北京如此，据了解其他地区亦大同小异，上述“一模”之后的家长会，至今仍然在一年年上演。

大多数家长和考生虽然知道“一模”非同小可，却未必明白这个考试在教育系统中的特殊性。与会考、中考等相比，高考模拟考试有浓厚的“草根”色彩，不具备前述各种考试那样正式的“国家”身份，说得高些，也是“半官方”的行为。在从中央到地方的各级教育行政部门的正式工作计划中、各种工作汇报总结中，基本上见不到有关模拟考试的内容。高考模拟考试的要求、做法等，也没有什么正式的——尤其是见诸文字——形成正式文件的规则，据了解，其产生就源于“民间”，所以说高考模拟考试具有“制度外”性质。然而，就像某些人具有“不怒而威”的声望，高考模拟考试尽管缺少名分，却赢得了教育界内外人等的一致尊重，赢得了在教育系统中的稳定地位。如前所述，在学生、家长、教师和校长们眼中心底，高考模拟考试的成绩和分数，其重要性仅次于高考。

顾名思义，高考模拟考试就是对于高考的模拟，与高考关系密切，为高考服务。因此，考试的科目、卷面的结构、题目类型、难度系数、分数赋值等，都要尽可能准确地模仿正式的高考。模拟考试可以让学生增加考试经验，其成绩也是高考报名的主要参照。

模拟考试的历史和命运与高考最为密切。据一位现在仍然担任区级教研员的1977级大学毕业生回忆，在他参加工作几年之后，也就是20世纪80年代中期，学校才开始有模拟考。据称，北京市算早的。到了20世纪90年代初，模拟考基本在全国铺开。根据北京市教研室一位负责人(ZC，2007)介绍：

“1982年前后，北京市各个区县开始出现模拟考试。当时主要有两个作用，一个是为学生报志愿提供参考；另一个是有点淘汰的意思，通过模拟考试，可以让部分成绩不太好的学生放弃报考大学，那时高考录取还没有现在这么高的比例。

各个区县自己搞，实际上水平是有很大差距的。比如海淀区的模拟卷子质量就很高，于是很快出名，其他区县特别是郊区，自己出有困难，或者出的质量不够理想，就会去买他们的卷子来用。不只是北京啊，外地也有许多地方来买。除了北京市海淀区，还有福建的卷子、湖北的卷子等，也都很出名。当然，无论是哪里的卷子，都是区县甚至学校出的，省级教研室从来没有出过模拟考试的卷子。比如湖北卷子，那时就有黄冈的。”

如同这位老师所说，高考模拟考试不是省级教研室的任务，北京市一位现在已经退休的资深教研室负责人(FH，2006)也十分肯定地表示：

“北京市教研室从来没有出过高考模拟考试的卷子。这项工作是由各区自己组织的。”

直到今天，北京市的“一模”“二模”都是由各个县(区)自己组织。从命题、考试、阅卷，全部是各区教研室独立承担。当然，仍然会有些县(区)因为自己力量比较单薄，采用其他区的卷子，或者请其他区代为命题。高考意义重大，模拟考试在形式、难度、风格上自然都是越接近正式高考越理想，而高考本身也在不断变化，不难想象，高考模拟是一件颇需技巧又甚具风险的任务。多年来，在关于各种考试的抱怨声中，针对“一模”“二模”的倒是甚少与闻，真是难得，似乎各方面还算满意。

教研员们究竟是如何完成这项工作的呢？很让人好奇。就此，我曾经有过一些猜测：一定有专门的任务和研究，各个区之间可能会有“联席会议”之类，而且，虽然教育行政部门不好出面，多半实际上还是要过问的，等等。请教过许多人，下面是与北京市海淀区教研室某学科的一位教研员老师(GZ，

2008)的谈话。

我：高考模拟，都是各区自己出。早就听说，模拟考试很厉害，尤其是一模，估的那是相当的准。真是很好奇，各区之间怎么平衡难度啊，因为高考至少北京市是统一的，你朝阳区东城区西城区海淀区这么多区，一共十八个区县，模拟考试难度应该差不多吧，要不然人家的那么准你的那么差，对谁都不好交代，那么大家要不要开个会什么的，找找齐呢？

GZ：各区县不找，没法儿找，这生源不同，教师水平不同，教师的起点也不同。怎么说呢，就是依靠各区教研员自己，比如说海淀的它有一批老的很有经验，逐渐带一批年轻的，专门做命题研究的，

我：哦，不找，没有什么各区联合的研究或者会议之类？

GZ：没有，模拟考试之后，人家别的区会用海淀的卷子再做练习，特别一模之后，就是这样。

有点令我失望，但之后又不断地请教许多人，得到的回答是差不多的。比如，一位仍然在任的有关方面负责人(LT，2009)的说法基本肯定了GZ的说法：

“各个区基本是自己做这件事情。主要是能够让学生了解自己在全区的位置，这样对他们选择和填报志愿非常有帮助。至于实际情况，有几个区比如东城、西城和海淀是做得比较好的。有些区弱一些，据说有时因为模拟与高考差得太多，高考之后家长和学生抱怨甚至骂人的情况也是有的。不过，模拟就是模拟，不可能期望百分百地押中题目、猜中题目，主要还是上面所说，了解自己的位置。当然，模拟也要尽可能与高考的形式接近，比如题型什么的。”

既然是县(区)自己命题，当然是自己阅卷，基本做法是由教研室抽调部分教师集中进行。

在时下一片对于考试的讨伐声中，模拟考试是很少被批评的，希望它继续好运。

(六)高考

高考即高等学校入学考试，高考的命题、阅卷一直是由独立于地方教育行政部门的力量组织的，现在基本是由各地的教育考试院负责和组织。通常

各学科都会有教研员以个人身份参加。

高考的结果一直是教研室工作成就最有说服力的、最终极的检验标准。

2009年过后，北京市某区教研室的主任心情很不错，该区的高考成绩比去年增加了若干个百分点，达到历史最高纪录。

“今年谈高考计划时，教委要我保证，增加××个百分点，这个哪能保证？我就说不行，去年已经增加了一大块，今年应该是力保去年成绩，再争取有所突破，其实有所突破我还是有点把握的。争了半天最后我也没答应。当然，说归说，干的时候还得玩命，大家奋斗啊，教研员们真是辛苦啊。结果呢，没想到不仅比去年好得多，还真的达到了领导期望，现在看来我保守了，当时应该拍胸脯并且要条件呀，哈哈。不过，这种事情实际是无法很精确估计的，相关因素太多了。

顺便说说，有件事让人哭笑不得。高考成绩一出来，领导高兴啊，马上让我做计划奖励各个学校和教师。这当然是大好事。我很快就把单子做好了，没想到啊没想到，领导居然把我们教研室给忘记了！各个学校都有奖，唯独我们教研室没有，居然!”

一叶知秋，这位教研室主任的失落大可理解，我听到这个小插曲也是啼笑皆非，不由得想：如果是在15年或者20年前，恐怕不可能忘记的吧？

没有人否认，高考成绩是评判教研室工作效率的重要指标，离开这个指标，其他考试的成绩几乎无法最后认定。只是，由于种种复杂原因，这个指标却又十分微妙，如同俗话所说：“摆不上台面”。普通人家子女考上理想大学都要大张旗鼓、风风光光地庆祝一下，考生更是如同功臣，父母、祖父母、七大姑八大姨万千宠爱于一身，没有人会大惊小怪，更不可能有人想到兴师问罪。他们大概不知道，帮助他们实现理想呕心沥血的教研员们，虽然如同他们一样喜上眉梢，却不能像他们一般地大张旗鼓庆贺，更不要提风风光光，即使有形形色色的奖励，也只能是“静悄悄地”操作。

无论高考竞争多么激烈，无论升学压力多么沉重，对于教研室来说，他们必须为这个考试拼搏，为争取好的高考成绩殚精竭虑，这是他们的宿命。

1997年与2007年，国内有两次关于高考的大型问卷调查。“两次调查结果特别值得注意的是，1997年，有88.3%的人认为当时的高考制度应该进行改革，认为‘不必改革’的占3.6%。时隔10年之后，认为全国统一高考制度‘有缺陷，但仍是目前最好的办法，应改进’的占77.4%，而认为这个制度‘很好，应当维持’的占‘17.6’，两者相加达95%，认为‘应当废除’的只占5%。也就是说，经过10年的不断改革，高考方式在变化，人们对高考的态度也因社会变迁而发生变化，高考在人们心目中的信誉不仅没有降低，反而比以前更好了。”[①]确实，对于高考的利弊得失，整个社会的态度日益成熟和理性。

“30年来，高考在许多方面都实行了改革，高考科目、内容、次数、招生录取体制、命题方式(分省)以及技术环节等都经历了多次变革。但是，这些探索有的经受住了考验，有的则无疾而终。总体来看，与考试技术相关的改革，大部分比较容易取得成功，而制度性的改革往往历经反复，比较曲折。细节方面的高考时间调整，被普遍认为是高考更加人性化的努力，而考试标准化、网上录取、网上阅卷，都是依托于现代化科技的改革，也普遍得到肯定。但改革一旦涉及高考次数、科目、内容、招生考试主体，争议和反复就不断出现。”[②]

什么是高考之本？非常简单，通过科学文化知识的考核，选拔人才。“文化大革命”期间教育之所以完全瘫痪，直接原因就是伤害了这个本。邓小平当年也正是抓住这个本，才使得整个基础教育洗心革面。历史经验表明，动摇这个本，就会伤害整个基础教育，并且最终祸及全民族和全社会。高考有局限性，难以全面考核学生的能力、思想等，高考又是合理的，可以相当准确和公平地反映个体的基本素质。因为种种突发性缘故如因生理和心理原因临场发挥失常，致使原本优秀的学生最终落榜或与心仪学校失之交臂的遗憾事例几乎年年都有，不过，平时成绩不良，靠高考意外发挥获取高分则几乎是不可能的，也就是说，高考可能造成遗憾：漏掉少数优秀学生，但不可能允许投机，就选拔人才而言，应该说是迄今最为可靠的。“统一高考比单独招考给较低社会阶层子女向上流动提供了更多机会，对广大普通家庭子女来说，高考作为一个自致性因素，几乎成为他们获得高等教育的机会、实现阶层向

---

① 刘海峰．高考改革的回顾与展望[J]．教育研究，2007(11)．

② 同上。

上流动的一座最为公平合理的‘独木桥’。”①

理解高考科学性最为便捷的方式，就是与某些不成功的改革尝试加以对照。

针对高考主要侧重掌握知识的局限，基础教育多年来一直有各种尝试如“三好学生”、特长加分等措施，意在选拔那些综合素质优秀，或有特殊才能的学生。然而，这些措施一直因为经常沦为权力和金钱的奴仆而备受诟病。几乎每年，全国各地都会有关于“民族生”身份造假、“特长”灌水、户籍“乾坤大挪移”等新闻曝光，人们早已“审丑”疲劳。

北京市近年来推出了“综合素质报告册”，目的在于改变“一考定终身”，希望通过多方面评价更为全面地考察学生，并且作为高考录取的参考。然而，初步试行的结果却与良好初衷相去甚远。2009年，北京有媒体以“综合素质报告册，网上疯传通用版”为题刊登记者文章。“本为体现学生个性化差异而填写的‘北京市普通高中毕业生综合素质评价报告册’内容，如今却被网上疯传的‘综合素质评价通用版’替代。”“‘通用版’内容包括‘自我评价、同学互评、家长评价’三大部分。每一部分都给出了‘通用’的内容，比如合作与交流自我评价：有较好的合作与交流能力，在学习生活上能与同学、老师、家长进行良好的交流、合作，相互交换意见与看法。遇到不懂的问题会及时向老师和同学请教等。”“不仅学生使用‘通用版本’，连老师给学生写评语也存在‘通用版本’。”“被称为电子档案的‘北京市普通高中毕业生综合素质评价报告册’总共有六页，学生如果要认真填写，从构思到填写完毕至少需要三天时间，学生的自我评价以及研究性学习两部分，都要求写700字左右。相当于写一篇作文。一些学生和老师告诉记者，‘电子档案’填写需要耗费的精力以及它对于高考录取几乎没有影响，是导致网上疯传、现实复制的主要原因。”②

真希望教研室为高考而做的一切能够得到承认，希望教研室为高考的辛苦劳作能够名正言顺地进行。

① 刘海峰．高考改革的回顾与展望[J]．教育研究，2007(11)．

② 邓兴军．综合素质报告册网上疯传通用版[N]．北京青年报，2009-11-13(A10)．

第四节　教师专业职务评定与晋升

一、举世无双的专业技术职务制度

在基础教育阶段，全面实行严格、系统的教师技术职务制度，也是举世无双的中国特色。新中国建立后，中小学教师的职务经历了若干变化。20世纪80年代以来，由政府推出了正式、完备的专业职称系列制度。这一制度的主要特点是：

系列完备——中小学教师分别有独立的系统。

级别多——从最低级别到最高级别分别有四个层次。特级教师是带有一定荣誉性质的称号，不在正式专业职务系列内。

晋升复杂——职务升迁需要依据多方面的要求，通过专门的审查评定。

作用强大——技术职称与工资收入、住房分配等各种福利待遇挂钩。

横向比较之下，世界其他国家要么没有；要么相形见绌。可以肯定地说，我们的中小学教师职务制度在各方面都是首屈一指的。围绕这个制度的方方面面，简直可以作为独立的题目支撑起一篇硕士或者博士论文。

就目前所见资料，民国时期中小学教师没有技术职务。下面表格所列教师工资，便没有提到教师职称，据称“教师工资还是比较高的，与普通公务员相比优越得多。”

民国时期的教师待遇①

年　代	职　业	月工资(大洋)
1927	大学教授	400～600
	副教授	260～400
	讲师	160～260
	助教	100～160
	国民政府部长	600

① 薛林荣．民国教育给我们的借鉴[J]．教师博览，2008(1).

续表

年　代	职　业	月工资(大洋)
20世纪二三十年代	大学教师平均	220
	中学教师平均	120
	小学教师平均	30
	一般工人	15
20世纪40年代	普通警察	2
	县长	20
	国小教师	40

这个统计大概是按照官方文件所规定的数字完成的，在各个地方未必与其一致。下面是两个更为具体的个案，可以作为参照。

浙江温州瑞安中学文献记载，“1931年，教职员薪金为职务月薪加上课时月薪，职务月薪校长50元，教务主任20元，总务主任20元，体育主任及级任10元，职员13—15元；课时月薪按课时计算，每节2元”。①

“民国12年9月，根据湖南省教育厅《小学教员俸给法草案》规定，小学主任教员分为三级，月薪依级为银元60元、50元、40元。科任教员分9级，月薪从52—8元不等。中学教员，民国27年前为按时点计薪制，高中每小时1.6元，初中每小时1.3元，30年改为专任制。36年，岳郡联中教员最高月薪为银元280元，最低120元。抗日战争时期，物价波动大，教师薪金改发稻谷，每学期最高30—36石，最低16—20石，乡村国民小学教员每期14石。”②

以上两例似可佐证，当时中小学教师没有技术职称，只存在工资级别。

新中国成立之后，很长时期内同样是只存在工资级别，没有技术职务称号。

---

① 瑞安中学大事记（1985-2006）[EB/OL]. http://www.razx.cn/xxgk/xshm/200609/20060930120004.html，2011-06-01.

② 岳阳市志（第十册教育卷）[EB/OL]. http://www.yysqw.gov.cn/Html/9/0/10/1/9/7607097139118.html，2009-05-25.

新中国成立之初，百废待兴，中小学教师职务和工资没有统一标准。从各种文献可见，当时有“民主评薪”制度①，有的采用工资分制度，还有一些从部队、解放区或根据地进入教育领域的干部则采用供给制，总之比较多样，没有技术职务制度。

出于对教育事业和知识分子的重视，国家很快开始采取各种措施解决中小学教师的待遇。“建国之初，老解放区的教职工一般实行供给制，新解放区，一般实行以实物(小米)为工资的制度。……按当月小米价格发给货币工资。”②

1950 年，教职工工资开始改为工资分制，教员最高工资分 238 分，最低 185 分，平均 200.38 分；职员最高 214 分，最低 126 分。薪金按课时计算，每节 2 元。此时，中小学教师还与国家干部一起享受了公费医疗制度，“根据政务院 1952 年 6 月 27 日发布的”《关于全国各级人民政府、党派、团体及所属事业单位的工作人员实行公费医疗预防的指示》规定，各级各类学校教职工，自 1952 年 7 月起实行公费医疗待遇，患病医疗的门诊、住院所需的诊疗费、手术费、住院费、门诊或住院所用的药费，均由医疗费拨付。”③随后，工资改革拉开帷幕。经政务院批转，教育部于 1952 年 7 月 23 日发布了《关于调整全国各级各类学校教职工工资的通知》。通知指出，这次调整工资的原则是统一全国各级学校教职工工资标准，并规定其平均工资数。《通知》规定从 1952 年 7 月起，全国高等、中等、初等学校教职工实行以“工资分为单位”的工资标准。这个工资标准有 35 个工资等级，高等学校有 33 个等级(其中教授、副教授有 10 个等级)，中等学校有 23 个等级(其中教师有 17 个等级)，初等学校有 18 个等级。④ 需要说明的是，这个时候实行的是“工资标准”和“工资分”，而不是“工资制度”。即并不规定固定的工资数，而是根据标准确定工

① 《中国教育事典》编委会．中国教育事典(中等教育卷)[Z]．石家庄：河北教育出版社，1994：455．

② 中国教育年鉴编辑部编．中国教育年鉴 1949—1981[Z]．北京：中国大百科全书出版社，1984：106．

③ 《中国教育事典》编委会．中国教育事典(中等教育卷)[Z]．石家庄：河北教育出版社，1994：455．

④ 同上，第 456 页．

资等级，再按照各个等级确定工资分，然后根据特定时间的工资分分值折合为具体工资。在此仍可参照浙江瑞安中学的情况以便于理解："1952 年 7 月，按照国家规定，公办教职工开始享受公费医疗待遇。改革旧的工资制度，执行新的工资等级和工资标准，教职工工资改为二十四俸级的工资分制，每级工资分的分值以报纸公布为准，当年分值折人民币 0.22 元。本校教师工资分最高 238 分，最低 185 分，平均 200.39 分；职员工资分最高 214 分，最低 126 分，平均 155.18 分；工勤人员工资分最高 92 分，最低 88 分，平均 89.27 分。"①按照上面所说 1952 年分值折合人民币 0.22 元计算，瑞安中学教师工资收入最高为 52.36 元/月，最低为 40.70 元/月，平均为 44.09 元/月。虽然有相当多的级别，但看不出是正式的技术职务。

根据 1956 年 6 月国务院《关于工资改革的决定》，高等教育部和教育部于 1956 年 7 月分别发出《关于 1956 年全国高等学校教职工工资评定和调整的通知》《关于 1956 年全国中等专业学校教职工工资调整的通知》《关于 1956 年全国普通教育、师范教育事业工资改革的指示》，颁发了全国中学教员、行政人员等 9 个工资标准表。"这次工资改革的特点是：1. 教学人员和行政职工分为两个工资标准。2. 减少等级，增大极差。3. 工资水平提高较多。"

"这次工资改革，取消了物价津贴制度，实行货币工资制，经过这次工资改革，教育部所属各项事业单位教职工的月平均工资比调整前提高 28.72%。"②

瑞安中学的情况如下：

1956 年 4 月 1 日，进行工资改革，根据教职工学历、教龄、工作量和工作能力四个方面条件重新评定工资级别，按教育部新颁发工资标准执行。全校教职工 113 人经工资改革后，月平均工资从 45.37 元提高到 53.91 元。

1961 年 12 月 20 日。本校教职员工工资状况调查统计：行政领导 6 人，工资总额 457 元，最高 99 元，最低 38.5 元，平均 76.18 元；教师 54 人，工

① 瑞安中学大事记（1985－2006）[EB/OL]. http://www.razx.cn/xxgk/xshm/200609/20060930120004.html，2011-06-01.

② 《中国教育事典》编委会. 中国教育事典（中等教育卷）[Z]. 石家庄：河北教育出版社，1994：461.

资总额 2 833.3 元，最高 90.5 元，最低 26 元，平均 52.47 元；职员 22 人，工资总额 1 049 元，最高 88.5 元，最低 29 元，平均 47.68 元；工勤人员 15 人，工资总额 460元，最高 37 元，最低 22.5 元，平均 30.29 元。

1963 年 10 月 12 日。调整部分教职工工资，全校 64 名调资对象提级 27 人，其中教师 17 人、行政 2 人、职工 8 人。(中间有数次调整)

1981 年 10 月。根据国务院"首先给中小学教职工调整工资"的规定，全校教职工从本月起普加一级工资，工资偏低的 16 名骨干教师晋升两级工资。

1984 年根据省人民政府的规定，为中教五级、小教三级以上的教师在农村的家属、子女办理户口"农转非"手续。

1985 年 10 月进行工资改革，教职工工资实行以职务工资为主要内容的，由基本工资、职务工资、工龄教龄津贴、奖励工资四个部分组成的结构工资制，并统一执行国家制定的中小学教师基础工资、职务工资标准。工改后全校月人均工资 98.54 元，比 1984 年人均月工资 58.64 元增加 35.94 元，增长了 61.2%。①

就目前所见有关资料，大致可以了解到两点。

第一，新中国成立之初，虽然困难重重，党和政府还是很快采用了一系列措施保证中小学教师的待遇。按照瑞安中学的记录，教师工资还是比较理想的。而且，在 1952 年就令中小学教师与国家干部一样享受了公费医疗制度。

第二，并没有独立的技术职务系列。在 1952 年规定了中等学校的 23 个等级，初等学校的 18 个等级，但这只是"工资等级"。当然，在实际施行时，必然会考虑到教师的实际职务水平，但毕竟由于混设，可能在实施时出现诸多麻烦。比如，在中学 23 个等级中特别注明教师有 17 个等级。

除了上面所提到的，后来国务院还下发过若干文件，主要是普遍性的工资调整政策，没有涉及技术职称问题。

向一些资深教师求证上述情况时发现，由于工资级别的变化诸多，导致

---

① 以上资料参见：瑞安中学大事记(1985－2006)[EB/OL]. http://www.razx.cn/xxgk/xshm/200609/20060930120004.html，2011-06-01.

许多人对有关情况的记忆“模糊”。据一些人回忆，教师工资的等级差别还是与教师的资历和专业能力相关的。

NG是小学特级教师，20世纪60年代初期参加工作，80年代中期开始担任区教研员，现在已经退休。NG老师有着出色的记忆力。根据他的回忆，50年代时存在教师的级别，主要是工资差别，没有什么技术职称，后来取消了。虽然已经记不清取消的具体时间，但不会晚于1958年。他肯定地表示，在自己参加工作的60年代初，小学教师只有工资级别而没有职称等级。那时，一名中等师范学校毕业生的工资是每月32元，师专毕业生每月41.5元，师范大学或师范学院毕业生则可以达到56元。之后也主要是根据工作年限调整工资，没有什么技术职务。KZ是中学地理特级教师，曾经在北京市崇文区中学任教，后来在崇文区教研室担任教研员。根据他的回忆，中小学教师技术职务一直保留到“文化大革命”之前，但似乎只是极少数人的事情，与大多数教师无关，因此如何评定、具体条件等都不甚了了。北京市教委原负责人之一则表示，20世纪50年代就有了职务等级，一级最高，相当于教授，并且一直到“文化大革命”前仍然存在。

根据几位教师的说法，有可能曾经存在等级，但时间短，范围小，与大多数中小学教师无关，并且称不上是技术职务制度。

全面实施中小学教师职务制度，是在改革开放之后。1986年5月19日，国家教委制定了《中学教师职务试行条例》和《小学教师职务试行条例》及《关于中小学教师职务试行条例实施意见》。①

根据条例，中学教师职务设：中学高级教师、中学一级教师、中学二级教师和中学三级教师。中学高级教师为高级职务，中学一级教师为中级职务，中学二级教师和中学三级教师为初级职务。

小学教师职务设：小学高级教师、小学一级教师、小学二级教师、小学三级教师。小学高级教师为高级职务，小学一级教师为中级职务，小学二级教师和小学三级教师为初级职务。

---

① 《中国教育事典》编委会．中国教育事典(中等教育卷)[Z]．石家庄：河北教育出版社，1994：478；《中国教育事典》编委会．中国教育事典(初等教育卷)[Z]．石家庄：河北教育出版社，1994：121.

各级教师职务都有明确的职责和规定的任职条件。“各级教师是在考核的基础上经教师职务评审委员会按任职条件进行评审后，由学校或县以上教育行政部门领导进行聘任或任命。”①

20多年来，围绕这一制度已经形成了相当成熟完善的工作流程。教师职务评定工作由教育行政部门亲自负责，人事部门出面组织，但具体到整个操作过程，各个县(区)每年涉及的职务晋升的教师数目动辄上百，教育行政部门肯定没有人力和时间独自承担，在此，各级教研室又一次扮演重要角色。教研员之所以在中小学教师心目中享有相当的权威，无疑这也是一个重要砝码。

实际上，初级职称基本是无须评审的，无论是在小学还是中学任教，只要具备合格的学历，持有教师资格证，进入中小学后便自动获得初级职务称号。以中学为例，本科生见习一年，期满经学校考核合格即可自动认定为中学二级教师；硕士生见习期满，经学校或上级部门考核合格即认定中学一级。所谓职务评定，主要涉及职务系列中靠近上端的职务，即中教一级和高级，小教一级和高级。获得相应职务的条件基本稳定，但具体要求会随着教育大环境的变化时有调整。

下面是北京市两个区有关此项工作的实例。

与全国其他地方一样，北京市朝阳区教育委员会每年例行地也要进行教师职务评定。如果在该区工作的一名小学一级教师希望晋升为小学高级教师，他首先应当满足本区关于这种晋升的基本条件，一般包括：担任过5年以上的小学一级教师，担任过5年以上的班主任，达到大专学历(可以是通过继续教育达到)，有一篇学术论文。

即使满足了上述所有条件，因为高级职称的评定比较严格，申请人和获得者之间存在差额，他还需要经历大致如下过程。

(1)填写专门的表格。

(2)通过所在学校的职务初评委员会或者职务评定小组的审核。

(3)通过学区一级职务评定委员会或者小组的审核。在这一级不对申请者

① 《中国教育事典》编委会．中国教育事典(中等教育卷)[Z]．石家庄：河北教育出版社，1994：478；《中国教育事典》编委会．中国教育事典(初等教育卷)[Z]．石家庄：河北教育出版社，1994：121.

进行筛选，只核实条件，等额上报。

(4)通过朝阳区职称评定委员会的审核。这一级是最为关键的，在朝阳区，一般会组织专门委员会进行听课、答辩等活动，通常分学科进行。在答辩环节，要求申请人自我介绍，答辩委员会就听课情况，申请人的介绍、所填报的表格、所提交的论文等等进行提问，申请人回答。根据答辩情况，答辩委员会形成对于申请人是否符合晋升条件的倾向性意见，上报评定委员会，评定委员会则作出决定。一般说，这一级评定基本确定申请者能否晋升。

(5)通过市一级职务评定委员会审查批准。

下面是2009年北京市另外一个城区的有关文件。

中小学教师专业技术职务的申报条件

(一)中学教师系列晋升高级(中高)教师职务条件

学　历	1. 博士研究生毕业后次年； 2. 本科或硕士研究生毕业后，取得中学一级教师职务任职资格满5年； 3. 1961年1月1日前出生，具有专科毕业学历，取得中学一级教师职务任职资格满8年。(1961年以后出生的大专学历人员不能参评)
外　语	1. 1955年1月1日后出生的教师，须持有全国职称外语等级考试C级合格证书； 2. 当年外语考试不合格，但在中学长期从事教育教学工作(20年以上)，取得中学一级教师职务任职资格以来，符合下列条件之一者，经学校推荐，区教委和区人事局核准，可参加本年度评审。(1)获得区县级(含)以上政府及教育系统先进称号(指区县或市级“优秀教师”、“优秀教育工作者”和“北京市先进工作者“及其他综合性表彰称号，须经市人事局、市教委批准)；(2)获得区县级(含)以上优秀教育教学成果二等奖及以上奖项；(3)国家统编教材的主要编写者(指经中小学教材审定委员会审查通过并在全国及省市使用的教材中担任主编、副主编或其中不少于一章、单元的独立撰写者)；(4)参加全国、市学科评优活动获全国性奖励或市级二等奖及以上奖励；(5)参加全国、市学科教学论文评比活动获得全国性奖励或市级论文奖励二等奖以上奖励。(上述评优、论文奖指①北京市教委发文由市教育科学研究院基础教育研究中心组织的学科评优或教学论文评比活动的一、二等奖；②中国教育学会、北京市教育学会及其下设的各学科专业委员会组织的学科评优或教学论文评比活动的一、二等奖；③教育部、北京市及中国职业教育学会、北京市职业教育学会组织的专业技能大赛的一、二等奖) 取得外语大专学历和英语教师的第二外语大专学历可以免试；1999年及以后取得全国职称外语等级考试A级证书、2000年及以后B、C级证书均有效。

续表

计算机	1960年1月1日以后出生的教师申报中学高级教师，须持有全国计算机应用能力或北京市计算机应用水平4个模块考试合格证。免试条件：1. 取得计算机科学与技术专业的大专及以上学历；2. 取得博士学位；3. 参加全国计算机软件资格考试取得程序员及以上级别资格证书的人员；4. 取得非计算机专业硕士学位的人员，评聘高级职称时需取得1个模块合格证书。
继　教	必须具有中小学教师“十五”期间继续教育结业证书或学习情况证明卡。
班主任	取得中学一级教师职务任职资格后，担任班主任工作满两年。担任年级组长、副组长(年级主任、副主任)；团队干部(少先队辅导员)；专职从事学生思想、政治工作教导员；课外活动指导教师，视同班主任岗位。没有班主任岗位设置单位的教师，可不要求班主任年限。
教师资格	应具有相应的教师资格证书
课时要求	教研、科研、培训机构中从事中小学(幼儿)教育教学的人员所承担培训或进修课程的年平均周课时不少于4课时。(不含教育教学管理、德育学科)
管理学科	具备本科毕业及以上学历，担任中学副主任及以上职务，取得中学一级教师职务任职资格满5年，曾从事教学工作满5年，并专职从事教育教学管理工作满5年。
破格	不符合上述规定学历、任职年限要求，符合下列条件之一者可破格申报： 1. 获得下列奖项之一：全国模范教师、全国教育系统先进工作者、全国优秀教师、全国优秀教育工作者、北京市劳动模范、北京市先进工作者、北京市优秀教师、北京市优秀教育工作者；2. 获北京市优秀教育教学成果特等奖、一等奖、二等奖；3. 国家统编教材的主要编写者。

(二)中学教师系列晋升中级(中一)教师职务条件

学　历	1. 硕士研究生毕业后次年； 2. 本科毕业后，取得中学二级教师职务任职资格满4年。
计算机	1960年1月1日以后出生的教师申报中学一级教师，须持有全国计算机应用能力或北京市计算机应用水平3个模块考试合格证。
继　教	必须具有中小学教师“十五”期间继续教育结业证书或学习情况证明卡。
班主任	取得中学二级教师职务任职资格后，担任班主任工作满2年。

教师资格	应具有相应的教师资格证书
管理学科	具备专科毕业及以上学历，取得中学二级教师职务任职资格满 4 年，曾从事教学工作满 3 年，并从事教育教学管理工作满 2 年。
破　格	不符合上述规定学历、任职年限要求，符合下列条件之一者可破格申报： 1. 获得下列奖项之一：全国模范教师、全国教育系统先进工作者、全国优秀教师、全国优秀教育工作者、北京市劳动模范、北京市先进工作者、北京市优秀教师、北京市优秀教育工作者；2. 获北京市优秀教育教学成果特等奖、一等奖、二等奖；3. 国家统编教材的主要编写者。

（三）中学教师系列晋升初级（中二）教师职务条件

中学二级教师，本科毕业，见习 1 年期满；专科毕业，见习期满后从事教学工作满 2 年。符合条件，学院工作需要，直接聘任。

（四）小学教师系列晋升高级（小评中高）教师职务条件

学　历	1. 博士研究生毕业后次年； 2. 本科或硕士研究生毕业后，取得小学高级教师职务任职资格满 5 年； 3. 具备专科毕业及以上学历，从事小学教学工作满 20 年，取得小学高级教师职务任职资格满 5 年。
计算机	1960 年 1 月 1 日以后出生的教师申报中学高级教师，须持有全国计算机应用能力或北京市计算机应用水平 4 个模块考试合格证。免试条件：1. 取得计算机科学与技术专业的大专及以上学历；2. 取得博士学位；3. 参加全国计算机软件资格考试取得程序员及以上级别资格证书的人员；4. 取得非计算机专业硕士学位的人员，评聘高级职称时需取得 1 个模块合格证书。
继　教	必须具有中小学教师“十五”期间继续教育结业证书或学习情况证明卡。
班主任	取得小学高级教师职务资格后，担任班主任工作满 2 年。 担任年级组长、副组长（年级主任、副主任）；团队干部（少先队辅导员）；专职从事学生思想、政治工作教导员；课外活动指导教师，视同班主任岗位。没有班主任岗位设置单位的教师，可不要求班主任年限。
教师资格	应具有相应的教师资格证书

续表

管理学科	具备专科毕业及以上学历，取得小学高级教师职务任职资格满5年，从事教学工作满5年，累计从事教育教学管理工作满10年，并现担任小学副校长及以上职务。
破　格	不符合上述规定学历、任职年限要求，符合下列条件之一者可破格申报： 1. 获得下列奖项之一：全国模范教师、全国教育系统先进工作者、全国优秀教师、全国优秀教育工作者、北京市劳动模范、北京市先进工作者、北京市优秀教师、北京市优秀教育工作者；2. 获北京市优秀教育教学成果特等奖、一等奖、二等奖；3. 国家统编教材的主要编写者。

（五）小学教师系列晋升中级（小高）教师职务条件

目前学院小学教师系列专业技术人员均为小学高级教师以上职称，故晋升小学高级教师职务的硬件条件，不在这里介绍了。

（六）其他副系列人员的评聘条件

有意向、想了解有关政策和情况的同志到学院①党政办公室咨询。

（七）几点说明：

根据文件规定：

“1. 硕士研究生来院工作第二年，不能直接认定中学一级教师，要经过学院初评委会评审，并占单位中学专业技术人员指标。

2. 参评德育学科的岗位范围为：专职从事学生思想、政治工作的教导员，专职团、队辅导员，负责学校德育工作的主任、副校长。

3. 参评教育教学管理学科的人员范围严格按规定执行，行政、后勤、政工岗位的人员不纳入参评范围。

4. 支教教师优先参加专业技术职务评聘。

5. 实验教师申报中学系列专业技术职务必须具备中学教师系列各级别的任职条件，方可参加评审。”

在不同地区，肯定会有评审标准、工作程序等方面的细微差异，但大体程序类似。北京市的情况是，县（区）一级是职称评定工作的主要承担者，负

① 即该区教育学院。在一些地区，教研室、教科所、电化教育中心等均为教育学院下属单位。

责所有级别的职称评定，但在一段时期内，高级职称还要到市一级进行复审，近年来，北京市对一些区的高级职称不再进行复审，区一级可以自行决定，只需要上报到北京市有关部门备案。

此外，1978 年，教育部和国家计委共同颁发了《关于评选特级教师的暂行规定》，随后，霍懋征、斯霞等一批优秀的中小学教师被授予特级教师称号。

1993 年 6 月，原国家教委、人事部、财政部将评选特级教师的暂行规定修订为《特级教师评选规定》，进一步明确了特级教师条件，增加了评选数量，提高了特级教师津贴，改为每人每月 80 元，退休后继续享受，数额不减。近年来，全社会的工资和教师的工资都发生了很大的变化，80 元的特级教师津贴却一直没有改变。津贴所占教师工资比例已经从 1/3 左右变成了 1/30 左右，在一些发达地区甚至只占到 1/60 左右，许多人称"特级教师掉价了"，特级教师已经不再那么受人羡慕和追捧。有鉴于此，一些地方在每人每月 80 元的津贴之外大幅度增加了特级教师的补贴。如黑龙江哈尔滨市规定增加特级教师岗位津贴 300 元/月；浙江宁波增加 800 元/月；还有些地区直接提高特级教师津贴，如河北邯郸市提高至 600 元/月；天津东丽区提高至 800 元/月；湖北洪山区提高至 1 000 元/月；江苏南京提高至 1 200 元/月；新疆克拉玛依市提高至 2 000 元/月；上海青浦区提高至 1 500 元/月；上海嘉定区提高到 20 000/年；宁波镇海区提高至 40 000 元/年。

从开始直到如今，一直的说法是特级教师是一种荣誉称号，而不是教师职称的一个级别。实际的情况是，随着不断有新的特级教师人选被推出，便需要相应的评审制度。北京市的情况是，从 1992 年开始，每三年一次评审特级教师。这项工作，与技术职务评定相互独立，但教研室和教研员也是一定会参与其中的。

二、教研室在教师职务评定活动中的作用

教研室和教研员在教师职务评定方面扮演什么样的角色呢？据众多教师的说法，是"十分关键"，教研员们的说法也与此基本一致，下面是北京市某区一位资深教研员(LT，2009)的介绍。

我：在教师选聘和职称评定方面你们要参与吧？

LT：当然。教师选聘是各学校的事，有的区县就由教研室组织班子去把关，大学毕业生来求职面试，说要就要，说不要就不要。但我们区不是这样，基本由各个学校自己决定。

我：那么职称方面你们要负责吧?

LT；职评是属于人事部门组织。我们教研员一般都是作为学科评委，去听课，把一下学科关。

我：是不是可以这样理解，在这件事情上，教研室不是作为一个组织负责和参与，而是个体的教研员去参与，那么是不是大多数教研员都会在这件事上去担任评委呢?

LT：基本上就是这样。因为教研员了解教师的情况，如果找一个普通老师去做这事，他可能谁都不认识，不了解这个教师的情况，也不了解这个学科教师的一般情况。学科教研员不同，他统摄这一个学科的所有老师，基本清楚全区范围里面自己负责的学科的每个教师的水平，在这个学科教师队伍中大致所处的位置。

由于对教学水平评判的权威性，又由于了解所在区几乎每个教师的专业状态，教研员们在这项工作中的地位确实“关键”。具体的的参与方式不外两种。

一种是直接参与职务评定。这种方式是比较常见的。以北京市为例，市区都会成立“职称评定委员会”，一般由行政领导担任主任，成员来自各个方面，如来自高校和研究单位的学者(有时，并不每次必须)，来自不同级别行政部门的干部，中小学校长，当然，最稳定的、一定有的便是教研员。区一级还会更为细致地按照学科分组，对于高级职称的评审，申请者要接受学科组的听课，答辩等。无疑，学科组中教研员是重要成员。

一种是间接地影响职务评定。高级职务评定通常存在差额，于是竞争激烈。这时，教师个人所获得的各种奖励、荣誉就会成为砝码，增加申请人胜出的机会。而各级教研室本身所组织的各种公开课、观摩课、研究课，或者教研室参与组织的各种比赛等，恰恰是提供这些奖励和荣誉的平台。

三、利弊得失

谈到中小学教师职务制度，NG 老师的看法是：

"'文化大革命'期间，教师培养实际是中断了的。这样，在改革开放初期，中小学教师队伍事实上良莠不齐，水平差距相当悬殊。为了鼓励先进，吸引优秀人才进入教师队伍，让更多的合格人才流向教育行业，还有就是刺激教师的职业积极性，在当时实行教师职称制度是非常有意义的。即使在今天，也仍然有积极作用。市场经济嘛，许多职业领域的风险和动荡都比从前加大了，这样，教师行业所独具的稳定性开始显示出来。各种不同教育和文化背景的人开始将教师作为一种比较好的职业选择，有了这种制度，可以在规范教师的教学水平方面起到很好的调节。当然啦，在这一点上也有不同看法。"

对于中小学职称制度，KZ 老师与 M 老师的看法有诸多相似之处，他还特别用具体的例子说明了这一制度曾经的显赫地位：

"在开始的时候，这个职称那是很厉害的。比如在农村地区，许多教师的爱人是农村户口，如果某个教师职务达到了中学一级，若家属是农村户口，就可以将爱人的户口'农转非'。"

"农转非"是中国人都熟悉的名词，即将农村户口转为城市户口。中国的户籍管理制度十分严格，各种单位录用人员的起码门槛便是否有城市户口，就因为没有这张城市通行证，无数农村劳动力被死死地钉在土地上，许多教师的配偶也因此无法寻求正式工作。即使今天，从子女上学、购买住房、享受"三险一保"等待遇，到进入令人向往的国家机关或国企成为正式职工，城乡之间仍然存在着严格壁垒，薄薄的一纸城市户口，意味着身份和命运的差别，仅凭"农转非"这一条，便可以想象当年教师职务制度的影响力。

KZ 老师还提道：

"在刚刚实行中小学教师职务制度时，对于高级职称获得者的要求和审批那是极为谨慎，非常严格的。我记得 1986 年，北京市评定第一批中学高级教师，计划是北京市 19 个区县各一名，结果没有完成，也就是指标没有用完。这种情况在后来是根本不可能的。这第一批中，包括著名的前乒乓球世界冠军庄则栋，因为他当时在崇文区业余体校担任教练，属于中小学教师，所以参加评定，先是高级，后来又评为特级。”

提起庄则栋，40岁以上的中国人都知道他在乒乓球运动史上的辉煌。不过大概没有多少人了解，这位世界上第一位蝉联三届世界乒乓球锦标赛男子单打冠军，三次捧得“圣—勃莱德杯”的杰出运动员，头上还有一顶中小学特级教师的桂冠。

对于教师职务评定的现状，Z和M老师几乎都谈到了自己的担心。首先，职务级别所带来的工资差别在教师收入当中所占比例已经微乎其微，北京市西城区一位高级教师(CT，2008)回忆：“我是2002年从中学一级评上中学高级，记得工资只增加了十几元而已。”显然，这样的金额，的确起不到多少激励作用。其次，评选过程流于形式，按照KZ老师的回忆，与这一制度建立之初的情况是无法相比的，工作年头和资历所占权重很大，基本情况是，只要能够完成学校布置的工作，大多数教师能够按部就班地最终晋升到高级职称，虽然有前后之差，通常也不过两三年。当然也有退休时仍然没有达到高级职称的，但那只是少数。最后，评审条件不尽合理，虽然全国各地差不多都在晋升时要求教师提交论文，这也是最受诟病的。对于学历在整体上不断提升的年轻教师，写论文比起当年容易得多，但论文写作与教师的教育教学水平实在缺乏必然性的联系。

在现实中，技术职务评定又每每被扭曲得面目全非，一位教育实践工作者直率地批评：

“要求教师进步是应该的，但总是盯住教师不放，一会儿这门‘考试’，一会儿那门‘学习’，弄得教师们静不下心来教书育人就不对了，就反倒成了对教师的不尊重。什么教材教法考试、计算机考试、职称英语考试、普通话考试、法律法规考试，等等。不少学校还要求教师撰写的政治学习笔记必须多少字，反腐倡廉学习笔记必须多少字，廉洁从教笔记必须多少字，学习某某讲话必须多少字，等等。教师们教书育人的任务本身就很重了，再加上这些口口声声要与考核、奖惩、评职、晋级挂钩的任务，就真的有些喘不过气来了。教师的业务发展，主要应该是在实践尤其是在课堂教学中去提升；教师思想素质的提升，重点也应该是在实践中加强师德修养，而不应该是这些过滥的'考试'和'学习'，因为过滥，就失去了尊重，而失去了尊重的任何手段和办法都是无效甚至是适得其反的。"①

四、别样风景

面对中国特色的中小学教师职务制度，不妨看看其他国家的相关情况。

在一些国家，除了对中小学教师学历有基本要求外，也设立不同的教师职务，不过不如中国这样严格。

在澳大利亚，"许多学校体系在教师职位升迁时，强调价值，反对资历。政府支持引入一种名为'高级技能教师'的新的教师分类。这些教师的选择建立在资格和已经证明的能力基础上，他们需要负责众多的事务，包括课程改革和新教师的指导，因此其工资也略高于其他教师。"②

在法国，"督学经常检查学校，并以教师的教学业绩来评定其教学水平。这种评定对教师的职业提升很重要。"③

在芬兰，"已采取措施扩大教师教育以满足需要：增加引入教师的数量，为教师提供文凭和学位上的额外培训，为正式但不能胜任教师工作的教师提供补充培训。采取的另一个措施是将不同的教师按能力分配到不同的部门和层次去教学。"④

虽然看不到像中国这样完备和等级分明的教师技术职务的制度设计，但这些国家在教师管理上表现出某种相似，即在保证基本资格、考虑服务年资之外，承认教师实际专业水准的差别——以增加工资的形式。

另外一些国家在入职资格的限制外，还会根据教师学历的提升给予不同等级的教师职务。

德国：中小学教师没有职称制度。德国中小学教师社会地位优越。其工资收入和物质待遇与国内其他行业相比或与欧洲其他国家相比都处于高水平。

---

① 刘业俭．教育本身必须尊重教师[J]．中国教师，2009(11)．

② [瑞典]T．胡森等著．教育大百科全书(第6卷)[Z]．重庆：西南师范大学出版社，海口：海南出版社，2006：16.

③ 同上，第132页．

④ 同上，第125页．

官方和民间都为在职教师提供各种形式的进修，而教师基本是自觉地参加，少有强制性进修制度。“资格证书由各州负责。在大学或教育学院中的学习结束后，由各州负责进行监督的考试，并且各大学的教师作为监考人员。然后，再参加实习，实习包括有指导的教学实践和额外的课程教学。这种培训通常要进行两年，最后由各州进行第二次考试。由于仅有很少学生能够通过，或愿意在完成官方规定的三年半到四年半的大学学习后获得第一级水平证书，因此，在西德，完全合格的教师在开始教学工作时都已经过了30岁。”①

在英国，“从1948年以后，新上岗的教师必须拥有相关学科的学位。教育部也引入了‘许可证’制度。获得‘许可证’的教师必须拥有相关的学位，具有工作经验。他们不需要参加培训课，但需要在岗学习。两年以后，他们被授予合格教师的资格。”②

在加拿大，“所有省与地区都要求教师具有有效的教师资格证书，或获得认证身份。合格性条件一般要求具有获得认可的大学授予的4年教育学士学位(BED)，或同等学历。也可以是在获得其他专业的第一个学士学位之后，再读1年的BED学位。”“新教师通常要完成2年的实习期。工资水平由资格分类水平和连续教学的年限决定。”③

在日本，教学证书分为两种，一种是初级学校和初级中等学校，一种是高级中等学校，均由区教育委员会终身授予，在所有地区都有效。有硕士和博士学位的教师颁发特别的教学证书。”④日本中小学教师没有职称制度，教师工资随工作年限的累积而增加。同时，日本一贯重视教师的在职进修，并且对教师进修有严格要求。如改革研究生院制度以便有利于在职教师进修和提高。在职教师的进修提高与收入紧密相关，学历提高，工资待遇也相应提高。

在美国，“很多州授予分级证书。一般来说，取得教育学士学位后，授予一级教师资格证，取得硕士学位后，或在研究生教育阶段学习了一定时间、

① [瑞典]T. 胡森等著. 教育大百科全书(第6卷)[Z]. 重庆：西南师范大学出版社，海口：海南出版社，2006：16，第139页。

② 同上，第279页。

③ 同上，第277页。

④ 同上，第449页。

获得了一定年限的教学经验后，授予二级证书。三级证书通常是在取得二级证书后，再完成一定数量教学时间的基础上授予。”①

这些国家的情况是，教师证书虽然分为不同级别，但职务等级和薪酬增加主要与教师的学历提升相关。

借助比较，可以确凿地做出结论，没有任何其他国家在中小学教师职业范围存在我国这样系统、严格、正规的教师技术职务制度。

既然是中国特色，在急于与世界接轨的今天，自然特别会引起怀疑和批评。实事求是地说，目前各地的职务晋升要求中，是存在一些不尽合理的成分的，比如前述的论文要求；再如，无论任何学科教师，都需要“持有全国计算机应用能力或北京市计算机应用水平”若干模块考试合格证；中学高级教师不分学科都要“持有全国职称外语等级考试C级合格证书”，等等，据了解，这些要求在全国其实相当普遍。中小学教师队伍人数庞大，这些清晰明确的条件在一定程度上便于提高评审的效率。但人们的质疑同样有道理，懂外语、会用计算机，都是成为优秀教师的良好条件，但却既不是必要，更不是充分条件(当然计算机和外语教师除外)。满足了这些条件的人与符合特定职务要求的合格教师之间是很难画等号的。别的不说，20世纪那些为基础教育做出卓越贡献，为新中国教育史留下了辉煌篇章的杰出教师，如霍懋征，如斯霞，如于漪，如魏书生……即使放到今天仍然是不可多得的教育家，恐怕多半无法通过这样的评审条件吧。

话说回来，事情的确还可以从另外一个方面看。我曾经有机会向顾泠沅先生请教：

我：有个问题啊，想听听您的意见，关于中国的中小学的教师职务制度。比如什么小学一级二级啊，中学一级二级，还有高级啊什么的。您怎么看？这个是“文革”以前没有的吧，1986年才开始的。其他国家基本没有，日本也没这么厉害，美国也没有吧。

顾：这个嘛，你是高校教师，你说说，大学教师为什么要有教授副教授

---

① [瑞典]T. 胡森等著. 教育大百科全书(第6卷)[Z]. 重庆：西南师范大学出版社，海口：海南出版社，2006：16，第10页。

这样的职称呢？这不是一样的道理嘛。

顾先生一贯文雅谦和，讲话时总是面带微笑，这时却面容凝重，态度严肃。

第五节 组织各种教学比赛

各种比赛的组织，也是教研室的任务。比赛大致可以分为两类，以教师为主体的比赛和以学生为主体的比赛。三级教研组织的各个层级，都会涉及比赛事宜，组织相关活动，当然，具体的性质、名称、要求、实际利害各不相同。

一、毁誉参半的教师赛事

迄今所见，以中小学教师为主体的各种教学比赛，也是纯粹的“国货”。据了解，基本可说是在新时期制度化并形成规模的。多数被访谈者表示，“文化大革命”之前虽然也有类似活动，但次数、范围都无法与如今相提并论。30多年来，经历了从轰轰烈烈到被质疑和批评的过程，虽然日渐“低调”，却始终“外松内紧”，从来没有停止，影响也没有降低，尽管官方和正式的媒体少有报道，实则一直为广大教师关注，对他们个人的发展举足轻重。

种种比赛的由来，按照一些教研室负责人的解释主要有二。一是评课，通过比赛，扩大优秀教师的影响；二是评职，教师技术职务制度也是各种赛事走向繁荣的推手。“文化大革命”结束，教学工作开始被重视，教师们终于能够理直气壮地在自己的教学水平上下功夫。开始时，只是教师们自发地相互听课，相互学习，教研员也会借助这种形式展开教研。随后逐步演化为后来的比赛、评奖活动，并且越来越制度化、规模化。虽然少见正式研究，但组织评委会、发布通知、报名、初赛、决赛、评奖、颁发证书……早已形成了整套成熟的“游戏规则”。各级比赛均向获奖者发放证书，虽然大多没有奖金，却是很高的荣誉。无论是全国、省级、地区哪个级别的比赛，在开幕或者颁奖仪式上，举办地所在的教育行政部门领导一定会亲自出席，或讲话，或颁奖。不用说，自己地区的选手得到好成绩，领导们脸上一定神采飞扬。

各种教学比赛名目繁多，按照级别大致可以分为如下几类。

(一)全国级别的比赛

全国性的比赛自然是档次最高的赛事。据说，除教育部外，许多省级教育行政部门都曾经出面组织各级各类的教学比赛。如今，全国比赛的组织者更多是一些半官方性质的学术团体，比如中国教育学会下属的专业委员会，像全国中学语文教学研究会、全国地理教学研究会等，参赛者则是各个学科的教师。运作方式是，教学研究会向全国各个省(自治区、直辖市)的教研室下发通知，再由他们向全省范围内下发通知。像中国教育学会在各地的分会、各个学科的分会等。教研室虽然不是全国赛事的组织者，但通常是有关各项事宜的具体承担者。

20世纪八九十年代中期，全国比赛基本是以各个省(自治区、直辖市)的预赛作为基础的，由各个省(自治区、直辖市)自下而上地推荐参赛选手。一般说，只有在省市级比赛中胜出者，才有资格和机会问鼎全国赛事。由于中国幅员广阔，中小学数目多，教师队伍庞大，全国性比赛往往会采取分片方式进行，比如华北地区、西北地区、华东地区，等等，虽然分片进行，仍然冠以全国性比赛名称，享有全国比赛的等级。在这样的比赛中拿到名次、获得奖项，是很高的荣誉，“含金量”也最高。

这样的比赛，省及教研室会具体承担各项有关工作。此外，一些优秀教师出身的教研员声望卓著，会被邀请担任全国比赛的评委；同时，各个省市的参赛选手多半也是在当地教研员的指导帮助之下走上赛场的，并非孤立的个人奋斗。从脱颖而出，到走上赛场，教研员们不仅慧眼识英雄，更要为之出谋划策——比如选择什么内容较有胜算，指点迷津——怎样设计课堂活动才有新意，有时更会请来方方面面的有关专家共同“把脉会诊”。可以说，每个在全国赛事上得奖选手的成绩中，都凝结着教研员们的智慧和汗水。对于省(自治区、直辖市)一级教研室，争取自己的教师得到全国级别的奖项责无旁贷，是一项严肃的任务。在北京市教研室的工作年报中，就有“选拔和指导北京市优秀教师参加全国性教学评比获奖情况”的专项统计。以2003年度为例，在全国性比赛中获奖的教师共有16人，涉及小学语文、小学数学、小学英语、中学英语、中学化学、思想政治、信息技术、劳动技术8个学科。其中，获一等奖 15 人，获二等奖 1 人。[①] 赛事内容或名称分别是："高中优质课评比""录像评优课""观摩课""全国化学实验改革成果评比""现场课""优质课评比"。[②]

近年来，全国级别的比赛出现了一些新的动向。一是，除了学科专业委员会外，其他一些人员或机构也会组织全国性比赛。二是，这样一些全国性比赛不同于传统，与省市级比赛的衔接变得松散，比如，可以采用"海选"方式，即人人可以报名，无须特别资格。有人调侃：就像湖南卫视的"超女"赛，或者"红楼选秀"。对于这些变化，褒贬不一。赞成者认为，活跃了气氛，给了更多的教师机会。反对者认为，政出多门，过多过滥，利益驱动——中小学教师人数众多，仅仅报名费便很可观。更糟糕的是，严肃性如何保证？这是需要进一步关注的新现象。

(二)省(直辖市)级别的比赛

省(直辖市)级比赛按照惯例都是由该级教研室组织。当然，得到省(直辖市)级别的奖项，每每成为通往全国性赛事的通道，获得问鼎全国性比赛的资格。

据当事者回忆，1986 年或者是 1987 年，北京市举办了第一届"北京市中青年教师教学大赛"，涉及不同学段和不同学科，最后每个学科决出的"优秀奖"只有一名，基本都是今天各个领域德高望重的前辈，比如北京四中的顾德希，北京崇文区教研室的张凯，等等。那时，还没有什么全国比赛，所以这个赛事有"到顶"的味道。后来，全国性比赛开始，与之呼应。如在北京，大约从 20 世纪 80 年代后期到 90 年代初，差不多是每两年一次，连续举办了三届全市范围的教学比赛。自然，也会向下辐射，先在各个县(区)举办，决出的获奖者再参加市一极的比赛。

目前，北京市级别的主要赛事有两个，即"教学设计比赛"和"教学基本功大赛"。两个比赛基本是每年或隔年进行。

---

① 北京市教育科学研究院基础教育教学研究中心．2003 年工作年报．(内部资料)

② 同上。

1. 教学设计比赛

教学设计比赛最初只是文本形式，即主要看一堂课的设计，并不需要付诸实施。现在发展为包括三个部分：设计文本、课堂实录和终评说课答辩。

2005 年，北京市教研室组织了“学科教学设计评选”，主题是“信息技术与学科教学整合”。市级的奖项分别是：小学 125 个一等奖，160 个二等奖，372 个三等奖。中学 97 个一等奖，198 个二等奖，385 个三等奖。①

2006 年，进行了“学科教学设计评选”，主题是“课堂教学实效性研究”。

2. 青年教师教学基本功大赛

教学基本功大赛，则要“真刀真枪”地上一节课。市级层面的上次比赛为 1999 年，时隔十年后才又继续。目前比赛以专项委托方式进行，先是初中，然后小学，2010 年启动高中。主要包括教学设计文本、说课、学科教学笔试和计算机上机考试四个部分。

教育行政部门要求，所有符合条件的老师(如，年龄在 35 岁以下)必须参加这一比赛，具体由各区来操作，可以选拔，也可以推荐。北京一位教研员(LT，2010)以自己区的情况为例介绍说，区里评选完了，参加北京市的比赛，再然后代表北京市参加全国的片区评优(华北地区)。

(三)县(区)级别的比赛

这一级比赛，由县(区)一级教研室操办。无论是全国比赛，还是省(直辖市)的比赛，都是在县(区)级比赛的基础上进行的。先将大赛主要奖项按照比例大致分配到各个地区，然后各个县(区)在自己所辖区域内组织比赛，与高级别赛事相比，这一级比赛带有“海选”色彩——符合条件的每个教师至少要参加一次。也就是说，不会像参加全国或者市一级比赛那样要有教研员指导，要千锤百炼。而是由学校选送，当然，会在教师所在学校的教研组内经过讨论、修改，但与前面两者相比，比较贴近自然状态。

“比赛是收费的，每位教师 100 元，需要自己出，主要用来给看论文和听课的评委。”“一般而言，参加的教师都会拿奖，比如只要是学校送出来的，区里至少三等奖。区里一等奖再去市里比赛，设一、二、三等奖，有时也设特

① 北京市教育科学研究院基础教育教学研究中心．2003 年工作年报．(内部资料)

等奖。”(LT，2010)关于收费的情况也比较复杂，众说不一，北京市的大致情况是，由教研室组织的相关学科教学比赛活动都是不收费的。但各种学会组织的比赛，根据学科不同都会收相应的费用。当然，在各地具体情况差别就更大，很难一概而论。

鉴于比赛的正规性，教研室还会安排专门的教研活动，以下便是北京市某区教研室在一次教研活动中，为数学教师参加青年教师教学基本功大赛提供的辅导的基本情况。

为全区青年数学教师参加教学基本功大赛的专门辅导

时间：2008.10.10. 下午 3：00(各年级数学教研员为配合此次辅导，将主要的教研内容在 3：00 前结束)。

地点：教研室所在建筑中一间大教室。

对象：全区 40 岁以下中学数学教师。

活动由海淀区数学教研员(GZ)主持，先后安排了两个活动。

活动一：请高中某教师(XD，北京市教学设计一等奖获得者)讲《直线的倾斜角与斜率的教学设计》

思考的问题：如何提高课堂教学效率？

现实的情况：学生的动机、兴趣如何？成绩差、被动，无兴趣。

引导：能思—可思—会思—善思。

指导思想：以学生为本，将数学知识、方法体系的教学与数学知识、方法的形成过程联系起来，重视学生的体验与探究，全面提高学生的素质，促进学生的发展。

理论依据：

1. 建构主义学习理论

2. 维果斯基的最近发展区理论

3. 新课程基本理念

4. 面向全体学生

教学背景分析：

1. 教学内容：倾斜率、斜率，分别从几何和代数角

2. 学情分析：知识基础、能力背景、主要问题如不会记笔记，愿意

听……

教学对策：

1. 低起点，螺旋上升

2. 广泛系统

3. 引导思维——画思维导图

4. 挖掘教材

5. 创设情境

教学流程：概念的形成

新课引入：

1. 请三个同学在黑板上的直角坐标中任意画三条直线

2. 请同学观察：三条线位置有何不同

3. 如何刻画直线的方向

概念形成：在平角坐标系中，对于一点……

阅读36页最后一行至37页第二行，思考：这些告诉我们什么？

巩固、应用。

公式推导：问题：用坐标表示斜率。

作业与思考：本教学设计力争做的突破点：落实新课程理念。

活动二：关于教学设计的若干问题(GZ，数学教研员)

说明：北京市教学设计大赛，已经举办四年，今年要求：35岁以下必须参加。

首先，教研员介绍比赛的指导思想，强调了比赛的主题：如何引导学生自主学习，简单说明了比赛的评选要求。以及时间、地点，笔试必须在限定时间内写出教学设计，内容应当是期中考试之前内容，初一年级为起始单元，等等。

接着，是具体的辅导，要点如下：

一、教学设计与教案关系

教案是教学设计的一部分，是预案，体现教学设计的思想与要求，教学设计是教案的灵魂，它解决“是什么”“为什么”“怎么做”“做到什么程度”等问题。

二、参赛必须满足的要求

1. 指导思想与理论依据。

必须符合唯物主义，符合科学世界观，贯彻思想品德教育等，应当包括：新课标(学生是学习主体、全面发展、改变学习方式)、教育教学理论、心理学、认知科学等。

2. 教学背景分析。

这是设计的统领问题——统领后面所有内容。

所学知识的地位、作用、联系等。

20 世纪 30 年代北师大教案　初中数学最根本的

学情分析：年级和心理特征，知识储备，学习方法储备，现场学习能力水平，各种数学能力能够实现的水平、表达能力、动手能力等。

教学方式与手段的说明：技术准备，教学软件以及多媒体、教具，适切性、适度性、科学性。前期教学状况，存在的问题、对策等研究的说明。

3. 本课教学目标的设计。

三维目标，不要牵强——如德育，认识论科学方法都是价值观，行为动词要准确界定。

4. 教学过程与教学资源整合设计。

“思维导图”慎用，解决好切入点(情景设计)、连接点(各环节间)、结合点(学生活动)、落脚点(知识、技能、能力、思维)、发展与衍生点(与学科整体要求)，形成特点，抓住靓点。

5. 学习效果评价的设计。

体现评价是教学活动中的一个环节，形式为内容服务，不要喧宾夺主。

6. 本次教学设计大赛与以往相比特点。

最后，教研员总结，设计要不落俗套，比如说学情分析，许多人会写：“学生形象思维较好，抽象思维较差”，怎么较好？怎么较差？怎么样根据学生设计目标？是否考虑到学生差异和不同层次？简单的是或否无法产生亮点，很难成功。

(四)学校级别的比赛

这个层次上的比赛处于各级比赛的最底层，是金字塔的基座。

许多中小学都会自己组织学校内部的教学比赛。一位教师从入职开始，必须参加的比赛便是在这个级别上，各个学校的做法大致类同。比如，北京某城区一所普通中学，这几年的基本做法是，按照年龄将教师分为青年教师组、中年教师组，组内所有教师必须参加学校的比赛。老年教师因为已经有过若干次这样经历因此可以“豁免”，同时以评委身份参与比赛。学校级别的比赛一般由校领导、教研组长、老教师组成评委会，有时，会邀请区或者市的教研员参加，以提高比赛的“隆重”程度。

就这样，在学校比赛中脱颖而出的教师，会自然地成为下一次县(区)级比赛的“种子选手”，在县(区)级比赛中的佼佼者便成为省(直辖市)级比赛的“候选人”……以此类推，秩序井然，直到金字塔的顶尖。因此，虽然只是在学校内部，规模不大，形式也不隆重，教师们却不会掉以轻心，通常会向多人请教，会请备课组和教研组的同仁出谋划策。此外，毕竟是在学校内部，是最低层次的比赛，教师们的课是最接近原生态的。

对于教师的各种教学比赛，至今毁誉参半。

记得大概是20世纪90年代中期，与一位北京市教委某部门负责人(ZW1996)谈到各种教师的教学比赛。我表达了自己的不以为然，主要是抨击其做假，并且断言：“这些课事前至少要操练三遍以上”。那位负责人闻言哈哈大笑，当即挺不留情面地挖苦我：“你未免太缺乏想象力啦！告诉你吧，通常没有七八遍练习是不可能拿出来的。”

其实前面所谈到的公开课，也已经存在这样的惯例。比赛所附加的荣誉与风险更是令其与公开课不可同日而语，教师所承受的压力也可以想见。“没有七八遍练习是不可能拿出来的”也许有所夸大，但即使是区一级的教学比赛，“三遍以上”恐怕稀松平常。这种作假自然为人们所反感，除了不能反映教学的真实状貌，人们尤其忧虑的是这种现象所带给学生们的“副作用”：身为灵魂工程师的教师，带着自己的教育对象，大把地挥霍着有限而无价的学校教育时光，一遍遍认真地重复着操练学生早已经掌握的教学内容……教师如何给自己寻找行为的正当性？学生们又将产生怎样的感受？说得严重些简直是肆无忌惮地玷污心灵，教唆欺骗。十几年过去，重新思考这样的事实，发现自己的看法与从前有所改变。并不是赞成弄虚作假，而是对于这种比赛本身看得更为客观些。如同其他行业一样，教育领域也要鼓励竞争，提倡出类拔萃，可以说，这些在教育领域还有着特别的意义，毕竟，庸庸碌碌的教师是难以胜任育人重任的。这一点，教研员们看得十分清楚。一位教研员(LT，2010)坦率地说："各种比赛无非就是给优秀教师一个出头和表现的机会，比赛可以刺激教师下功夫提高自己专业能力。"

至于伴随比赛而产生的各种病态、扭曲的行为，不能归罪于比赛本身，这就好像片面追求升学率不能归罪于争取好的成绩一样。如今的人们早已熟悉竞技体育中的种种乱象：服药、赌博、作弊……但却并没有为此而禁止竞技体育本身，而是通过制定和完善各种规则来限制和惩罚不端行为。教育活动自然要比之体育比赛更为复杂，除了比赛本身在管理实施上不断完善外，更有赖于其他多种条件：教师队伍基本待遇的保证和提高、教师行业在社会上真正为人所尊重、全社会诚信环境的建立与完善，等等。

近年来，各种以教师为主体的教学赛事有所减少，许多教研员也谈到这一点。

"以前全国比赛每年都有，现在次数少了，两三年一次，每个市获奖人数2—3人，只有荣誉，没有奖金，市里和区里一般也没有物质奖励。一般来说，谁办比赛，谁贴钱。"

"与过去相比，现在行政系统出面组织的比赛少了很多，过去的小段(课堂教学片段)评选，教案评选等单项比赛都没有了。大概是受学生比赛减少的影响，也可能是要考虑减轻学生负担。记得在1987年、1988年前后，反正是20世纪80年代末吧，获奖证书上还有当时北京教育局的章，是受官方认可的。现在没有了，盖的多是各个学会的章。"(LT，2010)

对于比赛获奖与教学的关系，基本上大家都给予肯定。就如一位教研员所说："得奖与教学水平基本是呈正相关的，得奖的教师，平时上课都不会太次。"(LT，2010)

获奖为教师带来的好处是极为可观的，尽管没有奖金，各种荣誉性的奖项却能够带来各种可观的物质利益。前面提到的在教师职务的晋升方面便充当重量级砝码——优先、破格都不在话下，据说并没有此类正式文件，但实际上为大家所默认。除此之外，还有各色各样的其他机会如讲学、录像、编写各种教参和教材、行政干部的选拔，等等。

二、千夫所指的学生赛事

如果在最近几年对中国城市小学生家长做个调查，在最令他们爱恨交加的教育活动中，“奥数”很可能会排在第一名。在“小升初”考试取消之前，“奥数”比赛就已经显示出巨大的威力——即使考试分数不尽人意，如果能够拿到“奥数”比赛的二等以上奖项，就拿到了进入最好中学的敲门砖。于今，“小升初”考试已经是昨日黄花，“奥数”却更为风光，失去统一考试的标准，“硬碰硬”的“奥数”奖项自然格外为人追捧。所以，尽管各级教育行政部门一而再、再而三地下令取缔，各种“奥数”班却依旧门庭若市。

最新的“奥数”话题自然要数成都。该市在2009年以行政命令的形式正式取缔“奥数”，据称是死命令，凡在各种“奥数”学校或培训班兼课的教师，要面临的是失去公办学校教师身份的危险。一时舆论喧哗，大小媒体很是热闹了一阵。2010年春，询问一位成都朋友，此事如何了？这位教师笑嘻嘻地：

“‘奥数’吗，是没有啦，不过现在有数学兴趣班——或者其他叫法，嘿嘿一样啊。那些重点中学有几个真的就近入学，没有统一考试，除了少数人靠条子、票子不发愁，老百姓孩子要进去，不靠这个靠什么？”说完，脸上的笑容不见了，表情从“狡猾”转为“悲壮”。

“奥数”只是各种学生赛事中知名度最高的一种。为中小学生举办的各种比赛名目繁多。从20世纪80年代起开始，比较早出现的各种赛事包括；“春蕾杯”、“奥数”，之后又有捧出过韩寒的“新概念作文大赛”等等，都曾经轰轰烈烈不可一世。这些赛事派生出来的各种补习班、辅导班，逐渐将所有的中小学生、所有的家长、所有的家庭裹胁其中，疲于奔命，赔进去无数的金钱、时间、精力、学生的健康等。当然，这里的“所有”是应该加以限制的：基本不包括农村地区。之所以如此，主要就是这些比赛在升学中的作用，无论是“小升初”就近也罢，中考和高考加分也罢，各种暗箱操作从来没有停止过，普通社会成员的子女，只能通过竞赛获得一些“砝码”，“奥数”等赛事之所以屡禁不止，个中原因大家心知肚明。2009年，江苏省某市教育部门公布了省教育厅审核通过2009年全省中小学生竞赛活动项目。2009年度该省中小学生竞赛只办10项，竞赛活动项目分别是：第二十一届国际科学与和平周全国中小学生(江苏地区)“金钥匙”科技竞赛；第九届青少年电子技师认定活动；第十六届青少年科技模型竞赛；第十四届珠算式心算能力比赛；第九届中小学生健康教育(网络)知识竞赛；第八届“中学生与社会”作文大赛；第九届中学生作文大赛；江苏省第八届中学生英语口语电视比赛；第三届中小学生硬笔(软笔)书法展示赛；第三届中小学生诗歌诵读竞赛。教育行政部门在推出这些赛事时严正声明：竞赛成绩均不与升学挂钩。话音未落，便有数名该省的教育工作者表示：“不与升学挂钩？那是不可能的。”

鼓励学生“好好学习，天天向上”，在各门功课上力争上游，无可非议，名正言顺地在教研室的工作范围之内。以下是北京市两个年度的有关情况。

2003年度，有“选拔和指导北京市学生参加全国性竞赛获奖情况”的统计，在全国性比赛中获奖的学生超过200人(电脑作品制作比赛没有统计人数)，赛事名称分别是：“第四届全国中小学电脑作品制作”“全国中小学生电脑美术作品评选”“全国中学生生物系联赛北京赛区竞赛”“全国中学生生物竞赛”“第二届中小学劳技教育创新作品邀请赛”。①

2006年度，“我中心受市教委基教处委托，由数学、物理、化学、生物、信息技术、外语及英特尔奖等相关教研室承担学科竞赛与特长生培养工作。据不完全统计，报名参加全国联赛北京赛区上述7个学科竞赛的全市高中生约计40 000余人次。物理、化学、生物、信息技术及英特尔奖五科的参赛选手，分别通过理论笔试和实验操作等项活动。经过全国联赛(北京赛区)的选拔及后期强化培训，各学科分别组织北京市学科代表队参加全国的科学竞赛决赛(冬令营)活动。”②

各学科北京代表队参加2006年全国学科竞赛(决赛、冬令营)的获奖一览表③

学科	规定参赛人数	一等奖获奖人数	二等奖获奖人数	三等奖获奖人数	备注
数学	6+1	1	5	1	全国冬令营

① 北京市教育科学研究院基础教育教学研究中心.2003年工作年报.(内部资料)

② 同上.

③ 同上.

续表

学科	规定 参赛人数	一等奖 获奖人数	二等奖 获奖人数	三等奖 获奖人数	备注
物理	6	1	3	2	全国赛
化学	5	1	3	1	全国赛
生物	4	1	1	2	全国赛
信息技术	3	1	1	1	全国赛团 体第三名
英特尔奖	无参赛人数规定		1	1	四等奖 1 人
总计		5	14	8	

在两个年报中，有关文字都极为简洁。从中可以得到的信息包括：全国性的学生赛事一直存在，与赛事打交道的学生人数亦不少。既然有全国决赛，自然就有地方选拔赛，各级赛事由选拔、培训到比赛，各项事宜想必繁重，并不是一件简单的事务。若干年来，也必然积累了诸多经验，不过，教研室显然对于这项工作十分“低调”，在上面两份年报中，相关文字都是寥寥数笔，真正惜墨如金。仔细品味，用语亦透出考究，在提到教师比赛时，年报中尚且使用了“优秀”这样语义鲜明的词汇，轮到学生处却“中性”得很，没有使用具有鲜明价值倾向的词汇，更毫无渲染。这当然是大环境所致。在“奥数”几乎成为“过街老鼠”的今天，其他各种赛事免不了也处境微妙。教研室的谨言慎行实属无奈：对于正规考试的讨伐已经泰山压顶，哪里敢别生事端。

在中国声名狼藉面目狰狞的“奥数”，其实本来十分单纯。国际奥林匹克数学竞赛是国际性的中学生数学大赛，在世界上影响非常之大。竞赛的目的是：发现、鼓励世界上具有数学天份的青少年，为各国进行科学教育交流创造条件，增进各国师生间的友好关系。这一竞赛 1959 年由东欧国家发起，得到联合国教科文组织的资助。第一届竞赛由罗马尼亚主办，1959 年 7 月 22 日至 30 日在布加勒斯特举行，保加利亚、捷克斯洛伐克、匈牙利、波兰、罗马尼亚和苏联共 7 个国家参加竞赛。以后国际奥林匹克数学竞赛都是每年 7 月举行（中间只在 1980 年断过一次），参赛国从 1967 年开始逐渐从东欧扩展到西欧、亚洲、美洲，最后扩大到全世界。目前参加这项赛事的代表队有 80 余支，中国从1985年参加竞赛。经过40多年的发展，国际数学奥林匹克的运转逐步制度化、规范化，有了一整套约定俗成的常规。国际奥林匹克数学竞赛由参赛国轮流主办，经费由东道国提供，旅费由参赛国自理。参赛选手必须是不超过20岁的中学生，每支代表队有学生6人，另派2名数学家为领队。试题由东道国以外的参赛国提供，然后由东道国精选后提交给主试委员会表决产生6道试题。试题确定之后，写成英、法、德、俄文等工作语言，由领队译成本国文字。主试委员会由各国的领队及主办国指定的主席组成。这个主席通常是该国的数学权威。欧洲北美每年都有选手参加，也没有听说像中国这样的副作用。

不过就是这么回事，大多数追求“奥数”的中国家长们并不认为自己的孩子是数学天才，也根本不期望孩子能够最终走向国际赛场。无非是借此作为“敲门砖”，进入理想学校而已。如果有其他公平可靠的渠道，相信家长们不会那么死心眼地与这个“奥数”较劲，那样，中国的“奥数”及其他赛事也就有可能恢复其本来面目。当徘徊于饥饿威胁边缘的人看到“满汉全席”，当瑟缩于风雪中的寒士来到时装发布会，相信他们无暇去分辨“八大菜系”各自的玄妙，很难去留心貂皮与羊毛织物舒适程度的差别，说来说去，无非还是对于优质教育资源的追求。

第六节　各种教材、复习资料的印制与发行

在我国的图书出版业中，出版品种最多、印刷数量最大、发行码洋最高、利润最丰厚者，就是中小学教辅图书。在世界出版业中称得上独特，也是绝对的中国特色。全国有超过500家出版社涉足教辅图书的出版发行，而全国出版社总数是560多家。① 据统计，全国每年中小学教辅图书码洋达到数百亿元，类别超过10万种。②

对于形形色色的教辅图书，人们褒贬不一：

① 姜涛．新课程教辅图书的开发[J]．大学出版，2005(2).
② 刘秀兰．对提高教辅图书质量的几点认识[J]．大学出版，2007(2).

“我不赞成‘存在的即是合理的’观点，但教辅的存在，有这个市场，自有其存在的理由。”①

“如果不能说，教师需要教辅就说明有不会教或教不好的老师(其实这一点在某些教师身上是存在的)，至少可以说，学生需要教辅，肯定有不会读或读不好的学生；对家长而言，不会辅导孩子的家长则大有人在。让教辅来帮助教师教学，帮助学生学习，帮助家长辅导孩子，又有何不可呢?”②

“教辅把所有问题都解决了，我们所见的，所练的，都是别人预设好的过程，很容易使我们形成思维定势，造成经验错误。”③

一、众矢之的

2005年12月8日《北京青年报》刊载了《谁在教辅市场浑水摸鱼?》一文，这是目前所见到有关教研室经济问题的较早且较为详细的报道。报道称：

“河南省纪检和检察机关根据群众举报，经过几个月的调查发现，河南省教育厅基础教育处和基础教研室部分干部在辅助教材等发行过程中，存在贪污受贿、私设小金库等问题。目前已有6人被移送检查机关，其中包括一名副厅级巡视员和3名处级干部。”当年4月，在专案组对基础教研室的财会账表突击搜查中，发现了秘密隐藏的‘小金库’账册。对账册审核发现，1998年以来，该室截留的辅助教材稿费(这些稿费本应发给编写教材的基层教师)高达3000多万元。这些钱被随意开支、挥霍。报销凭证中，万元以上的洗浴卡、饭店及娱乐场所的发票、旅行社的发票等无奇不有，甚至在国外超市购买服装、生活用品的购物小票，也被折算成人民币报销。”

尽管教育领域的腐败早已不是新闻，就“证据确凿”的教研室丑闻，这则报道还是比较早、披露细节较为翔实的。

2006年11月2日，《南方周末》发表署名金新(特级教师)的文章，“公权

---

① 何宗焕．编后记：教辅可以有灵魂吗?[J]．湖南教育，2006(3).

② 王冰，张爱玲．教辅图书，几家欢喜几家愁——北京地区中小学教辅图书状况的调查[J]．中国编辑，2005(1).

③ 何娇．北京市高一学生使用数学教辅图书现状的调查研究[D]．北京：北京师范大学教育学院，2006：1.

私用乃应试教育泛滥到中考的元凶”，对某教辅做了严厉批评。该文提到，某市 2006 年各类高中招生考试之语文试卷的文言阅读选用的是《名臣狄仁杰》，而这一语段曾经出现在《九年级语文读本》中，该书系负责出中考语文卷的教研员所编。“此‘读本’的每一段语段前均有‘阅读提示’。……看过的学生，只要智力正常，参加中考答题，不是得心应手，就是驾轻就熟。”“时下许多地方的中考属自由命题，由教育局教研室负责，于是那些以教育局教研室的名义，并在封面上赫然打上‘师生共享’、‘体现中考发展’、‘突出实际运用’等客观上具有诱惑暗示性质字样的书，每年就成了学生的抢手货。”“书是个人写的，稿费是个人拿的，却以教育行政部门的名义来造势，以牟取利益更大化。这是否属于公权私用?”“他们做出的解释竟然是：‘现在还没有哪一种法律禁止教研员出书!’”“教育领域利用命题方便公权私用的情况应该不是个别省市的事。”

《北京青年报》2006 年 12 月 2 日，发表题为《黑心教辅书一周出一本》文章。“‘精华’、‘大全’、‘名师’、‘名校’……这些诱惑人的字眼总能让大多数人心甘情愿地掏腰包。”“在某网站的论坛中，一篇题为《当一个负责任的教辅书编辑，我都快哭死了》的帖子，引起了众多出版社教辅书编辑的热烈回应，纷纷跟帖曝光劣质教辅书出版黑幕”。“浙江某所省一级重点中学的高三教师蒋明明(化名)曾参与了不少教辅书的编撰工作。他说，市面上看到的大部分教辅书，都会挂上顶尖名师的名字，但挂名师名字的书太多了，名师怎么可能都亲自编写呢? 蒋明明告诉记者，做这部教辅书的出版社或图书公司和这些名师都会签订协议，名师只要同意挂名，就能收到一定的挂名费。”“‘最糟糕的是，有些书商根本就是随便找了几个人来编写，最后编撰者的名字全是杜撰出来的。’浙江一位做教辅书非常成功的民营书商马先生对记者直言。”

“网友‘彼岸是全’曝光说，‘上午领导让一个同事换一本书的题，说只要全书换 10 道题左右就可以了，不然编校部门不愿意，出片的也不愿意。’在教辅书市场上，内容的大同小异太普遍了。很多学生在做练习题的时候常常会发现，这本做过的题，在那本里又出现了。”“第一次出，还会创作一些原创的题目，等到第二年，基本就不会再有什么新东西了，稍微地改头换面一下就行了。”“有业内人士笑言，在这一行，粘贴、复制的水平要很高。凡是市面上出现一本质量不错的教辅书，很多书商就会把它‘拿来’，重新包装成自己的书。”

“浙江新闻出版局相关部门的工作人员告诉记者，要分辨正版教辅书的优劣，比判别盗版书更难。”

上述几例，不过是冰山一角。却也清清楚楚地表明，教辅已经与各种各样的腐败结结实实捆绑在了一起。教研室有权力编写教参，教研员有能力编写教参，而且，曾经并且仍然在继续编写着形形色色的教参。对于以上种种，实在难脱干系。

二、“剪不断，理还乱”

对于教辅图书如今的乱象，教研室及教研员们到底又该负有什么样的责任呢？追究下去，发现就如基础教育领域的许多问题一样，很难做出简单清晰的判断。

下面，是对北京市某区一位资深教研员(GZ，2008)的访谈。

我：有一个问题，您别介意啊，20世纪80年代一直到90年代前期，海淀区的卷子和教辅之类非常有名，不光是在北京，外地也都来，好像可以花钱买。这个事的来龙去脉到底是怎么回事？

GZ：这个事情特别简单，从1972年开始，海淀(区教研室)就在重庆出版社出了一套教学辅导用书。

我：正式出版的吗，还是内部资料？

GZ：正式出版，1972年，而这样的书全国当时没有。

我：那里面内容是什么呀，全是题吧？

GZ：除了题，还有对知识的认识。这知识为什么要这么用，从初一到高三，每个年级都有，这个东西一直持续到20世纪90年代初期，随着后来的知识删减、教材的变更，然后做一些全新的解释。

我：这个书发行量很大喽？

GZ：很大，重庆出版社就是因为这套书，在重庆盖了一个最高的大楼。当时就是这套书，一年可以盈利一个亿。这是一个历史原因，还有一个历史原因呢，就是当时是全国统一高考，而海淀区教研室有这么一批老师，潜心地研究知识，研究教学，当然也研究高考，形成了一个团队。

我：那这个书的署名是海淀区教研室吗?

GZ：海淀区教师进修学校，教研室在进修学校之内。

我：那后来这个钱是都归了教研室吗? 那教委也不干呀!

GZ：教委收一部分稿费，好比说100块钱稿费，教委收10%。

我：这样的，那海淀区教研室就曾经很有钱啦!

GZ：也谈不上，因为有作者的钱啊，抽了10%后基本不留，都发给作者了。

我：除了教研员，作者也包括一些中小学教师是吗?

GZ：对，中小学教师。海淀教师进修学校曾经有一座六层楼，现在已经拆了。当初用到的所有资金，都是写书赚来的。

我：后来是不是不让出了?

GZ：也不是不让出了。因为后来高考有部分省市独立出题了，这是个主要原因，这样就没有共性标准了，如果还存在着共性，这事儿会持续下去。

我：分省的考试也只是在高中段啊。

GZ：初中中考呢，因为它当时对知识的认识解读还是比较准的，它提供的看法既是共性的也有个性的，比较适合不同的学生学习，而且全国其他地方没有人做这个事情，所以它也能持续。可是各省的中考是独立的，如果高考这边全国持续统一考试，我相信还会持续到现在。这是个历史原因。

我：那么这样正式的出版物是合理合法的，没什么好说的。

GZ：对，从来没有违规的。

我：那卖卷子呢? 比如××中学或××中学的卷子，在外地都很有名啊。

GZ：卖卷子是20世纪90年代之后的事情，它也谈不上是违规。

我：那为什么不到学校去买，要跑到海淀区来买呢? 海淀区收集的全? 一买好多套?

GZ：海淀的卷子啊，好比说数学，海淀的考生假定说有1万人，可是它每次印卷子呢，按照传承下来的习惯，这卷子可能印两万份，全国各地的上这儿来订卷子，然后它把这卷子分发出去。

我：那比如说我要买××中学的卷子，也许我不和你海淀打交道了，我直接到学校去。

GZ：以前都没有，那都是后来，1994 年前后吧。因为那时候重点校，也不能形成一个集团，到 20 世纪 90 年代中期为止，不是特别突出。后来，教委重点投资重点校，逐渐地形成集团，当这个集团态势出现了，个性化的东西也就出来了，认为我可以独立出卷子了，可以拿我的这个去挣钱了。

我：您知不知道他们的这个核心机密，这个卷子能卖多少钱啊？

GZ：这个我可不知道，因为我没参与这个事。

我：我就一直很好奇，那像那种区里面模拟的卷子一份能卖多少钱呢？

GZ：一份的话，海淀也就五块钱吧，没多少钱。

我：现在人家不买啦，人家买黄冈的啊什么的，是不是？

GZ：因为这里面啊，怎么说呢，很多说不清的因素，黄冈呢就是因为数学竞赛，全国的数学竞赛得奖了，再一炒作。海淀从 90 年代中期之后，再没有出过什么书，没出书的原因呢，海淀的认识是这样的，认为这件事我已经走在全国前面了，这套书我有了，这个问题我不再做了。到现在为止，以海淀区的名义出的书，主要是我们的配套练习。

我：配套练习还出吗？

GZ：出，我们区自己还用啊。

我：就是列在那个一费制里面？

GZ：对。那就是我们的配套练习。

我：北京市好像没出。

GZ：没有。北京市原来是和北京的出版社合作，出专门的练习册，在 20 世纪 90 年代中期之前一直那样。

我：后来没有了。

GZ：对，没有的原因就是教材不一样了，它这个反正有历史原因。

我：嗯，这个事情很有意思。

GZ：所以说每次出现一种新的现象，都是因为比如说政策的变化。

我：您知道还有一个什么问题呀，就是后来老在说这个教育参考资料太多，学生负担很重，家长负担很重，然后就是类似像教研室啊什么的都不让出了，不让出了以后现在又出来一个问题，就是你这些正规机构不编了，它就有一些奇奇怪怪的机构来编，编的反而不好，重复很多，错漏也很多，质量水平也不够。觉着这个事也是，原来是没有想到的。

GZ：因为这个事情它有有利的一面必然也有有弊的一面，就是说这个事情不可能是都好。

我：那您印象中原来海淀编的这个是叫练习册对吧，除了海淀用，别人是不是也可以用？

GZ：可以。

我：后来不让了。

GZ：也不是不让了，就是因为海淀进入新课标了，用了新课标的书了，它就不能用这个统一教材了。那套书由北师大出版社一直出到2002年。

我：对，北师大出版社，还是给师大出版社赚钱的嘞。那其他区当时不编吗？

GZ：三个区县同时编的，就是北师大出版社当时同时找了三个区县，西城、东城、海淀，然后西城东城的书在北京市卖，海淀的书全国卖，发展到最后因为太多了，它不能把书全印完了发过去，卖清样。

我：就跟人教社的那个什么一样。那么后来海淀区换了新教材了，东城西城它们那个书还继续卖吗？

GZ：那我们就不关心这事儿啦，我们就脱开这个啦。

我：是不是有命令，不许印，没有吗？

GZ：没有这事。

我：但是有很多批评，有很多抨击。

GZ：当时说这个事有个什么原因啊，就是各区县有个大白本，不是正式出版物，所有的练习册都不是正式出版物，要求各学校自己订，后来就发文，说这种是违规的练习册，违规出版物必须杜绝。

我：大白本是什么呀？

GZ：就是所谓内部印刷品啊，区里面印的，各区都有。

我：那咱们不算。

GZ：咱们不算啊，咱们一直是正式出版物。海淀后来和中国书店出版社联合在一起，就出了后来的练习册，新课标之后一直就是那个。

我：那现在这个量还很大吗？

GZ：还行吧，因为只有海淀用嘛。

我：外地也可以用啊，只要它和你们用一样的教科书它就可以用。

GZ：对，也可以用。

我：今天终于说明白了，我之前听了很多个版本啊，都不一样的。有的年轻的一点就是说我们没编过，他可能不知道以前编过。

就此，似乎可以说，教辅的滥觞，教研室难脱干系，可是，如果让教研室承担滥编滥发教辅的全部责任，恐怕又会造成新一桩“冤假错案”。

针对教辅市场的混乱，各级教育行政部门三令五申，严格规范各级教研室编写教辅图书的行为。以成都市某区为例，目前义务教育阶段学生的教科书全部免费。与教科书配套的各种练习册、参考资料等，则由各区教研室负责编写和发行一套。据了解，这种情况在全国有相当的代表性。不过，即使现在基本只是“仅编一套”，仍然有许多教研员们会以个人名义甚至匿名方式参与“编外”教辅的编纂。说到底，既然有市场，有需求，就一定会有人来编写，何况利润丰厚。现在，教辅图书的最大获利者，早已不是教研室，甚至不是制度内的任何教育部门。据称，一些民间公司在教辅图书的编写出版上的产业链相当完善，许多人藉此不仅脱贫致富，而且跻身千万甚至亿万富豪之列。

教研室退出教辅图书作者的行列，究竟是好还是不好，似乎并不容易做出结论。

那么，教辅与学生负担又干系如何？一位教研员(LT，2010)如是说：

“教辅的主要内容是各种习题、教学目标——按照教科书各章各单元的情况、学习指导——如思路指导，这个题怎么理解，这个知识点怎么理解，它跟别的知识点有什么区别。教辅每年都需要修订，改动20％～30％的内容，依据主要是中考、高考学生对这些题目的使用情况。”

如果说是各种教辅增加了学生负担，可能不太准确，至少听听不同的声音。

“李豫是广渠门中学英语老师，一直关注学生负担过重问题。目前虽已退休，但仍然给一些学生辅导功课。

‘学生课业负担过重这个问题，之所以提了多年而未能解决，原因是多方面的，但有一方面的原因从过去到现在似乎从未提过，那就是教材的内容日益加多、加深或是做一些不合理的变动，从而形成了一个很难理解的怪圈。’李豫说，‘教材的编写者似乎认为，所有的孩子每隔几年智商就要提高百分之几十，可以学越来越多的东西。’

李豫指出，教材内容增多、加深在英语科目体现最为明显。‘以去年秋季开学刚开始进行高一新课改的英语科目为例，’李豫说，‘新教材高一英语上学期两册书共10单元，生词625个(包括重点词汇、短语及所谓只认识不掌握的)。此前用的是一套，即2003年版高一上共一册12个单元，488个词语。新教材比老教材相比词汇量增加137个，增加幅度达30%。’”“新教材不仅词汇量大幅增加，内容的难度和广度也增加不少。”“李豫指出，教材中的内容难到学生甚至无法用中文完成，更谈不上用英文分组讨论了。比如教材阅读理解中让学生完成小组讨论‘像琥珀屋或圆明园这样的失去的文化遗产是否值得重建?’”

“教材内容为何越编越难呢？一位从事过教材编写的业内人士透露说，每一次实行新教改，教材内容都要重新编写一遍，但教材的编写者并不是一线的教师，他们只是按照自己掌握的教育教学理论，认为教材应当按照他们理解的‘教学大纲要求’去创新，于是教材内容是面目一新了，但却忽略了教师的教学能力、学生的认知能力是否能适应他们的创新。”①

其实，教辅也罢，教科书也罢，都难以独自承担起加重学生负担这样的“罪名”。还是前面已经讨论过的，教育问题是无法离开社会和历史背景来考量的。

记得2007年5月，我第一次踏上宝岛台湾，还没有来得及享受美丽风光，便先遭遇了一道熟悉的风景线：满街的家教辅导、补习班广告扑面而来，书店里“汗牛充栋”的教辅图书琳琅满目。除了用来吸引家长和学生的遣词略有差别，几无二致。

① 学生课业负担过重教材是罪魁祸首？[N]. 北京青年报，2008-09-23(D1).

三、悲喜创收

某市教研室调整，主要领导换届在即。因为曾经连任，各种创收积累颇丰，其时正值购置商品房大潮，于是准备按照教研室成员工作年限和业绩，将其中部分加以分配。然而报告打上去后却未被教育行政部门批准。事情已经过去若干年，至今，当时与闻其事的教研员仍然耿耿于怀：这些钱主要是教研室创收所得，最后全部充公了，有失公平。

教辅是教研室创收的渠道之一，教研员们对此并不讳言：

“不许乱编教辅，在2000年前后风声特别紧。所谓乱编，就是没有书号，印白本。现在，义务教育阶段的教辅全部由政府买单，每科限定一本，对内容、篇幅等方面都有控制。具体的，各个区都会自己编一套教辅，主要是为了符合自己学生的情况，实现教学自监控，当然，也有经济的利益在里面，但经济利益是次要的，如果不管，更乱。”(LT，2010)

那么，这种创收对于教研员们利益究竟有多少？这位教研员回答了我的疑问。

我：教研员的收入比普通教师如何？

LT：前些年普遍好些。现在吗，一般来说，与中小学教师相比，属于中等。也就是说，比起条件好的学校的教师，要低，但比一些条件一般或者较差的学校的教师，要高。

我：这个中等包括了教研室创收所得的分配吗？

LT：当然包括。

我：如果教研室彻底放弃创收行为，只靠上级下拨的经费发工资，可能会怎么样？

这位负责人用观察白痴的眼光看看我；“很简单，我们立刻散伙，”说得云淡风轻。

“单位作为单位人安身立命的场所，一度也是唯一的场所，单位行为免不了为教职工谋福利的目的。人不能拽住自己的头发脱离于地球之外——人是在比较中生存的，别的单位都在为自己的职工谋利，教育单位不可能也不必免俗。这样的谋利行为合法化后，单位成员的安全感提升、相对剥夺感降低，单位使命感油然而生。”[1]不错，同在教育领域，要求教研员们心甘情愿地满足于国家经费支持的工资，在今天很不现实。

与许多同行一样，我一直认为“教育产业化”是一个比较恶劣的提法，在这个提法的掩护下，各种本来至少还遮遮掩掩的背离教育精神的行为变得有恃无恐，更糟糕的是，催生了各种千奇百怪的敛财“法门”。教研室和中小学一样，是全额拨款的事业单位，靠拨款维持工资的起码水平没有问题，但要吸引优秀人才，维持队伍稳定却是无从谈起。中小学依靠各种创收吸引优秀人才、维持教师队伍的稳定早已经不是秘密，同理，教研室不可能独守清高。按照目前基础教育的整体投入，至少在相当时期内，收取费用的教育服务仍然会存在。杜绝“教育产业化”大旗下的种种不正当行为，只有两个选择，或者大幅度增加投入，这种期望在近20年围绕4%的喧嚣中早已令人们几乎放弃，那么另外的选择就是，建立合理合法且强有力的有偿教育服务制度，所谓管起来。许多中小学生家长已经从自己子女苦不堪言的“补课”经历中感悟到，既然纯粹商业性的各种补习学校可以大行其道，为什么不可以让学校适当介入类似业务？这样至少可以规范些吧。

许多教研员表示，教研室是隶属教育行政部门的，前述河南省教研室的腐败，其实局限于比较小的范围。也就是说，真正能够大肆挥霍教辅所得的并不是一般的教研员。

如同要不要编写教辅资料一样，关于创收的明智做法，恐怕也在于制度的健全和管理。

四、“柳暗花明”

如果说教研室逐渐退出或者淡出教辅编写队伍的确令教研室蒙受了一定程度的经济上的损失，另外一个新情况却又使得情况柳暗花明，这就是近十年来的教科书多样化。新中国成立以来，全中国中小学基本都是采用人民教育出版社编写的教科书。这种不同地区使用同一教科书的状况早就为人所诟病，1986年，成立了《中小学教材审查委员会》，意在鼓励教科书多样化。

---

① 王晋．一个称作单位的学校[D]．南京师范大学教育科学学院博士学位论文，2009：62.

1993年，教育部曾经组织编写八套半义务教育阶段教科书，此外，某些科目也尝试将部分内容留给地方，由各地自行编写教科书，如地理课程中有关乡土地理部分。但就总体而言，所谓多样化在很长时期内极为有限。21世纪初的课程改革，第一次大规模地实现了教科书多样化。教育部规定，参与课程改革的地区必须采用两种以上的教科书，同时以行政力量大力推动教科书多样化，当然也由于教科书丰厚的利润回报，在政策鼓励之下，各地都积极地投入了教科书编写。

集中了大批优秀教师的教研室，自然成为教科书编写最具资格者之一。据了解，目前参与教科书编写的主要是省(自治区、直辖市)级教研室，在全国范围，应该不在10家以下。县(区)级教研室即使参与，多半也是以教研员个体的形式。

教科书多样化，以竞争来促进其质量的提高和改善，确属善举。只是由于操作略嫌仓促，事前准备不足，制度更欠完善，难免出现各种乱象。比如说，面对教科书的多样化，却没有合理配置相应的教科书选择和决定制度。目前，这个权力掌握在各级教育行政部门手中。毫不奇怪，围绕着教科书市场迅速形成了灰色地带，其间暗流涌动，滋生着新形式的龌龊和腐败。2007年暑期，我在南方某省函授。一位教师十分苦恼地告诉我，在她任教的生物学科，连续三年，每年更换一次教科书版本：

“当然，不同版本各有千秋，可是这样频繁地更换，对于教师的压力太大了。刚刚教了一轮，摸到点门道，又换了其他版本，还要重新熟悉，哪里有精力多琢磨教学。说到底，吃亏的还是学生。”

教科书多样化路途漫漫，教研室如何扮演好自己的角色，是一个新的问题。

不论是之前的教辅，还是现在的教科书，无非与教研室的收入相关，却又始终没有给出名正言顺的说法。“君子爱财，取之有道”，在全社会、各行业理直气壮追求富裕的今天，显然这是一个应该正视并且予以解决的问题。教研室需要创收吗？如果不需要，依靠什么来吸引优秀教师？通过什么来调动他们的积极性？教研室能够创收吗？如果可以，应该遵守哪些规范和章程？藉此，也许教研室终将摆脱如上所说的种种纠结。

第七节　三个教研员的一天

教研员的日常工作，是构成教研室形象最具体最真实的素材。本书刚刚开工，我请自己的三位研究生对教研员做了实际调查。在 2006 年的 4 月 4 日，经过调查对象的允许，三个年轻人分别在兰州、武汉、成都，全天候地伴随三个教研员渡过了一个普通的工作日。于是，有了下面的资料。就中国庞大的教研系统来说，显然这只是沧海一粟，不过，也多少可以收到窥斑见豹之功，获得一些原汁原味的感性材料。

一、"全能的"小学语文教研员

观察对象：甘肃省教科所 小学语文教研员(YX)

2006 年 4 月 4 日星期二　晴

8：30—9：05 该教研员向研究生回忆了前一天(4 月 3 日，星期一)的工作日程

上午

一、工作例会(初教室每周一的工作例会半小时到一小时)

初教室(包括学前和小学)人员构成：语文一人；数学一人；学前一人；艺术、体育一人；品德与社会一人(兼品德与生活)；英语一人(外聘)；有时请专家(如西北师大的教授)参与有关项目或活动。

会议内容：

1. 总结上一周的工作。

(1)学前的会议：与教育厅合作评选优秀教师。

(2)考察社区中心项目。

(3)汇报北京新课程培训。

2. 学习《中美教育》中《美国教育代表团对中国的报告》，其中提出的挑战，及其对政府的建议。

向北京人教社学习，从中发现思路，来开发新课程。

3. 本周工作计划：

厅里安排了有关 2006 年新课程改革的相关事宜

(1)设计评价工具。了解一线教师所使用的具体的评价方法，然后在此基础上，厅里给予帮助，再设计评价工具。

(2)争取一个项目：义务教育阶段学生学业成绩检测。

二、与两位中学的体育教研员约定 4 月 5 日(星期三)去小学听课

三、看书《学习和运用第二语言的策略》

下午

到某小学听课

13：30—17：30，连续听四节阅读课(2、3、4 年级)，全校语文教师全程参加。18：00—19：30 座谈：听课后与教师们互动，讨论、交流。因为教师中有许多是这位教研员的同学，所以讨论时关系比较融洽，大家比较能够放开。

讨论交流的主要内容：

1. 怎样上好课？由教研员结合听过的课讲解。

2. 教师们围绕上述内容进行反思。

3. 请学科教师谈自己的感受。

4. 汇总：对教师的可圈可点之处进行集中、小结。有针对性地提出适合教师个人的方式。

5. 作业：继续思考，学校领导应重视下一步怎么做。

在回忆昨天(4 月 3 日)工作日程后，YX 老师谈了自己在工作中的一些感受：

政府很重视对教师，特别是一线骨干教师的培训。国家级骨干教师的培训历时三个月，且经费充足。相比之下，对教研员的培训就很差。教研员是教练员，应如何给自己充电呢？目前的途径主要就是三个：

1. 自学：包括自己看书、杂志。但盲目性很大，只是感觉，自己觉得是什么就是什么，没有系统性。或者可以说，现在是在“吃老本”，依托于在师范时读的书。

2. 出版社部门的培训：具有随意性、片面性，只是针对自己出版的教材，但经费比较充足。不过，江苏教育出版社语文学科的培训较为系统。北师大郑国民教授提出，教研员的发展与教师的专业发展一样也是有梯度的，但是如何分阶段进行呢？

3. 其他的一些项目或活动，比如通过义务教育阶段学生学业成绩检测项目、参与式学习中心项目中获得信息。去年不曾与澳大利亚专家进行过交流。我省在这方面还好，有些省的国际项目要少一些。

教研员队伍如何提高自身的素质呢？

4月4日

9：07—9：22看两期《小学教学设计》杂志，每一期上有该教研员自己的两篇文章。

9：30—10：10学外语：用自己所订的英文杂志。

（其间接电话一次：一位校长，有关对（语、数）教师进行培训的事宜。电话后，告知数学教研员，先征集教师在教学中的难点，再进行讲解，而不要泛泛而谈）

10：15—10：25参加教研室短会：

1. 由于有人作兼职，所以对人员进行新的分工。

2. 要求老师填写“三月工作量加分加项”表。

10：30—11：10网上邮箱（企业邮局系统）

1. 与人教社商谈自己发的那两篇文章。

2. 约稿纪念一位老先生——人民教育出版社张中行。

（期间：接电话一次，某学生转学事宜；体育老师送来一份关于优秀体育课的报告；一位市美术教研员来访）

11：13—11：20看刚刚收到的优秀体育课报告。

11：25—11：35与提供报告的体育老师交谈，具体内容：

1. 落款的问题。

2. 6月2日交，时间比较紧。首先需搞清省评比是两年一届，还是四年一届，这涉及总课时的问题。××市是第一年参与，有两年的时间展开活动。11月的活动可以放到明年春天。

15：00—15：04 电话：安排任务，县级英语学科的参赛人员。

15：06—16：00 看书《学习和运用第二语言的策略》。

（期间：1. 接电话一次：英语教师才艺课程展示（口语演讲、说课、才艺展示）。市里是否进行了安排？2. 等填完加分加项表。要求他们参考《甘肃制度汇编》（黄皮书），原则是“二选一”。此时王老师表达感触：一下午也不能看几页书，常被一些事情打扰。3. 某教研员、所长过来聊天，主要是讨论加分加项表中的标准问题。每个人的立场不同，理解也不一样，意见不统一。此处略。某教研员提出：我们对市教研员进行培训，但谁对我们进行培训呢？）

16：00—16：27 与老师们继续协商有关标准的问题，并找所长汇报。

16：28—17：30 继续看书。

（期间：16：35，与某教研员讨论：1. 艺术课，是否应当综合体育，但目前研究较少。2. 评课方式，一是根据现场；二是根据录像，但费用较高，大约要 1 000 元/节。17：08，校稿——因为周四要交，是甘肃省教科所办《教育革新》的稿件，该教研员担任编委。）

对 YX 老师的领导，初等教育教研室的负责人之一，进行了简单的采访，整理他的意见，主要包括以下几点：

1. 目前省级教研室的大部分时间用于行政（各种教学管理事宜），搞业务的时间很少。

2. 省教研员论理论比不上中央，论实践比不上地方。

3. 教研室改为教科所后，权力减少。

4. 教科所与省教厅基教室之间的权力关系有时不是很清楚。

（北师大教育学院 2005 级博士 郑一丹调查整理）

一天的回忆，加上一天的实录，当然极为有限，然而已经勾勒出了这位小学语文教研员的基本工作状况。举凡教研室职能的种种，在这两天的活动中差不多都留下痕迹。指导教学、组织比赛、考试评价、职称评定、编写参考资料……桩桩件件拿得起放得下，且一忽儿语文，一忽儿体育，一忽儿美术，一忽儿英语，堪称“全能”。YX 老师很有代表性，各个地方的教研室中，相当部分的教研员都是这样十八般武艺样样俱全。

二、“专家型”的初中语文教研员

湖北武汉市初中语文教研员(QM)跟踪观察日志

2006年4月4日，湖北省武汉市，教研室办公室

时间	事件	说明
8：30	上班	今天规定的任务是学习。内容是《考试评价制度改革文件资料选编》：自编的黄皮材料。
8：30—9：00	工作开展之前的前期安排：复制资料、讨论修改教辅材料《课堂作业》的体例。	《课堂作业·语文》(武汉出版社)：即配合鄂教版初中语文教科书的学生练习手册；在下学期开始，湖北省武汉市实行一费制之后，就只能保留这本教辅。
9：01—9：24	通知教辅材料的参与教师周四来开会。	
9：25—11：00	1. 修改《课堂作业》体例 2. 撰写“命题说明(交媒体)——语文四月调考说明(课改区)”	每年记者都会邀请语文专家对今年的中考调考的模拟试题进行评点，为了避免出现一些偏差，院长要求出题的教研员自己编写一些命题说明交给媒体，以防止大方向出现错误。
11：01—11：40	报销事宜(下校调研经费报销)：寻找主任签字	
11：41—12：00	买菜回家	
12：00—13：00	做饭吃饭	
13：01—14：30	聊天	
14：30—15：12	修改《课堂作业》体例，整理成为文字稿件	
15：13—15：31	征求主任对《课堂作业》的修改意见	
15：32—15：50	阅读九年级《教学设计与案例》的书稿	
15：51—16：30	打电话给九年级《教学设计与案例》的书稿的作者，沟通，并提出修改意见	《(鄂教版)语文教学设计与案例》(湖北教育出版社)：针对鄂教版教科书的具体篇目，收集武汉市教师教学设计的优秀案例，编撰的一本案例集。已经出版了七年级、八年级，九年级的案例集正在酝酿当中。
16：30	回家	

(北师大教育学院2004级博士生 赵宁宁 调查整理)

虽然只是一天的流水账，与前面 YX 老师的工作状态既有相似之处，又有比较明显的差别。所谓“相似”，是“似”在教研室的基本职能，两位教研员的工作始终在基本职责范围以内忙碌。所谓“差别”，是“别”在职能的侧重上有不同。同为语文教研员，QM 老师的工作相比甘肃的 YX 老师更多投入在各种教学资料的编写上，撰写要交给媒体的“命题说明”，修改《课堂作业》体例，编撰《教学设计与案例》等。新课改以来，教科书多样化使得各个地方教育部门获得比从前多得多的类似任务：编写教科书、编写与教科书配套的各种资料，教研室在这方面的工作量从前有所增加。总体来看，QM 老师的工作专业色彩更为浓厚，一直忙碌于“语文教学”领地之内，堪称是“专家型”的教研员。

三、“事必躬亲”的高中数学教研员

地点：四川成都某区

时间：2006 年 4 月 4 日

MS 老师 4 月 4 日全天工作情况

时　间	内　　容
8：10—8：40	从教研中心出发乘车到学校调研——成都某国企附属中学
8：40—9：15	与成飞中学数学教研组组长 KY 联系，一起讨论该校有关教学的工作。主要内容包括： 1. 学校数学教研组和备课组教师水平状况和工作情况。 2. 了解即将听课的本日第二节任课教师的情况，得知曾经也做过小学数学奥赛的教练，表示以后可在这方面做进一步的交流。 3. MS 老师表示要多了解各个老师的特长，以后区上开展教研活动时就可以有针对性地开展培训或主题活动，集中全区教师的优势，开展互相学习，共同提高教师的教学能力。
9：20—10：00	听课。高中二年级三班数学课，内容：组合应用题。讲课老师：ZY 有其他数学老师来听课。MS 老师一边听一边做听课记录，在学生做练习的间隙主动走到学生旁边了解学生做练习的情况。 （听课记录附在后文）

续表

时　间	内　　容
10：00—10：20	学生课间操时间。与刚才上课的 ZY 老师在办公室简单地评刚刚上过的课。MS 老师肯定课讲得不错，并详细问了一些问题： MS：最后例题的作用是什么？ ZY：主要是让学生了解分类、分步问题和至多、至少的问题，这道题难度比较大，主要体现"正难则反"的数学思想。 MS：你对这个的研究还比较深。这种课不好上，很容易讲的简单和平淡，其实这样的课可以用不同的形式讲，并在不同的地方强调数学思维。学生的基础如何？ ZY：较好。 MS：学生思维很重要。你这节课有几点可取，以后还可以多讲。你现在就可以准备这方面的一些相关材料，在以后市、区的分科会或教研活动中，你可以介绍一下你的经验。第一，这个课中的合作意识比较强，也比较重要；第二，就是你的"元素"分析的比较好；第三，你这节课体现了创造性的思维，把书上例题变式，设置了新的问题比较好；第四，学生活动体现的也很充分。此外，对什么时候直接算，什么时候间接算讲解地也很清楚，把高三的"正难则反"的数学思想在这里就渗透进来了。这节课确实讲得很不错。 如果你再上这样的课，你会有什么改变？ ZY：本节课前面用的时间比较多，以后要缩减一点，把更多的时间留在后面难题的讲解……此外，还想在举例的时候把代数知识举出来…… MS：时间的安排我也同意，但如果像这样的课在举例时列出代数知识我就不太同意，因为这个知识……，其实"正难则反"的思想可以做一个专题讲解，那样就可以多涉及一些内容。
10：25—11：05	第三节课，听课。高一数学课，内容：三角函数的最值问题。讲课老师：DW。其他数学老师也听课。MS 老师也做听课记录，学生练习时也去了解情况。
11：20—12：00	在学校的会议室进行评课座谈。MS 老师主持，首先请 DW 老师说课，在这个过程中插问了解学生的基础水平。然后 MS 老师说 DW 老师用的例题都很有用，其他老师也可以用，可以资源共享。与大家一起研讨收获会很大，我们大家坐在这里一起讨论的目的就是为了把课上的更好，下面大家都可以说说 DW 老师这堂课有什么可取的，值得借鉴，还有哪些需要改进，大家都谈谈。

续表

时　间	内　　容
11：20—12：00	各位老师评课。 MS评课：第一，DW老师的课上的很不错。高中数学非常注重思维的训练，DW老师以思维能力的培养为入手点，以思维的批判性为警示点，以思维的深刻性为突破点。总的来看，DW老师的这节课是一节复习课，DW老师把三角函数分为六大类型，这体现了他对教材的分析总结，而对例题的选用和安排都很好。第二，DW老师在上课初就把教学目标列出来，后面的课后小结又回复到目标上，这与20世纪80年代较热的布鲁姆目标教学很相似，强调的很好。第三，DW老师提出的警示点很好。此外，把高三高考诊断试题用作高一的例题，这一方面可以从心理上消除学生对数学的恐惧；另一方面，板书了解题的具体步骤，对学生有示范作用。我的女儿今年也高三快毕业，她做这题时就犯了计算步骤上的错误。 当然还有两点，需要与在座老师商榷一下： 1. 六种类型可以化为三种：分式型、有届型和二次函数型。在目标回顾中，DW老师只是重复了一遍目标，其实可以在进一步深化，深入引申把六种类型分成三种，然后对每一种类型进行更详细的说明。 2. 对DW老师的“三点”(入手点、警示点和突破点)教学法可以成立课题组，把它作为教研组的研究课题，这样也可以把“三点”教学引入其他课型中，如概念教学或其他复习课中。研究的内容可以是具体这三点应该怎样做，应该注意到哪些方面，做好了还可以上报到区、市、省等，这样既有学科性又有理论性，也是学校的特色。 最后，我们教研组中还有哪些老师有相应的教学特点，以后我们的教研活动可以根据教师的特点展开。
12：00—14：00	午饭和休息。 饭前与数学教研组的老师就相关问题进行了一些交流，包括： 1. 对上午两节课中的一些细节进一步交流。 2. 进一步了解数学教研组中各位数学老师的教学特点、长处和教学风格。

续表

时　间	内　容
12：00—14：00	3. 谈谈自己的一些初步的教研活动的想法。一是提高全区数学教师的教学技术。比如，教研组中某老师的电脑水平和软件操作水平都比较高，那么该老师可以给其他老师一些指点，方式可以多样化。我还设想建立一个青羊区数学教研博客网，把相应的资源放到网上进行交流，共同开发一些资源，达到共享。二是关于区级教研活动和公开课的信息传达和交流的方式。 4. 继续讨论关于“三点”教学申报课题的一些问题。 5. 表示以后会多到学校来听课，多参加他们的教研活动。
14：00—14：30	参观校园，途中遇到学校校长，与校长聊天，内容大概是： 1. MS老师自我介绍，并简单说说今天到学校的调研活动。 2. 了解学校的学科带头人情况，尤其是数学学科。 3. 评价了数学教研组的整个情况，尤其数学老师之间的合作非常融洽。
14：30—17：00	MS老师参加成飞中学数学教研组的教研活动。KY老师主持。 一、MS老师检查数学组高一、高二年级老师的备课本，并进行评价和提出建议。 1. 某老师的教案写的很好，思路清晰，尤其是反思。建议，反思可以写在最后，也可以在旁边，针对具体环节，这样也方便反思后的修改。其他老师也可以借鉴借鉴。 2. ZY老师的教案格式可以调整一下，在旁边留出空白以便反思。 3. 某老师的教学反思写的很好，只是前面缺乏教学目标的陈述，我也反对形式化的格式，但实实在在的教学目标还是应该有所交待。 4. 某老师的电子教案写的也不错，以后可以挂在网上，大家交流学习。建议，电子教案上也应该写上反思。 二、对上午ZY老师的课进行评课。 1. ZY老师说课。 2. 其他老师评课。

续表

时　间	内　　容
14：30—17：00	3. MS老师评课。上午已经说了一些，这里再简单说说，ZY老师的课至少有两点可取，一是例题的设计很好；二是在课堂上引导学生对组合式进行计算，这是很多老师忽略的地方，学生计算少了，即使列出式子，计算错误，对于选择题等仍然会丢分。 三、ZY老师谈小学奥数竞赛培训的经验。MS老师就奥数培训的教材、和培训过程中思维的训练等问题进行了交流。 四、两位高一数学教师谈高一年级后两周的教学安排。 1. 一位老师具体介绍后两周的教学内容和教学设计。 2. 另外一位教师做补充。 3. MS老师指导。看得出高一年级组的备课活动做得很扎实，各自发挥特点，配合也很好。这部分的内容有两点可以交流。高中新教材是从2002年开始使用的，相应的资料还比较少。新教材这部分的内容一是要弱化"和差化积"、"角"和"半角"等；二是要强调三角函数的图像和性质，单调区间等。此外，在三角函数这一章，主要是研究到底培养学生哪些能力。 五、KY老师对该校2006届高三学生参与成都市二模成绩分析。 1. KY老师对每道试题都进行了分析。 2. MS老师的指导。 第一，肯定KY老师的工作做的很扎实，很仔细。 第二，提出四点建议，也是一个交流。 (1)课堂教学中做到知识的系统化。梳理知识点，可以用图把知识提纲化；教学中要注意数学方法和思想的强化；注意知识点的应用；对学生易错点进行梳理，这应该是这阶段高三教学的主要任务。 (2)注意解题方法的大众化。后阶段的复习中，对技巧性较强的解题方法可以少讲解，更多是用大众化的方法来解题。 (3)题型的模式化。使学生明白某种类型的题目就用某种方法进行解答。 (4)要求学生答题规范化。教学过程中，教师的板书可以示范规范地答题。

续表

时　间	内　　容
14：30—17：00	此外，还要注意对高三学生的心理辅导，尤其使文科班中很多对数学有恐惧心理的学生，更要细心的辅导。 六、MS老师为大家对他工作的支持表示感谢，并进行今天相关资料的收集，比如会议记录等。 （会议记录附后文）
17：00—17：10	找到该学校教学主任，简单交流今天调研的状况，并表示感谢。 内容： 1. 上午听课情况。 2. 备课本检查情况，指出某老师的备课做得很好，也很有特色。 3. 高一备课组的备课情况。 4. 高三二诊的分析情况。 建议：进行跨年级听课，甚至初中教师听高中教师的课，高中教师也可以去听初中教师的课，多交流。
17：10—17：40	由成飞中学回到教研中心。
17：40—18：00	MS老师在教研中心办公室核对前几天编制的创新育才学校中学部的数学辅导试题，最终定题。
18：00—18：15	MS到青羊区教委拿自己参与的成都市“十五”科研立项课题《成功教育在农村普通中学的应用与发展》的结题报告要求。
18：20	回家，一天工作结束。

高中距离高考最近，数学又是重中之重。MS老师的忙碌中透出的是事无巨细的操心，由点到面的了解情况，细致入微的分析评课，从上至下的沟通交流，件件都显示出他的勤勉，从这一天的“流水账”折射出的，是日复一日的坚忍与不懈。

（北京师范大学教育学院，2005级硕士，罗兴娟调查整理）

面对这三位教研员的三个普通工作日的流程，你没有办法不承认他们的敬业，也必然地感受得到他们的工作与中小学常规教学那种血脉相连。

第八节 农村地区的教研工作

一、教研活动的"特区"

"农村教育"迄今仍然是中国教育的专用名词之一。这个名词所指，主要是基础教育，中国的高等教育无论是学校的地域分布还是具体的管理系统，基本与农村无关。人所共知，中国的城乡差异悬殊。虽然无论是直辖市，还是各个省，都有农村地区，省级教研室也会考虑农村地区的教研的特殊性，并且还可能在工作计划中为其做出专门安排——比如在本章第二节"听课评课"中所介绍的北京市教研室在农村地区开展的视导活动，但整体而言，由于省级教研室的实际地位，毕竟并不直接承担面向学校的教研活动。在行政系统中的"县"一级，几乎可以作为"农村地区"的标签，农村地区的教研，正是由县级教研室承担的。改革开放三十多年来，不少地方如江浙一带和沿海发达地区，已经几乎看不出太大的城乡差别，这些地方一些县和县级市的繁荣甚至超过西部地区的大城市。不过就总体而言，农村地区仍然以"县"为标志，下面所讨论的农村地区教研工作，主要指一般而非最为发达的"县"。

从行政级别上，县级教研室与大城市的区级教研室是平行的。不过县一级政府只负责义务教育，于是，县一级教研室便主要负责义务教育阶段学校的教学，包括日常教学活动的开展，以及有关的考试评价事宜，高中的教研一般由所属上级教育行政部门领导的教研室负责。除了没有高中部分的任务外，县一级教研室在工作职能、工作范围与城市的区级教研室大体相当，不过，在具体的工作方式上却差别极大。最直接的原因在于农村地区学校分布远不像城市那样集中，如果地处山区、草原，更是格外分散。像城市里面那样动辄某学科全体教师参加的教研活动几乎不可能。于是，农村地区的教研活动在人员流动上呈现出与城市地区相反的地理走向：即使是面向所有学校的教研活动，也不是教师们到教研室安排的教研活动地点来，而是教研员们到农村的学校中去。

像中国的其他许多事情一样，教研活动在农村与城市之间显示出巨大的差距，从而可以将农村称为教研活动的“特区”，只是，不同于经济特区，教研特区并不意味着发达和先进，反而是彰显着弱小和落后。很明显，由于地域辽阔，无论是“分片”展开教研，还是进校听课评课，要保证全县教师教研活动的机会均等，只有两个办法，一是增加教研员编制，比如每次活动平行组织——分别有教研员在不同“片”开展；二是减少教研活动次数。事实上，与农村教师队伍的紧张相一致，县级教研室教研员的配备与相同级别的城市区级教研室直如天悬地隔，缺编严重，经常是只有语数外这些基本学科有教研员，而且不仅做不到向某些区级教研室那样每个年级有专门教研员，甚至同一学科在小学和初中的教研员均由一人兼任。很明显，与同级别的城市区级教研室相比，农村学校的教研很难真正做到“零距离”“全员性”“全学科”“全过程”。尽管农村地区的教研员工作每每十分辛苦，但农村地区教师的普遍感受则是：教研活动不足、教研活动缺乏。

二、农村地区的教研活动

经过多年的积累，农村地区的教研员们逐步摸索和建立了与农村学校相适应的教研活动方式。其中比较有代表性的包括以下几种。

下乡送教研。县级教研室的教研员经常要深入到分布在乡村各地的中小学，在学校中开展教研活动，集体备课、听课评课是最为经常的。

分层教研。由于全员培训困难，县级教研室经常采用的另外一种方式是分层次教研。比较重要的教研活动，按照比例向学校分配名额。学校则派教师代表参加，之后再由教师代表组织有关学科、年级的教师开展活动，或者转达有关内容。

建立次级教研网络。为了提高教研活动的效率，近年来，各地陆续出现了新的做法，即教研室将本县所辖区域按照乡镇所处位置划分为几个区域，每个区域设立次级、小型的教研组织，教研员轮流到这些小型组织去开展教研活动。（参见第二章第二节）

浙江省宁波市宁海县实验小学教育集团的总校长，小学数学特级教师刘永宽向我介绍了他们那里的情况：

“我们县的教研室，各个学科的教研员配备还是基本齐全的，每个学科都有一个专职教研员，但兼职教研员就比较多。全县范围的活动每个学期会有几次。但县里分不同区域有一些基层的教研组织。

我们在县城的城关镇，镇里面有宁海县实验小学教育集团，总共七八所小学，这些学校有一个教研组织。我是集团的总校长，还有一个副校长，这个副校长就专门负责集团内部的教研活动。大概每两周活动一次，内容呢，基本按照教学进度开展，题目啊，内容啊，都由副校长最后确定，各种形式的活动都有。比如由某个教师主讲某课的内容，然后大家讨论，也会请一些名师来做讲座，或者请县里面的教研员来讲专题。当然，在这个组织里面，我们也会组织学校之间，教师之间的听课评课活动。除了我们自己组织的活动之外，县教研员开展活动，也会利用我们这个组织。”

2008年暑期，汶川大地震之后，重灾区彭州一位小学教师对来访者说：

“我们这里离县城比较远，教研员来的次数不是太多，平时我们就是附近几所学校自己搞点活动。学校规模小，没有什么集体备课，几个学校的教师凑到一起，就可以商量了。学校对这种活动很支持，虽然教师编制紧张，每个老师一天好几节课，可学校还是尽可能调课，让我们去参加。如果是县里的活动，当然就更得保证了。现在当然大家忙的都是救灾的事情，等到开学后，希望这样的教研活动能够快些恢复。”

农村地区幅员辽阔，学校所在地比城市分散得多，难以像城市那样开展集中的教研，通过划分“片区”，形成教研网络，显然更加适合农村地区的需求。

无论在城市还是农村，教师们对于教研活动的需求是一样的。在北京市某区的一次教研活动间隙，我询问身边的一位教师，得知他来自这个区最远处的一所农村学校。

问：这么远，每次都来吗？

答：当然，基本上每次都来。

问：所有教师都来吗？可以不来吗？

答：不来？很少吧，除非实在有事情。多数情况下老师都会来，至少每个年级都会有几个老师来，这样回去可以转达给没来的人。

问：你们学校那么远，这样跑很辛苦啊。

答：还好，学校对教研活动很重视，现在差不多每次都派车送老师来。

问：那么多学科，差不多每天都有不同科目的老师要参加教研活动，学校都会派车吗？

答：当然，学校都会派车，一视同仁嘛。

三、农村地区的教研员

可以想见，农村地区的教研员，比起他们在城市里面的同行，不仅是工作条件差得多，工作压力和负担也沉重得多。一位县级教研员曾经这样说：

“我们县级教研室工作范围比较大，所以与大城市的区级教研室工作形式不太一样，组织全县教研活动太困难了——地点就很难选择。所以经常是分片活动，某个乡、某个镇，在乡、镇有时候也有教研组织，但一般不会那么多人了，也就是主要学科有专门教研人员。我们县里面的教研员会轮流到各个乡镇去，分别组织活动。说实在话挺辛苦的。”(XS，2009)

另外一位曾经担任北京市县级教研室小学语文教研员的退休教师(NM，2008)说：

“现在回头想想，当年真是辛苦。就是一辆自行车，一个人到处跑，动不动‘两头黑’——出去时太阳没出，回来时月亮当头。有的学校实在远，搞完活动就回不来了。农村学校哪有什么条件，经常就是和那里住学校的教师挤在一起过一夜。不过教师们对我们是非常欢迎的。后来条件好了，还是经常要下乡，但教研室一般有车了，一天可以跑两个学校，就是远些，也不至于回不了家了。”

2008年，我指导的一名教育硕士——广东某县级市的英语教研员，曾经认真地用一封电子邮件答复了我关于他工作基本内容和形式的咨询。

“我想跟您谈谈我的工作情况。

您已经知道，作为一个有着221万多人口的大县，学生数将近50万人，而只有我一个人在做英语教研工作。我确实心有余而力不足。

一直以来我的工作基本是这样的：

1. 听课。学年开学初，当学校的组织入学稳定下来后，我们就到学校去听课，一般先听18所有高考任务的学校高中部教师的课，基本上早上听课，下午回办公室处理杂务。看时间允许的话，也到初中、小学听课。但过去几年的实际是，能到小学听课的机会是最少的；第二学期的精力基本花在应付高考上。也花些在中考上。

2. 为期中、期末考试命题，为学校组织一些单元配套练习题。这工作虽然是‘上级了解教师教学情况、教学工作问题’，服务基层学校的举措，但我总觉得更像一种习以为常的行为和教育局创收的一种手段。这是巨大的工程，虽然我没办法自己出题，但每学期小学三年级至初中九年级期中、期末各 7 份试卷，加上每个年级 4 份练习，40 多份练习、试题的把关、校对就花掉了很多时间，另加三次听力录音制作，得上电视台借器材、地方灌制，也是费时的活儿。这活儿就基本上占据了我所有的下午的时间，晚上加班是经常的事，所以全教研室就我最忙忙碌碌。我们不必为高中部出题，这是地级市教研室的任务。

3. 处理一些杂务，包括上级教研部门布置的教研任务和一些自选动作，当然还有局里的一些杂务。(1)组织教师参加一些教研活动，如论文评比、参加教学观摩、听讲座等，这些活动有机会参加的教师是少数，但毕竟需要上通下达；(2)按一些学校的要求到学校去给老师们上课，讲讲有关课程、教学法类的内容，这些活动更多是安排在周末。

在过去的一年里，第一学期(2007—2008 学年度下学期)我为了做论文，周末过得都很紧张，不少周六或周日(两天有一天没能休息)都在学校里跟小学教师们‘做交换’，他们给我填问卷，我给他们讲小学英语教学的问题，然后走访学校；第二学期，我曾连续半个月每天听四节课，评四节课，早上七点多离开家，吃完晚饭才回家。总体而言，工作压力不轻，我曾不止一次要求当局再找一个人来，但他们是不当一回事的，所以也就不可能像大城市里的教研室工作那么有效率。因为我基本没有可以自主的时间，工作是全教研室安排的问题，我不可以自己(搞)一套。一些自选动作如去学校给老师们上课，都得利用周末。”

从这个教研员的叙述，可以感受到农村地区教研室、教研员工作状况的紧张和窘迫。

第五章

学校教研组

2005 年 10 月，北京师范大学教育学院几位教师在美国密执安州某小镇的一所中学参观。学校刚刚搬进新校舍，建筑风格前卫，教室宽敞明亮，各种现代化教学设备应有尽有，看来看去，想想国内大多数学校的条件，说实在话心里多少有些酸溜溜。校长是位精力充沛的中年人，一边带客人上上下下地转悠：教室、图书馆、化学实验室、陶艺工作室、木工车间……一边滔滔不绝地介绍学校的优秀传统和改革举措，还特别向我们隆重介绍了他在 8 年级(初中 2 年级)一项重要的新尝试："让这个年级全部教师们组成团队，共同研讨、共同备课。"并且将我们带到一间办公室："看，为了方便他们共同活动，我专门给他们配了办公室，将他们每个人的办公桌都集中到这里来。"几位来自大陆的参观者忍俊不禁，相顾莞尔。

参观结束，归途中免不了调侃："这位校长大概把我们当成他的美国同胞，忘记我们从哪里来的了。"真是，说得这么热闹，无非是集体备课吗，对中国大陆的教育界人士介绍什么集体备课，实在是有点那个——班门弄斧吧。

事后再想一想，别人不了解我们的集体备课，以及承担这种活动的学校教研组，也不奇怪，有关这方面，我们自己有过什么比较专门的理论研究或者总结吗？就如本书序言中提到，近年来在国际教育界堪称炙手可热的"lesson study"，早就已经被认为是日本经验了。

第一节 "课例研究"与集体备课

20 世纪 80 年代之后，在 TIMMS 的成就比较中，日本学生的成绩一路遥遥领先，引起了西方教育界的重视。于是有学者专门研究日本的学校教学，发现了日本学校中的 lesson study——课例研究。于是俨然成为一个研究领域，考察、分析、比较，热闹非常，并且出版了相当数量的有关论文以及专著。

美国学者 James Strigler 和 James Hirebert 于 1999 年写成《教学的落差》(The Teaching Gap)一书，敦促美国教育界重视课例研究。该书介绍了日本的课例研究，据称其中亦包括了中国及其他亚洲国家有关经验，但根据目前所见信息，还是以日本为主。此后，美国相继成立了多个课例研究中心，协助有志运用课例研究的学校和教师正确和有效地使用课例研究以促进教师专业发展，这一热潮至今方兴未艾。（如：哥伦比亚大学的课例研究小组和Mills College的课例研究小组等）香港参照了日本授业研究和中国大陆的教研实践模式，于2000年开始发展课堂学习研究。2005年12月和2006年12月，香港教育学院组织了第一、第二届课例研究年会。来自美国、英国、日本、瑞士、澳大利亚、新加坡、伊朗、中国的代表参加了会议。目前仍然在继续，一两年一次。

据称，日本的课例研究历史可以追溯到20世纪60年代。1963年，日本成立全国性课例研究组织：全国授业研究协会，此后逐渐发展。近年来大陆地区也有人开始注意到这一对象，并且有论文出现。如，“课例研究又称为授业研究，是源自日本的校本教师专业发展模式，有超过20年的历史。”①徐浩斌、周明的《日本初任教师教学辅导教师制度之探析》②，曲铁华、孙帅《日本教师研修制度特点探析》③，李祥兆《教师“研课”在日本》④，等等。此外，还有专著如：《当代日本授业研究》⑤。在这些研究中，课例研究是作为日本的先进经验被介绍和分析的，少有比较对照，即使个别文章提到，主要也是指出差别，而且多少带有日本经验优于中国传统的倾向。

日本的TIMMS成绩自然值得人们尊重，也值得我们深思。但说到他们的“课例研究”，从研究角度自然也该关注，却实在不必当做什么新的事物介绍引进，因为它在中国便存在，而且我们的要比日本的早得多。“课例研究”对于大多数中国教育工作者来说当然是新名词，但是，如果进一步了解“课例研究”的具体目标和内容，或者更为简洁地将这个又新鲜又洋气的名词置换为另外一个词“集体备课”，那么中国教育的中小学教师多半会恍然大悟：噢，原来是这个！事实上，许多熟悉基础教育教学实践的人都曾经表示，所谓课例研究，与我国中小学校的集体备课基本相同。

---

① 李树英，高宝玉．课堂学习研究的国际展望[J]．全球教育展望，2007(1)：52—56.

② 徐浩斌，周明．日本初任教师教学辅导教师制度之探析[J]．中小学教师培训，2007(1).

③ 曲铁华，孙帅．日本教师研修制度特点探析[J]．现代中小学教育，2003(9).

④ 李祥兆．教师“研课”在日本[J]．上海教育，2005(23).

⑤ 钟启泉．当代日本授业研究[M]．太原：山西教育出版社，1994.

根据国外学者的概括，课例研究一般由教师组成学习小组，定期会面，共同合作设计、实施、评量和修正教学活动设计。在课例研究的过程中，教师要一起协作：(1)共同拟订教学活动设计；(2)实施教学活动设计；(3)讨论教学活动设计；(4)修订教学活动设计；(5)利用新修订的教学活动设计进行教学；(6)分享对新修订的教学活动的反思。①

按照这样的解释，如前所述几乎所有的中国大陆中小学教师都会判断："这就是我们平时的集体备课。"虽然没有做专门统计调查，但我曾经向若干中小学教师介绍"课例研究"并且征询他们意见，得到的反应与上述判断高度一致。在中国大陆，课例研究在基础教育各个阶段普遍存在。其历史之长久，制度之完备，作用之强大，都远远超过日本。

备课是普天下教师最为熟悉的专业活动，是"教师上课之前的教学准备。包括钻研本门学科的教学大纲、教材和有关参考资料，了解学生的实际；编出学期(或学年)教学进度计划和课题(或单元)计划；写出课时计划(教案)等。有集体备课和个人备课之分。前者是统一科目的教师在一起共同研究教材中的重点和难点，或介绍本学科的新的信息和知识；后者是个人钻研。前者必须建立在后者的基础之上。"②可见，集体备课只是备课的一种具体形态。在中国大陆，无论在小学、初中还是高中，也无论是在那些享有盛誉的名牌学校还是所谓"基础薄弱校"，集体备课不仅广泛存在，名称一致，还有着承担这一活动的专门组织："备课组"，成员是同年级、同学科的教师，活动的主要内容是就教学活动的进度，以合作的方式共同完成备课任务。

直至今日，集体备课这种组织行为在大陆仍然较少进入研究者的视野。"在我国，尽管集体备课早已成为常规，但多年来对这种几乎同所有中小学教师工作相关的问题，却一向缺乏具体的考察，即缺乏真正意义的'理性的审视'。"③尽管如此，在学校教育实践层面，存在着各种形态的有关经验。

---

① Fernandez，C，Yoshida，M. Lesson study：A Japanese approach to improving Mathematics teaching and learning [M] Mahwah，New Jersey：Lawrence Erlbaum Associates. 转引自：薛宝嫦．透过课例研究协助教师发展幼儿的阅读理解能力[D]．北京：北京师范大学教育学院学前专业博士论文，2007：10.

② 教育大辞典编纂委员会．教育大辞典(第一卷)[Z]．上海：上海教育出版社，1990：211.

③ 陈桂生．"集体备课"辨析[J]．中国教育学刊，2006(9).

集体备课，是中国基础教育阶段的中小学教师职业生涯中一项普遍活动，这种专业活动的承担者，正是三级教研组织的最基础的部分，最基础的层级，在中国大陆的中小学中普遍存在：学校教研组。

虽然很难进入学者们的“法眼”，集体备课在中国的中小学校长、教师们的心目中始终占据着专门地位，对于集体备课和学校教研组的熟悉，如同厨师熟悉自己灶台上的各式家伙——无论煎炒烹炸都得靠它们操练。正如有学者指出——毕竟还是有人关注：“教研组特别是学校一级的教研组，是教师直接面对的、关系最密切的专业组织。相比较校外培训机构而言，各级教研组所开展的活动无论在内容还是在方式上，对教师的教学活动都具有直接的指导，因而对教师成长产生了较广泛的影响。”①

下面这个发生在5年前的真实的小故事，很能够体现集体备课和教研组在学校中的地位。

北京市某个重点中学来了一位新校长，到任之后照例要烧“三把火”，其中之一便是抓备课组。校长了解到高中某年级某学科的备课组比较懈怠——当然，做出这种判断的依据之一是该年级该学科的学生在几次测验中的成绩比同年级其他学科差，且较之前几年有所下滑。于是，事先没有打招呼，在学校规定的时间来到了这个组集体备课的地点。不出所料，规定时间到了，备课组成员有一半没有按时到达，其中包括组长本人。校长一直等到组长赶来，然后表示：“时间已经过了这么久，看来没法正常活动、完成既定任务了。今天先到这里，尽快另找时间补今天的活动吧。”

其他教师静悄悄地离开后，新校长留下组长进行了简短的单独谈话，大概说了这样几点：“你是组长，为什么在规定时间自己不到？”“这种情况是不是经常发生？”“这样的集体备课，如何保证教学质量？”“备课组这种情况与最近测验成绩是什么样的关系？”“今天的集体备课，尽快找时间重新进行。”

虽然事情只发生在校长与这个备课组之间，据说，这一把“火”迅速蔓延到全校，教师们反响强烈。综合各种看法主要包括：第一，“这位校长是个内行，还行。”这种意见表达了教师对新领导的信任和接纳。第二，“这位校长不

① 胡惠闵．教师专业发展背景下的学校教研组[J]．全球教育展望，2005(7)．

好对付，小心。”这种意见则表达了教师对新领导的敬畏。而这些，恰恰是新校长所期望的。

校长的行为和教师的反映，其实都缘于“备课组”在中国中小学学校制度中特别的地位和作用。

第二节　中国大陆学校教研组的历史

集体备课与学校教研组，是功能与结构的关系，讨论备课组自然绕不开学校教研组的由来与发展。比起三级教研室制度的迷离身世，既有相似又有不同。简单地说，学校教研组源于苏联经验，为中国教育工作者所主动选择，由国家最高教育行政部门积极倡导，在20世纪50年代就迅速发展到全国范围，至今普遍存在于每一所中小学。

一、来龙去脉

相比在追寻三级教研组织身世时的艰难，学校教研组的来历明朗得多。许多人都不同程度地肯定：学校教研组的建立是学习苏联的结果。“……中小学教研组制度也是来自苏联。这是学校的教学基层单位。……中小学教研组以学科为单位，教师以所授学科为依据，分别列入相应的教研组，共同备课，互相听课，集体参加学校的各种活动。”①

在1957年版本的凯洛夫《教育学》第十六章《学校管理和领导》中，包括大量有关的专门内容，主要集中在第三节《教师集体及其在学校领导中的作用》。

其中，提到了学校内部的教师专业组织：“教师集体中教学法研究工作的组织”。

“教师的教学法研究工作在教师的集体活动中占有重大地位。在中小学设有小学(或低年级)教师各年级联合教学小组，五至十年级各科教学小组和班主任工作研究组。”

五至十年级教师可以组成人文科学、数理科学和自然科学联合教学小组。

① 顾明远．中国教育的文化基础[M]．太原：山西教育出版社，2008：249.

班主任工作研究组可以分别组成五至七年级的和八至十年级的班主任工作研究组。”

提到了这个组织的具体任务。

“教学方法研究工作主要集中在研究为提高教师和班主任工作质量所必须研究的那些问题上。”“教学法研究工作成效的一个必要的特征就是把研究的结果用来实际有效地改进学校的教学和教育业务。如果所研究的教学法问题是学校真正迫切需要解决的重大问题，并且也解决得足够深入，那么集体就会明白把所拟定的措施付诸实行的必要性，而且也会去执行。把教学法研究工作的结果付诸实行，必须经过仔细周详的考虑。”

提到了这个组织在活动时的具体形式。

“我们认为考察教学法研究工作的最好的形式之一是本校教师的科学实践研讨会。优秀的有科学论据的教师经验都可以在会议上讨论。”“为了解决重要而困难的教学方法问题，最好举行那种在许多学校的工作实践中早已进行过的观摩课。

观摩课常常是由比较有经验的教师来进行的，并且由他作周密的准备。教案经过教导主任审阅，在有些情况下要由教育行政部门的教学法专家来审阅。举行观摩课的时候有校长、教导主任、本校同学科的(或同年级)教师来听课，有时其他学校的教师也来听课。课后要进行分析，并对课的质量做出总结。”①

在名称上略有差异，但毫无疑问，上面所提到的组织正是教研组，而所阐释的任务及其活动形式等，与今天中国大陆学校中的学科教研组高度一致。

实际上，学校教研组在中国的存在，仍然早于凯洛夫《教育学》。而且，不同于省(直辖市)、县(区)教研室的迷离身世，学校教研组的建立堂而皇之，来自国家最高教育行政部门的政策支持。

1952年3月18日，教育部颁发了《中学暂行规程(草案)》②，其中，第33条明确规定：“中学各学科设教学研究组，由各学科教员分别组织之，以研究

① 凯洛夫．教育学[M]．北京：人民教育出版社，1957：476.

② 何东昌．中华人民共和国重要教育文献(1949－1975)[Z]．海口：海南出版社，1998：705.

改进教学工作为目的。”

这个文件不仅提出了教研组的组织设置，还就其制度有若干详细要求：如：“每组设组长一人，由校长就各科教员中选聘之。在班数较少的学校，教学研究组得联合性质相近的学科组织之。”在第37条要求：“各科教学会议由各科教学研究组分别举行之。以组长为主席，校长、教导主任分别参与指导，其任务为讨论及制定该科教学进度，研究教学内容及教学方法，各科教学会议每两周举行一次，必要时得举行各组联席会议。”

此后，教育部又在1957年1月21日专门颁布了关于《中学教学研究组工作条例(草案)》①要求各地试行。《条例》提出中学教学研究组(简称教研组)是各科教师的教学研究组织，同一学科或类似学科教师组成各个教研组。《条例》规定教研组的任务是：组织教师进行教学研究工作，总结、交流教学经验，提高教师思想、业务水平，以提高教育质量；明确教研组的工作内容是：学习有关中学教育的方针、政策和指示；研究教学大纲、教材和教学方法；结合教学工作钻研教育理论和专业科学知识，总结、交流教学和指导课外活动的经验。

《条例》在说明中特别指出，教学研究组是教学研究组织，不是行政组织的一级。它的任务是组织教师进行教学研究工作，以提高教育质量，而不是处理行政事务。教研组长负责组织领导本组教学研究工作，而不是介乎校长、教导主任和教师中间的一级行政干部。除条例中所规定的教研组工作内容之外，不应当给教研组和教研组长以属于学校行政方面的工作。否则，教研组和教研组长陷于行政事务工作中，必然会影响教学研究工作的开展，进而会影响教师水平和教学质量的提高。

虽然没有使用“备课组”和“集体备课”的名词，但毫无疑义文件内容均指此事。

同样来自苏联，同样为中国教育工作者接受，由于学校教研组不同于省(直辖市)和县(区)教研室，不需要建立独立设置的机构，不需要解决行政建制、人员配备、工作方式等各种相关的复杂问题，因此，国家早早就有专门

---

① 中华人民共和国重要教育文献(1949－1975)[Z]. 海口：海南出版社，1998，第720页.

文件明令学校成立并且提出相当详细的要求。

自从那时起，学校教研组就深深地扎根在中国的中小学之中，直到如今。学校教研组的价值看来是“英雄所见略同”，比如，在著名教育家阿莫纳什维利的著作中，如今已经独立的格鲁吉亚的学校中也仍然活跃着这种组织的身影。

二、横空出世的“校本教研”

2001 年来推行新课改以来，出现了“校本教研”的提法。据称这一提法来自教育部基础教育司负责人，其含义是：“以校为本的教研，是将教学研究的重心下移到学校，以课程实施过程中教师所面对的各种具体问题为对象，以教师为研究的主体，理论和专业人员共同参与。强调理论指导下的实践性研究，既注重解决实际问题，又注重经验的总结、理论的提升、规律的探索和教师的专业发展，是保证新课程改革实验向纵深发展的新的推进策略。校本教研是基于校级教研活动的制度化规范，其基本特征是以校为本，强调围绕学校自身遇到的问题开展研究。学校是教学研究的基地，教师是教学研究的主体，促进师生共同发展是教学研究的直接目的。”①

毫无悬念，自校本教研提出后，立刻成为教育类报刊杂志上出现频率最高的题目之一，各种关于校本教研的探讨、经验、报告源源不断；相形之下，集体备课则越来越少有人提及，围绕着这一“新”一“旧”，表现出反差极大的一“热”一“冷”。

上面有关校本教研的解释，有两点十分鲜明。一是明确提出为新课改服务。二是提出有理论和专业人员参与。前者其实只是相对的区别，无论新课程还是以往的课程，总之需要这种形式的活动为之服务。后者则有相当难度，不可能成为普遍化实践。除去这两条，根据上面所援引的说明中可以看出，“校本教研”与“集体备课”之间难分彼此，在各种有关讨论中，尽管人言人殊，这种相似随处可见。

---

① 以校为本的教学研究的实施与反思[EB/OL]. http://www.qdedu.net/newsInfo.aspx?pkId=13696，2005－01－06[2011-05-29]

“从学校层面看，校本教研更多的是以课题的方式来呈现的，而教师则又是通过一堂堂的课来实施研究的，在课堂上如何具体落实课题，如何把课题融入到自己的教学之中并与教学内容及过程交融在一起，如何边教学边研究、边反思边总结，如何实施阶段成果的呈现、归纳、提炼并上升到理论层面，如何推进课题研究在纵向、横向深入持久地向前推进，如何解决在课题研究中的困惑和疑难……诸如此类的许多问题在客观上影响了校本教研的推行，并进一步影响校本教研的质量和效益。”

“实际上，校本教研是最切合学校实际的教研形式，不论有无课题，教师都可以自行进行校本教研。因为校本教研的对象就是教育教学过程中的问题和困惑，其立足点就是解决这些问题和困惑。它可以随时立题(教育教学中自己发现的问题)，也可以随时结题(教师自己研究找到的解决问题的方法和思路)；它不一定要有周密而详尽的课题方案和结题报告，一篇随笔、一段反思、一则案例分析……都可以是校本教研的成果。”①

教研组的备课活动，无论其名称若何，本来生存于学校，服务于教学实践，校本得不能再校本，教研得无法更教研。因为它的目的、内容、形式都是以学校课堂中的实际需求为出发、为归宿的。没有哪个学校会因为课程标准(教学大纲)和教科书的全国或者全地区统一，就认为可以不需要依据自己学校的实际，不需要教师们共同协作研究备课了。校长和教师从来就知道，每一所学校的学生，甚至每个班级、年级的学生都是不同的，每一所学校的教师，甚至同一年级、同一科目的任课教师也是不同的。事实上，即使在“校本教研”的说法极端流行的今天，几乎所有的学校都没有停止过集体备课。

据称，“校本教研”这一概念来自国外，可是，那里并没有教研组，也没有集体备课。他们用这样的题目所主张的，其实恰恰我们早已有之。在大多数条件下，名称并不特别重要——无非是一种称谓，说到底还是要看名称后面的内容是什么。不过有些时候，名称又特别重要，所以中国自古有“名不正则言不顺”的古训。“校本教研”与“集体备课”在相当程度上名虽异，实则同，舍其实之同而求其名之异，很有几分“出口转内销”的味道。

---

①　代保民．校本教研还缺些什么[J]．人民教育，2008(1)．

第三节　学校教研组及其制度

其实，无论是来自苏联，还是纯粹“国货”，都没有什么大不了的，甚至改称校本教研也无关紧要。比身世更值得考究的是，学校教研组和备课组以及集体备课，在学校中究竟如何存在？对学校教学有多大的作用？

学校教研组不是独立的机构，与本书前面几章所讨论的各地方教育行政部门所设置的教研室之间，也不是上下级隶属关系。它是学校内部的组织，成员均以所属校教师的身份进入这个组织。他们首先是某所学校的教师，然后是这个学校之中的某个教研组的成员。教学是学校最为核心与最为基本的活动，教研组则是专门服务于这种活动，教研组作为一级组织，由教学活动所派生，教师作为教研组成员的身份，由学校教师的身份所派生。

一、教研组的组织结构

中国大陆的学校是比较强的社会组织，每所学校的每位教师都身处纵向与横向双重组织编织而成的网络之中。

纵向的组织：教师按照学科组成学科组，如语文教研组、数学教研组、英语教研组，等等。然后，在各个学科教研组内再按照年级分为备课组，如初一备课组，初二备课组，等等。这样，每个年级都会有若干个不同学科的备课组。集体备课、听课评课等，是这种组织的主要存在基础和主要活动内容。纵向的组织主要负责学校的教学研究和实施工作。

横向的组织：学校的教师又按照年级编成年级组，主要负责包括学生的日常管理。从早自习、升旗、做操、晨练，一直到学生的奇装异服、特别发型，以及社会实践、春游秋游等。学校对班主任的管理主要也是以年级组为单位的。

每个教研组、年级组均设有组长，一般均由学校任命。教研组长要就自己所在学科对学校负责，有责任组织和督促各个备课组的活动。各个备课组也设有组长，一般由教研组长指定。

教研组长、备课组长，通常由教学水平高，组织能力强，在教师中享有较高威望的教师担任。

教研组长和备课组长都会享受一定的津贴，根据学校状况，数目不等。一般说至少与班主任津贴相同。当然，也有例外。比如学校规模比较小，同年级同科目的教师只有一名，则无法开展集体备课活动，这种情况被认为是对学校教学不利的。一些资源丰富的学校，教研组长和备课组长的津贴数目会比较可观。

“备课组是学校最基本的教师团队，教师通常都是从事相同的教育教学工作，面临共同的课题，在教育教学中可能会遇见相同或相似的问题，因此就可以针对同一问题展开沟通和交流，进行深度反思和会谈，充分展露思维的差异性，不断进行团体思想的柔性碰撞，不断增进集体思维的敏感度，使团体成员相互分享同伴的智慧，从而取得个人独自所无法达到的认识上的收获。”①

在本章开始处，那位美国校长所说的“专门配的办公室”，在中国则司空见惯。绝大多数中小学教师的办公室，基本都是按照年级和学科安排的，以便于教师们集体备课。

以下是几所学校教师办公室的分布。

北师大实验小学办公室分布

A楼

地下一层　体育办公室 体育教师6人

一层　三年级办公室　语文教师4人　数学教师4人

　　　英语教师2人　科学教师4人

二层　四年级语文办公室　语文教师6人

　　　四年级数学办公室　数学教师4人　英语教师2人

三层　五年级语文办公室　语文教师6人

　　　五年级数学办公室　数学教师3人　英语教师2人

四层　六年级语文办公室　语文教师6人

　　　六年级数学办公室　数学教师3人　英语教师2人

---

① 刘钊．教师专业实践：在课堂教学反思中自主发展[J]．中国教师，2009(11)．

计算机教室　教师 1 人　综合实践教室　教师 1 人

B 楼

一层　一年级数学办公室数学教师 4 人

二层　二年级办公室　语文教师 3 人　数学教师 3 人

体育办公室　体育教师 3 人

三层　办公室　二年级语文教师 1 人　数学教师 1 人　四年级语文 2 人

英语办公室　英语教师 3 人

C 楼

二层　美术办公室　美术教师 4 人

三层　音乐办公室　音乐教师 4 人

D 楼

一层　一年级语文办公室语文教师 4 人

从这个统计可以看出，办公室的分配主要是以同年级、同学科教师集中为特点，一是便于年级管理，一是便于集体备课，虽然也有交叉，但小学阶段占课时最多的基础学科语文和数学基本都分别有不同办公室，如四年级语文办公室，四年级数学办公室，六年级语文办公室，六年级数学办公室，等等。不过，二、三年级的教师办公室明显地有混编情况，存在不同学科甚至不同学科教师使用同一个办公室情况，是不是这两个年级不要求集体备课呢？为此，专门请教了该校一位副校长，她的答复是："学校有专门的备课时间，每个年级每个学科都可以保证。办公室当然要是考虑同一备课组教师活动的方便，其次，也要考虑老师上课方便，我们学校几个教学楼，如果办公室在一座楼，教室在另外一座楼，课间只有 10 分钟，老师跑起来太辛苦，所以办公室要尽可能就近，因此有的办公室中包括不同年级的教师。不过如果是这样，备课组可以利用学校的会议室集体备课，也不会影响教师们活动。"

当然，并不是所有学校都是如此。如上所说，办公室安排除了考虑备课组活动外，也必须考虑年级管理工作需要。"大同路小学的各年级组都有自己的办公室，教学楼的一楼到四楼，与年级教室分布相对应，分别设有三年级组、四年级组、五年级组和六年级组的办公室。每个年级组的办公室里，只有语文和数学两科的教师。体育、音乐、美术、自然等学科的教师虽然也分属于所任教的各年级组，却不在年级组内办公、休息，他们有自己的学科组办公室。语文、数学两个主要学科的教师却被分散在各个年级组。”①

近年来各地一些名校、重点校办学条件大为改善，新建的教学楼为教师提供了宽敞的办公室。同时，这样的学校每每一个年级有十几个甚至二十几个班级。可以想象，年级组的管理工作格外迫切，于是，许多学校的办公室主要按照年级安排，即同一年级不同科目的教师会被安排在同一个办公室中，以便于各项管理事务的实行。因为新建的大楼都会有为数不少的中小型会议室，可以专门供备课组使用，因此集体备课不会受到丝毫影响。

下面是山西太原市一所中学的办公室分布。

太原市进山中学办公室分布

A楼 爱物楼

地下一层　图书馆、阅览室教辅人员4人

一层　初三年级办公室 语文教师4人 数学教师4人 英语教师3人

二层　初二、初一年级办公室　语文教师8人 数学教师7人　物理教师4人 化学教师4人

三层　高三年级办公室　语文教师6人 数学教师6人 英语教师6人　物理教师3人　化学教师3人　历史教师3人 政治教师3人　地理教师3人　生物教师3人

四层　高二年级办公室　语文教师6人　数学教师6人　英语教师6人　物理教师3人　化学教师3人　历史教师3人　政治教师3人　地理教师3人　生物教师3人

五层　高一年级办公室　语文教师6人　数学教师6人　英语教师6人　物理教师3人　化学教师3人　历史教师3人　政治教师3人　地理教师3人　生物教师3人

B楼　综合楼(此楼为行政办公楼)

一层　总务处　工会　团委

二层　财会室　书记办公室

---

① 郭华．静悄悄的革命[M]．北京：北京师范大学出版社，2003：68.

三层　学校办公室　校长办公室

四层　副校长办公室　校园网络办公室

C楼　艺术体育楼

一层　体育办公室　体育教师10人

二层　美术办公室　美术教师8人

三层　音乐办公室　音乐教师9人

该中学为山西省省级示范学校，高中每年级12个班，教师办公室以年级组为单位安排，备课组活动则利用各个会议室进行。

二、教研组的主要任务

虽然教研组缘于苏联可说是证据确凿，但至今没有看到有关其活动的详细资料。何况，就如任何物种一旦离开赖以生长的水土，移植到另外的环境，往往会有所变异，教研组进入中国大陆后，必然会具有本土特色地成长。下面陈述的几项主要任务，在大陆地区的学校教研组中相当普遍。

教研组按照学科划分，跨年级组成。虽然教研组会组织所有成员参加活动，但就每个教师而言，最为频繁、经常性的活动还是年级备课组的例行备课活动。

(一)集体备课

1. 集体备课制度

在同一教研组中，教师再按照自己所任教的年级组成备课组，根据学科的需要，每个备课组一般有固定的活动制度如每周一次或两周一次，开展集体备课活动。作为学校一级的教学组织，自然不是孤立地活动，而是与学校所在地区的教学保持着一致：进度、要求、深度，具体地说，是在区一级教研基本精神的统摄之下活动的。

一位资深教研员(LT，2009)这样描述县(区)一级教研室与学校备课组的密切关系。

“我们这个层面的教研再跟学校的校本教研连起来。区教研，到学校下边又有年级的备课组，它是这么个体系下去。比如我负责的这个年级，我直接抓的就是各个学校的年级备课组，教研组长协助做这个工作。整体抓的是教研组长，教研组长统摄他的各个年级。这是必需要做的。每次活动都得有个核心内容，今天想抓什么，想重点解决什么问题，得落在实地上。特别新课程这块，到底新课程要教到什么程度。像一些专家把理念型的东西传达给我们，够了，他们不再去管了。到底下的老师，他只要知道怎么去教课、考试。我们这个层面就是承上启下，得把专家的教育理念、大的方略融化了，然后指导老师怎么把它落成课堂教学上可操作的东西，这是教研员该做的事情。不是我一个人做，我还带了一拨骨干教师，在一起做这个事情。"

集体备课是学校教研组最常规、最主要的工作。主要内容是对即将进行的教学，一般提前一周或两周，在每个教师事先分头准备之后，由组长组织备课组全体成员集体备课。"集体备课是一个学习交流和资源共享的平台，教研组长可以利用它组织教师开展集体研读大纲和教材、分析学情、制订教学计划、分解备课任务、审定备课提纲、反馈教学实践信息等系列活动。集体备课可以发挥集体的智慧，统一教学思想，统一课时安排，统一课堂的三维目标，帮助教师加深对教材的理解，拓展教学思路，制定出切实可行的教学策略。"①

下面是福建某市某重点中学集体备课的基本情况：

频率：学校要求，每个星期必须集体备课一次。

内容：下个星期要讲的课。比如初中物理每周两节，那么每周的集体备课便要将下周要进行的两节课的备课任务完成。

具体方式：比较常见的：由一位教师主讲，针对这一课的目标，说明基本思路，重点、难点等，并且具体设计如何引入、如何讲解、举什么例子、提什么问题、做什么课堂练习、留什么家庭作业，等等。然后大家讨论，提出各种意见和建议。当然在细节上差别很大。

结果：根据讨论结果，形成和确定一个基本教案。每位教师会根据自己学生情况加以调整，但大的思路和教案的大致框架通常基本一致。

2. 教案春秋

近年来，对于教案的批评十分尖锐，确实事出有因。教师教学依照教案，

---

① 吴长晖．建设一个充满活力的语文教研组[J]．中国教师，2008(24)．

于是，各个出版社看准商机，市面上各种教案琳琅满目，名称各异：教师指导用书、教学设计，都是按照学科和年级编写，而且内容极尽详细。陈述的要点、需要的实例、提问的内容、作业的要求，应有尽有。有人说，如果一个教师“足够懒”，的确可以自己不备课，拿来一本这样的书，足够应付教学。这话说的是实情，不过，这样“足够懒”的教师永远是少数，道理也简单，虽然“极尽详细”，若非按照自己学生的实际加以调整，其实并不好用。

不要小看“教案”这个东西，它可是历史悠久，身份尊贵，几乎与中国现代教育制度同庚，而且曾经堂而皇之地在国家级的教育刊物上广而告之，由学术地位显赫的出版社编辑出版。

1904 年，商务印书馆出版《最新初等小学国文教科书》，正是科举将废学校始兴之时，当时师范毕业生凤毛麟角，为使教师教学有所凭借，商务印书馆编写了与教科书配套的《最新初等小学国文教科书教授法》。“皆按三段教授法次序，加入练习、问答、联字、造句等，编辑教授法。”[①]这大约是中国基础教育最早的教案了。

民国时期首屈一指的《教育杂志》在第一年第一期《教育杂志简章》便刊登了《悬赏征集教案简章》，称“本社为读者诸君研究教法，交换智识起见，特悬赏征集教授案，每月一次，于修身、读本、作文、算术、历史、地理、理科等门中，择一门命题。”[②]

1909 年，《教育杂志》第 2 期在封底登载了“第一期悬赏征集教授案”的广告。

到了 1916 年，《教育杂志》第八卷十二号广告称：《共和国教科书新国文教案》由“江苏省立第一师范附属小学教员新编”，为“教员必备”。1917 年《教育杂志》第九卷第一号广告“共和国教科书又有新编教案出版”，称“近复由江苏第一师范附属小学全体教员，按最新式最完备之教学法，逐课编成新国文教案全部，教师手此一编，不特教科书之精神全然明显，即教学法之进步，亦可不劳而获，从未出现之善本，另有样书，函索即寄。”

---

① 蒋维乔．编辑小学教科书之回忆[J]．出版周刊，1935(156)：11.

② 张心科．清末民国小学儿童文学教育发展研究[D]．北京：北京师范大学文学院博士论文，2010：62.

似乎不可思议，以商务出版社之尊，竟然鼓吹“不劳而获”，今日读来，颇有喜剧效果。清末民初的教案盛行，可以解释为彼时新旧教育交替，教师需要这种书籍帮助才能完成教学任务。时过境迁，中国教育早已今非昔比，教案却并未成为明日黄花，理由并不那么简单。

其实，无论出版社如何兜揽，教师们心知肚明，就算是最优秀教师所编写的教案，也只有参考价值，无他，彼课堂非此课堂，彼学生非此学生。真正行之有效的教案，只能产生于针对自己学生的实际水准，下苦功夫才能形成，“不劳而获”固然可以应付一时，效果却难以求佳。校长们自然通晓其中关窍，对集体备课通常极为重视。一般会要求有计划，并且说明时间、地点、内容、主讲人的详细安排，并且会检查评估。很多学校有专门制度，校长、主任等负责人分别负责某学科的教研组，定期或不定期参加或旁听集体备课活动。有学者在谈到缺乏关于集体备课的研究时，曾经质疑：“集体备课究竟要解决什么问题？是解决教师自己能够解决或在个别交流中能够解决的问题，还是着重解决个人难以解决的问题？个人在备课中难以独立解决的问题又是什么？”①

在此，尝试对于这位前辈学者的问题做个粗浅回答。先得说，就备课这件事，其实并没有什么独立的教师个体解决不了的问题，教师都是受过专门教育的人，除非刚刚走出校门，大多数人是可以独立完成教学所需要的“教案”的。但教学是复杂的事情，同样的课，可以精彩纷呈，也可能单调乏味，可以精辟严谨，也可能错误百出。学校自然要尽可能追求精彩和精辟，避免乏味和错误。就此，集体备课成为必须。一是，在个人充分先行准备基础上相互参照、彼此佐证，自然可以取长补短；二是，一所学校同年级教学是要统筹规划进度相当的，不可能设想每个班级各行其是，集体备课所形成的基本教案也为此提供保证。

3. 集体备课的演变

自50年代以来，集体备课一直在中国基础教育各个阶段学校中存在，是教师们展开教学工作的强有力后盾。

---

① 陈桂生．“集体备课”辨析[J]．中国教育学刊，2006(9)．

只是在非常时期的“文化大革命”中，集体备课随着教育事业的瘫痪而基本陷于停顿。其间，全国学校也都经历了“复课闹革命”，但是在整个社会充斥着“革命”，无休止的政治运动成为社会生活主要内容的大气候下，教学生活始终没有正常。“闹革命”才是主旋律，“复课”只是陪衬，故时时受到冲击，所谓上课、复课基本流于形式，教师既不敢理直气壮教学，更遑论集体备课，事实上也不需要。我本人即在那个时代接受的中学教育，想当年上学真是自由自在，无忧无虑，无论什么课，也无论教师讲到哪里，想来就来，想走就走，真是痛快无比。教师稍微假以辞色，便祭出“尚方宝剑”，“毛主席说，学生负担太重，影响健康，学了也无用……”云云，那是百发百中，老师们多半只能沉默以对。至于在课上聊天说笑，追逐打闹，直视课堂若公共场所，也是教师根本不敢干涉的。何况，一会儿要上街游行，一会儿要参加批判大会，教学时间随时被挤压，毫无保证。

不过，到“文化大革命”后期，“复课”在形式上有所改进，学校基本上能够按时上课，开足课程，虽然没有正式的考试，集体备课也有所恢复，当然质量是谈不上的。

一位在那个时期担任过中学教师的女士(XG)回忆：

“我是‘文化大革命’期间成为教师的，那时也没有严格的集体备课，基本是个人自己琢磨，有时请组长看看，有时大家开个会议论一下，没有固定制度。而且那时考试都是自己出卷子，别说全市、全区统一考试，就是学校里面都没有统一考试，自己教几个班，这几个班的学生就考自己出的卷子。”

恢复教学秩序之后，在学校内部，主要举措之一就是重新建立备课制度，各个年级分别成立备课组，按照学校规定展开集体备课。如前所述，教研员在下学校时，也十分关注集体备课的情况。改革开放30多年，基础教育能够稳定、规范地运行，并且成就辉煌，集体备课制度是起到很大作用的。

近年来，集体备课的一个主要变化表现为资源的极大丰富，这主要是借助互联网的普及实现的，由学校、教育行政部门、教育公司所办的网站，提供了大量的教案，其中不乏名校名师之作，教师在准备集体备课时，可以事先“漫天撒网”，搜罗各种各样可供利用的资源——教案、评论、教学录像等——作为自己的参考。这种变化，极大地拓展了教师的视野，也拓展了集体备课的思维空间。较之从前各种纸本资料，互联网使教师们得以超越时空，更为便利地借鉴他人经验。

几十年来，中小学教师在集体备课方面有大量创造，涉及集体备课的形式、方法以及成果，并且必然会继续这样的创造。不过，万变不离其宗，集体备课的核心也即它所以产生的初衷将被继承和维系，即交流、分享、求同存异，用群体力量支持个体教师的教学。

（二）校内听课评课

在学校教研组所承担的经常性任务中，听课评课是另外一种。

大多数学校都会要求和安排教师互相听课，以便互相观摩、互相启发。这种制度，对于新教师的成长极有帮助，对于已经有相当教学经验的教师，也是提升教学水平的重要途径。这一活动，有时会在整个教研组内展开而不仅限于备课组之内。

一位语文教师这样看待评课活动：

“开展评课活动是教研活动中的重头戏，它把一般的教学案例上升到教学研讨的理论高度，能使每一个参加者受益匪浅。一般情况下，上公开课的语文教师先说课，说明所上这一课是如何落实这个年级段、这一册教科书、这一单元的教学目标的，说明如何根据学生情况和根据什么教育理论或教育成果来制定教学策略的，说明自己有哪些创造性的设计，教学中有什么困惑等。接着听课教师评课，评课要求客观公正，该褒就褒，该贬就贬，对上课教师的成绩负责，对上课教师的发展负责；评课还要求具体到所听课的具体细节，着眼每个学生发展的角度，从知识能力、过程方法、情感态度和价值观的绩效上评课；评课教师要写听课反思，听课反思材料存档。”①

所谓“听课”和“评课”，有时在备课组范围进行，有时在整个教研组范围进行。在不同学校，具体的制度和要求也会各式各样，但“听课”和“评课”活动多年来早已经成为学校的惯例。为了提升这种活动的层次，有时教研组会邀请省（自治区）县（区）教研员参与。在这种场合，意味着听课评课活动规格的提升，意义非同一般。此外，各种各样不同范围、不同等级的教学比赛，

① 吴长晖．建设一个充满活力的语文教研组[J]．中国教师，2008(24)．

也会首先在备课组内试教，然后隆重推出。

20世纪80年代末到90年代初，在河南新乡，出现了一种新的做法：说课。受到了普遍的关注，并且得到了充分肯定和欢迎，迅速在全国各个地区的各级教研活动中传播开来，至今不衰，许多教育报刊杂志给予了报道。所谓“说课”，即由一名教师将自己备课的思路、具体的教案等，向备课组的教师做口头介绍，其他教师则对此展开讨论交流。在传统的评课听课活动中，教师纵使说话，多半是应参加评课的教研员或其他人的要求回答和解释问题，“说课”则为任课教师提供了一个“正式”的机会，可以比较全面完整地介绍和自我分析，把教师在讲台之下的思考纳入了听课评课活动之中，不仅仅是令“听课评课”少了些居高临下的味道，多了点平等磋商的气氛，也使得教研员能够更有针对性地点评，从而使得这种教研活动更为立体化，更为丰满。“说课”现在已经是一种比较普遍的做法，不过，并不是独立的，在集体备课，在听课评课环节，都可能存在，再比如，一些教学比赛、公开课、观摩课等，都会由任课教师“说课”。可以说，这种做法是集体备课和听课评课活动的发展，但并不是发生于二者之外的另外一种独立活动。

集体备课固然重要，毕竟是发生在教学实践之前的“准备”，而听课评课活动是在教学实践之后发生的。校内的听课评课活动，不像上级教研室组织的公开课那样往往承担“推广”“示范”功能，因此特别地实在、真切，针对任课教师的分析可以具体到一个例子是否恰当，一句解释是否严谨，一个环节是否必要等，细致入微，(参见附录1、附录2、附录3)何况每每是以教研组的集体力量，帮助教师全面地、有针对性地、理论联系实际地反思和总结自己的教学，当然大有利于教师专业水平的提升。毫不奇怪，这种活动如同集体备课一样，至今深深扎根于学校生活之中，是学校日常教学中稳定的组成部分。可以说，在每一个教师的成长过程中，这种活动都扮演了举足轻重的角色。步入讲台的青年教师，就是在一次次校内的听课评课活动中，逐渐地成长为称职的教育者。

“教师的教研公开课作为落实教研计划、展示教研成果的重要舞台，活动的安排每两周一次为宜，教研组长应该尽量让每个组员都有这个极佳的展示机会。可以举行35周岁以上教师上示范课、35周岁以下教师上汇报课。”“根据个人工作计划、个人意愿和结合个别协调，每人自选公开课题，确定准确的上课时间，教研组长编成计划表，下发每一个成员。公开课的教案设计、公开课的教学后记、公开课的评议测评表、公开课的签到簿都要存档，作为考核和职称评聘的依据之一。”①

以上所言，有相当代表性。

附录 1：

《一类极值问题》教学案例及反思

数学组　方明

一、教学目标分析

(一)学情分析

1. 学生已经学完二元一次方程组和一元一次不等式，能用消元法解方程组，具备了一定的综合运用能力；

2. 在实际生活中，学生会碰到很多最值问题，如：最高利润、最少支出等，这类问题往往受到多种因素(数学中称为变量)的制约。尽可能减少制约因素是解决这类问题的关键，也是学生感觉到困难的地方；

3. 本节课授课对象数学基础较好，具备将知识拓展延伸的能力。

(二)教学目标

1. 体会并理解将多变量极值问题转化为单变量极值问题的一般步骤；

2. 进一步地巩固利用等量关系和不等量关系列方程和不等式；

3. 进一步理解校园思想在解决方程和不等式综合问题的应用，并能选择合适的方法进行消元；

4. 进一步地体会不等式和方程是解决实际问题的有效数学模型，进一步感受数学的应用价值，提高学生用数学的能力。

(三)教学目标的达成情况

通过本节课的学习，学生对这一类问题有了较好的理解。在分析多变量问题时，都能够想到消元的思想，能够利用消元法将问题简化，从而解决类

① 吴长晖．建设一个充满活力的语文教研组[J]．中国教师，2008(24)．

似问题。通过解决实际问题，学生们对消元法在实际生活中的应用有了更切实的感受，也更有意识地去“用数学”。

本节课教学内容较难，如何快速准确地将多变量问题转化为单变量问题，如何正确理解单变量的多重约束条件，是本节课的难点。在教学过程中，由于备学生部分不是很充分，教学难点未能完全攻克，这一点将在总结反思部分展开说明。

二、课堂教学过程分析

<table>
<tr><td></td><td>教学过程</td><td></td></tr>
<tr><td>教学环节</td><td>师生活动</td><td>设计意图</td></tr>
<tr><td>引入</td><td>例 1. 已知 $x+7y=160$，$x\geqslant 6$，$y\geqslant 7$，令 $w=10x+67y$，求 w 的最大值和最小值。
学生思考，老师通过设置问题串引导学生解决问题，并带领学生总结此类问题的研究思路。
分析：w 中有两个变量，不易分析目标值的变化趋势。引导学生将两个变量的极值问题转化为单变量的问题来研究。这种研究方式将贯穿整节课。</td><td>从两个变量的极值问题引入，符合学生由浅入深的认知规律，为三个变量的情况做好方法上的铺垫。</td></tr>
<tr><td>探索新知
层层深入</td><td>例 2. 已知三个非负数 a，b，c 满足 $3a+2b+c=5$ 和 $2a+b-3c=1$，令 $w=3a+b-7c$，求 w 的最大值和最小值。
学生独立思考，老师提示学生模仿例 1 的解题策略。
分析：挖掘隐含的不等量关系，$a\geqslant 0$，$b\geqslant 0$，$c\geqslant 0$，沿用例 1 的研究思路，通过消元将多变量问题转化为单变量问题进行研究。需要引导学生选择合适的消元方法，以及正确理解单变量的多重约束条件。</td><td>从两个变量推广到三个变量的情形，是我们进行科学研究常见的一种方式。培养学生高度的总结。
概括能力和应用推广能力。本题为例 3 实际问题的解决做好铺垫。</td></tr>
<tr><td>层层深入

探索新知</td><td>例 3. 某土产公司组织 20 辆汽车装运甲、乙、丙三种土特产共 120 吨去外地销售。按计划 20 辆车都要装运，每辆汽车只能装运同一种土特产，且必须装满。装运每种土特产的车辆都不少于 3 辆，根据下表提供的信息，解答一下问题：若要使此次销售获利最大，应如何安排方案？并求出最大利润的值。
<table><tr><td>土特产种类</td><td>甲</td><td>乙</td><td>丙</td></tr><tr><td>每辆汽车运载量(吨)</td><td>8</td><td>6</td><td>5</td></tr><tr><td>每吨土特产获利(百元)</td><td>12</td><td>16</td><td>10</td></tr></table>学生思考，老师板书表格。引导学生选择合适的设未知数的方法，简化解题过程。</td><td>让学生进一步地体会不等式和方程是解决实际问题的有效数学模型，进一步感受数学的应用价值，提高学生用数学的能力。</td></tr>
</table>

续表

<table>
<tr><th colspan="3">教学过程</th></tr>
<tr><th>教学环节</th><th>师生活动</th><th>设计意图</th></tr>
<tr><td>巩固练习</td><td>练习 1：已知 $b\geqslant c\geqslant 0$，$2a-b+c=3$ 且 $a+b+c=6$，令 $w=3a-2b+c$，求 w 的最大值和最小值。
练习 2：一手机经销商计划购进某品牌的 A 型、B 型、C 型三款手机共 60 部，每款手机至少要购进 8 部，且恰好用完购机款 61 000 元。设购进 A 型手机 x 部，B 型手机 y 部。三款手机的进价和预售价如下表：(投影)
<table><tr><th>手机型号</th><th>A</th><th>B</th><th>C</th></tr><tr><td>进价(单位：元/部)</td><td>900</td><td>1200</td><td>1100</td></tr><tr><td>预售价(单位：元/部)</td><td>1200</td><td>1600</td><td>1300</td></tr></table>假设所购进手机全部售出，综合考虑各种因素，该手机经销商在购销这批手机过程中需另外支出各种费用共 1 500 元。
求出预估利润 P(元)的最大值，并写出此时购进三款手机各多少部。
(注：预估利润 P＝预售总额－购机款－各种费用)</td><td>巩固新知，熟练解题步骤，进一步体会实际问题与数学模型的紧密联系。</td></tr>
<tr><td>小结</td><td>1. 研究多变量极值问题的有效办法：将多变量问题转化为单变量问题来研究；
2. 如何实现这种转化：消元；
3. 总结实际问题与数学模型之间的联系。</td><td>从更高的角度理解本节课的知识和方法。</td></tr>
</table>

三、总结反思

(一)完成情况较好的方面

本节课的教学设计较好，有一定的原创性；教学内容较难，能满足学生的求知欲望；解题方法比较典型，能够培养学生解决类似问题的能力。

教学语言简练，不拖泥带水，与学生交流顺畅，能够及时给学生鼓励。课堂应变能力较强，出现问题时反应迅速，解决得当。

课堂板书工整，设计较为合理。

(二)需要改进的方面

1. 设计题目时，要明确题目设计的主要目的。如例 1 的目的是初步让学生学习这类求最值问题的方法，而不是让学生练习计算。数据过大，不要让计算影响到主要矛盾的解决。

2. 设计题目时，应尽可能地考查学生的易错点。如例 3 中，最后求出 z

的取值范围 $6\leqslant z\leqslant 11\frac{1}{3}$，进而求利润 $w=1920-46z$ 的最大值。我们知道，z 越小 w 越大，而且 z 必须为整数。而此题中求出的 z 的取值范围 $6\leqslant z\leqslant 11\frac{1}{3}$ 没有用到整数解。所以设计问题时，可以让 $5\frac{1}{3}\leqslant z\leqslant 11\frac{1}{3}$。

3. 备学生。如何正确理解单变量的多重约束条件，是本节课的难点。以例 1 为例：已知 $x+7y=160$，$x\geqslant 6$，$y\geqslant 7$，令 $w=10x+67y$，求 w 的最大值和最小值。学生容易消 x 得到：$w=1600-3y$，从而将两个变量问题转化为单变量问题，y 越小 w 越大；y 越大 w 越小。解题过程中，学生容易想到用 $y\geqslant 7$，而不容易想到利用 $x\geqslant 6$，进而得到 $160-7y\geqslant 6$。学生的困难也是整节课需要突破的难点，所以在提问前应定好人，要把学生的水平和教师要达到的教学目标相结合，让学生在回答问题中把问题显现出来，引起大家的注意，才能解决疑难点。但是，在实际授课过程中，提问的学生程度太好，由 $x\geqslant 6$，$y\geqslant 7$ 就得到 $\begin{cases}160-7y\geqslant 6\\ y\geqslant 7\end{cases}$，进而求出 y 的取值范围，把问题直接解决了，教学难点、关键处被轻描淡写地忽略了。这也是为什么有部分学生没能突破难点的一个关键原因。

（三）致谢

备课的过程是痛苦的，但听完点评后收获的心情是愉悦的。非常感谢李爱民老师，她在选课题、教案设计、听课以及点评中都给了我极大的鼓励和帮助。李老师的点评，不仅准确无误地指出了我需要改进的地方，更重要的是，她还给我指明了改进的具体方向和方法。整个点评下来，我受益匪浅。同时也感谢学校为年轻教师创设了这样一个发展平台，让我们有机会和同教龄的老师们相互学习，有机会聆听这些优秀教师的精彩点评。

方明老师常态课点评

数学组　李爱民

优点

1. 沉稳，有成熟教师风采，语言简练，不拖泥带水，与学生交流较好，基本功扎实。

2. 教学设计有想法，符合实验班的实际特点，实现了从学数学到用数学，从理论到实践的升华，体现了数学的应用价值。

3. 应变能力较强，课堂调控得当。出现问题时反省迅速，解决得当。即使再高明的教师，也难免在教学过程中出现失误。出现失误时，不文过饰非、草草了事，应相机引导。不仅能体现教师勇气，又体现了教师的教学艺术。

4. 板书工整，设计较为合理。

5. 可以发现方明老师在设计这节课时下了很大功夫，清晰地体现了自己改编题的痕迹，而不是简单的照本宣科，这是青年教师应该具备的素质。

不足

1. 上课时没有起立，教师手部多余动作过多。

2. 对教案不是很熟，应尽量少拿教案，照本宣科。

3. 多让学生去思考分析，要教会学生研究数学获取新知的方法，不能过多包办代替学生的思维过程。

4. 题目设置时，应注意此题设计的主旨所在。如例 1 的目的是初步让学生学习这类求最值问题的方法，而不是让学生练习计算。数据过大，不要让计算影响到主要矛盾的解决。

5. 题目设计的铺垫过多。如例 1 是二元求最值，例 2 是三元求最值，例 3 是应用三元解决实际问题。在题目设计方面，例 2 可以不出来，只需把例 1 中为什么消元讲透，就可以直接应用了。

6. 几个关键点没有突出。

(1)讲例 1 时，由 $x \geqslant 6$，$y \geqslant 7$，就得到 $\begin{cases} 160-7y \geqslant 6 \\ y \geqslant 7 \end{cases}$，进而求出 y 的取值范围。而实际上，学生容易想到用 $y \geqslant 7$，而不容易想到利用 $x \geqslant 6$。找到解答问题的学生过好，把问题直接解决了，教学难点、关键处被轻描淡写地忽略了，从这里启发我们的一点思考：课堂提问学生不应随意指定，应备学生。提问前应想好人，要把学生的水平和教师要达到的教学目标相结合，让学生在回答问题中把问题显现出来，引起大家的注意，才能解决疑难点。

(2)讲例 3 时，没有充分利用好应用题中的表格。

表格所起的作用很强大，除了表示已知量，还能找等量关系和不等量关系，而且不用再板书，有利于思考。利用好表格，也能避免后面求利润时的错误。

(3)在设未知数时，学生直接设了三个未知数，教师应再提问还能不能使解法更简单些，从而引出设二元，减少元的个数，体会消元思想，把复杂问题简单化，更好更快地求出目标。

(4)最后求出取值范围 $6\leqslant z\leqslant 11\frac{1}{3}$，利润 $w=1920-46z$，当 $z=6$ 时有最大值。题目设计时，缺少了实际意义的使用，z 最小值即为 6，没有用到整数解。所以设计问题时，可以让 $5\frac{1}{3}\leqslant z\leqslant 11\frac{1}{3}$。

7. 例 3 学生做了 4 分钟，周围 12 个学生只有 4 个学生做完，关键在于例 1 没有讲；处理例 1 时，直接叫学生说解法。提问的学生过好，缺乏解题分析，为什么这样做，没有交代清楚。

8. 备学生，备教材。

(1)要认真研读教材，对教材内容的背景进行分析，从而把握知识之间的联系，分析知识所处的地位、作用。

(2)数学核心思想分析，教师不仅要考虑所教知识，更要考虑知识背后所蕴含的数学思维方式。

(3)教材内容分析，“变量”“极值”等名词是否符合现学段学生的认知水平，还需要斟酌。

附录 2：

《摩擦力》(第一课时)教学设计及反思

物理组　郭金宁

一、指导思想与理论依据

物理学是一门基础自然学科，它所研究的是物质的基本结构，最普遍的相互作用，最一般的运动规律以及所使用的实验手段和思维方法。物理课程的设计应该有助于学生学习基本的物理知识和技能：体验科学探究过程，了解科学研究方法；增强创新意识和实践能力，发展探索自然，理解自然的兴趣与热情。摩擦力是日常生活中常见的力，也是力学中最难理解把握的一种力，如何巧妙地利用实验探究使学生能够准确深刻的认识好摩擦力是本节一个重点内容，在处理好概念教授的同时，对控制变量法、等效代替法、图像法、假设法这些科学研究方法的渗透和应用是这节课的另外一个关键点。

二、教学目标

（一）知识与技能目标

1. 知道静摩擦力和滑动摩擦力产生的条件。

2. 掌握静摩擦力和滑动摩擦力的大小跟什么有关。

3. 会判断静摩擦力和滑动摩擦力的方向。

（二）过程与方法目标

1. 通过对滑动摩擦力的大小因素探究使学生掌握控制变量法。

2. 通过分析静摩擦力的方向问题，使学生体会假设法和等效替代法在物理学习时的重要作用。

3. 通过实验中应用力的传感器探究滑动摩擦力大小和最大静摩擦力的关系，使学生体会数字化实验室的特点与优势，对图像法处理数据有更进一步的认识。

（三）情感态度与价值观目标

学生通过探究实验，探寻物理规律，领略自然界的奇妙与和谐，发展对科学的好奇心与求知欲，乐于探究自然界的奥秘，能体验探索自然规律的艰辛与喜悦。

（四）重点难点

重点：掌握静摩擦力和滑动摩擦力的大小跟什么相关，方向如何判断。

难点：对静摩擦力的理解，静摩擦力方向判断和大小确定。

三、教学目标的设计思路与完成情况

课改以来，教学目标不再单一的界定在知识范畴，而是从三维角度来预定，这节课是概念教授课，本身知识掌握有一定的难度，而在处理概念的具体手段应用中，多种科学研究问题的思想都蕴含其中，如何巧妙地把这些思想在教学中很好地渗透给学生是很重要的，在设计这节课时，针对能够接触到的科学方法，设计出了上面的三维目标。在落实过程中，知识目标达成的很好，在处理过程与方法时，控制变量法和假设法落实较好，替代法强调的不是很到位，情感目标由于设计为教师演示实验，学生参与的程度比较低，所以情感目标完成的不是很理想，在设计实验上还应该进行改进加强。

教学过程

<table>
<tr><th>教学流程</th><th>教学目标</th><th>教学资源</th><th>教师活动</th><th>学生活动</th><th>教学效果</th></tr>
<tr><td>引入</td><td>了解摩擦力对自然界的影响，引起学生学习兴趣。
复习弹力产生的原因。</td><td>图片数据表格</td><td>展示表格
<table><tr><th></th><th>一昼夜的时间</th><th>一年的天数</th></tr><tr><td>5.7亿年前</td><td>20.47小时</td><td>428天</td></tr><tr><td>3.7亿年前</td><td>22小时</td><td>398天</td></tr></table>讲解：
1. 为什么地球自转变慢了？由于月球，太阳对地球的吸引会产生潮汐，潮汐隆起部分的运动方向恰好与地球的自转方向相反，当它们扫过海滩，撞击岩石时，就会产生摩擦。正是这种亿万年来都存在的摩擦，使得地球的自转减慢。
2. 感受手和桌面之间的摩擦力作用，引出摩擦力的概念。
两个相互接触的物体，当他们发生相对运动或具有相对运动的趋势时，就会在接触面上产生阻碍相对运动或相对运动趋势的力。</td><td>听讲，笔记，操作</td><td>摩擦力在实际生活中非常常见，引入时用科普性的知识引发学生的学习兴趣，又可以让学生了解了新的知识，用手实际体会压力和摩擦力的产生和关系。课堂上引入起到了预期的效果，学生学习热情很饱满。</td></tr>
<tr><td>静摩擦力</td><td>静摩擦力的产生条件和方向</td><td>瓶子，木车，钩码，弹簧秤，实验台</td><td>1. 拉物体不动　提问：拉力是什么方向？物体有运动趋势吗？向哪个方向？为什物体没动？
2. 持物体于手中　提问：分析下瓶子的受力？
减小瓶子与手之间的弹力会怎么样？
小游戏：筷子夹砝码</td><td>观察实验现象讨论，分析受力，实施游戏</td><td>实际简单问题的分析，学生在简单的实例中比较好的认识了静摩擦力的产生条件和方向，小游戏很紧凑，但突出了要说明的问题。</td></tr>
</table>

续表

教学流程	教学目标	教学资源	教师活动	学生活动	教学效果
静摩擦力	静摩擦力的大小分析	木车，钩码，弹簧秤，实验台	演示实验：拉物体并观察拉力值的变化。 分析出静摩擦力的大小特点：变化的大小随着使物体产生相对运动趋势的力的增大而增大。有范围，在零到最大静摩擦力之间。	观察实验现象讨论，得出结论	比较简单的实验，有更好的改进空间，引入数字化实验室会更好的让学生体会静摩擦力的大小的特点。
	假设法分析静摩擦力的方向	木尺，铁架台	实验演示，作图分析，提问分析	观察实验现象讨论，受力分析，回答讨论	假设法是很重要的科学思想，让学生自己思考，画出力的方向，体会好方法的实用性。
滑动摩擦力	滑动摩擦力产生的条件，大小，方向运动与相对运动的区别	传送带，木块，钩码，力大小的传感器	演示实验：介绍传送带装置 提问 1 物体水平方向受到摩擦力吗？是静摩擦力还是滑动摩擦力？ 讲解“运动”与“相对运动”的区别 请同学讨论总结出滑动摩擦力的产生条件 提问 2 分析物体受力方向，相对运动方向，从而总结出滑动摩擦力方向 演示实验：通过增加砝码，观察滑动摩擦力大小变化，总结出滑动摩擦力的公式 讲解字母物理意义 改变接触面积，相对运动速度，观察现象，总结规律 科学方法总结：控制变量法 讨论：相同条件下，$F_{滑}$和F_{max}有什么关系？ 实验演示：记忆指针法	观看演示实验，讨论得出结论	实验装置是很巧妙的，首先把实验装置介绍好可以使学生把相对运动和运动的区别认识得很清楚，但实验可视性和学生参与性比较差，可以进一步改进。
摩擦力与生活	例题解答讨论生活中的实际摩擦力问题并分析	图片，录像	展示图片，录像，分析例题，下发资料《摩擦小史》	听讲，记录，计算，讨论	分析实际生活中的摩擦力使知识学以致用。

【板书设计】

第三节　摩擦力

一、静摩擦力

1. 产生条件：(1)接触存在弹力(2)相对运动趋势(3)接触面粗糙

2. 方向：沿接触面与相对运动趋势方向相反。

3. 大小：$0 \leqslant F_{静} \leqslant F_{max}$

4. 假设光滑法判断运动趋势

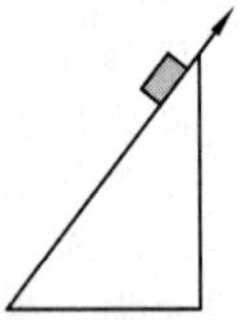
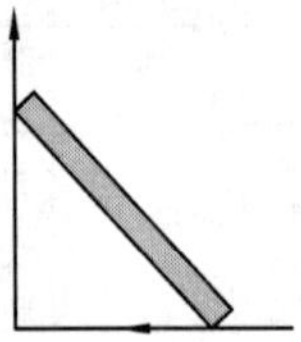
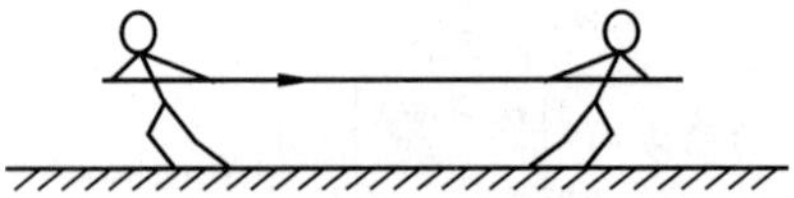

二、滑动摩擦力

1. 产生条件：(1)接触存在弹力　(2)相对运动　(3)接触面粗糙

2. 方向：沿接触面与相对运动方向相反。

3. 大小：$F_{滑} = \mu F_N$　μ——动摩擦因数　F_N——垂直压力

与接触面积大小无关，与相对运动速度无关

三、相同条件下，$F_{滑}$和F_{max}有什么关系？

【教学反思】

这节课是摩擦力的第一课时，主要重点处理静摩擦力和滑动摩擦力的产生条件、大小、方向等概念要点，摩擦力本身是比较抽象的概念，学生在学习时对概念的理解和应用有很大的困难，而摩擦力又和生活有着密切的联系，所以在处理这节课时，尽量从实际生活中的问题出发，帮助学生分析问题的过程中水到渠成的深化理解概念。关于摩擦力学生在初中已经初步地进行了学习，有一定的知识基础，所以在讲授的过程中，要注意衔接，不要在学生已掌握比较好的部分浪费过多的时间，应该在静摩擦力的方向和滑动摩擦力的大小进行更深入的强化。实验探究过程中，巧妙地利用传感器，进行较为精确的定量测量是实验的一个亮点，在整节课的讲授中，科学方法的渗透是重要的教学目标之一，这节课可用到的科学方法很多，教师应该注意课堂中进行明确的渗透，真正让学生不但学习了知识，还发展了技能，把提高科学素养落到实处。

《摩擦力》一课的点评

物理组　史艺

1. 教学目标的落实

物理科学的新课程标准明确指出新课程旨在提高全体学生的科学素养，郭老师的这节课从知识与技能、过程与方法、情感态度与价值观三个维度都很好地完成，在知识技能方面，郭老师对摩擦力的产生条件上，大小、方向等知识点落实都很到位，在过程与方法上，这节课涉及的物理学的研究方法是非常多的，控制变量法、间接测量方法、假设法、图像法等。在情感态度价值观上，让学生了解摩擦力与生活，人类对摩擦力的认识历史等培养学生学以致用、实事求是的科学精神。

2. 对教材的分析和处理

一切学科的教学活动必须建立在学生的认识规律基础之上，初中有一课“探究滑动摩擦力的大小与什么因素有关”，郭老师在讲摩擦力的基础知识时候有一些与初中讲过的有点重复，使得课堂容量不是特别大。所以青年教师在备课时要多了解初中教材，做好初高中衔接。

在引导学生掌握书本知识的同时，要让学生学会知识迁移，让学生利用已学过的物理知识解决实际问题。在第二课课时上很好地体现了物理与生活的联系，如自行车前后轮的摩擦力方向的判定，传送带主动轮从动轮的摩擦力方向，拔河中的摩擦等。

3. 教学方法和手段

问题导入简洁高效，引入课题是利用“地球自转周期变长的原因，是由于潮汐现象中的海水与地面的摩擦力”这个引入很简洁，引人入胜，学生也很感兴趣。

发挥了实验在物理教学中的作用，物理是以实验为基础的自然科学，这节课有趣味性的实验：筷子夹砝码，激发学生学习兴趣，活跃课堂气氛；也有探究性实验：滑动摩擦力与什么因素有关，其中粗糙程度、压力大小、面积、程度这四点在初中有过学习，可以以复习的方式一带而过，而应把重点落在定量的探究，而不是定性的探究，也就是滑动摩擦力与正压力的正比关系，并引入物理中重点的研究方法图像法，改变表面的精糙程度，多做几组，还可以得到图像的斜率的物理意义——滑动摩擦因数。

还可以更充分发挥传感器在教学中的作用，在研究最大静摩擦与滑动摩擦力之间关系时，可以应用传感器，比传统实验仪器的演示效果要好得多。

对学生物理科学研究方法的教育，一个人的思想方法不只在学习上，在以后的工作生活中都有一定的指导意义，现在高考命题的趋势之一就是把学生从来没有学过的知识和信息呈现出来，再用我们学过的规律和理论去解决。同学们在考场中比拼的就是物理的科学研究思维方法，这节课涉及的方法有四个：控制变量法、间接测量方法、假设法、图像法，郭老师在“控制变量法”和“假设法”两种方法上做了很好的训练，但等效替代法上还应再重点强调：当物体匀速或静止时，用拉力代替摩擦力，以后讲到超重失重时，用拉力代替重力也是有一定条件的。

4. 教师的教学基本功

语言流畅，逻辑严谨，没有口头语，干脆利落。板书规范，板画正确美观娴熟，带着学生做受力分析，练好基本功，若木块、桌面分别当成研究对象分别受力分析，就更完美了。各种实验的操作很熟练，但有的个别实验的可视性不强。有的学生看的不太清楚，比如传送带实验中老师应当到讲台后面去操作。

在整个课时郭老师体现出很强的亲和力，体现出对学生的尊重，突出了学生的主体地位，重视对学生的科学方法的培养和重视科学和思维过程的培养，从学生学的角度，学生在教师引导下积极主动地愉悦的进行学习。希望我们都以课堂教学为主阵地，将新课改的教学理念不断渗透到课堂教学中，做一名研究型的教师，和学生共同成长。

附录3：

《微生物与人类生活的关系》教学设计

生物组　卢芹

一、指导思想与理论基础

建构主义理论是基础教育课程改革的理论支柱之一。关于建构主义理论，我认为是研究学生如何学和教师如何教的问题，该理论认为学生并不是一张白纸，而是有一定经验和知识积累的。当学习新知识时，学生会在自己的头脑中搜寻与新知识相关的内容，找到“最近结合点”，搜索到的相关内容越多，“最近结合点”越接近，新知识的学习则越快越好，反之亦然。

《生物课程标准》(实验稿)中提道：“为了适应时代的发展，生物学教学应更加关注学生已有的生活经验，增加实践环节，突出实践能力的培养。进而期望使学生通过学习生物，能够在探究能力和解决问题能力方面有更好的发展，能够在自然和社会责任感等方面得到提高。”本节课的最核心任务是落实《标准》中的精神，抓住生物科学向着更加关注人类自身方向发展的契机，从生活中的现象和微生物科学技术在解决医药、环境等实际问题中的作用着手，创设情境，丰富学生对微生物科学应用的感性认识：从生活中来到生活中去，鼓励学生分析微生物对人类生活的正面和负面影响，帮助学生理解科学、技术与社会的相互关系，主动选择科学的生活方式，并能够对今后的职业选择和学习方向有更多的思考。

二、教学背景

(一)教学内容分析及二次生成：义务教育课程标准实验教科书八年级上册《生物学》第五单元中安排了第四章《分布广泛的细菌和真菌》、第五章《细菌和真菌在生物圈中的作用》。教学内容中除基础科学知识外，还包含丰富的学生活动素材如细菌和真菌的分布探究，利于提高学生的探究能力；又有与学生生活、健康密切相关的实践内容，能够帮助学生认识到科学知识必须与技术相结合，才能在社会发展中发挥作用，同时能够更理性、辩证地看待科学技术与社会的关系。同时该部分内容与七年级下册《病毒》的内容关联甚密，结合特定阶段全球甲型 H1N1 流感肆虐的形式，如将细菌、真菌与病毒的知识一并学习，将使“微生物”这一生物类群的概念理解更加系统和综合。所以笔者将两单元内容有所取舍，按照“探究分布—避害—趋利”的逻辑顺序选材并将这节课的内容标题拟为《微生物与人类生活的关系》。

(二)学生情况分析：初二年级学生思维活跃，求知欲强，且有较丰富的生活经验。微生物和人类生活密切相关，学生虽缺乏科学的直观印象，却有着来自各种媒体资源的海量信息积累及生活中一知半解的科学原理，所以他们有话可说，有意想学。而关于如何通过探究证明微生物分布广泛，如何正确且辩证认识微生物与人类生活的关系尚有些眼高手低，力不从心。在甲型H1N1流感席卷全球且就在你我身边时，学生对微生物的学习热情空前高涨，学习效果则因此有可靠的保障。

（三）教学方式与教学手段：采用实物辅助教学和计算机多媒体辅助教学。微生物的“微小”特征决定了学生对其缺乏科学的感性认识。利用培养出来的菌落实物、学生实验结果照片及计算机多媒体辅助教学，化抽象为形象，有助于学生对知识的理解。同时学生自己对实验探究过程和实践制作过程的描述讲解拉近了科学和学生的距离，学生更有亲近感和学习兴趣。

技术准备：实物（提前一周带领学生培养菌落）、图片（互联网）、实验结果照片（提前两周带领学生探究细菌和真菌的分布、如何洗手效果更好及酸奶制作）、PPT。

三、教学目标

（一）知识目标

1. 说明食品的腐败原因及传染性疾病的原因，得出微生物是食物腐败和危害人类健康的主要原因；

2. 举例说出微生物发酵技术在食品制作、抗生素和疫苗在疾病防治中的作用；

3. 描述细菌、真菌和病毒的主要特征以及概述它们与人类生活的关系。

（二）能力目标

1. 实践运用简单的微生物发酵技术和食品保鲜的一般方法；

2. 初步运用微生物学实验技术研究简单的生活卫生问题；

3. 尝试贯彻疾病防治中洗手和用药原则以延缓病原微生物耐药性的产生。

（三）情感态度与价值观目标

1. 通过参与探究实验，体验科学研究的乐趣和艰辛；

2. 关注生活中与生物学有关的热点问题；

3. 认同科学的生活方式，关注和辩证地看待生物科学和技术对人类的贡献。

(四)教学重点：微生物的主要特征；人类对微生物的利用。

(五)教学难点：微生物的主要特征。

(六)教学方法：启发式讲述。

卢芹老师常态课点评

生物组　荆林海

卢老师这堂课总体是比较成功的。有几点印象非常深刻，列举如下：

在知识传授方面，卢老师结合全球卫生事件甲型 H1N1 流感肆虐的大背景，对教学内容进行了二次生成，进一步激发了学生的学习兴趣，提高了学生对“微生物”这一生物类群概念的系统理解，增强了生物课堂与现实世界的连接，实现了生物学课堂的社会使命和责任感，效果非常好。在能力培养方面，带领学生进行探究实验和实践制作，丰富了学生对微生物科学应用的感性认识，拉近了学生和科学的距离，提高了学生的生物科学素养。

课堂教学过程中教学评价贯穿于整个课堂教学，有效地发挥了对学生的激励功能，同时也给课堂生成了很多教学内容，教学效果很好。如学生互评“探究洗手的重要性实验”时，学生对实验同学实验设计的精彩质疑——“因自来水中会有细菌，所以用自来水洗手本身就会有细菌”后，适时利用课堂生成这一资源因势利导，使同学进一步理解不同实验设计和实验材料如何解决不同的科学问题，令人印象深刻。而另一位同学对于“制作酸奶”实践原理的见解中提到了“乳糖不耐受”的问题，存在一定误区。教师先肯定了他对生物学知识了解很多，然后给大家详细讲解，效果很好。以后同学们的问题意识大大增强，学习积极性进一步提高。

也有几点建议，列举如下：

(1)设问更有指向性。这样可以分解问题难度，针对性更强。

(2)更高效地利用板书。板书设计非常好，如果能够再三强调，学生印象会更加深刻。

总之，我觉得这堂课是非常成功的，学生和教师之间互动良好，火花频现，是一节具有魅力和生命力的生物学课堂。

注：以上三份教案，均来自《留住精彩 播种希望》，(北京 101 中学教师发

展学校第四期)

(三)编制试卷和试卷分析

前面已经提到基础教育阶段的考试名目繁多，已经取消的“小升初”，仍在进行的“中考”和“高考”，都是其中威风凛凛的品种。不过，这些选拔性考试固然是高利益高风险的，却并不孤立，它们与日常教学以及常规考试存在着极高的相关性。也就是说，在常规考试中的成绩，基本上与选拔性考试的成绩一致。例外自然有，说到底是少数。

常规考试也可以分为学校和地区两类。学校的常规考试由学校自己出题，承担这一任务的主要就是教研组。

出题方式：可以是备课组合作，也可以由备课组长或教研组长单独完成或指定某个人、某几个人完成。

阅卷方式：可以是任课教师自己阅自己所教班级卷子，也可以交叉阅卷。

无论是学校内考试，还是地区统一考试，教研组经常会组织试卷分析。发现教学的问题和漏洞等，以便在后续教学中矫正。

第四节 “他山之石”与“本地风光”

《教育大辞典》里面有一个辞条：“协作教学。”

“亦称‘协同教学’‘小队教学’。教学组织类型之一。由教师、实习教师、视听教育人员、图书馆员等组成教学小组共同实施教学。教学计划由教学小组成员共同拟订，按各人专长、分工合作共同完成。依据教学活动性质分别采用合班教学、分班教学、小组研习、个别指导等方式。”

“协作教学特点是教师共同拟订教学计划，互相观摩教学方法，共同研讨教学上的问题；有利于发挥各个教师专长；较能适应学生个别差异；具有比其他教学组织形式更多运用各种现代化教学手段的可能。这种教学组织类型最先出现于第二次世界大战后的美国学校，现已推广到其他许多国家。”①

虽然是一个独立词条，也没有采用集体备课的说法，从内容看，其中的

① 教育大辞典编纂委员会．教育大辞典(第一卷)[Z]．上海：上海教育出版社，1990：208.

关键内容：共同拟定教学计划、共同研讨教学问题等，与集体备课基本相同。近年来，随着与越来越多国家的越来越多的交流，却很少看到对方有关协作教学的实践，即使在“最先出现”的美国也不例外，本章开头部分所说的例子亦是旁证——那位校长分明是将自己学校的经验作为新鲜尝试炫耀的。将有关信息的反馈加以综合，大致是，有人知道这种方式，也有学校付诸实施，但多为暂时的、偶然的，远非中国大陆这样普遍、严格的制度化。

相形之下，倒是日本的经验最具可比性，课例研究之所以会被介绍到国内并且加以比较对照，有一定的道理。在日本，有关课例研究最富影响，也最有贡献的学者中，佐藤学教授是国人比较熟悉的一位，在其专著《静悄悄的革命》一书中，介绍了大量相关内容。阅读这些内容，并且与我们中小学的教研组相互参照，可以看出二者间一些显著的差异。

一、性质有别

“今年，在新泻县的山中大雪覆盖的宾馆里，29 位教师汇聚在一起。这是每年 3 月由加纳先生（新泻市樱丘小学校长主办）、由我协办的小规模研讨会。”①

“我认为，要让学校转变，至少需要三年。第一年，在学校里建立起教师间公开授课的校内教研体制；第二年，提高研讨会的质量，以授课方式和教研活动为中心，重新建构学校的内部组织、机构；第三年，以学生和教师有目共睹的转变为依据，把新的授课方式和课程设置正式固定下来。通过如此三年的教研活动，学校就可能成为一所像样的学校了。”②

“至今为止，我从事访问学校、参观教室的活动已经快 20 年了。若按每周访问 2～3 所学校、参观约 10 个教室计算，那么我至今已经访问过 1000 所以上的学校，参观过 7000 多间教室了。”③

很显然，上面所叙述的过程是佐藤教授的教育科研行为，在他这样一位来自大学的学者的组织下，新泻市樱丘小学的加纳先生和他的教师们才会“每

① ［日］佐藤学．李季湄译．静悄悄的革命［M］．长春：长春出版社，2003：2.
② 同上，第 60 页。
③ 同上，第 57 页。

年3月”汇聚在“山中大雪覆盖的宾馆”里，每年一次，展开教学研究。

佐藤教授的敬业精神令人尊重，20年期间，1000所以上的学校，7000多间教室，作为一个教育学者是足以自豪的。不过，差别也正在这里，尽管这个数字就一位学者的职业生涯很有震撼力，1000所学校和7000间教室在日本基础教育学校系统终究是有限的。那些佐藤教授或其他教授没有涉足的学校和教室，教师们有没有“课例研究”呢？似乎是没有的，佐藤教授是以他的研究过程建立起这种方式的，没有资料显示此后这种做法已经成为全日本的制度。而在中国，集体备课和学校教研组作为制度早已无处不在。

二、内容有异

“在校内开展教研活动时，全体参加者边观看录像边讨论授课的具体事例。进行实例研究的目的并不在于评价课上得好还是坏，而是让大家一起共同感受授课的‘乐趣’和‘困难’。授课中的突发事件是极其复杂的，必须读懂看起来单纯的事件背后所隐藏的复杂性。因而在讨论中，最重要的是丢开一切抽象的语言，只说出自己对所观察到的事例的质朴感受和具体的事实本身。只要大家能相互交流自己朴素的感受到的一切，就必然能学到许多意想不到的东西。”①

上面内容，也与我们的集体备课有所差别。首先，时间顺序相反，不是我们备课组在上课之前的深思熟虑、面面俱到的准备，而是在上课之后，带有“反思”韵味，从分析总结过往经验中学习。其次，重点在于对“突发事件”内涵的发掘和评价，而不是对常规教学的研讨，无疑，与我国学校教研组的明确指向日常教学，以课前准备为基本任务的集体备课是不同的。

学校教研组、集体备课在中国的强大传统，是理直气壮的中国特色，也是不容置疑的优势，然而，任何事物总是会有自身的局限性。

首先，再成功的教研活动，再高效的集体备课，也不能替代教师的个人创造性劳动。如果没有教师事先的认真钻研和准备，集体备课就不可能有真正的质量和水平。“只有在每一位教师个人独立工作的基础上，教学小组集体

① [日]佐藤学．李季湄译．静悄悄的革命[M]．长春：长春出版社，2003：56.

的工作才有成效。有良好训练的教师往往深入地研究他感兴趣的某一个问题；或根据自己的专长执行教师进修学院所指定的研究任务。但必须吸引包括新教师在内的其余的教师来进行个人的教学法研究工作。为了吸引没有经验的教师积极参加共同的研究工作，最好委托他担任符合他的能力和素养的研究任务。例如编写某一题目的教案或准备作详细的学生鉴定书，对阅读过的教学法研究论文做出自己的评论。往往有必要使教师学会运用书籍的方法，做读书摘要或加以概括，编写对学生和家长进行谈话的提纲或详细的谈话计划，并写出报告。”①

其次，任何制度成为惯例，固然可以稳定运行，也不可避免地面临平淡与平庸的威胁。下面这个校内公开课的实例，相信对于许多教师来说都不陌生。

“通告栏中，贴出了教研组长的通知：×月×日×点×分在××班听×老师的公开课。于是，到了那天，老师们进教室听课。听课可以十分认真，也可以打打瞌睡，没有研究的主题，也没有具体的任务。课后，组长召集进行评课，几个优点，几个缺点，几条建议。爱说的多说几句，不爱说的不说也罢。执教的老师，从一开始就带着‘完成任务’的心态，从没指望这次活动能对自己的课堂教学水平提升带来多少帮助，有时听课的人提了不少意见，可是执教者仍然不知道该怎么做。或者偶有‘触动’，但等这事一过，也慢慢淡忘了……”②

如何令学校教研组和集体备课保持生机，不断焕发活力，为学校教育教学质量提升做出贡献，是每一位校长面临的任务，是每一所学校的“不断革命”。

① 凯洛夫．教育学[M]．北京：人民教育出版社，1957：476－477.

② 刘智松，钟宏亮．“灵江争鸣”：一种有效的网络教研模式[J]．中国教师，2008(23).

第六章 讨论与思考

一、得天独厚的一枝独秀

从省(直辖市、自治区)、县(区)教研室直至学校教研组这样的三级教研系统，是十足的中国特色的教育组织，曾经并且迄今仍然对中国的基础教育产生着巨大的实质性作用，支撑着中小学的日常教学，左右着学校教育的质量。从上面种种讨论，可以做出这样的总结。

无论是否同意，面对如此总结，可能所有人都会质疑：既然如此重要，为什么其他国家不存在？何以成为中国基础教育的“一枝独秀”？甚至在“原产地”苏联及今日的俄罗斯也没有在中国这般根深叶茂，在以“课例研究”名声大噪的日本也远不及中国这般“无处不在”？更有许多国家的基础教育根本没有类似的组织，也未见得比我们差到哪里？这个问题问得好，别人又不傻，何乐而不为？可以说，讨论教研组织及其制度的合理性，是绕不开这个问题的。进一步说，对于教研组织及其制度究竟是中国基础教育的包袱、累赘，还是特色、优势？离开对这个问题的回答也很难做出令人信服的最终判断。

如果笼统地概括，可以这样说：教研室也罢，教研组也罢，其产生、存在都属于复杂的社会现象。对于复杂的社会现象，是很难用单一的，或者少数的几个因素做出解释，也很难从个别的、孤立的事实得到完整、全面的说明。比如，改革开放后的“拨乱反正”，对于解释教研室的迅速恢复和蓬勃发展是足够的，但对于其后的持续存在就远远不够。

在这里，不妨借用西方学者提出的“安娜・卡列妮娜原则”加以说明。托尔斯泰的名著《安娜・卡列妮娜》的开卷语就是：“幸福的家庭都是幸福的，不幸的家庭各有各的不幸。”有学者分析：“托尔斯泰这句话的意思是，为了得到幸福，婚姻必须在许多不同方面都是成功的：两性的吸引、对金钱的共识、对孩子的管教、宗教信仰、三亲六眷，以及其他重大问题。在所有这些基本方面只要有一个方面出了问题，就可使婚姻毁掉，即使这婚姻所有其他必要的幸福因素一样不少。……这个原则推而广之，可以用来了解婚姻以外的生活的其他许多方面。对于成功，我们往往是寻求容易的、单一因素的解释。然而，对于大多数重大的事情来说，成功实际上需要避免许多个别的可能的失败原因。”①与同属社会现象的人类经济活动、政治活动、宗教活动、娱乐活动相比，教育活动的复杂性只有更加纷繁，更加头绪万千，是迄今我们仍然知之甚少的。无论是超越民族、地域、时代的共同性，还是同样表现在这些领域的差异性，几乎都可以举出大量的事例佐证。就如有学者所说，在比较教育中人们总是看到不同的图景，“这种‘不同的图景’在自然科学的研究中是很少见到的，即使见到了，也是可以凭借一定的手段加以消除的。自然科学早晚要获得它的统一性，而社会和人文科学在这方面就很难办到。比较教育学者们之所以‘不安’很显然是因为他们没有把这种情况看成是一种‘正常的’事情，而是把它看成是‘不正常’但又无法采取有效的措施加以消除的事情。在我们看来，解决此种不安的办法不是制定越来越多的‘科学的标准’，而是承认差异的合理性与现实性。”②我们大可以将教研组织的存在纳入这种“差异的合理性与现实性”之中而接受。

“所谓‘多样性’，是指文化行为与文化行为之间的差异——文化行为的作用就在于它们相互有别。但是，当我们对它们的多样性感到惊异之际，切不可忽略了它们之间根本上的相似性。属于某一种文化的习俗或者服饰，可能和属于另一种文化的习俗或者服饰截然不同，但不管怎样的习俗或者服饰，都具有基本的形式和类似的作用。只要把某一文化的各种习俗列成表，你就会发现，所有这些习俗其实在别的文化中也都能找到，而且大体相同，只是在细节方面有所不同罢了。所以，我们切不可由于细节方面的差异而忽略了这样一个事实：人类社会文化生活的基本形式是大同小异的。”③不错，婚礼在诸多文化中都被重视，中国新娘大红盖头大红嫁衣，许多西方国家则是一袭纯白婚纱，色彩对比强烈，代表的情感却是相同的。“某一活动的社会性越强，文化习俗方面的细节差异就越大，因而在初来乍到的外来者眼中也就显得越陌生。”④像教育这样复杂的活动，在传统和制度上的差异几乎无可避免。

① [美]贾雷德·戴蒙德著．枪炮、病菌与钢铁——人类社会的命运[M]．上海：上海译文出版社，2006：148.

② 石中英．教育学的文化性格[M]．太原：山西教育出版社，1999：99.

③ [英]德斯蒙德·莫里斯．刘文荣译．人类动物园[M]．上海：文汇出版社，2002：18.

④ 同上，第19页。

不同国家和民族的教育，既演奏着共同的旋律，也吟唱出独特的音色。在具体差异的背后，一定可以发现某种莫里斯所说的“根本上的相似性”，就像红嫁衣和白婚纱均为突出婚礼的喜庆和庄重气氛、将这一仪式与日常生活场景区别开来一样，在教育中最为重要的教学也会被不同文化以自己特有的方式加以强调，丝毫不奇怪。

在大多数国家，对于教学的重视和强调，所采取的办法不外乎以下三类。

一是通过教育和培训提高教师素质。几乎所有国家都重视教师的职前教育和在职培训。就如人们经常提到的不断提高教师入职门槛——学历要求，不断地向教师在职培训加大资金投入。无疑，在系统提高理论水平从而为教师的长久发展夯实基础方面，在帮助教师迅速掌握某种实用技能方面，教育和培训都有着突出的优势。

二是通过各种形式的学业成绩评价督促学校注重教学质量。在这方面美国名目繁多的各种评价是大家十分熟悉的，风靡世界的 TIMMS 和 PISA 评价则是从国际比较的角度为学校和教师提供有关教学质量的参照。

三是设置专门机构，负责与教学有关的各种事宜。当然，美国与中国差别最大，在美国各地，便设有各种与教学密切相关的机构。“1. Curriculum Coordinator，可以译成课程负责人，也可以译成课程部主任。这要看这一部门的大小，大的部门可能还有一个 Director（主任、主管），里面有几个 Coordinators。小的部门可能就一个 Curriculum Coordinator。所以通常情况下，会译成课程部主任。这一职位一般在州教育部和学区（相当于地方教委）才有。主要负责本州或本学区的课程开发、推广、评估等。2. Lead Teacher，也可以说是 Head Teacher。如果是小学的老师，可以译成班主任教师。在美国小学，教室是以教师为单位的，称为某某教师的教室，而不是中国的某班教室。一般情况下，Head Teacher 还有一个副手叫 Assistant Teacher（助教）。如果 Head Teacher 因故不能上课，学校要找一个代课老师，称为 Substitute Teacher，简称 Sub－Teacher。基本上起着联络员的作用，是学校或学区和教师之间的纽带，协助教师的专业发展，学术会议，课程评估，郊游，家长会等的协调工作。3. Team Leader，不同情况下有不同译法，可译为团队领袖，小组组长等。比方说，我有一个项目，找了几个人共同研究，我是负责人，我就是这个 Team 的 Leader，再比如，学校要进行课程开发或评估，成立了一个小组，这个小组的头儿就是 Team Leader。4. Grade Coordinator，相当于中国的年级组长。并不是每个学校都有。如果一个年级有几个班的话，为便于管理或向校长汇报工作，学校会设这样一个职位，这个职位可以是该年级的教师，也可以是学校的工作人员，主要责任是负责协调该年级几个班的进度、评估、联系。但一般情况下，这不是一个正式的职位。5. Department Head，系主任，部门主任，部门经理。不同情况有不同译法。”①由于美国教育体制的特点，各地情况不同，上述介绍很可能不是全面反映，但有一定的代表性。

即使在崇尚多元的今天，对差异也未必不可以进一步做价值分析。简单说，上述种种肯定各有千秋，但明显的一个特征就是：都无法与教师的日常教学建立经常、直接、实质的联系。就此，对于教师钻研教学，孜孜以求每一节课的教学质量，所给予的帮助也就是有限的。对照之下，我们的教研组织及其制度在这方面显然是更具优越性。

对于上述问题最为简洁而又基本恰当的回答，也许就是援用一句中国人熟悉的现成流行语：“中国国情”。在此绝无要滑头或者敷衍之意，实在是想不出比这句话更为贴切的表达了。引申一下，可以这样推论，教研室的出现和普遍存在，与其他许多社会事物一样，是复杂的社会现象，不是某个或某几个因素，而是诸多因素共同作用的结果。苏联经验、普遍的教学规律、中国的教育传统、当代中国国情，甚至历史和文化类型……都在其中扮演了角色。比如，中国传统文化注重个人与群体的联系，令大多数教师乐于也易于接受各种集体式的教研活动；中国基础教育强大的统一模式及要求，令不同学校教师之间的协调成为必要；社会对于教学质量的极度关注，令学校和教师须臾不敢放松课堂……总之，中国的教师接受这样的制度会比较从容和自然，而由于文化和教育背景的不同，西方一些国家纵然加以研究或鼓吹，却未见得能够轻易移植过去。教研制度在中国的强大生命力不是偶然，是中国教育的独特优势。

---

① 2005年，密执安大学教育学院，杨文忠博士提供。

有几则教育交流中的小花絮可以作为上述分析的补充。

2005年，北京师范大学教育学院教师在参观美国密执安州某公立学校时，向校长询问著名的“不让一个孩子落后”(即克林顿时期通过的法案 *No Child Behind*)。校长干脆地表示，“我们学校没有参加这个项目”。在谈及原因时，他表示：参加项目的条件之一，是必须接受项目组织的各种学业成就评估。这样，“教师和学生的压力都会增加，他们会抱怨的。”

无独有偶，2008年，一位中国学者在丹麦应邀做报告，介绍了中国的学校教研组：“光是解释如何集体备课、说课、评课以及如何组成备课组就说了半天。他们倒是爱听，因为他们发现实在是不同。可问的问题却是在我们看来八竿子打不着，他们觉得特重要的。比如，集体备课会不会侵犯教师的人权呢？教研室对教师进行考评，教师不会反抗吗？等等。”①

2008年1月10日，美国某教育考察团与中国同行座谈。其间谈到了日本的“课例研究”，对方也了解中国有类似制度，并且认为是一种很好的做法。谈到在美国并没有普遍实行时，有如下对话：

问：是不是美国的教师对这种方式不太认同？

学区教育局长：我们并没有不认同集体备课。这样的确能够提高和保证教学质量，是很好的做法。但是第一，教师每天课时很多——多的每天会有5—6节，很难有共同时间。第二，与集体备课相比较，我们更重视教师与学生的交流，认为这样也是很有效的。

问：我们很少听说美国有学校也这样去做。

学区教育局长：政府曾经有经费支持集体备课(lesson study)，但后来好像不了了之。

问：具体原因是什么呢？

学区教育局长：比如我的学区就很难办到。因为在美国，传统是小班教学，如果集体备课，需要给教师安排共同的时间，于是就需要增加教师人数，这种需求很难满足。如果牺牲小班而集体备课，我个人并不赞成。而且，美国的教师比较习惯于自己工作，我们也非常尊重教师的个人权力，尊重教师

---

① 北京师范大学课程与教学研究院郭华教授提供，2008.

的个人教学风格，不能强迫他们接受这样的做法。

看来，非不为也，是不能也。

有关课例研究在美国命运信息，与前面的花絮可以相互印证。一方面，在过去的几年中，美国的有关研究风气渐盛。一位欧洲学者表示："2001年4月我到美国西雅图参加美国教育研究会的会议(America Education Research Association Annual Conference)，在1000个研究报告里面，其中只有一个是进行课的研究的。今年的上月(四月)，在新奥尔良又召开了这个会议，与课的研究有关的报告有五十多个。如今在互联网上，可以找到200多个美国人所创建的课的研究的网址。"①另一方面，课例研究"在美国却遭遇到了各种挑战。美国教师认为，课例研究源于国外，不符合美国的国情，在美国无法实施。""在日本学校普遍盛行的研究课在美国很难实行，因为日本是一个教育集权制的国家，全国使用的是统一的课程，而且广大教师还有合作和批判性反思的传统。""开展课例研究，就意味着要采取日本的教学实践"。当然，美国一些研究者仍然坚持应当推行这种做法，并且提出，"课例研究要走进学校，需要美国教师以平等、包容、开放的胸襟，克服唯我独优的畸形文化心态，从封闭走向开放，由单向度交流转为多向度交流，进而改变观念，修正体认。"这些研究者们认为，课例研究以教师为导向，具有合作性，"教师为了共同目标而努力，从相互的实践中吸取经验与教训。""其深层原则却是增加教师的学习机会，教师可以向他人学习，在实践中学习，从课程中学习"，等。②

不必为别人对教研室和教研员的称赞而沾沾自喜，也无须因别人没有教研室和教研员就惶恐不安。"鞋子舒不舒服，只有脚知道"。教研制度究竟如何，拥有和实践这个制度的中国教育工作者，特别是中小学教师最有发言权。至少，到目前为止可以说，他们的态度是基本肯定和支持的。

如果需要对于中国基础教育三级教研组织的普遍、长久存在做个价值判断，我想说的是，它的一枝独秀是应该肯定的，是中国教育的得天独厚。

令人欣慰的是，在中国教育科学研究的最高等级规划中，终于有了关于

① 马飞龙．从变异理论看国际比较中数学教与学的差异[J]．上海教育科研，2002(8).

② 霍海洪．课例研究在美国：挑战、对策与启示[J]．全球教育展望，2009(3).

教研组织的专项研究课题，由梁威主持的《我国基础教育教学研究制度及教研员专业发展研究》被批准为全国教育科学规划办“十一五”重点课题，据悉，由全国各省级教研组织通力合作的研究成果即将结集出版，这真是一个好消息。希望能够引起更多人对于这个领域的关注。

二、绝知此事要躬行——教师专业成长的制度基础

人们经常会指责师范教育或者教师教育，大学四年，毕业时仍然不能胜任教师职业。师范毕业生们也经常抱怨：在学校里面学了那么多课程，一走进教室好像都没有什么用。不过，如今越来越多的人开始同意，无论师范教育或者教师教育怎样改进，终究无法有朝一日令学生走出校门时就是称职教师。造就一个能够基本驾驭课堂，基本胜任自己所承担教学任务的教师，职前教育固然极为重要，却只能构成必要条件而不是充分条件，无论将教师的学历提高到本科、硕士甚至博士，都无例外。“纸上得来终觉浅，绝知此事要躬行”，称职的、合格的教师，必须经过实践的磨练，而优秀、杰出的教师更是如此。那么，有没有办法令初入职的教师尽快适应，尽快缩短从所谓“新手教师”到“成熟”教师，再成为优秀教师的时间周期呢？近年来，关于教师专业成长的讨论十分热烈，人们就此展开了种种理论的、实践的研究，也取得了诸多宝贵的成果。不过其中多少有点令人遗憾的是，在大量参照吸收国外优秀经验的同时，却很少在这个题目下“光顾”教研组织这一本土经验。

事实上，在每一个中国中小学教师专业成长的过程中，始终扮演着重要角色的，正是三级教研组织。

教师的专业成长，最为根本的基础就是日复一日的常规教学。从一个大学毕业生到一个称职的教师，大致总需要几年时间，有的人可能早些，有的人可能迟些。在这几年的时间里，面对真实的教学实践，体验到了教学的滋味，他们产生了自我提升的需求，开始了专业成长的种种自觉努力：摸索教学的门路、积累个人的经验、有了自己的困惑与独立思考。此时，他们最为迫切地希望与人分享、最为真诚地希望得到帮助和支持。三级教研组织正是基于常规教学之上，以各种各样制度化的教研活动，满足着他们的需求，支持着他们的努力。可以想见，学校备课组、县（区）教研室的各种以当下教学

为对象的活动会给予他们多少帮助：原来老教师是这样分析某篇课文的，为什么其他教师要用这样的例子说明某个概念……即使是对于成熟教师，教研组织在促使其专业化水平更上一层楼方面仍然不可或缺：备课组教师们对自己的课提出了哪些有价值的意见？教研员对于新教科书的分析应该怎样体现到自己的教学实践中？……就像王菲的歌声："我一直在你身旁从未走远"，自走上讲台的第一天起，三级教研组织便成就着教师的专业成长。

教师劳动的一个显著特征，在其浓郁的个体化色彩。美国学者罗提曾经用"分格蛋箱"来描述美国的中学。他提出，教师们通常可能会在三个地方碰面：教师休息室、教师会议及工会会议。在可以暂时摆脱学生的上下课时间里，他们在教师休息室碰头，但这里根本不具备进行思考和有见地的技能切磋、讨论的氛围。而教师会议通常很短，一般不超过半个小时，而且会议通常由校长主持，由他宣布一些决定，或提出学校管理的一些问题。而工会会议通常大家都不愿参加，且议程安排以讨论工作环境为主。① 另外一位美国学者古德莱德所主持的"学校教育研究"课题，调查了 7 个州、13 个社区、38 所小学、初中与高中，得到的结果是："我们的数据几乎看不到教师之间有什么积极的正在展开的思想和实践交流""在学校之间没有这样的交流，甚至在同一所学校的教师之间，也没有这样的交流。"②

上述结论不仅是美国大多数中小学内教师的工作状况，根据目前的了解，也反映了其他许多国家的状况。简单说，在不同国家的中小学里，都缺少集体性的教师协作，教师作为学校中"孤立的"个人的存在，几乎成为教师职业的一个特征："教师在教室里度过大量的时光，而教室本身的构造，象征着教师的孤立。它把教师互相隔开，并妨碍教师接触超出他们个人背景的思想源泉。"③

当铃声响起，门被关上，可以说教室便成了教师的"天下"。然而，教学

① [美]威尔逊等著．王建华等译．全是赢家的学校：诺贝尔奖得主对美国教育改革的洞见[M]．北京：机械工业出版社，2005：87.

② [美]古德莱德著．苏智欣译．一个称作学校的地方[M]．上海：华东师范大学出版社，2006：211.

③ 同上。

从来都是有标准的，也从来都是要讲求效率的。表面看来，某篇文章写作风格的概括，某个函数关系的推导，学生错误的分析，练习和作业的布置……在日常教学中的确是由教师个人安排和控制的，然而，在教师的安排控制后面却有着毫不含糊的社会标准。由于教师个人的水平差异，教师劳动的这种个体化色彩，对于他们劳动的质量，对于他们教育教学水平提高无疑成为一道壁垒。有学者十分干脆地就此得出负面的评价："教学发展缓慢，原因就是教学的个人化。"①教研组织，恰恰改变了这种教学的个人化。"当外在环境的需要使个人的体力、速度和耐力达不到客观要求时，正式组织便会应运而生。因此，组织是有意识地协调两个或两个以上的人的活动或力量的系统，而且这一系统的力量远远超出了每个人能力相加的总和。"②三级教研组织的存在，帮助教师跳出个人劳动的壁垒，将教师的专业成长过程建立在群体研究的基础之上，为个人的努力铺设了广阔的平台和充足的资源，最好地满足了教师专业成长的需求。

一百多年前，德国著名教育家第斯多惠谈道，"教师和本校的同事或其他教师的真正关系用外来语来说就是同行之谊，是友好的伙伴，是志同道合的群体……教师要团结互助，互通有无，取长补短，经常交流教学经验，双方相得益彰，提高教学水平。教师联合会、教育协会的名称只是一种表面的标志，实质上是促进智力的血统现象，是推动教学的有力证据，是推动教学的一个机构，是满足内在需要的手段，是教育思想的有机产品。通过参加教师团体的活动，大家深深体会到，这对活跃和启发教师的思想，对教师的进修十分有利。"③不知道这位伟大的教育家，如果了解到中国的三级教研组织，会如何评价？多半他会说：中国的教师是幸运的，因为教研室制度和教研员角色，帮助他们摆脱了职业的孤独。为他们的专业成长提供了切实的帮助。

令人欣慰的是，教研系统在教师专业成长方面的作用，正在日益成为人们清醒的认识，正如有学者明确表达的："集体备课、轮流上课、互相评课等

---

① [美]帕克·帕尔默．教学勇气——漫步教师心灵[M]．上海：华东师范大学出版社，2005：144.

② 于显洋．组织社会学[M]．北京：中国人民大学出版社，2001：14.

③ [德]第斯多惠．德国教师培养指南[M]．北京：人民教育出版社，2001：202.

教研活动的全面展开，给新教师提供了宽松的发展空间和尝试体验的机会，有助于训练新教师的基本技能，加快他们专业成长的速度。”[①]相信，有关研究会越来越多，越来越深入。

三、提高教学质量的“特效药”

有个年轻人曾经问我，“是不是改革开放之后，咱们中国人民就不自信啦?”当时不禁莞尔，事后想一想，有点道理。我们年轻时，虽然只是勉强吃饱肚子，却满怀解放普天下劳动人民的豪情壮志。蓦然回首，这种情怀在改革开放之初被“急起直追”的心态取代，而且自然而然地投射在自己的职业生涯当中。就我个人的经验，20 世纪 80 年代末第一次到美国时，基本的想法就是，这个世界上最发达的国家，自然有世界上最发达的教育。因此当时就是去寻找他们的教育与中国教育的“不同”及其“优势”。之后，2005 年再到美国，思想已经有所变化。也因此看到了更多的风景：发达如美国，基础教育仍然存在许多问题，同时，尽管中国目前在很多方面远远落后于美国，但并不意味着中国的教育一无是处。

包括中国在内的东方国家基础教育的良好质量，早已为西方学者注意，并且着手进行了诸多专门研究。比如，美国人斯蒂文森(H. W. Stevenson)和史蒂格(J. W. Stigler)于 1994 年写了《学习差距》(*The Learning Gap*)，“这个研究从上世纪 80 年代就已经开始了。他们在三个不同的区域进行了研究，即台北、日本的仙台(Sendai)和美国的明尼波利斯(Minneapolis)。他们给一年级和五年级的学生一个测试，图上的黑点表示不同地区学校的平均分，仙台和台北远远超过明尼波利斯，你可以看到仙台和台北最差的比明尼波利斯最好的还要高(见图 1)。

① 徐莉莉．一校两区：新教师留城培养模式探索[J]．中国教育学刊，2010(3).

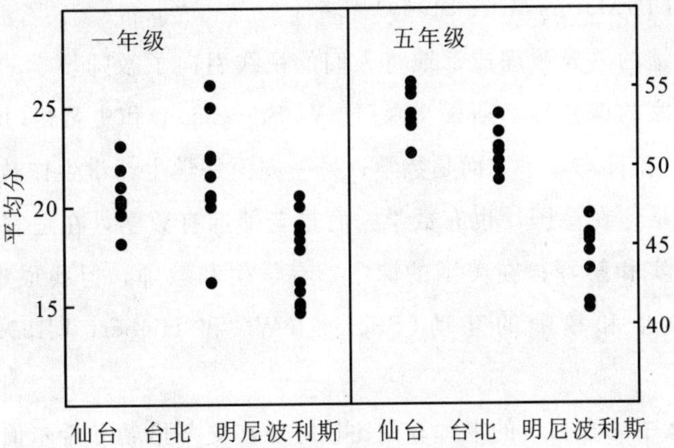

图 1 1980 年研究中各学校的平均成绩

几年后他们又把这个研究做了一次，这一次他们用芝加哥(Chicago)替换了明尼波利斯，并且增加了北京，从图中可以看出，一年级，北京学校的成绩最好，五年级北京和台北差不多，仙台略低一点，芝加哥还是最后，它最好的学校只是与北京最差的学校一个模样(见图 2)。

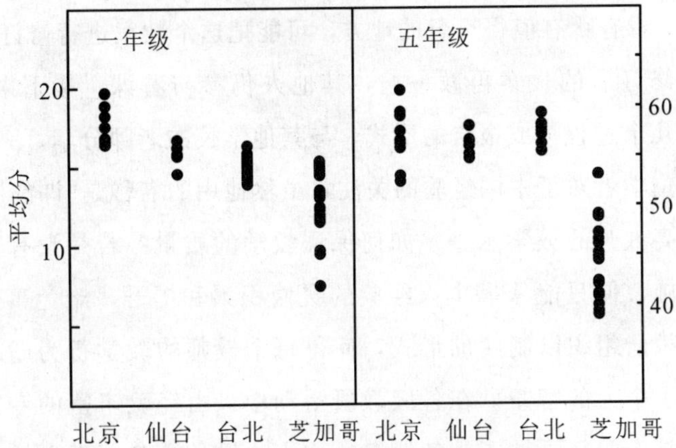

图 2 1987 年研究中各学校的平均成绩

在以后的第三次国际数学与科学研究(TIMMS)中香港、韩国、日本、新加坡等都是领先的(Beaton el al，1996；Mullis et al，1997)，中国在 1992 年的一次国际比较研究中排名第一(International Assessment of Education

Process(JAEP)Mathematics Study)。①

学生成绩的差异顺理成章地将人们的视线引向了教师教学的差异。在考察了几个国家的课堂后，斯蒂文森(H. W. Stevenson)和史蒂格(J. W. Stigler)这样表示："在日本，一方面是数学；另一方面是学生，学生作数学，老师协调二者的关系；在德国，也有数学，而是老师拥有数学，在适宜的时候给予学生一些事实和解释；在美国的课中，有学生和教师，但我很难找到数学，我只看到学生和教师的互动(Stigler J. W. 和 Hiebert J. 1999，pp. 25－26)。"②

"为什么中国和日本的老师教的比较好，在史蒂格勒和希尔伯特的书中有一个看法，他们的答案就是在于课的研究(lesson study)。课的研究成为老师专业发展的一个策略，一群老师坐在一块，先选出一个课题，当然，所选的课题应是对学生来说比较难学的，而且坐在一块的这些老师是教同一科目、同一年级的。他们可能邀请外面的顾问来帮忙，然后交流和分享他们的经验，找寻有关文献，试着设计一个课，然后就指派一个人去教，以执行该课的计划。当这位老师上课时，其他的老师参与观课。观完课以后，这些老师对这节课进行讨论，看有哪有值得反思的地方，可能把这个教案进行修订。然后另外一位老师将修订后的教案再教一遍，其他人仍参与看课，接下来也是讨论。最后，把这几个过程写成报告的形式，与其他学校的老师分享。"③

感谢这位学者对于中国经验的关注，虽然他用的名称是"课的研究"。

如何提高教师的教学水平？如何保证教学的质量？若是没有任何来自外部的干预措施，便只能依靠个人经验的缓慢积累和提升，难免事倍功半。可以说，三级教研组织以制度的形式，使得每个教师的教学行为超越了个体的经验，超越了个人的智慧。在各级教研活动中，由经验丰富的专家型教师引领——无论是专职教研员还是备课组长均为这样的角色，孤立的教师结成了群体。无论在省市级、县(区)级教研室组织的教研活动中，还是在备课组的活动中，教师都不是单枪匹马地奋斗，而是成为群体协同合作。一方面，教

① 马飞龙．从变异理论看国际比较中数学教育学的差异[J]．上海教育科研，2002(8).

② 同上。

③ 同上。

研活动是在工作性质接近的同质教师群体中展开——相同的科目、相同的年级；另一方面，教研活动又是在水平多样的异质教师群体中展开——不同的资历、不同的教学风格，毫无疑问，这种既有同质性又具异质性的群体可以使背景迥异的每个教师从中受益：寻求帮助、获得支持、沟通思想、分享经验、相互切磋、取长补短，又由于优秀教师出身的教研员的指点协调，教研活动的内容和方向能够比较有保证。一项有吸引力的创意，一桩生动有趣的实例，一个富于启发的比喻，一道设计巧妙的习题，一份周密严谨的教案……通过各级教研组织便成为普遍性的优质教学实践。反过来，容易出现的错误，经常产生的误解，难以察觉的混淆……也会在教研活动中得到警醒，从而在相当范围内的教学实践中得以避免或者降低。

显然，集体式的教研活动，较之教师的孤军奋战自然是事半功倍。当这种教研活动通过制度成为稳定而普遍的存在时，便从整体上为一个地区的教学质量提供了坚实的保障。

中国基础教育多年来经费短缺、教师待遇菲薄、学历水平低下，却能够保持质量稳定且优秀，三级教研组织推行的各种教研活动可说是一剂特效药，功不可没。如果取消这个组织，或者令其功能异化，可以肯定，其代价必然是教学质量的下降。

四、有了“娘家”之后会怎样

曾经流传一时的“取消教研室”说法，随着教研室在课程改革中表现出来的巨大实力渐渐归于沉寂。代之而起的是坊间另一种令人颇为振奋的声音：据称国家教育行政部门有意成立与教研室对接、专门主管教学的部门，而且行政级别不低……可以想见许多“教研人”的喜悦与欣慰——终于有望结束所谓“没有娘家”的尴尬，能够在最高权力部门成立一个对口的上级单位，实在是对教研室青眼有加。

得到国家教育行政部门的重视，无疑是大大的好事。不过仔细掂量“成立国家级主管部门”的说法，作为旁观者却不由疑虑丛生，逐渐喜忧参半。重视的方式和途径多多，成立“主管部门”不仅未必是最佳选择，而且有可能事与愿违。

疑虑之一：真的需要吗？

从最初的产生，教研室主要便是以“自下而上”的方向完成的，后来的发展壮大，主要的推手也不是“自上而下”，这在前面已经讨论过。几十年来，在“没有娘家”的状况下，三级教研组织生命力旺盛，在基础教育领域建立起了自己的威信，形成了制度与规范。这样的事实，实际上已经提示我们：在缺少最高行政部门的对口领导单位条件下，各级教研室不仅可以运行、发挥作用，而且可以在学校和教师们的支持与依赖中将各种教研活动演绎得风生水起。

疑虑之二：确实合适吗？

行政部门是权力单位，主要职能是管理。教育部是在国家层面上管理基础教育，主要责任是各种政策的制定和把握——当然包括教学。教研室则是业务部门，主要职能是负责具体的教学活动。

根据前面关于教研室各种职能的分析，可以看出其工作的内容、任务都是来自所在地区中小学教学实践的需求。在地方教育行政部门领导下，相对独立的工作方式，使得教研员们能够及时了解本地区教学的实际状况，灵活、有效和便利，所谓“船小好掉头”。一旦教育部有了专门司局，势必要直接对于各个省(直辖市)下达各种有关指令，于是省(直辖市)又会对于县(区)级教研室、学校教研组依次“下旨”，于是，本来以服务学校教学为使命的教研室，工作方向势必逆转，变成向上负责。即使来自实践的需求，“上达天听”反映到教育部，再经过一番调查研究形成对策返回来，很可能已经是明日黄花。

农业部并不去具体指导农民如何种地，良种的选择，耕作方式的改进，是由基层的农业科学技术部门普及推广的。广电部也不会去详细要求某部电影应该怎样拍摄，剧本的编写，演员的挑选，自有制片厂和导演去操心。经常、普遍、持续发生的教学活动，实在是不宜由教育部这样的国家级行政部门来具体负责的。

疑虑之三：面孔会变吗？

一旦成立这样的主管部门，有了九重之上的“中央领导”，教研室会不会眼睛向上，形成如今一些部门的官僚化做派和“大爷”面孔？长久以来，各级教研室保持着与中小学校的亲密关系，教研员们更是教师们熟悉和信赖的权威和专家。华丽转身后，还能够保持既有的传统作风吗？红头文件会不会湮没教研人员们行走在学校中的身影？请示汇报会不会侵蚀朴素真实的教研活动？这样的担忧，恐怕不是杞人忧天。

长期以来没有对口的国家级行政主管部门，未见得就是坏事。究竟如何更好地发挥三级教研组织的作用，如何增加其活力，提升其水平？应该不只是增设对口的上级行政部门这样唯一的思路，支持和重视的方式还有很多。

五、讳莫如深的考试

在一定程度上可以说，考试的命运与教研组织的命运呈现正相关、高相关。什么时候考试遭遇困厄，教研室的处境便陷入危机，比如，“文化大革命”废除考试，教研组则不复存在或名存实亡。什么时候考试名正言顺健康发展，教研组织也就欣欣向荣，比如，高考和中小学正常考试制度的恢复，带来教研室的大发展。在教育领域，除了国家和地方考试中心，就算是三级教研系统与考试关系最为密切，也最直接受到考试的正面或者负面影响。不过，考试中心是专门为各种考试而设立的，没有人质疑其工作人员对于考试的关心，大可以理直气壮地为考试而忙碌。教研系统则不然，一方面，存在本身并非为了考试而是为了教学；另一方面，其全部工作又时时、日日、月月、年年与各种考试难解难分。前面谈到，一直以来对于教研系统的批评不绝于耳，许多就是与考试有关的，如追求考试成绩、增加学生负担等，激烈时甚至直指教研系统是扭曲学生发展的“帮凶”或“凶手”。面对年年、处处发生的围绕着考试的悲剧，这种道义上的谴责让无数教研人员心情沉重。然而，沉重之余还是会困惑，究竟应该怎么办？与考试的“捆绑”关系，几乎成了教研系统的“原罪”，如果不能摆脱这种“原罪”，教研系统仍将动辄得咎、进退失据、宽严皆错。

人们质疑高考，质疑中考，质疑“小升初”考试，殚精竭虑地尝试了各种形式的改革。且不说迄今成功者甚少，这些尝试也是改革而不是取消考试。其实，于今之际，也许应该换个思路了，是不是可以为考试平反？就此，有两项任务必须完成。

第一，赦免“原罪”，还考试以本来面目。人们对于考试的批评和反感，最直接和现实的原因，在于中小学生的负担。对此，近年来经过各种学术界的讨论，经过实践的反复，可以说整个社会的看法逐渐趋于理性。考试无非是教学评价的一种具体方法，虽然不是唯一的，却是主要的，没有考试的教学是什么样的，经历过“文化大革命”的人都有亲身体会，前面也已经讨论了许多。回溯得稍微远一点，从孙中山支持废科举到力主建立考试院，也说明了这个道理。“考试本是中国一个很好底制度”“举行考试的时候，将门都关上，认真得很，关节通不来，人情讲不来，看看何等郑重”“往年罢废科举，未免因噎废食，其实考试之法极良，不过当日考试之材料不良也。”①也就是说，废除科举制度不意味否定考试，考试制度是好的，只是科举考试的内容不好。他主张剔除封建主义的考试内容，用民主共和的精神和近代人文社会科学和自然科学、技术作为考试的内容。在今日西方发达国家，英国的14岁考试、A—level考试，法国的会考，美国的SAT和ACT考试，都有相当的社会地位，是其制度文明的组成部分。

有教学活动，就需要考试，这是教学的基本规律。如前所述，人们所反对的，与其说是考试本身，毋宁说是考试的异化，而围绕考试的种种异化又往往有着超越教育的复杂深刻的社会原因，这些只能逐步地克服、逐步地减轻。解除附着在考试身上的魔咒，让教研室和教研员从来自考试的“原罪”中解脱出来，理直气壮地从事各种与考试相关的工作，是基础教育健康发展的需要。

第二，彻底解放思想，摆脱“为尊者讳”的潜规则。考试在中国成为“雷区”，其实还存在另外的思想根源，由于某种原因，人们一直讳莫如深，迄今少有讨论研究，这就是毛泽东关于考试的一系列观点。

在“文化大革命”正式发端之前的20世纪60年代中期，毛泽东连续发表了若干次关于教育工作的谈话，其中许多涉及学校考试。就目前可以查阅到的资料，主要如下。

“1964年2月13日，毛主席在人民大会堂召开教育工作座谈会。刘少奇、邓小平、彭真、陆定一、林枫、章士钊、陈述通、郭沫若、许德珩、黄炎培、

① 广东省社会科学院历史研究所等编．孙中山全集(第二卷)[M]．北京：中华书局，1981：575．

朱穆之、张劲夫、杨秀峰、蒋南翔、陆平等人参加。”毛泽东在座谈会上说："教育的方针路线是正确的，但是办法不对。我看教育要改变，现在这样还不行。”“学制可以缩短。”“课程多、压得太重是很摧残人的。学制、课程、教学方法、考试方法都要改。”“我看课程可以砍掉一半，学生要有娱乐、游泳、打球、课外自由阅读的时间。”“现在的考试办法是用对付敌人的办法，实行突然袭击。题目出的很古怪，使学生难以捉摸，还是考八股文章的办法，这种做法是摧残人才，摧残青年，我很不赞成，要完全改变。”毛主席还举了孔夫子、李时珍、富兰克林、瓦特、高尔基自学的事例。①

同年 3 月 10 日，毛主席对北京铁路二中校长魏连一的二月来信作了批示，指出："现在学校课程太多，对学生压力太大。讲授又不甚得法。考试方法以学生为敌人，举行突然袭击。这三项都是不利于培养青年们在德智体诸方面生动活泼地主动地得到发展的。”②

1965 年 7 月 3 日《对“北京师范学院一个班学生生活过度紧张，健康状况下降”材料的批示》，指出："学生负担太重，影响健康，学了也无用。建议从一切活动总量中，砍掉三分之一。请邀学校师生代表，讨论几次，决定实行。如何请酌。”③

1965 年在杭州的一次会议上发表讲话时指出："现在这种教育制度，我很怀疑。从小学到大学，一共十六、七年，二十多年看不见稻、粱、菽、麦、黍、稷，看不见工人怎样做工，看不见农民怎样种田，看不见商品是怎样交换的，身体也搞坏了，真是害死人。”“高中毕业后，就要先做点实际工作。单下农村还不行，还要下工厂，下商店，下连队。这样搞他几年，然后读两年书就行了。”④

有关毛泽东教育思想的分析评价，是一个非常大的研究课题，这里不可能充分展开。仅就考试而论，上面这些言论所表达的思想中有两点很突出，一是对于读书不以为然；二是对于考试不以为然，持否定态度，看来毛泽东

① 毛主席论教育革命．北京：人民出版社，1967：16.
② 同上，第 18 页。
③ 同上，第 24 页。
④ 同上，第 24 页。

十分清楚这两点的内在联系，因为读书，所以就得考试，所以他否定考试是与否定读书并行的。历史已经证明，只看到考试的弊病，不谈考试的正面和积极作用，是不科学、不正确的。“文化大革命”期间，教育领域在毛泽东有关思想指导下取消了考试，结果是整个社会的“人才荒”。直至邓小平恢复高考和中小学考试。不过，虽然实践上完成了拨乱反正，思想清理的任务却没有完成，教育界在思想解放运动中固然成就斐然，却不够彻底。如毛泽东的上述观点，没有得到实事求是的分析和评价。以致在新的历史条件下，当学生负担、考试竞争等问题再次出现，各种与毛泽东上述观点极为相似的认识便一次次泛滥，对基础教育产生了负面影响，因为“为尊者讳”，缺乏宽松自由的氛围，难以充分地展开讨论。

一个事物的存在，社会现实的需求和基础固然是根本，思想和理论上的建设也是不可或缺的，没有明晰的思想观点，没有系统的理论表达，就会在各种各样的现实风波面前遭遇挫折。考试如今的处境恰好是这样。

“考研员”“考研室”的批评指责可以说的确尖锐地指出了教研制度在实践层面上的常见弊病，值得所有的教研室和教研员警惕，将考试当作第一要务，恰恰失去了自己的立身之本。但当前的主要倾向是，考试本身在基础教育中的地位缺少合法性，于是相关的工作对教研室和教研员来说也就缺少合法性。例如，目前全国很多地方取消了若干传统的考试，但很快便出现了各种形式的“质量监测”之类的活动，其实目的与原来的考试相同，成本多少倍于传统考试，效率却相反。这些“劳民伤财”式的做法，虽然坊间批评之声不绝于耳，却少见正式的理论批评。原因之一，在于“避嫌”，唯恐与“考试”拉上干系。也因此，为考试“正名”，为教研室“脱罪”，不仅是关乎教研室的命运，也关乎基础教育的命运。

六、过犹不及

对于三级教研组织，很显然，本书站在了辩护者的立场，为其存在寻找依据，对其作用给予阐释……毋庸讳言，就如世界上所有事物一样，教研室当然也有自身的“软肋”。就此，纵然立场坚定，还是需要正视。虽然不是专门讨论，但至少以下几点值得提出。

首先，可能扼杀教师的创造。教学活动的特殊性在于，注定不存在一成不变、按部就班的标准程序，所谓“教无定法”就是说的这个道理。教研组织和教研活动所提供的一切，永远只能是“半成品”，在其基础之上，通过教师个体的创造性劳动，借助他们的个人思考加以变通，借助他们的教学行为灵活地加以运用，才可能产生真正生动活泼，真正富有生机和魅力的教学。“社会的、科技的或科层的合理性并不等同于个体的理性意志与能力的机会，往往会被这种合理性的发展所扼杀。”[①]无论是县(区)教研室的集中教研活动，还是学校备课组的教案，不是必然，却的确有可能束缚教师个体的独立思考，以致消解了富有价值的不同声音，磨灭了新颖灵动的探索尝试，甚至压抑或扼杀他们的创造激情，在极端的情况下，则可能导致教学的雷同呆板，千人一面。“如果从个人身上舍去社会的因素，我们便只剩下一个抽象的东西，如果我们从社会方面舍去个人的因素，我们便只剩下一个死板的，没有生命力的集体。”[②]如何令各级教研组织长袖善舞的同时，鼓励每个教师个体的独立探索？这是十分严肃的课题。有前辈学者在谈到新中国学习苏联建立学校教研组时曾经说过：“中小学教研组以学科为单位，教师以所授学科为依据，分别列入相应的教研组，共同备课，互相听课，集体参加学校的各种活动。这种组织，有利于发挥教师的集体作用，保证教学质量，特别是能发挥老教师指导帮助青年教师的作用。但也有一些消极作用，即助长有些教师的依赖心理，同时有时会抑制教师的创造性。”[③]虽然这段话是就学校教研组而谈，实际上对于三级教研组织的任何层次都适用。

其次，可能助长教师的依赖性甚至惰性。三级教研组织既为规模庞大的中国基础教育的质量提供了强有力的保证，为教师专业化提供了平台和资源，同时，也的确在教师的职业成长过程中埋下了隐患。与世界上万事万物相比，人是最为复杂的，依靠全面扎实的集中教研，依靠周密严谨的备课组教案，虽然不能直接得到优质的课，但保证基本合格却是比较容易的。一位从普通

---

① [美]米尔斯(C. Wright Mills)著．张君玫，刘矜佑翻译．社会学的想象[M]. 台湾巨流图书公司，1995 年：228.

② 杜威．学校与社会明日之学校[M]. 北京：人民教育出版社，1994：3.

③ 顾明远．中国教育的文化基础[M]. 太原：山西教育出版社，2008：249.

教师做到相当级别的行政领导(ZW，2008)曾经这样说："教研室的作用在于保证了基础教育的基本水平。对于师资力量比较弱的学校，对于刚刚走上工作岗位的新手教师，教研室的作用特别突出。甚至于，一些教师在教研室的作用面前，是可以偷懒的，因为各种教研活动经常极为细致，教师甚至可以自己不用备课了。"当教研室、备课组陶醉于自己的殚精竭虑时，懒惰些的教师、得过且过的教师，便可以要要滑头，"蒙混过关"了。

最后，可能淡化甚至湮没教师个体的责任与努力。正如社会学所说："科层理性与科技的高度发展并不等于个体或社会知性的高度发展。"①教研组织全学科、全年级地覆盖了中小学教学，却无法替代教师个体的劳动，教研可以提供相当水准的教学方案，但其能否有效，效果高低，还要取决于教师个人事前和事后的投入，离开每个教师身体力行，即使好的教研活动也不能够直接转化为理想的教学。而现实中教研系统的强势，有可能冲淡了人们对于教师个体责任及相关努力的注意，在极端的情况下，则会产生教研活动可以包打天下的倾向。事实上，如果在孜孜以求教研活动水平的同时，不能有效地驱动教师个体，那么所谓"保证质量"、所谓"提高水平"，终将成为空话。

以上弊病，事实上一直在不同范围内和不同程度上存在于实践领域，是需要各级教研组织严肃思考、认真对待的。不过，并不是不可克服的。

① [美]米尔斯(C. Wright Mills)著．张君玫，刘钤佑翻译．社会学的想象[M]．台湾巨流图书公司，1995年：228.

后 记

终于到了结束时刻，屈指细数，竟然过去了五年，几度，红了樱桃，绿了芭蕉！

从最初的设想，到如今的结果，虽然不能说是南辕北辙，但的确相去甚远。原来想至少能够比较全面、准确地描述出三级教研组织的基本状况，很快发现真是谈何容易！于今看来，若勉强做一比喻，大概是制作了一幅“未完成”拼图——肯定是缺少了若干块，可能还是挺重要的部位，糟糕的是自己甚至不清楚到底少的是哪几块！只好道一声“惭愧”！

尽管如此，在几年中，先后麻烦了无数人，有三级教研组织中的人，也有与之基本不相干的人，有多年的老交情，也有新结识的朋友，有我敬重的前辈，也有我可爱的学生……所有的人，都给予了可贵的帮助。在此，诚恳地向大家表达我的感谢！

需要说明的是，本来的确是打算在完稿后请相关人等核实与其有关的内容的，谁料一写就是五年时间，其间，一些人已经失去联系，一些人有了工作变动，如若逐一核实，恐怕又是一年甚至更长的时间，斟酌之后，只好放弃这个打算。如果书中所涉有关个人的资料与本人意愿或观点不符，请与我联系，当以恰当方式给予更正。

北京师范大学课程与教学研究院

丛立新

2011 年 5 月

后记